谨以此书纪念大庆石油会战胜利 60 周年

会战岁月

史 然 编

中国石油大学出版社

山东·青岛

图书在版编目（CIP）数据

会战岁月 / 史然编 . -- 青岛：中国石油大学出版
社，2024.6

ISBN 978-7-5636-8214-0

Ⅰ. ①会… Ⅱ. ①史… Ⅲ. ①石油企业－企业史－史
料－大庆 Ⅳ. ①F426.22

中国国家版本馆 CIP 数据核字（2024）第 079746 号

书　　名：会战岁月
　　　　　HUIZHAN SUIYUE
编　　者：史　然

责任编辑：岳为超（电话　0532-86981532）
责任校对：张晓帆（电话　0532-86983567）
封面设计：青岛友一广告传媒有限公司

出　版　者：中国石油大学出版社
　　　　　　（地址：山东省青岛市黄岛区长江西路 66 号　邮编：266580）
网　　址：http://cbs.upc.edu.cn
电子邮箱：shiyoujiaoyu@126.com
排　版　者：青岛友一广告传媒有限公司
印　刷　者：青岛北琪精密制造有限公司
发　行　者：中国石油大学出版社（电话　0532-86983440）
开　　本：787 mm × 1 092 mm　1/16
印　　张：19.5
字　　数：413 千字
版 印 次：2024 年 6 月第 1 版　2024 年 6 月第 1 次印刷
书　　号：ISBN 978-7-5636-8214-0
定　　价：158.00 元

前 言
PREFACE

20世纪50年代末到60年代初，新中国正面临成立以来最严峻的形势。外国势力的全面封锁，中苏关系的骤然恶化，加上国内的自然灾害，致使国力薄弱，全国人民的生产、生活都遭遇了严重的困难。

正是在这样艰苦的岁月里，大庆石油会战奏出了独立自主、战天斗地的最强音。

1959年9月26日，松基三井喷油，标志着大庆油田的发现。1960年2月13日，石油工业部党组向中共中央、国务院上报《关于东北松辽地区石油勘探情况和今后工作部署问题的报告》，正式提出大庆石油会战申请。同年2月20日，中共中央以中发〔60〕129号文件批准了大庆石油会战。一场史无前例的石油大会战在中共中央的关怀和全国人民的支援下拉开序幕，在广阔的松辽平原上轰轰烈烈地展开了。

"大地沉沉睡万年，人民科学变油田，一场会战十三路，预祝高歌唱凯旋。"从1960年到1963年，大庆石油人在困难的时间、困难的地点、困难的条件下，坚持"两论"（《实践论》和《矛盾论》）起家，坚持高度的革命精神和严格的科学态度相结合，自力更生、艰苦创业，为国争光、为民族争气，仅用3年多的时间，就取得了大庆石油会战的决定性胜利。1963年年底，大庆油田基本建成。油田3年共打井1 116口，建成了集油、储运、供水、注水、供电、机修、通信、道路八大系统工程，建成了大庆炼油厂，建成了年产能600万吨的石油基地。1963年当年生产原油439.3万吨，3年累计生产原油1 166.2万吨，占同期全国原油产量的51.3%，一举甩掉了我国贫油落后的帽子，彻底扭转了石油工业的被动局面，成为党领导建设社会主义工业企业的成功典范。

在第三届全国人民代表大会第一次会议上，周恩来在所作的政府工作报告中充分肯定了大庆油田的经验。他指出："大庆油田，是根据我国地质专家独创的石油地质理论进行勘探而发现的。它的全部开发工程，包括设计、钻探、采油以及现代化的炼油厂的建设，完全是依靠我们自己的力量进行的。"他庄严宣告："由于大庆油田的开发和一些新炼油厂的建成，我国经济建设、国防建设和人民所需要的石油，不论在数量或品种方面，基本上都实现自给了。"

1964年年初，毛泽东向全国发出"工业学大庆"号召。大庆，这个英雄的名字，开始因石油会战和创业精神享誉全国；大庆，这面鲜艳的红旗，一直在中国工业战线高高飘扬。

"没有哪一个城市，在未诞生之前，就有了自己厚重的文化底蕴；没有哪一个企业，走过短暂的历程，却在中华民族的历史上铭刻一个辉煌的亮点。"如今，60多年过去了，大庆已从当年的"头上青天一顶，脚下荒原一片"，变成一颗璀璨的北方明珠，变成一座现代化的石油城。60多年来，大庆油田累计生产原油超过25亿吨，天然气1 500多亿立方米（至2023年3月），始终是我国最重要的石油工业基地之一。大庆石油会战中孕育形成并不断传承发展的"爱国、创业、求实、奉献"的大庆精神，成为中国共产党人精神谱系的重要内容，成为中华民族的精神之魂。

而那些波澜壮阔的会战岁月，已经深深印刻在历史的记忆里，永远历久弥新，永远熠熠生辉。

编　者

2023年5月

关于本书主要称谓的几点说明

一、关于大庆石油会战的名称。大庆石油会战从 1959 年 9 月松基三井喷油发现大庆油田开始酝酿，到 1960 年 4 月末正式实施，筹备了 6 个多月的时间。其间相关的文件、资料中名称并不相同，主要有松辽会战、松辽石油会战、松辽石油大会战、大庆会战、大庆油田会战、大庆石油大会战等。1963 年，石油工业部部长余秋里向毛泽东主席汇报时，称之为"大庆石油会战"。本书中，除特定的引用外，根据语境采用"大庆石油会战"或"石油大会战"称谓。

二、关于会战党的领导机关称谓。大庆石油会战中，会战党的领导机关包括石油工业部机关党委、中共松辽石油会战地区临时工作委员会（1960 年 3 月至 1962 年 2 月）、中共松辽会战工作委员会（1962 年 2 月至 1964 年 9 月），其中石油工业部机关党委是会战初期作为大庆石油会战党的临时领导机构，行使会战临时工委的工作职能。本书按照实际情况，除"部机关党委"外，均使用"会战工委"称谓。

三、关于会战组织领导机关称谓。会战组织领导机关正式名称为松辽石油大会战领导小组（1960 年 2 月至 1962 年 2 月）、松辽会战指挥部（1962 年 2 月至 1964 年 9 月）。在各种文件和资料中的名称有大庆石油会战（松辽会战）领导小组、会战指挥部、会战总指挥部等。本书根据使用情况，在会战初期一般使用"会战领导小组"称谓，其他情况下，按照习惯，一般采用"会战总指挥部"称谓。

四、关于大庆油田的名称。大庆油田发现后，关于油田的名称，开始称松辽油田，1959 年 11 月 8 日，时任黑龙江省委第一书记的欧阳钦在松基三井喷油及大庆区成立庆祝大会上提议将油田命名为大庆油田。本书中除特殊引用外，一般采用"大庆油田"称谓，需要简称时，本书按照惯例，一般采用"战区"或"油田"称谓。

五、关于松辽石油勘探局。在松辽盆地石油勘探早期，松辽石油勘探局是石油工业部下属的一个独立局。但在 1959 年年底到 1960 年，尤其是大庆石油会战初期，松辽石油勘探局和会战领导小组同时存在。当时为了保密起见,石油工业部关于大庆石油会战的很多文件通知、安排部署,包括机构设置,仍然以松辽石油勘探局名义进行,实际也指大庆石油会战领导小组(大庆石油会战总指挥部)。本书中原则上采用原资料称谓。

目　录
CONTENTS

第七篇　建成我国最大石油生产基地

第八篇　甩掉贫油落后帽子

第一篇

大庆油田的发现

第一章

勘探东移现曙光
松辽平原有石油

    我国是世界上最早发现和利用石油、天然气的国家之一。我国古代劳动人民在发现、认识和使用石油的过程中,创造了领先于世界的石油文明。但近代以来,由于受封建主义、官僚资本主义和帝国主义的压迫,我国石油工业逐渐落后于美、英等资本主义国家,一些西方学者还给中国扣上了贫油落后的帽子。中华人民共和国成立后,中共中央及毛泽东等党和国家领导人高度重视我国石油工业的发展。在党的领导下,玉门油矿、延长油矿、独山子油矿以及东北地区人造石油厂的石油生产逐步恢复,并陆续发现了新疆克拉玛依、伊奇克里克及青海冷湖等油田。但石油工业的发展形势依然严峻,石油工业部是"一五"时期唯一没有完成计划任务的工业部门,1957年全国石油产量只有145万多吨。1958年,石油工业开始了发展史上最重要的历史转折——勘探战略东移,石油勘探迎来一片曙光。

⚙ "发展石油工业还得革命加拼命"

    中华人民共和国成立后,发展石油工业面临着重重困难和严峻挑战。如何发现更多的油田,开采更多的石油,早日让中国自己的石油工业强大起来,尽快为国防建设与国民经济发展输送更多新鲜的工业血液,是国家建设的迫切需要,也是广大石油和地质工作者的心愿。

    中华人民共和国成立时,国内的石油工业基础十分薄弱:一是全国油气资源基础不清。在广阔的国土上,做过石油地质调查的只有陕西、甘肃、新疆、四川、贵州、黑龙江、辽宁、浙江和台湾等少数省份的小部分地区,粗略估计,石油储量只有约 3 亿吨。二是投入开采的油田少,产量低。除港澳台地区外,投入开发的只有陕西延长、新疆独山子、甘肃玉门 3 个小油田,以及四川自流井、石油沟、圣灯山气田,实际采油井仅有 33 口,1949 年全国的石油年产量(不含港澳台地区数据,下同)只有 12 万多吨(含人造油 5 万多吨)。三是石油企业规模小、生产状况差。全国只有玉门、大连等几个小炼油厂及抚顺等地的几个人造石油厂,这些企业规模较小,工艺落后,基本处于停产、半停产状态。四是石油职工队伍规模小、设备少,勘探能力弱。石油职工总数仅为 1.1 万人,各类技术人员只有 700 人;全国只有 3 个勘探处、8 个地质队、大小 7 部钻机,从事石油勘探的专业石油地质技术干部只有 18 人。

当时百业待举、百废待兴,中共中央高度重视我国的石油工业。

1949 年 10 月 1 日,中华人民共和国成立。当天,毛泽东主持召开中央人民政府委员会第一次会议,决定成立燃料工业部,负责煤炭、石油、电力工业的恢复和建设工作。10 月 19 日,中央人民政府召开第三次会议,任命陈郁为燃料工业部部长,李范一、吴德为副部长,并由李范一专门分管石油工业。

1950 年 4 月,燃料工业部在北京召开第一次全国石油工作会议,研究部署石油工业在国民经济恢复时期的任务和发展问题。会议分析了当时的石油生产状况,确定了恢复石油工业的基本方针:在 3 年内恢复已有的工业基础,发挥现有设备的效能,提高生产能力,有步骤、有重点地进行勘探与建设工作,以适应国防、交通、工业和人民生活的需要。会议确定了"两条腿走路",即同时恢复天然油和人造油的发展方针。会议同时决定,在燃料工业部设立石油管理总局,由徐今强任代局长,唐克、刘放、严爽等为副局长,集中负责石油工业的勘探、开发和生产建设工作,逐步把原来由有关地区工业部门管理的石油企业集中起来,实行统一管理。

1954 年 12 月,国务院做出决定:为加快全国的石油勘探,推动石油工业的迅速发展,从 1955 年起,除了由燃料工业部石油管理总局继续负责石油勘探、开发外,还由地质部、中国科学院分别承担石油资源普查和科学研究任务,共同加强全国的石油地质勘探工作。

1955 年 7 月 30 日,第一届全国人民代表大会第二次会议决定:撤销燃料工业部,分别成立石油工业部、煤炭工业部和电力工业部。毛泽东主席任命人民解放军后勤学院院长李聚奎担任石油工业部部长,周恩来总理任命李范一、李人俊、周文龙为石油工业部副部长,康世恩、徐今强、刘放、黄凯为部长助理,全面加强我国石油工业的生产管理。

毛泽东等党和国家领导人密切关注石油工业的发展。1951 年 11 月 15 日,燃料工业部石油管理总局在北京劳动人民文化宫举办第一届石油展览会,朱德为展览会开幕剪彩。展览期间,毛泽东、周恩来等中央领导先后参观展览,并对石油工业发展提出殷切期望。1953 年,毛泽东就石油问题征询地质部部长李四光的意见,语重心长地说:"要进行建设,石油是不可缺少的,天上飞的,地下跑的,没有石油都转不动。"他指示要加强地质勘探工作,还用军事术语形象地说:"普查是战术,勘探是战役,区域调查是战略。"他鼓励石油地质工作者说:"我们只要有人,又有资源,什么人间奇迹都可以创造出来!"

1956年2月16日,在中南海丰泽园颐年堂,毛泽东和李富春、薄一波等党和国家领导人一起听取了新任石油工业部部长李聚奎的汇报。2月26日,在中南海勤政殿,毛泽东、周恩来、刘少奇、邓小平、陈云、李富春、李先念等党和国家领导人再次听取了李聚奎和康世恩关于石油工业的汇报。毛主席向康世恩详细询问了石油勘探、开采、炼制等过程中的很多问题,指出"要在全国广泛开展石油勘探""避免经验主义,要有全国规划",这是对广大石油地质工作者的巨大鼓励,坚定了中国石油工业重点发展天然油的决心。特别是他提出的"发展石油工业还得革命加拼命"的指示,成为广大石油职工的座右铭,鼓舞着广大职工自力更生、艰苦创业,发现了一个又一个油田,开创了中国石油工业的壮美篇章。

从20世纪50年代开始,在中国共产党的领导下,我国已经发现的老油田得到了迅速恢复和发展。从1950年到1953年,延长油矿职工自力更生、埋头苦干,在陕北地区开展了大规模的石油钻探。1954年,他们探明扩大了永坪油田的含油面积,之后又相继发现了青化砭油田、长子油田,在被称为"磨刀石"的致密油层中实现了原油产量的逐步提高。玉门油田推广快速钻井技术和涡轮钻井技术,连续创造钻井日进尺全国纪录,同时广泛采用51型地震仪等新设备开展地质调查,先后发现了石油沟油田、白杨河鼻状含油构造、鸭儿峡潜山油田。到1953年,玉门油田面积扩大了4倍,地质储量增加了5倍。1952年,玉门油田生产原油14.26万吨,1953年达到23.4万吨,成为当时全国最大的油田,被誉为"中国石油工业的摇篮"。1950年,中苏依据两国签署的《中苏友好同盟互助条约》,发表《关于在中国新疆创办石油股份公司和有色及稀有金属股份公司的协定的联合公报》,成立了新中国第一家中外合资石油企业——中苏石油股份公司,正式开发新疆独山子的石油矿藏。

东北地区的人造石油厂也陆续恢复生产。1950年4月,全国石油工作会议确定了"石油工业要天然油与人造油并重"的建设方针,决定把辽宁抚顺作为发展人造油的重点地区,把东北地区的人造油企业先后改名为石油一厂(原抚顺西制油厂)、石油二厂(原抚顺东制油厂)、石油三厂(原抚顺人造石油厂)、石油四厂(原抚顺石油化工厂)、石油五厂(原锦西燃料厂)、石油六厂(原锦州合成燃料厂)、石油七厂(原大连石油厂)、石油八厂(原四平油化工厂)、石油九厂(原桦甸油页岩矿)、石油十厂(原吉林化工第一厂)。抚顺石油一厂改造后,可以生产50多种产品,生产成本也大大降低。抚顺石油三厂以石油一厂经碱煮精制的油页岩粗柴油为原料加氢,生产多种石油产品。抚顺石油二厂生产的矿星牌汽油质量优良,价格低廉,达到每加仑行驶3吨车11公里的标准,在东北被普遍采用,并进一步供应华北需要。1950年年初,锦西石油五厂开始恢复生产,下设化工、炼油、机械和发电4个分厂。1951年2月,锦州石油六厂原料煤气发生炉及合成炉、吸附分离塔等生产装置竣工并投入运行,生产出第一批合成石油。大连石油七厂降凝剂装置投产后,开始生产我国首批油品添加剂。1952年,人造油年产量达到24万吨,占全国全年石油总产量的55%,撑起了当时石油工业发展的半壁江山。

20世纪50年代中后期,石油工业确立了重点发展天然石油的工作方针,逐步加大对寻找天然石油的资金和力量投入,实现了石油勘探的初步突破。1955年7月6日,新疆克拉玛依黑油山1号井正式开钻,10月29日在井深620米处完钻,次日喷出了原油和天然气。11月1日,以10毫米油嘴测试,8.5小时产油6.95吨,11月2日产油8.1吨。1956年5月11日,新华社向国内外发布消息:新疆维吾尔自治区准噶尔盆地的克拉玛依地区已经证实是一个很有希望的大油田。1956年,克拉玛依当年完钻试油32口探井,其中有25口井具备自喷能力,已经控制克拉玛依油田面积130平方公里,探明储量达1亿吨。到1960年,克拉玛依油田探明油田面积扩大到290平方公里,原油年产量达到163.67万吨,占全国天然石油产量的39%,一跃成为当时我国最大的油田。1958年9月13日,青海冷湖构造地中4井喷油,石油工业在柴达木盆地首次取得勘探突破,发现冷湖油田。1959年,冷湖油田年产原油30万吨,约占当时全国原油产量的12%,成为当时继玉门、新疆、四川之后的全国第四大油田。1958年10月9日,新疆依奇克里克1号井喷油,初期日产油达120～140立方米,标志着南疆地区的第一个油田——依奇克里克油田的发现。1958年到1959年,石油工业部组织开展川中石油会战,虽然没有实现原定的目标任务,但也找到了蓬莱、桂花等7个油田,形成了年产10万吨原油的生产规模。

石油工业的恢复和发展为孱弱的国民经济提供了重要支撑。虽然当时的石油产量低,还不能完全满足国民经济发展的需要,但石油工业的技术力量、生产能力和发展基础得到了迅速恢复,石油战线广大职工开始用科学智慧和艰辛探索,发展属于人民自己的石油事业,由此翻开了中国石油工业振兴崛起的新篇章。

石油勘探战略东移

中华人民共和国成立后,我国石油工业一直在探索中不断前行。虽然石油工业基础逐步恢复,并陆续发现了克拉玛依、依奇克里克、冷湖等新油田,但石油工业相对落后,尤其是发展不均衡的局面并没有从根本上得到改变,同时石油产量低,已有的油田都处于西北偏僻地区,还无法满足社会主义建设的需要。

1953年,我国开始了国民经济建设的第一个五年计划(1953—1957年)。"一五"计划是在中共中央的直接领导下,由周恩来、陈云等亲自主持制定的第一个推动国民经济发展的长期计划。"一五"计划中,石油、农业和交通被列为国民经济发展的三大重点,其中石油排在首位。计划中明确指出:"石油工业在我国特别落后,不但产量低,设备能力很小,而且资源情况不明。因此,要求我们大力地勘查天然石油的资源,同时发展人造石油,长期地积极地努力发展石油工业。"计划中还提出:"哪里有石油,中央都全力支持。"1955 年 7 月 30 日,"一五"计划经第一届全国人民代表大会第二次会议审议通过。

1957 年,"一五"计划超额完成了规定任务,推动了国民经济的快速增长,为我国的社会主义工业化奠定了初步基础。但石油工业却没有完成计划任务,是国民经济体系中唯一一个没有完成"一五"计划的工业部门。按照规划,"一五"末,全国石油年产量要达到 201 万吨(实际需求为 620 万吨)。而整个"一五"期间全国合计产油仅为 508 万吨,1957 年全国石油产量仅为 145.7 万吨,其中天然石油 86 万吨,人造石油 59.7 万吨。同时,发现的油田分布不均衡,探明石油资源量少,全国已探明天然石油工业储量仅为 0.56亿吨。被列入"一五"计划 156 个重点项目的玉门油田,1957 年年产原油 75.54 万吨,也没有完成"一五"末达到年产原油 100 万吨的计划目标。1957 年,在国家已经很低的石油消费总量中,国产石油产品只占 38%,进口石油产品高达 62%,进口石油费用达到1.34 亿美元,占国家进口用外汇总额的 7%。石油工业的发展急切地需要一次重大的变革和突破。

1958 年年初,为了加快石油工业的发展进程,中共中央、国务院决定调整和充实石油工业的领导力量。周恩来按照当时负责军委工作的国务院副总理兼国防部部长、国防委员会副主席彭德怀的建议,准备推荐时任中国人民解放军总后勤部政治委员的余秋里担任石油工业部部长。

余秋里不仅是一位杰出的无产阶级革命家和中国人民解放军的优秀将领,也是中国经济建设的卓越领导者,是新中国石油工业的主要创建者和奠基人。

1958 年 1 月,在一次会议休息时,周恩来专门将余秋里叫到一旁,和他谈话,提出让他和李聚奎同志对调一下,由他出任石油工业部部长。余秋里感觉很突然,周总理也没有更多时间再解释,就让他好好考虑考虑,告诉他毛主席还要找他谈话。

过后不久,毛主席便亲自与余秋里谈话。余秋里还是有疑虑的,他认为自己从来没有搞过工业,而且石油在地下,情况更复杂,这个任务恐怕承担不了。毛主席解释了要调动他的原因:夺取全国胜利,这只是万里长征走完了第一步;我们熟悉的东西有些快要闲起来了,我们不熟悉的东西正在强迫我们去做;我们必须克服困难,必须学会自己不懂的东西;我们必须向一切内行的人们(不管什么人)学经济工作……钻进去,几个月,一年两年,三年五年,总可以学会的;我们军队的高级将领中,很多是在战争中学习战争,成了我军的优秀指挥员和政治工作干部;知识是从实践中来的,打仗、搞经济建设都是如此。毛主席还问余秋里是不是不愿脱军装,余秋里赶紧否认。毛主席又解释,部长以上的干部调动是中央决定的,不是转业,不用脱下军装。

听毛主席给自己解释了这么多,余秋里心里的顾虑统统消失了。他主动向毛主席表示,服从中央的决定,一定按照指示,在实践中学习,努力把工作做好。

1958 年 2 月 11 日,第一届全国人民代表大会第五次会议上通过了决定,正式任命余秋里为石油工业部部长。

1956 年 9 月,中共八大以后,中央决定,由中共中央政治局常委、中央委员会总书记、国务院副总理邓小平分管石油工业。尽管日理万机,邓小平仍然深入玉门、四川等当时全国仅有的几个油田调查研究,认真思考石油勘探的战略问题。1957 年年初,他还专门在成都召开了石油工业部、地质部负责人参加的石油工业发展促进会。

1958 年 2 月初,邓小平视察了四川石油勘探局川南油矿。在草棚搭起的会议室里,他语重心长地鼓励大家,要多打井,多产油,为国家建设多做贡献。其间,地质部党组书记、副部长何长工,石油工业部副部长康世恩也赶到成都汇报工作,当听说在川中岳池有一口井出油后,邓小平很高兴,因为四川距离工业重点地区近,石油使用起来更方便。

1958 年 2 月 27 日和 28 日,邓小平在中南海居仁堂连续两个下午听取石油工业部工作汇报。即将到石油工业部担任部长的余秋里、国务院办公厅副主任贾步彬、国家经委副主任孙志远也参加了这次汇报会。居仁堂曾经是袁世凯的办公地,中共中央进驻中南海后,这里是专门举行小型会议的场所。在会上,当时的石油工业部部长李聚奎汇报了石油工业的发展形势和基本情况,地质勘探司司长唐克汇报了各地区的勘探开发情况,重点汇报了第二个五年计划期间的石油勘探工作部署,勘探司工程师翟光明、王纲道参加了汇报。

邓小平听得很仔细,不时做些记录,有时提问,有时插话。在这次汇报会上,邓小平以一个战略家的眼光,对石油勘探的指导思想和发展战略做出了很多重要的指示和要求。

在天然油和人造油的关系上,邓小平强调,中国石油工业的发展要天然油和人造油并举,以天然油为主。听说石油工业部有搞人造油和找天然油的讨论,他指出,石油工业要发展,一定是"两条腿"走路,人造油是要搞的,并且下决心搞,但中国这样大的国家,从长远看,当然要靠天然油。

在石油勘探的战略重点和战略布局问题上,邓小平提出,石油勘探工作应从战略方面来考虑,把战略、战役、战术三者结合起来。石油勘探要选准突击方向,在建设西部天然油基地的同时,要把石油勘探的重点放到东部地区。他强调,石油勘探的战略方针不能这里那里都搞一下,总要有个轻重缓急,哪个地方先找出油来,哪个地方后找出油来,要挑出个先后次序;松辽、华北、华东、四川、鄂尔多斯 5 个地区,要多花一些精力,好好研究一番;第二个五年计划期间,东北地区能够找出油来,就很好;把钱花在什么地方,是一个很重要的问题;总的来说,第一个问题是选择突击方向,不要 10 个指头一般平,全国如此之大,20 个、30 个地方总是有的,应该选择重要的地区先突击,选择突击方向是石油勘探的第一个问题,不然的话,可能会浪费一些时间。

关于勘探部署的原则,邓小平强调,要在经济比较发达、交通条件好的地区加快石油勘探工作。他认为,搞油和打仗一样,过分分散就不利。就经济价值而言,华北和松辽都是一样的,主要看哪个地方先搞出来;把真正有希望的地方,如东北、苏北和四川这三块搞出来,就很好,对这些地方,应该创造条件,在地质上创造一个打井的基础,可以 3 年搞成,也可以 5 年搞成,应该提出一个方案来;如果龙女寺钻出油来,四川石油工业就会跳到前面,东北搞出油来了,也会跳到前面;对于松辽、苏北等地的勘探,都可以热心一些,搞出一些初步结果;苏北就是搞个玉门油田,一年 30 万吨,那也很好;吐鲁番就在铁路线上,搞出油来就很好;柴达木地区在第二个五年计划时期还用不上,塔里木可以不忙。

同时,邓小平强调,发展中国石油工业,必须坚持自力更生的发展方针,立足于依靠自己力量的基点上。他最关心的一个是勘探队伍的问题,一个是钻机问题。他询问:第二个五年计划期间,石油工业部打钻子(指的是石油钻井进尺)加一番行不行?地质队和地球物理队可不可以加一番?并指出,轻便钻机只有 55 个队太少了一点,中型钻机只有 140 多部也太少了,石油钻机要自己做,可以和机械工业部商量一下,不但要做 1 200 米的钻机,也要搞 3 200 米的钻机,套管、钻杆应当努力设法在国内解决。

另外,邓小平还指示,要加强科学研究工作,注重用科学的方法寻找石油。他认为,有些事情应该走在前面:一个是打钻子,一个是科学研究。钻了一口井,资料就不能浪费掉,要好好研究。

邓小平在这次听取汇报时的谈话成为中国石油工业发展的重要里程碑。正是在这次谈话之后,石油工业部、地质部加快了东北地区松辽盆地的石油普查和勘探工作,并很快取得了突破性成果,最终发现了大庆油田,一举扭转了石油工业的被动局面。

从松辽石油勘探大队到松辽石油勘探局

1958 年 2 月 11 日,第一届全国人民代表大会第五次会议通过余秋里为石油工业部部长的任命。4 月 29 日,中共中央批准余秋里任石油工业部党组书记。余秋里到任后,立即贯彻落实邓小平在听取石油工业部汇报时的重要指示,一场勘探队伍的大调动、大转移随即开始,石油工业部和地质部都从西北地区调遣人员和设备,充实到东部的勘探有利地区。

1958 年 3—4 月,石油工业部党组先后 5 次召开会议,传达贯彻邓小平关于石油勘探工作战略东移的指示精神。经过多次讨论,统一了思想认识,并迅速做出安排部署。一是撤销西安地质调查处,在东部组建新区勘探机构。二是在全国建立 10 个石油勘探战略地区,其中老区 5 个,即准噶尔、柴达木、河西走廊、四川、鄂尔多斯,以川中和克拉玛依为重点;开辟新区 5 个,即松辽、苏北、山东、贵州、吐鲁番,把松辽、苏北列为战略侦察的第一位。三是抽调人力、物力支援新区,从西安地质调查处、西北老油田和部机关选派干部充实到东部新区的勘探机构。

西安地质调查处是 1955 年建立的面向全国的地质机构。石油工业部成立以后,撤销了西北石油管理局和地质局、钻探局,同时新成立了西安地质调查处,当时的工作重点仍然是陕北、潮水盆地,但已逐步向我国东部扩展。

1958年4月中旬,石油工业部以西安地质调查处人员为主,在吉林省四平市公主岭镇成立松辽石油勘探大队,任命西安地质调查处副处长宋世宽为大队长。5月16日,又将松辽石油勘探大队扩编升格为松辽石油勘探处,办公地点设在吉林省长春市宽城区东二条街22号,宋世宽任处长。同时,抽调西安地质调查处部分队伍东进松辽,加强东北地区的勘探技术力量。

1958年6月26日,松辽盆地勘探机构再次扩大。石油工业部发出〔58〕油劳组字第143号决定,指出,为进一步贯彻鼓足干劲、力争上游、多快好省地建设社会主义的总路线,加速石油工业的发展,准备在全国各有关省区大力进行石油地质勘探工作,以期在最短的时间内找出更多的新油田。为此,必须加强对各地区的勘探领导工作,原松辽、贵阳、银川等石油勘探处及华北石油勘探大队已不适应目前的需要。为了迎接新的繁重任务,决定撤销松辽石油勘探处,成立松辽石油勘探局,负责东北地区的石油地质勘探工作,局机关设在长春,属东北协作区领导。石油工业部任命劳动工资司司长李荆和任局长兼党委书记,原松辽石油勘探处处长宋世宽任副局长。

同时,石油工业部还先后成立华东石油勘探局、银川石油勘探局和贵州石油勘探局。这样,从邓小平2月谈话提出战略转移开始,经过几个月的组织调动,东部地区的勘探机构已经建立起来,人员、设备基本到位,勘探普查工作全面展开。

松辽盆地的勘探机构不到3个月就连升3级,在石油工业发展历程中实属罕见。松辽石油勘探局成立后,石油工业部迅速抽调了50多名技术人员充实到松辽石油勘探局,这些技术人员平均年龄不到25岁,其中主任地质师为张文昭,工程师、地质师有杨继良、邱中建、张铁铮、安启元、常承永、胡朝元7人。另外,又先后从西安、玉门、青海等地调来1 000多名职工加强勘探力量,组成各类勘探队32个。其中,有5个地质详查队,配备13台手摇钻机,在松辽盆地东北部黑龙江省的海伦、绥棱、绥化、望奎、青冈、兰西一带进行地质详查,寻找含油有利地区和储油构造;6个地质研究队,分别在松辽盆地、辽西地区等地进行资料收集和综合研究,指出各地区的含油远景和勘探方向;9个重磁力队,在松辽盆地东南部约70 000平方公里范围内进行1∶10万详查,寻找有利的重磁力异常区带,为进一步部署勘探提供依据;4个钻井队,分别配备能钻3 200米井的乌德大型钻机2部,负责钻探基准井,同时配备1部贝乌钻机和1部1 000米型钻机钻探中浅层。此外,还有1个地球物理资料综合研究队、5个地形和控制点测量队、2个井下电测队。

松辽石油勘探局下设黑龙江、吉林、辽宁3个石油勘探大队,其中黑龙江石油勘探大队设在黑龙江省哈尔滨市南岗区和兴路,租用省水利勘察设计院大楼第四层作为大队机关办公地点。党委书记为关耀家,大队长为马振华,副大队长为孙靖韬。1959年4月,石油工业部又从新疆调来3个石油勘探大队给松辽石油勘探局,分别是八面城大队、登娄库大队、杨大城子大队。

1958年2月,地质部发出"三年攻下松辽"的战斗口号。5月,又进一步提出,大力加强松辽等有希望地区的石油普查勘探工作,在第二个五年计划期间,找到中国的"巴库"是很可能的。地质部将原在松辽盆地工作的 157 石油普查队扩大为松辽石油普查大队(后改为第二石油普查大队),队伍扩充到 11 个地质队,地质技术负责人为韩景行和吕华等,配备 500 米型、1 000 米型及其他类型浅钻机,根据石油工业部、地质部在松辽盆地的工作分工,按照"全面铺开,重点突破"的部署原则,重点在松辽盆地第二松花江以南的吉林省内等工区进行石油普查。同时,地质部将原在鄂尔多斯盆地工作的中匈合作物探队(即 116 物探队)、柴达木盆地的 205 物探队、四川盆地的 303 物探队调到松辽,与原有 112 物探队合并,成立东北石油物探大队(即长春物探大队),朱大绶为技术负责人,配备 2 个重力队、1 个磁力队、1 个大地电流队、2 个电测深队、4 个地震队,主要做物探大剖面了解区域构造特征,并在重点地区进行面积测量。地质部松辽石油普查大队和东北石油物探大队机关也都设在吉林省长春市。

1958 年 6 月以后,松辽石油勘探局党委副书记陈国润、副局长只金耀等都陆续到任。石油工业部和地质部在广阔的松辽盆地紧密合作,并肩作战,迅速拉出队伍,摆开战场,全面开展地质、物探和基准井钻探工作。

1958 年 7 月,松辽石油勘探局主任地质师张文昭和地质部地质师靳毓贵结合实际,开始编制 1959 年松辽盆地总体勘探规划。规划重点有 3 项:一是部署 4 条区域综合大剖面,解剖松辽盆地石油地质特征。第一条剖面自公主岭到洮南,穿过公主岭构造和钓鱼台构造南段;第二条剖面自德惠至泰来,穿过登娄库构造和扶余磁力高构造;第三条剖面自拉林至景星,穿过长春岭和大同镇构造;第四条剖面自哈尔滨至甘南,穿过团山子构造和任民镇构造。二是详查大同镇、钓鱼台、华字井、长春岭、任民镇、团山子、扶余、八面城、乾安等 10 个构造。三是在大同镇、大赉(扶余)、长春岭等构造上部署钻探基准井。

1959 年 2 月 8—10 日,正值春节期间,石油工业部党组召开会议,专门听取松辽石油勘探局关于 1959 年松辽盆地勘探工作总体部署的汇报。李荆和、宋世宽和主任地质师张文昭用 3 天时间向余秋里、李人俊、康世恩等汇报了松辽盆地石油勘探工作的具体安排和详细部署。部党组反复论证松辽盆地近年来取得的勘探成果,分析总结了松辽盆地十大有利条件:一是经过区域勘探,证明松辽平原是一个巨大的沉积盆地;二是经过区域勘探,证明松辽盆地具有很厚的沉积岩,并有生油条件;三是从地层岩性来看,盆地有很好的储油层和基层;四是松辽地层有渗透性和孔隙性都比较好的砂岩层;五是已经发现和查明了面积较大的构造,有些构造准备得比较细致;六是已经见到了广泛的油气显示,公主岭构造发现了 24 层油砂岩,厚 60 米,整个松辽平原共有 6 个构造,有 30 口井见到油气显示;七是地层可钻性和钻井条件较为有利,适于快速钻进;八是地层岩性和电测曲线各具特点,有利于分层对比;九是地质、地球物理各种方法协作结果符合较好,有利于加速准备;十是经济、交通条件非常有利,发现的构造距铁路一般都在 10 公里以内。经过讨论,大家认为松辽盆地区域的基本地质条件认识比较清楚,构造基本落实,勘探大有希望。会议一致通过了对松辽盆地勘探成果的基本评估和 1959 年的勘探部署,并决定,1959年要集中力量在松辽大干一场。

1959年2月11日,农历正月初四,在地质部党组书记、副部长何长工家里召开了石油工业部和地质部两部协作会议。参加会议的有地质部副部长邝伏兆、总工程师顾功叙、地矿局局长孟继声,石油工业部部长余秋里、副部长康世恩、勘探司副司长沈晨和松辽石油勘探局主任地质师张文昭,会议研究了松辽石油勘探局1959年勘探工作的计划和部署,明确了两部1959年在松辽盆地勘探工作的具体分工。

1959年3月,石油工业部在南充召开工作会议,又组织专家讨论松辽石油勘探局的勘探部署和措施安排。张文昭和松辽石油勘探局地质师安启元、32118钻井队队长包世忠参加了会议,张文昭向大会作了松辽盆地勘探成果和部署的报告。会上,唐克司长提出要加强松辽石油勘探局的研究力量,决定由石油工业部石油科学研究院余伯良带领部分科研人员、北京石油学院部分师生与松辽石油勘探局地质研究人员,联合组成松辽盆地地质综合研究大队,余伯良任大队长兼松辽石油勘探局总地质师,胡朝元、钟其权任副大队长,深入对松辽盆地进行地质勘探和全面研究。

在松辽盆地的石油勘探进程中,这是第一次全面推动以盆地为整体的勘探部署。一批批来自石油和地质战线的拓荒者开始叩开这片沉睡的"处女地",在盆地内广阔的覆盖区深入开展石油地质勘探,吹响了全面进军松辽的号角。

"松辽平原有石油"

松辽盆地是中国东北部的一个大型中、新生代沉积盆地。盆地横跨黑龙江、吉林、辽宁三省,四周被山脉、丘陵所环绕,西为大兴安岭,东北为小兴安岭,东南为张广才岭,南部为康平—法库山地,中间是嫩江、松花江、辽河水系流经的松嫩平原沼泽区。整个盆地南北长750公里,东西宽330～370公里,地面海拔120～300米,面积约26万平方公里,其中在黑龙江省的面积约11.8万平方公里,是世界上最大的典型陆相沉积盆地之一。

我国对松辽盆地的研究和认识开始于20世纪40年代末到50年代初。1947年,地质学家、矿物岩石学家、北洋大学(今天津大学)阮维周教授在《东北石油资源及石油工业》中,总结了伪满洲国在阜新、满洲里等地勘探失败的原因,坚定了在东北地区找油的信心。1948年,石油地质学家翁文波编制《中国地质概论》,把松辽平原列入具有含油远景的地区。1953年和1954年,地质学家谢家荣撰写的《探矿的基本知识与我国地下资源的发现》及《中国的产油区和可能含油区》等著作都把松辽平原划为我国含油希望很大的地区。1954年,地质部部长李四光在《石油地质》第16期《从大地构造看我国石油资源勘探远景》一文中,从构造地质学角度出发,提出华北平原、松辽平原的摸底工作是值得进行的。1955年,翁文波、谢家荣、黄汲清等编制的1∶300万中国含油气远景分布图中将松辽盆地列为第六区,定为三级远景区。陈贲、张文佑、高振西、侯德封等地质和石油专家都对松辽盆地的含油气情况做出了科学的分析和评价。

松辽盆地的含油远景也得到了当时在我国工作的苏联石油地质专家的关注。1953年10月至1954年2月，以苏联科学院院士、石油地质学家、莫斯科油田开发研究所所长特拉菲穆克为首的专家组在我国进行了为期5个月的考察。专家组成员包括地层古生物学家索阔洛夫、陆相地层找油专家萨伊多夫、石油地质专家库卡平等。之后，特拉菲穆克又两次来华考察，他在报告中指出，松辽平原无疑值得给予极大的重视，应积极开展区域普查，并对最有远景的构造进行详查。他认为，中国的石油资源极其丰富，没有重大发现是因为勘探历史短、地质普查少，只要多投资、多工作，完全可以自给自足。

1954年11月18日，国务院副总理陈云在中央讨论第一个五年计划草案的会议上提出，我们需要的石油数量很大，光靠人造是解决不了问题的，现在的主要办法是邀请苏联派许多成套的人来，帮助我们勘查石油。经过与苏方洽谈，这一建议获得了苏方的支持，从1955年起，苏联陆续派出地质勘探、油田开发、石油炼制等方面的专家组成顾问团，集中在石油工业部和各油气田，以顾问身份帮助指导工作。

1957年，苏联科学院院士、地质学家瓦林佐夫和石油地质专家潘捷列夫来到中国，他们在松辽盆地工作了12天，并就松辽盆地的石油勘探方向和研究方法先后同石油工业部康世恩、陈贲、余伯良，地质部韩景行、关佐蜀以及中国科学院地质研究所侯德封等领导和专家进行了座谈，分析松辽盆地的含油远景。他们认为"应该尽快到松辽盆地开展勘探，那里一定会有大油田"，为松辽盆地开展大规模的石油勘探做出了科学的预见。

1958年12月20日到28日，苏联地质专家布罗德教授在石油工业部勘探司副司长沈晨陪同下，来到松辽平原进行实地考察。他认为，松辽盆地登娄库构造和盆地南部的构造群在地貌上都反映了山前带典型的冲积扇平原特征，松辽盆地是一个大型自流盆地，很有希望找到大油田。

20世纪50年代初期开始，地质部和石油工业部陆续开展了对东北及松辽盆地的石油地质调查。1951年，刘国昌对内蒙古扎赉诺尔附近达赉湖畔的沥青露头进行了调查。1953年1月至4月，根据群众报矿，东北石油管理局派宋丕生等到黑龙江省尚志县进行过3次油苗调查；6月，燃料工业部石油管理总局又派邱振馨等再次前往调查。1954年，石油管理总局派张传淦、沈乐三、陈良鹤、杨惠民、唐祖奎、姚国范等先后多次到辽宁阜新、北票和黑龙江依兰等地进行油苗调查。

1955年1月20日至2月11日，地质部在北京召开了第一次石油普查工作会议。为了初步摸清我国石油天然气资源的分布情况，决定把石油普查列为重点，在全国实行"战略展开"，除把西北、西南等已有油气田发现的地区作为主要普查区外，还要在东部包括"第二沉降带"的松辽盆地等具有良好地质条件和含油远景的地区进行线路地质调查或区域地质测量，广泛开展油气普查工作。

1955年9月8日，地质部东北地质局组成以韩景行为首的5人踏勘组，开始对松辽盆地进行实地勘查。踏勘组从沈阳出发，首先在吉林省吉林市哈达湾租用了两条渔船，从第二松花江顺流而下,沿盆地东缘,靠着被誉为地质工作"三件宝"的铁锤、罗盘、放大镜,对中、新生代地层进行重点调查,并检查群众报矿的油苗产地。这次松辽踏勘采集到大量的白垩纪和第三纪紫红色砂泥岩,黑、灰、绿等颜色的泥岩,尤其是灰绿色泥页岩中分布有"芝麻饼"状介形虫页岩和鱼子状灰岩薄层,有明显的荧光反应和浓重的油味,推断可能是生油层,说明松辽盆地含油。由于这些地层中存在缓倾斜和小断层,推断在盆地内可能存在背斜构造。基于这些令人鼓舞的踏勘成果,踏勘组在报告中对松辽盆地含油气远景做出了肯定的评价和推断,并建议在盆地内进一步开展油气勘查和物探工作。

1956年1月,地质部在北京召开第二次全国石油普查工作会议。会议听取了韩景行踏勘组的踏勘成果汇报,决定以东北地质局踏勘组为主组成松辽石油普查队,即157地质队,韩景行为技术负责人,开展松辽全盆地的石油地质普查;以原松辽物探队为基础组建物探局北方大队112物探队,王懋基为技术负责人,在松辽盆地开展重磁力普查和电法、地震大剖面概查。

1957年3月,石油工业部派出松辽盆地地质研究队——116队赴松辽开展工作。116队由西安地质调查处抽调的7名地质人员组成,邱中建任队长,负责对松辽盆地及周边地质、物探资料进行综合研究,踏勘盆地边缘地质情况,编制松辽盆地及周围地区的含油远景图,并提出下一步地球物理工作的安排意见和基准井井位意见。

1957年11月20日,《人民日报》刊登了《我国石油资源大有希望》的消息。消息指出,3年来,全国已经发现可能储油的构造256个,华北平原和松辽平原都具有优越的地质条件,平原下部有着可能储油的潜伏构造,含油远景将被逐步证实。

1958年,石油工业部松辽石油勘探局成立后,石油工业部和地质部勘探队伍联合在盆地展开石油地质研究工作,使石油勘探取得了更大进展。地质部通过对盆地的普查,发现了大同镇等17个圈闭构造。

1958年,随着勘探战略东移和第二个五年计划的开始,松辽盆地石油勘探工作掀起了高潮。松辽盆地首先在浅钻井中获得了可喜的发现。1958年4月17日,队长林永明、地质员刘凤宝带领的地质部松辽石油普查大队501队在位于吉林省前郭尔罗斯蒙古族自治县达里巴村附近的南17井钻探中首次发现油砂。南17井3月15日开钻,4月18日完钻,完钻井深520.2米。该井在白垩系姚家组顶部见到了油浸及含油砂岩,虽然岩层较薄,含油也不饱满,但这是松辽盆地第一次在井下见到含油显示,这一发现证明了盆地白垩系松花江群地层有过石油形成的过程。5月23日,位于吉林省怀德县杨大城子附近的南14井开钻,9月7日完钻,完钻井深1 027米。该井从井深300米开始,陆续钻遇20多个含油层,总厚度达60多米。试油时在水中带出了油花,证实井下曾经发生过油气生成、运移和储集的过程。接着在北起安达、肇州,南到扶余、怀德的十几口浅井岩芯中,包括在大同镇背斜上,相继都发现了含油砂岩。这些发现于松花江群不同层段的含油砂岩说明松辽盆地是一个多层组的区域性含油盆地。这些重要发现增强了在松辽盆地找油的信心,极大鼓舞了广大石油勘探职工的工作热情。

1958 年,石油地质工作者取得了大量野外勘查和钻探工作成果。根据这些成果,初步建立了比较完整的白垩纪松花江群地层层序,指出了其中主要的生油岩、储油岩组段,初步划分了盆地的构造单元并做出了分区评价,认为中央凹陷和两侧斜坡是最有利的找油地带。同时,通过地震和地质浅钻,基本上圈定了登娄库、公主岭、扶余、大同镇、葡萄花、高台子等局部构造。随着松辽盆地石油勘探和地质研究的稳步推进,越来越多的资料和信息证明,松辽平原一定蕴藏着丰富的石油资源,距在松辽盆地发现油田已经为期不远了。

1958 年 6 月 25 日,新华社报道了《松辽平原有石油》的消息:"今年 4 月底,地质部松辽石油普查大队在吉林省扶余县一个储油构造的钻孔中,就曾经钻到了厚达 70 公分(注:公分为厘米的旧称)和 50 公分的 2 个油砂岩层,证明松辽平原深处有很多的石油集潴。6 月 17 日,这个普查大队又在公主岭西北杨大城子镇附近的构造钻孔中,遇到了一个新的厚度在 3 公尺(注:公尺为米的旧称)以上(现在尚未穿透)的含油砂岩层。岩芯取出后有原油渗出,进一步说明了在这个地区内找到油田的希望极大。"并进一步指出:"在最近获得的成果中,已经初步证实:松辽平原不久将成为我国最重要的油区之一。"

1958 年 6 月 26 日,《人民日报》也刊登了《松辽平原有石油》的消息。

广袤的松辽平原从来没有这样因石油而被人关注过。"松辽平原有石油,即将成为我国重要的油区"的消息极大振奋了急需石油加快建设的社会主义中国,振奋了在广阔松辽盆地上艰苦努力寻找石油的人们。虽然期待的油流还没有被发现,但这激动人心的消息已经预示着这片亘古荒原下深埋着的石油宝藏终将喷涌而出,终将为祖国石油工业的发展带来全新的希望和收获。

第二章

松基三井喷油流
大庆油田喜得名

　　随着勘探工作的进一步深入,在松辽盆地的多口浅钻井中相继发现含油砂岩和油气显示,人们热切地盼望着这些鼓舞人心的油气显示能够真正变成喷涌的油流。为了扩大勘探成果,迅速探明盆地含油情况,石油工业部按照石油地质勘查规律,先后在盆地内部署了 3 口基准井:松基一井、松基二井、松基三井。松基一井和松基二井都没有发现工业油流,因此,松基三井成为松辽盆地石油勘探的关键。井位反复研究,钻井几度波折,1959 年 9 月 26 日,松基三井石破天惊,油流喷涌,由此在松辽平原发现了一个大油田。因为正逢十年国庆,时任黑龙江省委第一书记的欧阳钦在松基三井喷油庆祝大会上,把发现的油田命名为大庆油田。

⚙ 向盆地深处进军

　　松辽盆地浅钻获得越来越多的油气显示,急需一次重大的突破。但当时整个盆地的地质资料,尤其是深层资料还比较少。松辽平原面积广阔、覆盖严重,为加快勘探进程,必须尽快了解盆地岩层的性质和年代,了解地下深处地层分布和生油、储油情况,迫切需要在盆地中心区域部署钻探基准井或深探井,以便尽快查明地层的沉积状态和地层属性,为寻找油气富集区指示方向。

　　基准井也称参数井,是在油气勘探初期,为了解某一地质资料极少的沉积盆地的区域地质特征和石油地质特征,查明地层时代与层序、生油性与含油性、构造与岩相,取得必要的地质与地球物理参数而钻的井,是以取得地质资料为主要目的的特殊探井。

　　1957 年,邱中建带领松辽盆地地质研究队 116 队在松辽盆地开展地质调查工作时,就提出过钻探基准井的意见。他们广泛收集了石油工业部、地质部、煤炭工业部、中国科学院等单位关于东北地区的地质调查资料,并实地进行油苗调查、岩芯观察、野外露头观察和地层剖面实测,采样进行了孔隙度、渗透率、粒度、碳酸盐含量、薄片、重矿物和荧光沥青等项目的研究,对盆地及周围地区的地层、构造、地质发展史、生储油条件和含油气情况进行了综合评价,对盆地的地质特征进行了分析和总结,同时提出了基准井部署建议。

　　1958 年,人们对松辽盆地的地质认识进一步加深。经过石油工业部、地质部和其他有关部门的紧密配合,已经查明松辽盆地是一个大型中、新生代沉积盆地,盆地在地质历史上曾经发生过油气生成、运移和聚集的过程,是一个极有希望的地区。石油工业部提出要向盆地深处钻探,并先后在松辽盆地部署了 3 口基准井,分别是松基一井、松基二井和松基三井,争取尽快攻下松辽,在东北找到油田。

　　井位如何确定至关重要。当时,虽然通过地质和物探工作已经发现了很多个背斜构造,但因为石油地质工作才刚刚开始不久,对盆地还没有更深入的研究,邱中建、钟其权等技术人员结合之前的调查情况和最新的研究结果,决定按照既探地层又探油的原则,把基准井井位部署在盆地内的重力高带上。

　　松基一井是松辽盆地第一口基准井,设计井深 3 200 米。按照重力资料,井位部署在盆地东北斜坡区安达县任民镇电法隆起上,具体位置位于黑龙江省安达县四平山乡卫星村赵家屯(现安达市任民镇东约 14 公里处),由松辽石油勘探局 32118 钻井队承钻。

　　1958 年,松辽石油勘探局仅有 4 部钻机。其中,黑龙江石油勘探大队 2 部,一部为苏制乌德钻机,由 32118 钻井队在安达打松基一井;另一部为国产 C-1000 型钻机,由 1005 钻井队在青冈打青冈 1 号浅探井。吉林石油勘探大队 2 部,一部为苏制乌德钻机,由 32115 钻井队在登娄库打松基二井;另一部为 BY-40(贝乌 40)型钻机,在杨大城子打杨中 1 井。

　　32118 钻井队是在玉门油田新组建的队伍,接到支援新区的命令后,紧急奔赴几千公里之外的东北松辽平原。当时的 32118 钻井队人员不整,只有 2 名正副队长,没有指导员,也没有井队应该配有的非常重要的钻井、地质和泥浆技术员,还缺少一个钻井班,只有 100 多名来自四川、山东、新疆克拉玛依、甘肃玉门等地的钻井工人。

　　1958 年 5 月,32118 钻井队跟随他们的乌德钻机一起到达安达火车站。当时的安达站很小,大家下车一看,要路没路,要运输车没运输车,要吊车没吊车,这怎么办? 100 多吨的钻井设备如何才能运到 40 多公里外的目的地呢?

　　松辽石油勘探局专门成立工作组,和 32118 钻井队一起召开"诸葛亮会",研究钻前准备问题。工作组决定,新成立钻井二班,由操作技术水平较高的一班副司钻安发担任司钻;由周达常担任钻井技术员,比较懂业务的副队长乔汝平配合组织指挥各班生产;由队长李怀德负责全面的行政管理,抓好生活,并负责在安达火车站装卸钻机设备;工作组王亚铎兼任指导员负责支部工作,抓好思想政治工作和职工教育;工作组保卫干事刘宝林负责联络黑龙江省经委,协调解决运输重型设备的拖车和井架安装问题;司钻刘福和负责到安达县租借一台拖拉机并联系具体生活。

装运钻机是第一道难关。没有吊车,装车卸车怎么办? "没有吊车,还没有肩膀么?!"八路军骑兵连连长出身的老队长李怀德带领王顺等党员和骨干,外衣一脱,光着膀子就上。32118钻井队100多条男子汉硬是用肩膀把20多吨重的钻机和2台同样重量的泥浆泵从火车上抬了下来。接着,他们发扬蚂蚁啃骨头精神,把钻机设备拆卸分解,抓紧运输、安装,用2个月的时间,终于把井架立起在苍茫的松辽平原上。其间,32118钻井队还修筑沙石路2公里,架设木桥1座,架设了发电线路,盖起了住宿的营房,做好了前期准备工作。

夏日的北国晴空万里,广袤的原野绿草如茵。1958年7月9日,松基一井正式开钻,32118钻井队举行了简朴而又隆重的开钻仪式。钻台上挂起了"开钻典礼"的大字横幅,各色彩旗迎风飘扬,指导员王亚彬主持开钻仪式,队员们在钻台上整齐列队,黑龙江石油勘探大队领导一声令下:"松基一井——开钻!"威武的钻机隆隆响起,飞旋的钻头直刺向沉寂的地层。

松基一井开钻后,老队长李怀德另有任务被调走,刚刚转业的人民解放军少校军官包世忠来到32118钻井队担任队长,同时前来的还有指导员沈广友。

包世忠1923年出生于河北丰润,参加过抗日战争、解放战争和抗美援朝战争,是一名战功显赫的三级甲等伤残军人。来到松基一井后,包世忠从零学起,从每一个岗位学起,起早贪黑地熟悉各岗位工作,很快就能够得心应手地指挥整个钻井施工。

从炎炎盛夏到飒飒深秋再到漫漫严冬,松基一井不断钻进。包世忠看着一箱箱圆柱形,夹带着小鱼、贝壳和树叶的岩芯,心里美滋滋的,可松辽石油勘探局的技术人员告诉他,这口井基本上失败了。包世忠急了,说:"我们哪里做得不对?哪里质量不合格?"技术人员说:"都不是,因为没有见油。"

1958年11月11日,当松基一井钻进到1 879米时,钻遇了变质岩,也就是说,已经钻到了盆地的基底。这个深度远没有达到设计深度,但这时候,再钻下去已经没有意义了。经过专家和松辽石油勘探局技术人员研究分析,决定就在井深1 879米处完钻,下套管完井。在套管下至1 800米时,又因为出现了技术、材料等方面的问题而停工,直到1959年3月22日完成固井。

松基一井钻遇了较厚的沉积地层,但经过电测、试油,并没有见到油气显示。

松基二井是松辽盆地第二口基准井。邱中建、钟其权等技术人员的最初意见是部署在扶余重力高带(即现在吉林油田东部扶余一号构造)上,井位经松辽石油勘探局同意,并已安排第二部乌德深钻机运往松花江北岸的陶赖昭火车站。但在地质部工作的苏联专家潘捷列夫与地质部松辽普查大队在第二松花江南岸勘查时,发现了登娄库构造,认为这一构造更加有利,要求改变设计,将第二口基准井部署在登娄库构造。经过两部沟通,也为了尊重苏联专家的意见,最后决定松基二井改打登娄库,并把已经送到陶赖昭火车站的钻机又装车运到松花江南岸。

松基二井井位最终确定在吉林省前郭尔罗斯蒙古族自治县登娄库乡小地窝棚村附近，由松辽石油勘探局 32115 钻井队负责钻探。

1958 年 8 月 6 日，松基一井开钻一个月后，松基二井也正式开钻。松基二井整整打了 13 个月，刚一开钻就遇到了设备、部件不配套等困难。32115 钻井队在队长王启智带领下，开动脑筋解决难题，全力以赴地保证了钻探工作不断推进。

松基二井虽然钻进过程中困难重重，但钻探效果十分显著。钻井过程中，刚刚钻进了 162 米，便在随泥浆返出的岩屑中发现了油砂。在钻进到井深 1 252 米时，又从返出的泥浆中见到了漂起的油花和气泡，油气显示十分明显。全队欢欣鼓舞，士气大振。1959 年 9 月 15 日，该井在井深 2 787.63 米处完钻，虽然地质人员断定钻遇了含油气的地层，但松基二井试油并未获得工业油流。

虽然松基一井和松基二井都没有出油，但取得了宝贵的地质资料。同时，结合航空磁测、重力、电法等综合解释资料，对松辽盆地的地质认识不断加深。已经明确，松辽盆地是一个大型的中、新生代沉积盆地，包括开鲁凹陷在内，总面积达到 26 万平方公里。盆地基底最深的部位在盆地中西部，深达 5 000 米以上，这个深凹陷中具备较好的生油条件，而且已经见到可能的生油层和储油层，并已经见到直接的含油显示。同时，通过地面地质调查，已发现 10 个构造，电法发现基底隆起 19 个，虽然对闭合情况还需进一步查明，但根据当时对物探资料的初步解释，电法高带和重力高带往往是中浅层背斜构造带的反映，这为进一步寻找油气，确定突破方向提供了重要依据。

1959 年 5 月 6 日，《人民日报》转发新华社《在东部工业区详探天然石油，数千勘探人员汇集松辽平原》的报道。报道中说，松辽平原石油勘探工作正在大力进行，经过 3 年勘查，已被确定是一个大有希望的含油地区。为了迅速改变我国石油工业的分布状况，尽快地在工业发达、交通便利特别是耗油量较大的我国东部地区找出石油，石油工业部和地质部已经决定，把松辽平原作为当年我国石油普查勘探工作的重点。在这个地区，一方面将采取"撒大网"的方法开展全面普查，以发现更多的可能储油构造；另一方面要集中力量，重点突破，在最有希望的储油构造上开展详查和勘探，力争在最短的时间内探明松辽平原的含油价值。

茫茫大地，油藏何处？沉寂了亿万年的松辽盆地何时才能向苦苦探索的人们揭开她神秘的面纱？期待已久的工业油流何时才能真正地由希望变为现实？在松基一井和松基二井之后，承载着沉重责任和热切期盼的松基三井成为所有人关注的重点。

32118 再担重任

松辽盆地前 2 口基准井都没有取得良好效果，其中松基一井打在隆起的斜坡部位，进尺还不到 2 000 米就打到了变质岩;松基二井太靠近盆地边缘,虽然见到了油气显示,可试油并未见到油流。因此,第三口基准井井位就显得更加重要。松辽石油勘探局地质人员在当时地质资料很少的情况下,几经周折,反复研究,最后确定了松基三井的井位。

早在 1958 年 3 月,石油地质工作者就已经开始研究确定松基三井井位。邱中建在《松辽平原及周围地区地质资料研究阶段总结报告》中,建议在松辽盆地北部钻一口基准井,井位在 CYXI 电法剖面的 5 号、6 号重力高带上选择,尤其是 5 号重力正异常带突出于凹陷之中,位置非常优越。

1958 年 7 月,松辽石油勘探局编制的 1959 年勘探工作规划中,安排全年钻探 12 个构造,部署 8 口参数井,其中大同镇电法隆起,也就是 5 号重力高带上的参数井(即松基三井)排在第一位,计划进尺 3 200 米。

1958 年 8 月 4 日,地质部提出了三号基准井井位的不同意见。地质部松辽石油普查大队以松油地字第 10 号文件,向松辽石油勘探局发出《关于松辽平原第三号基准井井位位置函》,指出"第三号基准井位置经我队和长春物探大队研究,最后确定于吉林省开通县乔家围子正西约 1 500 米处",并同时提供了井位布置的 5 点依据。

松辽石油勘探局地质室张文昭、杨继良和基准井研究队钟其权等对井位进行了认真研究。另外,还专门派钟其权到长春物探大队查阅最新物探资料,并就井位进行了协商。地震资料表明,高台子大同镇一带是一个大的隆起构造。1958 年 9 月 3 日,松辽石油勘探局、地质部松辽石油普查大队和长春物探大队 3 个单位有关技术人员一同讨论了松基三井井位的问题,最后决定,还是将松基三井井位定在大同镇电法隆起上。

1958 年 9 月 4 日,由张文昭、钟其权拟稿,形成了松基三井井位部署意见。9 月 15 日,松辽石油勘探局以松油勘地〔58〕字第 0127 号文件向石油工业部呈报了《松基三井井位意见书》,同时呈报了确定井位的 5 点依据。石油工业部勘探司认为呈报井位的依据不足,要求补充资料。松辽石油勘探局又结合最新的地震资料,对高台子地区进行了现场勘查,最后对松基三井井位做了微小调整,把井位确定在小西屯和高台子之间,同时提出了 2 点补充依据。

1958 年 11 月 14 日,由杨继良拟稿,松辽石油勘探局以松油勘地〔58〕字第 0345 号文件呈报了最新的井位图。呈报的松基三井位于大同镇西北,小西屯以东 200 米,高台子以西 100 米处,并在图中用 4 条地震测线圈出了高台子构造。11 月 29 日,石油工业部以油地第 333 号文件批复同意了松辽石油勘探局松基三井井位部署意见。

1959 年春节后,余秋里在部党组会议上安排了松辽石油勘探的战略部署。按照工作分工,地质部负责松辽盆地 4 条地质综合大剖面,石油工业部负责的一个最重要的任务就是全力打好松基三井。康世恩也指出,重力、磁力、地震资料都是第二性的,要找出油来,还得靠打井。松基三井井位与松基一井、松基二井约呈等边三角形,处在不同构造上,又是"坳中之隆",位置十分理想,要尽快钻探。

松基三井是松辽盆地第三口基准井。这口井位于松辽盆地中央坳陷区,是大庆长垣构造上的第一口探井。松基三井井位确定后,松辽石油勘探局将松基三井的钻探重任交给了刚刚打完松基一井的32118钻井队。

松基一井的钻探没有取得明显收获,让32118钻井队全队上下都憋着一股劲。完成松基一井钻探后,32118钻井队在队长包世忠的带领下,利用冬季整休时间进行了技术培训和大练兵,使钻井操作水平又上了一个新台阶。经过整训,全队从党员干部到普通钻工,个个精神饱满、斗志昂扬。接到转战松基三井,再探松辽盆地的任务后,全队上下一片欢腾。

欢喜过后便是难题,在当时,一个深井队搬家谈何容易。从松基一井井位到松基三井所在的小西屯相距130多公里,两地之间除了荒芜的草原和翻浆的田野外,根本没有一条像样的路。当时,整个松辽石油勘探局只有8辆解放牌和嘎斯卡车,最大载重仅为4吨,要把120多吨的设备物资运过去,困难可想而知,这让包世忠眉头紧锁。

32118钻井队再次召开"诸葛亮会",发动群众集体讨论。设备太重怎么办?井架、钻机可以尽量拆分,化重为轻、化大为小,但20吨的泥浆泵拆分后仍有8吨重,搬不动,运不走,怎么办?垫滚杠,上撬杠,肩膀也能当拖拉机。没有大型运输车怎么办?加固汽车,适当超载,前后保镖。没有吊车,泥浆泵等大件装车怎么办?可以用三脚架和滑轮倒链提升泥浆泵,然后在悬空的泵体下面挖出一个斜面坑,卡车慢慢倒进去,之后松开倒链,泥浆泵就可以完成装车。会议还确定了2条确保安全的原则:一是确保人身安全,不得碰伤一人;二是确保设备安全,不得损坏一台车、一台设备。

1959年3月,32118钻井队开始向松基三井所在的肇州县大同镇地区搬迁。早春的黑龙江大地上,冰雪已经开始消融,但冻土并未完全开化。队长包世忠、指导员沈广友和副队长乔汝平在无吊车、无拖拉机、无4吨以上大型车辆的"三无"情况下,带领全队职工"蚂蚁搬山",将钻井设备拆卸分解,化整为零,加固运输车辆和沿途桥梁,小心翼翼地慢速行车,并用全黑龙江大队仅有的一辆大马力太拖拉水泥车全程保障,有惊无险地完成了130多公里的搬家行程。

就位小西屯后,井架立在哪?从哪下钻?松辽石油勘探局基准井综合研究队队长钟其权找来一根小方木杆,上面写上"松基三井"4个字,用榔头往黑土里一钉,对包世忠说:"这就是井位,就在这儿钻。"32118钻井队全队一起努力,很快立起了井架,做好了钻前准备。

1959年4月11日,位于肇州县大同镇高台子构造上的松基三井开钻。开钻并不需要像确定井位那样反复权衡,包世忠让钻工们把红旗插上40多米高的井架,全队职工在钻台上列队,他一声令下,鞭炮齐鸣,钻机轰鸣,松基三井正式开钻。

松基三井的钻井过程并不顺利。由于物资不到位,开钻的时候井队没有配好足够的循环泥浆,开钻后用清水造浆的办法钻开了地表层。但东北平原的土质与西北黄土高原的土质不同,钻进后没多久,就遇到了地下流沙层,造成表层套管下放时井壁坍塌现象,在100多吨的钢铁钻塔下出现了一个不见底的深坑,正在慢慢吞噬松软的地表土层。如此下去,不仅钻进无法继续,甚至连井架都有下陷的可能。

情况危急,千钧一发。包世忠与队干部和技术人员紧急商议对策,决定立即停钻,组织人力就地取材,迅速填坑止陷。全队职工集体行动,用碎石和荒草阻挡坍塌的流沙,用可凝固的沙泥夯实塔基。一番拼搏,成效显著,陷坑被填平填实了,高耸入云的钢铁钻塔依然笔直地挺立在蓝天下,抖擞精神的乌德钻机再次发出隆隆的吼声。

险情解除后,包世忠在钻台上做了战斗动员。他要求全队加油钻进,一定要把损失的时间夺回来,一定要把松基三井钻好。

松基三井顺利钻进后,很快就见到了明显的油气显示。松基三井设计井深3 200米,因为浅层已经有钻井资料,为了提高钻进效率,加快勘探进程,松基三井上部没有取岩芯,而是从井深1 050米开始连续取芯。1959年8月21日取芯过程中,在相当白垩系姚家组地层层位,从1 112.20米到1 171.50米,先后有6个井段见到油浸和含油粉砂岩、细砂岩,岩芯总长度达3.15米,油斑粉砂岩和泥质粉砂岩共长1.91米。取出的岩芯呈棕黄色,含油饱满,油味浓郁。因为岩芯收获并不完整,后又通过井壁取芯取出8颗油砂,再次证实井深1 110米到1 160米之间广泛分布油浸粉砂岩、细砂岩。同时,从泥浆中返出原油和气泡,持续达1小时,气泡有强烈油气味,收集后点火可以燃烧,火焰呈淡蓝色,证明是石油气。之后,在相当白垩系青山口组地层层位,井深1 353.80米到1 364.83米井段在岩屑中见到浅黄绿色油浸粉砂岩、细砂岩,在岩芯筒上有棕黄色油珠,并有浓郁的原油味。泥浆中再次返出原油和气泡,持续40分钟。

这一鼓舞人心的消息立即上报给了正在哈尔滨的康世恩。康世恩听取了现场汇报,从松基三井送来的电测图和井壁取芯资料显示,油层部位的自然电位和电阻曲线都反映出油层情况良好;井壁取得的岩芯经四氯化碳浸泡后,颜色橙黄,对比为14级。大家仿佛看到了油流喷涌而出一样,个个心情激荡、人人笑逐颜开。在场的苏联专家、苏联石油工业部总地质师米尔琴科也抑制不住激动的心情,风趣地和康世恩说:"真是好消息呀!像这样的好消息,若在我们苏联,就得喝酒、狂欢!依我看,你们也别开会了,快去喝酒、狂欢吧!"

一个期待已久的"金娃娃"就要呱呱坠地了。32118钻井队职工精神抖擞,士气高昂,准备全力以赴、一鼓作气拿下这个"金娃娃"。但事与愿违,经过测井显示,松基三井井斜达到了5.7度,超过了设计值,而且经过反复调整,仍然无法纠正偏差。怎么办?一个重大的抉择摆在了人们面前。

松基三井喷油

松基三井钻进情况上报后,中苏专家就下一步的施工方案产生了分歧。苏联石油工业部总地质师米尔琴科认为,按照基准井钻探的规定程序,松基三井应继续执行原设计,一直钻到 3 200 米,完成基准井查明地层的任务,再从下至上逐层试油。康世恩没有采纳苏方意见,他力排众议,决定在松基三井见到良好油气显示的情况下立即完钻试油。

康世恩毕业于清华大学地质系。新中国成立后,他长期在石油石化战线工作,是我国石油和石化事业的重要创建者和开拓者,是我国工业战线的杰出领导人。康世恩认为,按照当时的技术水平,在发生井斜的情况下,松基三井的钻速会受到严重影响,至少还需要 1 年多的时间才能钻达设计深度。而且,打井的目的就是找油,从松基三井的油气显示情况看,希望很大,但如果油层长时间被泥浆浸泡,很可能把油层“压死”而不能出油。为争取时间,早日发现油田,他决定松基三井提前完钻试油,然后在松基三井附近再打一口井,完成查明地层的任务。这一决定让大庆油田的发现至少提前了 1 年。

1959 年 8 月,松基三井的录井、测井等资料送到了石油工业部。康世恩副部长和唐克司长组织地质勘探司有关人员专门研究了这些资料,并讨论形成了松基三井完井试油的总体方案。因为从这些资料上看,松基三井有油气显示的层位并没有很好的、突出的测井显示,尤其是要先试油的下油层组青山口组油层(后来被命名为高台子油层),其横向测井曲线都是锯齿状的,只能勉强根据 3 个并不明显的“小尖尖”解释出 3 个小油层,每层的厚度只有 0.5～0.6 米,合计厚度仅为 1.7 米。这样的油层值不值得试油? 如何才能试好油,尽快了解地层真实的产油情况? 这给那些参加会议的、当时都只有二三十岁且实际工作经验不多的年轻技术人员带来了很大的压力。

康世恩鼓励大家一定要开动脑筋、解放思想,要跳出国外横向测井解释的束缚和框框。因为横向测井解释并不适用于所有情况,对于夹在泥岩里很薄的夹层,这种方法无法消除泥岩屏蔽的影响,要用实事求是的科学态度分析测井资料和它的解释准确度,松基三井已经见到明显油气显示,坚决不能放过。对于井下还可能存在的其他薄油层,可以用“排排炮”,也就是长排列的射孔弹覆盖曲线的锯齿部位,把那些“小尖尖”全部射开,不漏掉任何产油层。待下油层组试油结束后,再用同样方法打开上油层组(后来被命名为葡萄花油层)进行试油。

为了确保固井质量和试油效果,康世恩决定:松基三井虽然没有钻到计划深度,仍按照原设计下 $8\frac{3}{4}$ 吋(注:吋为英寸的旧称,1 英寸 = 2.54 厘米)套管完井固井。同时,急调玉门矿务局钻井总工程师彭佐猷带领固井队伍来松辽指导固井工作,派赵声振、邱中建、蒋学明、樊营组成试油工作组到松基三井现场指导试油工作。

1959 年 8 月 25 日,彭佐猷、杨宗智等专家率领一支全套人马的固井队来到松基三井,就固井工程的技术保障和组织实施进行全面指导,并向 32118 钻井队进行技术交底。

8 月 27 日,松基三井在井深 1 461.76 米处停钻。8 月 28 日,松基三井开始下套管。8 月 29 日,在彭佐猷的指挥下,松基三井开始固井作业。由于提前完钻固井,很多物资、设备没有齐备,32118 钻井队发动全队职工,并在安达县雇用了马车,人拉肩扛抢运套管和水泥;石油工业部工作组成员、松辽石油勘探局副局长宋世宽带领局里人员都来到现场扛水泥。由于人员多、干劲足、工序措施明确,固井施工十分顺利,2 000 多袋 600 号油井水泥全部经井中注入套管外环形空间,经过电测,固井的各项指标合格,完全达到了技术要求。

8 月 28 日,在松基三井现场召开了试油工作部署会。会议分析了当前存在的具体问题:一是井口采油树大法兰缺失,无法安装采油树这个最关键的设备;二是松辽石油勘探局没有抽汲求产用的抽子和胶皮环,加工制造根本就来不及;三是井队没有试油计量器具,无法准确计量油水产量。另外,当时正逢雨季,道路泥泞不堪,交通受阻,有些工具和设备组织上来起码要一个月,一些措施和工具的保障只能因陋就简、因地制宜,争取用土办法就地解决,提高工作效率。

试油工作组开动脑筋,最后决定集中抓好最紧迫的几件事。蒋学明、邱中建负责抓好射孔试验,他们组织钻井队和射孔队在现场挖了一个试验坑,下入一段 8¾ 吋套管,套管外灌注 330 毫米的水泥环,分别用 58-65 型射孔弹和 57-103 型射孔弹做射孔对比试验,最后确定采用穿透深、孔径大、操作效率高,不会引起套管和水泥环裂缝变形的 58-65 型射孔弹射孔。试油工作组人员还和射孔队一起仔细丈量了两遍射孔电缆,确保下井深度准确无误。射孔队准备了 104 发射孔弹,提前安装在射孔弹架上,做好了“排排炮”,并对射孔操作程序和各环节控制进行了反复演练。赵声振和 32118 钻井队队长包世忠、副队长乔汝平一起,利用保养车间的材料和工具,自己动手用厚钢板制作了采油树底部大法兰,安装后经过清水试压,承压达到了 72 个大气压下不刺不漏,30 分钟压降低于 3 个大气压,符合技术规范要求。

试油工作组综合判断了松基三井油气显示和油层特点,决定采用提捞法诱喷。他们在井队找到一根 13 米长、直径 4 吋的废铁管,设计制作了一个提捞筒。保养车间焊制了一个 200 升的计量池,井队准备了 2 000 米的 ⅝ 吋提捞大绳(钢丝绳),并在大绳上用钢丝做好了深度标记。

9 月 4 日至 5 日,32118 钻井队用清水替出了井内泥浆,并把钻井大绳换成提捞大绳,射孔前的准备工作一切就绪。

9 月 6 日,由蒋学明和测井队队长赖维民指挥,开始对松基三井进行射孔作业。在清水压井条件下,把下油层组外扩,在 1 357.01～1 361.44 米、1 367.96～1 372.44 米、1 378.12～1 382.44 米 3 个井段合计射开 13.82 米,确保把电测显示为锯齿状的可能小油层都射开。

射孔后,正如预计的那样,井内液面未见波动。9 月 7 日,开始提捞诱喷。一开始,捞到的都是水,到 9 月 8 日,捞出的水中原油开始逐渐增多。现场工作人员将情况上报后,康世恩指示,将捞筒下入油水界面以下,只捞水、不捞油,逐渐排出井内压井液和渗透到油层内部的泥浆滤液,疏通油层,一定要捞个“水落油出”。

可油水界面在哪里?怎么判断?蒋学明开动脑筋,和赖维民一起用圆木柱、长铁钉、薄铁皮、细电线等材料,自制了一个“液面探测仪”。这个土仪器在地面试验反应十分灵敏,在空气中时仪器示数为零,进入原油并向下移动时电阻示数极大,经过油水界面并进入水中后电阻示数明显变小,下井使用后效果也非常好。用它来确定捞筒应下入的合理深度,保证了精确度,提高了捞水效率。

9月18日,松基三井水面降到1 346米。18日到19日,在井深100米处定深提捞求产,日产原油为11.15立方米,合9.09吨。之后又进一步将水面降到1 384米,9月20日,捞筒下深已经超过射孔层段底部,证明井内已经都是原油。9月20日至24日,在井深325米处定深提捞求产,日产原油17.88立方米,合15.49吨。9月24日到25日,用自制的仪器测量液面上升情况,并折算求日产量。9月25日上午,液面恢复到井口并开始外溢原油。

由于方案措施得当,施工严细认真,经过20天坚持不懈的工作,油层终于被疏通了。9月26日上午,32118队开始抢下油管。经过关井憋压,当天16时,松基三井开始开井放喷求产,先启用21毫米和9.5毫米油嘴放喷,棕褐色的原油从放喷管线喷涌而出,实测日产原油10～15立方米。一时间,工作人员和当地的百姓欢呼着聚集到现场,一起观看喷油的喜人场面。人们奔走相告,松基三井出油了!大同镇沸腾了!

9月28日,石油工业部和地质部向松辽石油勘探局发来贺电。贺电称:"松辽出油是石油勘探战线上的重大胜利,是你们向伟大的建国十周年献上的厚礼。在东北工业区发现油田,更有重大的政治、经济意义,这对于改变我国石油分布不均的状况起到了很大的作用。你们要乘胜扩大战果,争取更新的胜利。"

松基三井喷油,是第一次在广阔的松辽盆地获得工业油流。这一重大发现直接标示了大庆油田的诞生,成为中国石油工业发展史上的重要里程碑。1982年,"大庆油田发现过程中的地球科学工作"获国家自然科学奖一等奖。

后来,为了纪念松基三井的重要作用和大庆油田发现者的卓越功勋,大庆油田在松基三井旁边立起了纪念碑,并镌刻上了23位大庆油田发现者的名字,他们是:(地质矿产部)李四光、黄汲清、谢家荣、韩景行、朱大绶、吕华、王懋基、朱夏,关士聪;(石油工业部)张文昭、杨继良、钟其权、翁文波、余伯良、邱中建、田在艺、胡朝元、赵声振、李德生;(中国科学院)张文佑、侯德封、顾功叙、顾知微。

2001年,松基三井被国务院文物局列为第五批全国重点文物保护单位,成为当时共和国最年轻的国家级文物。

⚙ 命名大庆油田

1959年9月26日,中华人民共和国十周年国庆前夕,位于黑龙江省肇州县大同镇附近的松基三井喷油,一个大油田被发现了。11月8日,黑龙江省委在松基三井所在的大同镇召开庆祝大会,时任东北局第二书记、黑龙江省委第一书记的欧阳钦提议,把大同镇改为大庆镇,把发现的油田命名为大庆油田,以此为国庆十周年献礼。

松辽石油勘探局在黑龙江省内的石油勘探工作得到了黑龙江省委、省人委和经委、计委等部门的大力支持。尤其是松基一井、松基三井先后开始钻探后,松辽石油勘探局宋世宽、孙靖韬等经常到省经委地质处接洽工作。1959年,为保证勘探工作的顺利进行,黑龙江省还派出筑路队,修筑了安达到大同镇的公路。

松基三井在国庆节前夕喷油并获工业油流,喜讯很快传到哈尔滨。黑龙江省经委主任封仲斌与松辽石油勘探局联系,要求松辽石油勘探局带原油样品到省委报捷。1959年9月27日,松辽石油勘探局黑龙江石油勘探大队党委书记关耀家受局长李荆和委托,带上大红报捷书和松基三井喷出的原油样品,下午就从安达乘火车赶往省城哈尔滨,准备第一时间向黑龙江省委报喜。

9月28日上午,关耀家和松辽石油勘探局工作人员李廷树随封仲斌来到省委107招待所二楼会议室。省委正在开常委会,省委第一书记欧阳钦,省长李范五,书记强晓初、杨易辰、陈雷,秘书长李剑白等领导都在等候松辽石油勘探局的同志。

欧阳钦是一位忠诚的无产阶级革命家、坚定的共产主义战士,他为中国新民主主义革命、社会主义革命和建设事业都做出了巨大贡献。石油工业部和地质部在黑龙江省的勘探工作不断扩大,对此欧阳钦一直十分关注。

封仲斌和关耀家、李廷树来到后,欧阳钦热情地站起身,招呼松辽前线来的人员坐到他身边。他指着放在地上的原油瓶子问道:"这里装的就是原油吗?"关耀家回答说:"是的,这就是从地下1 000多米喷上来的原油。"欧阳钦疑惑地问:"拿火点一下能着火吗?"关耀家就拿纸条蘸了点儿原油,用火柴一点就点着了。欧阳钦高兴地向大家说:"这是真正的原油啊!我们这里出油了,这是件大好事啊!"在座的常委们都十分激动,一起兴奋地鼓起掌来。欧阳钦又问:"你懂得这门科学吗?能不能向我们介绍一下油是怎样搞出来的?"关耀家略为思考了一会儿,把茶几上的暖水瓶比作油井,简明扼要、通俗易懂地向常委们说明如何经过地质勘探发现地下的含油构造,介绍了松基三井通过钻探,打进地层多深,如何见到油气显示,如何下套管固井,如何通过射孔打开油层,让埋藏在地下深处的原油从油井里喷出来。听完介绍,欧阳钦说:"很好。日本人统治了我们东北14年,他们掠夺我们的资源,还没有发现这里有油。如今,我们在党中央和毛主席的领导下,把埋藏这么深的地下宝藏——石油开发出来了,这是一件具有战略意义的大好事。"之后,他又问:"能登报吗?"关耀家回答:"正因为这里出油具有战略意义,现在要保密,石油部领导指示:目前不宜公开登报。"欧阳钦说:"对,不登报也重要,我们有很多事情不登报比登报还重要。"他还提出,把这瓶原油留给省里作为纪念。

最后,欧阳钦和在场的领导都站起来,与关耀家、李廷树一一握手。欧阳钦勉励他们:黑龙江找出石油是一件大好事;石油对于我们国家的国防、工业和农业机械化都有极其重要的意义;黑龙江一定要全力以赴,支援石油勘探,和石油职工一起,做好石油勘探开发工作;你们也要再接再厉,战胜各种困难,去夺取更大的胜利,拿下大油田。

随后,黑龙江省委连续发出 3 个电报,向中共中央和国家计委、国家经委报告松基三井钻探和试油情况。副省长陈剑飞、经委主任封仲斌代表省委,肇州县委书记魏忠才代表肇州县委,分别前往松基三井慰问了广大石油职工,并和当地群众一起观看了松基三井喷油的盛况。省、县派出的剧团在松基三井现场为一线干部职工演出了精彩的文艺节目。32118 钻井队司钻王顺还代表松辽石油勘探局赴首都北京参加了十周年国庆观礼,见到了敬爱的毛主席。

1959 年 10 月 12 日,黑龙江省委召开常委会,讨论并通过了《关于大力开发石油资源,发展石油工业的决议》。决议指出,省委要加强领导,各部门全力配合,以便更快地把黑龙江建设成为一个新的石油工业基地;同时紧密围绕总体规划,积极建设中小炼油厂和相关所需配套工厂。为了便于对石油勘探工作的领导,省委决定,以肇州县大同镇为中心,包括周围有石油构造的地区在内,成立大庆区并组成人民公社联社,成立党的大庆区委和区人委,同时将大同镇更名为大庆镇,以纪念松基三井在国庆十周年前夕喷油。

1959 年 10 月 20 日,黑龙江省人民委员会做出《关于成立大庆区和将大同镇改为大庆镇的决定》,并决定在大同镇召开松基三井喷油及大庆区成立庆祝大会。

1959 年 11 月 7 日,黑龙江省委第一书记欧阳钦和李范五、强晓初、李剑白、陈剑飞等省领导,以及省石油、物资、商业、交通等有关厅局领导 30 多人,一同赶往肇州县大同镇参加庆祝大会。

11 月初,正是黑龙江的深秋季节。辽阔的黑土地上秋风阵阵,广袤的松辽平原一望无垠,2 辆嘎斯车和 1 辆大型客车飞快地穿行在满眼金黄的草原上。欧阳钦和大家兴奋地谈论着这个新发现的油田,他对同行的省委秘书长李剑白说:"在我们北大荒发现了油田,看来我国石油工业发展大有希望。苏联在石油上卡我们的脖子也卡不住了。这在我国经济发展的困难时期,是一个关键而伟大的发现,对全国经济发展将是一个重大的贡献,全省人民都应该庆贺这一具有伟大历史意义的事件。"李剑白说:"很值得庆贺,松基三井喷油正值建国十周年大庆的前夕,是向国庆献了大礼,喜上加喜,应该大庆。"欧阳钦兴致勃勃地脱口而出:"那咱们就给油田命个名吧,把大同改成'大庆',你们说好不好哇?"车上的人员都赞同。

车到大同镇,听完松辽石油勘探局局长李荆和关于松基三井和松辽石油勘探工作的汇报后,李剑白向李荆和提起欧阳钦书记关于以"大庆"命名油田的事,李荆和也连连称赞"大庆油田"这个名字好,名副其实,响亮气派,比叫"松辽油田"更有意义。

11 月 8 日,松基三井喷油及大庆区成立庆祝大会在大同镇召开。黑龙江省委领导、省直机关有关厅局、松辽石油勘探局领导和机关干部、32118 钻井队全体干部职工共同参加了庆祝大会。欧阳钦代表省委发表了热情洋溢的讲话,感谢石油工人们的辛勤劳动,赞扬了石油工人发愤图强、艰苦奋斗的忘我工作精神。他指出,为了更好地支援石油勘探,省委决定成立大庆区,把处于石油勘探地区的肇州县管辖的 8 个公社和肇源县管辖的大官、兴隆 2 个公社都划归大庆区。他提议,把松基三井所在地的大同镇改为大庆镇,把发现的油田命名为大庆油田,以庆祝油田出油,庆祝中华人民共和国成立十周年,这个提议得到了与会人员的一致赞同。

在大会上,省委当场宣布,大庆区正式成立。由肇州县委书记魏忠才兼任新成立的大庆区委第一书记,何英华任区委第二书记,孙茂山任区委副书记兼区长,并与省委组织部一起尽快组成区委班子。会上,还成立了肇州、肇东、安达等县和省石油局、交通局及松辽石油勘探局等单位负责人员参加的临时指导委员会。委员会由魏忠才牵头,共同商议支援石油勘探的具体工作,工作原则是出现问题时就地协商解决,不用再找省里,提高工作效率。会议还决定,从肇州、安达两县抽调人力和车辆,尽快扩建大同镇到安达县 60 公里长的公路,把路宽从 8 米扩到 10 米,方便石油队伍来往运输。

庆祝大会期间,欧阳钦还在松辽石油勘探局李荆和、宋世宽的陪同下,来到正在钻进的葡 1 井视察,并看望战斗在勘探一线的石油工人。年近 60 岁的他不辞辛苦,亲自登上钻台查看钻井施工,询问油气显示情况,得知效果很好,已经见到明显的油气显示后,他非常高兴地说:"好啊,今年是建国十周年大庆,你们在这里打出油了,这是一件大喜事。希望你们继续努力,拿下大油田!"

消息传到余秋里那里,他也很赞同欧阳钦为油田取的这个名字。大家都认为"大庆"言深意切、含义深远,在研究松辽勘探开发方案时,都同意把这个新发现的油田命名为大庆油田。

之后,石油工业部于 1959 年 12 月 31 日以〔59〕办秘便字第 162 号发出公函:"黑龙江省委为了纪念祖国十年大庆,庆祝大同镇地区的基准井中喷出了原油,及为了与山西省的大同市区别起见,经黑龙江省委决定,将原大同镇改名为大庆镇。今后对大同镇的图幅名和构造命名,统一用大庆,不再使用大同名称。"

从此,大庆油田,一个标志中国石油工业重要转折的名字,一个象征中国工业精神和成就的名字,一个享誉世界,让祖国和人民骄傲自豪的名字,诞生了。

第二篇

中共中央批准
大庆石油会战

第三章

中央批准大会战
全国支援上松辽

松基三井喷油后，石油工业部迅速加快勘探部署。到1960年年初，已经控制了高台子到葡萄花一带200平方公里的含油面积，粗略估算，可采储量在1亿吨以上，而且松基三井等重点井都经过了长期试采。事实已经证明，大庆不但是一个大油田，而且是一个活油田、好油田。如何迅速拿下这个大油田，尽快建成这个大油田，早日为国家建设生产出更多的石油？石油工业部党组经反复研究后，向中共中央上报了《关于东北松辽地区石油勘探情况和今后工作部署问题的报告》，决定用集中优势兵力打歼灭战的办法，组织石油大会战，加快推进大庆油田的勘探和开发。仅过7天，中共中央就批准了这一报告，一场轰轰烈烈的石油大会战在全国支援下正式揭开了序幕。

⚙ 探明200平方公里油田面积

松基三井喷油后，松辽盆地发现一个大油田的事实已经渐渐清晰明朗。1959年10月，松辽石油勘探局在大同镇设立了前线办公机关，勘探局主要领导和技术人员全部深入勘探一线。1959年12月22日，石油工业部派出由张俊、翁文波、李德生、童宪章等组成的工作组，来到大同镇指导松辽石油勘探局的勘探工作，迅速推动勘探进程。

在拟定松基三井井位时，松辽盆地的地质资料还不是十分丰富。当时的地震资料显示，只有高台子构造一个高点，圈闭面积很小，仅为10平方公里。到1959年第二季度，根据长春物探大队不断完成的地震资料解释成果，发现在高台子构造以南还有一个圈闭面积达到300多平方公里的隆起构造——葡萄花构造。经过地质部松辽石油普查大队浅钻详查,部署在构造上的同 7 井等多口浅钻井都发现了油砂,表明葡萄花构造是比高台子构造更加有利的勘探地区。

松辽石油勘探局研究小组敏锐地把目标转向了葡萄花构造。1959 年 9 月 13 日,研究小组提出了葡萄花构造预探总体设计,计划以剖面距 5.2～5.4 公里、井距 2.1～5.1 公里,在葡萄花构造上部署 3 排 9 口探井,准备对这个构造进行全面勘探。

到第三季度时,地震资料已基本查明,从松基三井所在的高台子构造向南北延伸,从葡萄花一直到萨尔图,是一个长约 100 公里的大型背斜构造带,已经勾勒出大同镇长垣(即大庆长垣)的基本轮廓。根据构造分析,整个长垣的二级构造带可能都是含油的有利区,因此,石油工业部提出,要以整个二级构造带为钻探对象,全面甩开钻探,迅速控制油田面积。

1959 年 10 月,石油工业部结合松辽石油勘探局研究小组的葡萄花构造预探设计,批准了 56 口探井的钻探计划,并明确下步石油勘探的主要任务是在大同镇长垣的葡萄花、太平屯、宝山、杏树岗、萨尔图构造上开展预探工作,探明各构造的含油属性,部署大剖面,探明二级构造的含油边界,以及各个局部高点之间的关系。同时,迅速探明高台子、葡萄花构造的产油情况,提交地质储量。这 56 口探井的具体部署是在高台子构造 16 口井,葡萄花构造 19 口井,太平屯构造 5 口井,宝山构造(当时的宝山构造即现在的太平屯构造北部)6 口井,杏树岗构造 5 口井,萨尔图构造 5 口井。其中,葡萄花构造上部署 7 口深探井,其他每个构造上各部署 1 口深探井。争取通过这批探井的钻探完成 2 个任务:一是直接了解各个构造是否都能产油,二(更主要的)是要在高台子、葡萄花 2 个重点地区圈出一块含油面积,尽快算出地质储量,尽早投入开发。因此,第一批 22 口探井全部部署在葡萄花、高台子和太平屯构造上。

为了保证整个规划的迅速实施,石油工业部决定从四川等老探区调集钻机,加强松辽盆地中深井钻探力量。到 1959 年年底,松辽探区大中型钻机已增加到 23 部,并配备了相应的电测、固井、射孔等专业队伍,钻井、试油、物探和地质研究工作同时稳步推进。

为了尽快落实石油工业部部署,松辽石油勘探局的工作重点也立即转到大同镇地区。党委书记、局长李荆和,副局长宋世宽、只金耀带领局机关来到松基三井所在的大同镇,在西门外盖起一片“干打垒”,成立了前线指挥部。除局机关外,机修厂、管子站、运输队等后勤保障单位也全都搬到了前线,全力推进勘探工作。局党委还在大同镇前线召开了由吉林、黑龙江 2 个大队领导干部参加的党委扩大会,提出了“大战今冬明春,夺取大油田”的口号。会议决定,撤销黑龙江石油勘探大队,今后黑龙江省内的勘探工作在黑龙江省委领导下,由局党委直接负责,成立勘探局直接下属的高台子、葡萄花和太平屯大队:高台子大队党委书记黄正斌,副书记沈广友,大队长张瑞清,工程师陈仁炳;葡萄花大队党委书记关耀家,大队长郭志忠,副大队长包世忠,工程师于田;太平屯大队大队长张玉山,工程师李培训。

早在 1959 年 8 月初,石油工业部就开始计划钻探葡萄花构造上的第一口探井——

葡1井。葡1井位于方圆十几里无人烟的一片荒草滩上,趁着松基三井等候固井的施工间隙,松辽石油勘探局包世忠、周达常等骑着老黄牛从荒滩边沿进入,现场勘定井位,查看行车路线,研究搬迁进入方案。1959年10月1日,在庆祝新中国十周年华诞的日子,葡萄花构造上的第一口探井,也是松辽盆地大庆长垣上钻探的第一口深探井——葡1井正式开钻。

1959年11月,余秋里提出"大战松辽"的号召,明确要求1960年必须拿下大油田。1959年12月22日,石油工业部派出由张俊、翁文波、李德生、童宪章等组成的工作组前往松辽一线,指导松辽石油勘探局开展大同镇长垣的勘探工作,编制整个长垣的勘探规划,迅速推动勘探进程。

1959年12月26日,余秋里来到大同镇。余部长要求大家,在振奋之余,必须保持头脑冷静,认真研究好当前的勘探形势。他严肃地提出,过去石油勘探上的教训告诉我们,一口井出油并不等于一个构造出油,一时出油不等于能够长期出油,究竟这个油田是大油田还是小油田,是活油田还是死油田,是好油田还是坏油田,这些都还不清楚。必须继续做好更加扎实、深入、细致的工作,快速搞清油田边界和大体规模,尽快探明油田的储量情况,然后才能下结论。

在余秋里主持下,松辽石油勘探局制定了以长垣二级构造带为整体的勘探部署方案。为了加快勘探进程,方案采用"三点合一"的方针,把探井分成三类部署:第一类井不取芯,快速钻进,加强综合录井,取得完整资料,迅速拿下含油面积;第二类井在油层部位全部取芯,掌握油层特征,为计算储量提供参数;第三类井是在油田边部的探井,进行分组试油确定油水边界。这样,在保证取全资料的情况下,减掉了一些探井的取芯任务,有利于加快勘探进度。同时,在每个油田上还要选一口井长期试采,了解产量递减情况。

黑龙江的冬天特别冷,雪特别大。各地支援的钻井队伍陆续来到东北松辽平原,原来安静的安达火车站一下变成了最忙碌的地方——钻井设备和物资堆满了整个车站,成串的汽车从这里出发,迎着凛冽的寒风冲进覆盖着厚厚积雪的茫茫草原。为了方便井队能及时准确地找到井位,松辽石油勘探局在通往葡萄花、高台子、太平屯等构造的各个分岔路口都竖起了醒目的"井号指路牌"。

从1959年年底到1960年年初,葡萄花—高台子一线的石油勘探全面展开。20多部大小钻机陆续耸立在辽阔的雪原上,葡7井、葡2井、葡3井、葡4井、葡11井、葡20井等相继开钻。

凛冽的北风和寒冷的天气给钻井施工造成了许多预想不到的困难。如柴油机难以发动,钻机设备需要保温,在冰天雪地水源得不到保证,井队的钻井生产面临着严峻的挑战。但严寒冻住了冰雪,冻透了大地,却无法阻挡石油工人火热的战斗激情。在葡1井,共产党员、副司钻郭爱邦发现泥浆泵因上水管被堵而停止运转,毫不迟疑地跳进冰冻的泥浆池,砸破冰面,俯身半个小时,在半米深的泥浆池里清理上水管线,使泥浆泵恢复了运转，保证了正常钻进。在葡20井，共产党员、团支部书记、青年钻工王宝玉，因为在泥浆固井时没有水泥车，就带头跳进冰冷的水泥池里，用双腿搅拌泥浆近一个小时，冻僵了身体，但保证了固井质量。石油工人们靠顽强的意志拼搏奋斗，战胜了松辽平原的漫漫严冬，取得了一个又一个胜利。

1960年1月7日，葡7井首先喷油，这是葡萄花构造的第一口喷油井，也是大庆油田的第二口喷油井。

葡7井于1959年11月12日开钻，位于今大庆油田第七采油厂厂区南3.3公里处。葡7井全井不取芯，快速钻进，电测和井壁取芯后，于1960年1月5日下套管完井，完井井深976.49米。该井在钻井过程中油气显示十分明显，在多个层段见到了大量油砂，油砂含油饱满，有原油从油砂中渗出，并在泥浆中发现大量油带、油花和气泡，甚至从钻杆中外逸出大量天然气，收集后点火可燃，火焰呈淡蓝色。

1960年1月6日，葡7井采用泥浆压井直接射孔。射孔井段为939.6～946.9米，射开姚家组3个油砂层，合计厚度4.8米。射孔后下油管至917.51米。1月7日，葡7井溢出钻井泥浆后开始自喷油气。现场决定，用大油嘴控制放喷，喷完井内污物后，从1月12日开始系统试油测试。经测试，葡7井5毫米油嘴日产油26.5吨，4毫米油嘴日产油15.53吨，3毫米油嘴日产油9.2吨，7毫米油嘴日产油39.66吨，气油比为42～45米^3/吨。葡7井的产油层位为白垩系姚家组，与松基三井第一次喷油的地层层位不同，因为是首次在葡萄花构造喷油，此后就把这一油层命名为葡萄花油层。

葡7井喷油以后，部署在葡萄花构造上的葡20井、葡11井、葡4井等相继在葡萄花油层获得了工业油流。松基三井在第一次喷油的高台子油层上部射开了1 144.06～1 172.0米井段的葡萄花油层，再次获得工业油流，经过长期试采，产量稳定。

到1月底，在大庆长垣南部的高台子、葡萄花、太平屯地区，已经有6口井喷油。这些井经过1个月左右的试油试采，产油情况良好。用5毫米油嘴试采时，自喷日产油10～24吨。另外，还有7口探井已经钻到油层，根据取芯、电测和钻进过程中的油气显示，油层含油情况也非常好。

这13口井已经基本控制了长垣南部葡萄花、高台子一带超过200平方公里的油田面积。经初步估算，这200多平方公里范围油田的可采储量在1亿吨以上，超过当时全国最大的玉门和克拉玛依油田，这为更大规模的勘探和提交地质储量提供了有力依据，大庆油田的勘探形势越来越清晰。

⚙ 中央批准大庆石油会战

在松基三井喷油，发现大庆油田后，经过甩开钻探和在长垣南部的重点勘探，已经基本控制了200多平方公里的含油面积，展示了葡萄花到高台子地区的良好前景，一个储量丰富、产量稳定的大油田已经拿在了手中。如何开发建设这个来之不易的大油田，如何捧出这个宝贵的"金娃娃"成了首要问题。

1960年，西方资本主义国家对我国实行经济封锁，同时中苏关系也发生了变化。原来在石油工业部工作的苏联专家已经开始陆续撤走回国，只有自力更生、艰苦奋斗，只能依靠自己的力量拿下这个大油田，开发这个大油田。当时正值国民经济的困难时期，国家根本拿不出足够的资金，松辽石油勘探局的力量更加薄弱，加上老油田支援，全局也只有20多部钻机，职工不足5 000人，不可能独立承担开发建设大庆油田的任务。

但从全国来看，整个石油系统已经具备了比较可观的实力。石油工业部党组分析认为，集中全国石油系统的力量，在东北松辽地区组织一次石油大会战，以改变我国石油工业的落后面貌，不仅是必要的，也是可行的。当时全国石油职工总数已经达到17万人，其中有几万名技术干部，全国有300多台钻机，石油技术装备也得到了一定补充，物质基础和技术能力都有所加强。1960年，国家计划中还给石油工业分配了10亿元投资。更为重要的是，石油职工队伍经过几年的锻炼，政治觉悟、技术素质明显提高，并且经过川中会战和集中力量勘探开发克拉玛依、玉门鸭儿峡、青海冷湖等油田的实践，已基本具备勘探、开发大油田的经验和能力。虽然这些力量分散使用时可能成不了什么大气候，但如果把有限的人力、物力、财力集中起来，拧成一股绳，汇成一股劲，就一定能办成大事情，就能把全局的劣势变成局部的优势，在具有决定意义的战场上夺取决定性的胜利。

1959年12月底，中共中央书记处开会讨论"八年计划"问题，石油工业部汇报了准备在松辽组织石油会战的设想。了解到石油工业部准备1960年一季度在松辽摸出样子，上半年见个分晓，3年内拿下松辽等油田时，邓小平表示非常赞同，认为东北出油很理想，要集中力量，不要把力量分散，石油工业部这样搞完全正确。

毛泽东主席对松辽石油勘探工作十分关注。1960年1月7日，在上海召开的中共中央政治局扩大会议期间，毛主席找到余秋里了解石油勘探情况，询问石油工业部那里有没有好消息。余秋里给了毛主席肯定的回答，并汇报说他刚从黑龙江回来，从目前勘探情况来看，留有余地地说，松辽有可能找到大油田，如果不留余地，大胆地说，松辽大油田已经找到了；石油工业部正在加紧勘探，半年左右就有眉目了。毛主席听了十分高兴，夸赞余秋里敢讲真话，能在半年内找到大油田就很好。

1960年1月22日，中央军委在广州召开扩大会议期间，毛主席再次听取余秋里关于松辽地区勘探情况和工作部署的汇报。当听说准备调克拉玛依、玉门、柴达木、四川的石油队伍到松辽会战时，毛主席非常认同这一做法，并指出，余秋里在石油工业部搞石油大会战，证明我们的军队干部不但可以打仗，而且能搞经济建设。毛主席的肯定更坚定了石油工业部组织开展大庆石油会战的决心和信心。

1960年2月6日，余秋里给李富春、薄一波副总理写信，汇报了松辽石油勘探情况和石油工业部准备在松辽地区组织会战的具体计划，请求国家增加部分投资、设备、器材和劳动力。李富春见信以后立即找到余秋里,他认为,现在各部门都在下马,而石油工业部却要上马,这是个大行动,必须给中共中央书记处写报告。

2月上旬,余秋里、李人俊向邓小平汇报了石油工业部工作,同时提出了准备开展松辽石油大会战。邓小平十分支持这个建议,并要求石油工业部尽快向中共中央打报告。

1960年2月13日,石油工业部党组向中共中央、国务院和周恩来总理,李富春、薄一波两位副总理呈送了《关于东北松辽地区石油勘探情况和今后工作部署问题的报告》,正式提出了大庆石油会战申请。

最近,我们对东北松辽地区石油勘探情况和今后工作部署问题,做了反复的研究和讨论,从现在已经掌握的资料来看,可以说形势很好,来头很大。目前,已经在黑龙江省肇州县大庆(原名大同镇)地区,探明了一块200平方公里出油面积的大油田。初步估算,可采储量在1亿吨以上,大体相当于新疆克拉玛依油田。产油情况很好,现在已经打出来的探井,经过1个多月的采油试验,平均每口井日产量在12吨左右。油层多、油层厚,现在已经发现的就有6组油层,光第一、二2组油层就有10多米厚。油层产油性能良好,出油稳定。油层埋藏不算很深,第一、二2组油层深度在1 000米左右,而且地层松软,打井容易。总体来看,开发和建设这里的油田有很多便利条件。

整个大庆地区,从地质资料上看,是一个很大的适于储油的构造带,面积达2 000余平方公里。现在拿到手的这块油田仅是其中一小部分,边界尚未摸到。看来,储油面积还会有大的扩展,前景非常乐观。

这个地区的石油勘探工作进展迅速,收效特大。我们和地质部一起,在黑龙江省委的大力支持下,进行了大量的系统的地质调查。1959年9月6日,我们打的第一口探井出了油。此后,我们就迅速地抽调了一批较大的力量,加强了勘探和科学研究工作,打了22口探井,并取得了大量的地质和试油试采资料。从开始较大规模的钻探,到找到这块200平方公里的大油田,仅仅用了4个多月的时间。这是一个很大的胜利,像这样大的油田,全世界也只有20多个,它又处在工业发达、交通便利的东北地区,这对于加速我国石油工业的发展,是具有极其重大的意义的。

大庆地区的石油勘探工作,虽然经过了很大的努力,取得了很大的效果,但总的来讲还是一个开始。要想把油田全部探明,并投入开采,还需要做更大的更艰巨的工作。根据这个地区的情况,我们认为应该下一个狠心,用最大的干劲,用最高的速度,迅速探明更大的油田面积和更多的新油田。为此,我们的部署是:

第一,甩开钻探。现在已探明的200多平方公里储油面积的四周,向外扩展,在2 000平方公里范围内部署钻探,以求迅速探明油田的面积和储量究竟有多大。

第二,在已经探明的储量面积内,选择一二块地区,打出一批生产试验井,进行油田开采试验。拟在今年生产原油20万吨以上,到年底达到年产原油100万吨的生产能力,为明年大规模地开发准备条件。

第三,在大庆构造带以外的附近地区,还发现有许多好的构造,储油的可能性很大。准备用一部分勘探力量,有选择地进行钻探,以期找出新的油田。

为了实现上述任务,我们打算集中石油系统一切可以集中的力量,用打歼灭战的办法,来一个声势浩大的会战。从玉门、新疆、青海、四川等石油管理局和其他有关石油厂、矿、院、校,抽调几十个优秀的钻井队和必需的采油、地质及其他工种队伍,加上 2 000 多名科学技术人员,参加这个大会战。抽调的人员都要精兵强将,在现场大搞比武竞赛,掀起一个大规模的群众运动,一鼓作气地拿下这个地区。

这样做法的好处很大。第一,可以用最快的速度,力争夏秋两季,拿下大庆油田,减少冬季野外作业的困难。同时又可以用最高的工作水平,精确地解决油田中的主要技术问题,研究出合理的开采方法,做到边勘探、边设计、边采油,从而闯出一套我国自己的石油勘探和开发的办法。第二,便于集中使用石油工业各方面的先进经验,在大会战中,进一步发动群众,破除迷信,解放思想,从而大大提高石油工业群众运动的水平。第三,便于现场比武,大搞各工种联合表演赛,掀起"学、赶、超、帮"热潮,从而有力地推进石油工业群众性的技术革新和技术革命运动。我们考虑,这样做,虽然从一些单位抽出了一些力量,但对当前生产和工作不会有多大的影响;反过来,通过这种大会战,还可以提高各厂矿各个方面的工作水平,给完成今年的任务创造更有利的条件。

报告上报中央后,只隔 7 天时间,中共中央就批准了这个报告。

2 月 20 日,中共中央以中国共产党中央委员会中发〔60〕129 号批示,向上海局,黑龙江、吉林、辽宁、甘肃、青海、四川省委,新疆维吾尔自治区党委,国家计委、经委、建委党组,地质部、冶金部、一机部、农机部、铁道部、交通部、建工部、劳动部、外贸部、水电部、邮电部和石油工业部党组批转了这个报告。

中共中央在报告中指出,石油工业部为了加快松辽地区石油的勘探和开发工作,准备抽调各方面的部分力量,进行一次"大会战"。这一办法是好的,请各地在不太妨碍本地的勘探任务的条件下,予以支援。我国的石油工业特别是石油地质勘探工作,有了较快的发展,但目前仍然是一个薄弱的方面。积极地、加快地进行松辽地区的石油勘探和开发工作,对于迅速改变我国石油工业的落后状况,有着重大的作用。

随着中共中央的这一报告的发布,大庆石油会战的组织筹备正式启动。一场史无前例的石油大会战在中共中央的关怀和全国人民的支援下拉开了序幕,在广阔的松辽平原上轰轰烈烈地展开了。

一场会战十三路

1960 年 2 月 21 日,在中共中央正式批准石油大会战报告的第二天,石油工业部在哈尔滨召开了大庆石油会战第一次筹备会议,安排会战的具体组织和部署问题。余秋里因出席中央会议未能参加,会议由康世恩主持,石油系统各石油局厂、院校主要负责人,国家经委、东北协作区有关同志,黑龙江省副省长陈剑飞、陈雷和有关部门负责人,以及石油工业部机关部分司局长参加了会议。

在会议召开前,康世恩专门前往黑龙江省委,带去了石油工业部党组给黑龙江省委和欧阳钦的信,汇报了部党组的意见,希望能得到黑龙江省委的支持。

这次会议传达了中共中央的批示和部党组给中央的报告,讨论了大会战的指导思想、工作方针和主要任务。部党组做出了关于大庆石油会战的详细规划和部署,宣布了关于全国石油系统 37 个局、厂、院校由主要领导干部带队,组织精兵强将,自带设备参加大会战的决定,并对会战各项主要工作做出了具体安排。

会议决定,余秋里、孙敬文、康世恩亲临前线,直接指挥会战。同时,成立松辽石油大会战(即大庆石油会战)领导小组,由康世恩任组长,石油工业部地质勘探司司长唐克、部机关党委副书记吴星峰任副组长。初步确定了会战领导小组成员,包括石油科学研究院院长张俊、北京石油学院院长阎子元、基建司司长张仁、供应局副局长宗世鉴、新疆石油管理局局长张文彬、玉门石油管理局局长焦力人、松辽石油勘探局局长李荆和、第一工程局局长陈李中、川中矿务局副局长李镇靖、青海石油管理局钻井大队长杜志福,以及黑龙江省石油局、全国石油工会领导各一人。

根据部党组给中央的报告中提出的工作部署,会议确定了大庆石油会战的 3 项任务:一是在 2 000 平方公里的面积上甩开勘探,争取打 200 口左右的探井,迅速探明油田面积,找到 10 亿吨的可靠储量;二是选择已经探明的有利地区,打出 200 口左右的生产试验井,进行油田开采试验,实行早期注水,当年生产原油 50 万吨,年底达到日产 4 000 吨的水平和年产 150 万吨的生产能力;三是在大庆长垣以外的附近地区,进一步开展地震勘探,完成地震细测 40 000 公里,选择有利构造进行钻探,争取再找到一些新的油田。

为了确保完成会战目标,会议决定划分 5 个战区全力推进石油勘探,并明确了各参战单位的工作任务及所负责的战区:葡萄花地区由松辽石油勘探局包打,石油一厂配合;太平屯地区由玉门石油管理局包打,兰州炼油厂配合;萨尔图地区由新疆石油管理局包打,石油二厂配合;杏树岗地区由四川石油管理局包打,石油六厂配合;高台子地区由青海石油管理局包打,石油三厂配合。按照当时的安排,会战的重点地区是长垣南部的大同镇附近地区,在葡萄花、高台子、太平屯构造上部署了大量探井,油田的开发试验区也准备放在葡萄花一带。

除此之外,还准备组织 2 个勘探大队,负责大庆长垣外围的钻探工作,一个放在吉林,一个放在黑龙江,具体由松辽石油勘探局现有力量组成。组织一个地质调查处,由新疆石油管理局组成,包括 20 个地震队,负责松辽盆地中央坳陷带的地质调查和地球物理勘探工作。突击建设 1 个小型炼油厂,解决会战用油问题,由黑龙江省石油局负责;着手筹建 1 个 100 万吨的大炼厂,由石油七厂配合。机修厂由石油五厂负责建立,黑龙江省有关机械部门协助。整个会战的油田建设由第一工程局包干,土建工程由黑龙江省支援。会战的科学研究工作由石油科学研究院负责组织,北京石油学院配合,研究的项目包括钻井、地质、采油、油田建设等各个方面。

会上,对各单位的队伍组织、人员集结、设备材料调度等提出了明确要求。各单位要抽调精兵强将,来一个顶一个,以最精干的队伍、最先进的技术、最精良的装备,拿下这个油田。会战队伍组织主要采取 3 种形式:一是"拔萝卜",点名抽调一些标杆钻井队;二是"割韭菜",把原来的队伍成建制地调来;三是"切西瓜",把原来的队伍一分为二,调来一半,留下一半。玉门石油管理局组织一个管理 20 部钻机、年钻 150 口探井的指挥部,调出 10 个钻井队,其中有 5 个标杆队,抽调 5 部钻机;组织一个从采油、注水、集输到测试、修井的完整采油厂,能够管理 200 口生产试验井;配备一个机修厂的技术骨干,从车间主任、工程师到工长,都要成龙配套;配备一个管理 400 辆汽车和特种车辆的运输处的架子;还要成套配备一个包括工地主任、工长在内的土建工程处的技术骨干力量。对新疆、四川、青海等单位,也都提出了明确的要求。

在时间的安排上,会议确定 3 月份调动人马,4 月份开始集中部署,5 月初会战正式打响。各单位的参战队伍必须在 3 月份集结完毕,钻井、安装、附属工程队伍和机关 3 月 15 日前赶赴现场。

会议还决定,各单位都要成立党组织,负责统一管理。所有参加会战的人员,不管是集体调来的还是个别调来的,仍归属原单位建制。参加会战人员要带上组织、人事关系和户口、粮食关系,工资仍由原单位照发,以后再根据情况由大庆发放。各单位在队伍调动的同时,要随队带上一些必需的设备、器材、备品、工具,以避免到位后缺东少西,影响会战。

2 月的哈尔滨冰封雪舞,寒气逼人,可参加会议的人们心里都藏着一团火。会议期间,主要参战单位领导不顾风雪严寒,亲自来到遍地银白的大同镇现场了解情况,听取松辽石油勘探局的情况介绍,查看本单位的作战区域,以便回去以后更好地组织队伍快上。部分参会领导在会议期间就开始和单位沟通联络,通报情况,准备行动。

玉门石油管理局局长焦力人是会战领导小组成员,他是被一纸急电调到哈尔滨的。在筹备会上接到任务的当晚,他就将会议精神电告玉门,并点名要鸭儿峡采油厂党委书记宋振明和局生产技术处副处长李虞庚速到哈尔滨报到,参加会战。2 月 28 日下午,在玉门油田最大的中坪广场,召开了数万名职工参加的大庆石油会战动员大会。3 月 12 日,首批参加会战的 1 286 名职工在远离市区 30 公里外的玉门火车东站集结,整装待发。这支队伍中,有我国优秀的油田开发专家朱兆明、刘文章,有我国第一个注水工程师王林甲,还有王进喜和他的钢铁 1262 钻井队、孙德福和他的英雄 32139 钻井队。

在哈尔滨召开的筹备会议 3 月 3 日一结束,各单位参加会议人员急如星火,立即赶回单位传达贯彻落实。一场石油系统的大调动、大迁移随即展开。石油系统 11 个省、市、地区的 37 个厂矿单位迅速组织队伍,分别从不同的地方出发,加上石油工业部机关和人民解放军,汇合成 13 路大军,迅速开赴东北松辽平原。

新疆石油管理局党委顾全大局,全力以赴支援大庆石油会战。在克拉玛依油田开发建设也急需人力、物力的关键时期,把方便让给别人,把困难留给自己,抽调出5 600余名精兵强将支援会战。层层动员,层层宣传;搭班子,调队伍,拆钻机,运设备。广大职工积极踊跃报名,以能参加会战为荣,就像战士上了战场,就怕打不着仗一样。有些职工临行前两三天才接到通知,出发时却一个不落地踏上了征程,真正做到了"哪里需要就到哪里去,打起背包就出发"。

支援队伍由局长张文彬亲自带队。出征在即,别情依依,党委书记王其人、代理局长秦峰一同为即将出征的队伍送行,望着昔日朝夕相处的伙伴,秦峰抑制不住内心的难舍之情,他握着张文彬的手,动情地说:"不能不去吗?克拉玛依也需要你啊!"

张文彬,1919年3月出生于山西省代县,曾经是人民解放军19军57师政治委员。57师转为石油工程第一师后,他先后任新疆石油公司总经理、新疆石油管理局局长。面对石油师的战友,他坚定地对秦峰说:"那怎么行!当年,克拉玛依需要支援的时候,全国各地不讲条件地支援我们。今天,在别人需要克拉玛依支援的时候,我们也应该义无反顾啊!""军人以服从命令为天职,当初咱们石油师进疆,不也是一夜之间,接到命令就出发了吗?"

各路会战队伍一路上集体行动,纪律严明。在北京换车时,许多第一次来到北京的职工都顾不上到天安门广场拍个照片,就继续乘上北上松辽的列车。石油工业部机关的工作人员也都动员起来,在行政司司长、老红军鲍建章带领下,给过路的石油职工送水送饭,解决生活保障问题。

3月15日,离第一次筹备会议结束还不到两周,石油系统各单位第一批参战队伍1 000多人已经陆续到达松辽地区,同时运抵安达的设备、器材已有247个车皮,1万余吨,更多的队伍、设备还在源源不断地汇集而来。

小小的安达火车站从来没有这么忙碌过,沉寂的松辽平原从来没有这么喧闹过。人们满怀找到大油田的希望从四面八方涌进这春寒料峭的草原,满怀发展石油事业的豪情从祖国各地加入松辽会战的大军里。伴着生机勃勃的早春,一场轰轰烈烈的石油会战已经在辽阔的松辽大地徐徐拉开帷幕,即将为伟大祖国的工业建设擘画最壮美的篇章。

全国支援大会战

大庆是党的大庆,是全国人民的大庆,是人民解放军的大庆,是石油工业战线的大庆。在1960年国家遇到严重困难,很多工业部门压缩投资、物资,很多工程纷纷下马的情况下,中共中央的亲切关怀,全国各地、各行业和人民解放军的大力支援实实在在地解决了大庆石油会战的资金、物资设备和劳动力等诸多困难。

中共中央批准石油工业部党组报告后,中央书记处立即对支援大庆石油会战做出指示,明确由薄一波副总理主持,国家计委、经委、建委具体负责对会战的组织支援和检查督促工作,并由三委的 3 位副主任组成领导小组,负责日常组织领导工作。

1960 年 3 月 3 日,国家计委、经委、建委,根据中央批示精神和中央书记处要求,立即组织有关部门、省市部署支援松辽石油会战工作。三委给冶金、水电、农机、外贸、交通、一机各部和上海市、黑龙江省计委、经委发出电文,要求迅速调剂一批钢材、设备,支援松辽石油勘探,总计调用钢材 1.8 万吨、发电机组 6 000 千瓦、载重汽车 100 辆、吉普车 30 辆、45 匹马力拖拉机 60 台、机床 50 台、压路机 2 台、油井水泥 10 000 吨、轴承 4 000～6 000 套,而木材由黑龙江省就地调运支援。

3 月 9 日,在中南海 72 号会议室,薄一波副总理亲自主持召开国务院有关部门及黑龙江、吉林、辽宁三省和东北协作区负责同志参加的会议,讨论大力支援石油会战的勘探与建设问题。国务院办公厅副主任贾步彬、计划委员会副主任安志文、经济委员会副主任孙志远、建设委员会副主任柴树藩,黑龙江省副省长陈雷、吉林省副省长肖靖、辽宁省委常委孙洪志、东北协作区办公厅倪伟,石油工业部余秋里、李人俊、康世恩,地质部何长工、燕登甲,以及中央工业部江震、董铣,铁道部郭鲁、水电部程明升、化工部李苏、建工部刘裕民、商业部阎顾行、冶金部王大伟、一机部李克、交通部武坤山、邮电部赵步云、劳动部李正亭等代表参加了会议。会上,石油工业部余秋里和康世恩汇报了大庆油田的勘探情况、会战的工作部署和需要解决的问题,黑龙江省副省长陈雷汇报了黑龙江省支援油田勘探开发的情况以及从省里的角度需要国务院有关部门解决的问题。

会议指出,凡是大庆石油会战中应当解决的问题,计委、经委、建委一定要积极帮助解决,并在中央书记处领导下,做好具体的督促、检查工作。明确建设项目与投资由安志文负责审查并提出方案,物资问题由孙志远负责研究解决,运输问题由郭洪涛、郭鲁负责协调。大会战仍由石油工业部党组挂帅领导,亲临前线,统一指挥,不再组织二级领导机关。对油区的支援工作,继续以黑龙江省为主,全力搞好。对于松辽油田(大庆油田)的建设规划,宁可大了,也不能小了,可以先按照年产 2 000 万吨来部署。对于石油工业部和黑龙江省提出的需要解决的问题,原则上同意一律解决,有关干部问题,除由中央负责解决一部分外,也要请地方调配一部分。

3 月 11—17 日,国家计委、经委、建委多次发出电报,督促有关单位迅速调拨钢材、汽车、水泥、拖拉机、机床、木材等设备物资,支援松辽地区的石油勘探和开发。

在中共中央和国务院统一指挥下,各地各部门迅速行动。全国有 18 个省、自治区、直辖市的 400 多个厂家为会战生产、加工需要的设备和原材料。当年到达大庆的物资设备有钢材 73 130 吨、木材 50 023 立方米、水泥 72 713 吨、机电设备 50 268 吨、各种车辆 400 台套、地方建筑材料 64 245 吨。鞍钢、首钢、包钢等单位常年定点为大庆生产钢材,本溪、抚顺、重庆、齐齐哈尔等钢厂专门为会战冶炼、轧制石油工业所需特种钢材。水电部指令黑龙江省电管局抢建电网,还专门派来 31 和 32 号(瑞士进口,装机容量 12 400 千瓦)、34 和 36 号(捷克进口,装机容量 5 000 千瓦)4 台列车电站和 250 名配套职工,解决临时用电问题,其中 31 号列车电站一直在大庆油田工作了 12 年;随后,水电部又架设了富拉尔基电厂到大庆136公里的110千伏高压输电线路,陆续建成投产了龙凤热电厂、新华电厂。铁道部专门扩建了让胡路、萨尔图、龙凤3个火车站,萨尔图火车站由3条线扩展到13条线,线路长度由4.5公里延长到15.57公里,还加快修建了让胡路到通辽138公里的让通线铁路,为物资运输创造条件;同时调整运力,全力满足石油会战的物资运输计划,车皮要多少就给多少。邮电部在会战开始前就架设了哈尔滨到大庆的通信线路,保证了信息畅通。同时,全国有200多个厂矿企业、科学研究和设计部门、高等院校从发展新技术、试制新产品、改造技术设备、传授技术经验、培养技术人才出发,对大庆石油会战进行协作支援,对油田生产建设和发展油田科学技术起到了积极的推动作用。

中共中央在批转石油部党组的报告以后,又为石油工业部解决了2个最大的难题。

一是特别批准在计划外给会战拨2亿元投资和几万吨钢材、设备。当时,石油工业部反复计算,要把会战打上去,只靠石油部自身的财力、物力是不够的,仅1960年就有2亿～3亿资金和几万吨钢材、设备的缺口。石油工业部专门给国家计委、经委打了报告,但当时,国家计划投资和物资已经分配完成,而且国家在资金、物资上出现了很大困难,计委、经委在自己的权限内无法平衡、解决。

1960年3月21日,国家经委向中央书记处和毛泽东主席写报告,汇报了大庆石油会战部署和组织支援工作情况。报告中正式提出:建议给石油工业部增加投资2亿元、钢材3.8万吨。报告呈送到中央书记处,邓小平问明情况后,同意了这一报告。

二是中共中央、中央军委给会战分配3万多名退伍官兵。石油工业部党组酝酿组织会战时就考虑,要搞好会战,遇到的第一个问题就是人力不足的问题。如果能像当年19军57师成建制地转为石油工程第一师那样,有一支解放军部队成建制地转入石油队伍,或者补充一批转业退伍官兵,问题就容易解决。

1960年1月15日,石油工业部副部长周文龙给解放军总参谋长罗瑞卿、副总参谋长张爱萍写了一封信,汇报大庆石油会战的情况,提出调拨3万名转业退伍官兵的请求。信中说,会战中各种技术工种队伍及几千名工程技术干部的配备已在组织调遣中,但由于这个地区非常辽阔,又是平地起家,一切基本建设、道路、电讯以及后备力量的补充需要的工人数量很大,实在无力解决,特请求设法支持一下,在当年转业军人中酌拨2万到3万人左右,以解决目前工作中最大的困难,争取在夏秋两季就把这个油田全部拿下来,尽早投入大规模开发。

1960年2月,余秋里又把这一设想向周恩来总理作了报告。周总理认为这个想法很好,并告诉余秋里,毛主席正在广州召开军委扩大会议,让他快到广州去向主席汇报。2月中旬,余秋里赶到广州,首先见到了罗瑞卿总参谋长。罗瑞卿十分支持,并表扬余秋里会找窍门,一下子就要改编3万部队。在场的刘伯承元帅也赞同余秋里"打虎要靠亲兄弟,出征还得父子兵"的做法。大家又一起去向毛主席汇报,毛主席也高兴地同意了。

1960年2月22日,中共中央下达了"中央决定动员3万名退伍兵给石油部"的指示,指出,为了集中力量迅速开采在东北大庆地区发现的新油田,决定从部队本年度退伍兵中动员 3 万人交石油部参加开采大庆地区新油田的工作。之后,中央军委又决定从沈阳军区、南京军区和济南军区抽调 3 000 名转业军官到油田担任各级领导职务。

从 3 月份起,3 万名转业战士(其中沈阳军区 15 000 人,南京军区 10 000 人,济南军区 5 000 人)、3 000 名退伍军官陆续来到大庆。他们中有很多是党团员,有的还参加过抗美援朝战争,保持了党和军队的"三大作风"和光荣传统,给会战增添了一支生力军,成为石油大会战中最重要的力量之一。

1960 年,在石油大会战最紧张、最艰苦的时候,中国人民解放军沈阳部队先后派出现役官兵 28 700 多人支援会战。他们在油田先后完成筑路 363 公里,架设桥梁 14 座,挖管线沟 778 公里、排水沟 59 公里,打水井 21 口,焊接各种管线 619 公里,埋设电缆 33 公里,修建油水池 412 个,建变电所 4 座,安装计量站、泵站 46 座,安装各种设备 209 台套,建筑房屋 14 万平方米,植树 21 万株,装卸各种物资 2 万多吨。另外,还为油田无偿提供了 5 吨电焊条、100 公里通信覆线等奇缺物资,解决了油田生产建设的燃眉之急。

余秋里在回忆录中指出,正如革命战争时期,在困难条件下,有了党中央、毛主席的领导,我们就能打胜仗一样,这次会战,有毛主席、党中央、中央军委撑腰,也一定能打上去。今天回过头来看,当时如果没有党中央批准大会战,没有党中央、国务院政治上的关心和财力、物力、人力上的支持,大庆石油会战是搞不成的。

黑龙江——石油会战的大后方和后勤部

石油系统内部的团结和统一是石油工业部打响大庆石油会战的基础。中共中央的关怀和全国的支援是大庆石油会战的坚强保障。而油田所在的黑龙江省义无反顾地为石油大会战提供了最大支持。正像时任东北局第二书记、黑龙江省委第一书记欧阳钦所说的那样,黑龙江省就是大会战的后勤部,他来当这个后勤部政委。

松基三井喷油后,石油工业部于 1959 年 10 月 7 日给黑龙江省委发电请求支援。电文中说:

我部决定在大同镇一带大力展开钻探,迅速探明储油面积。实现这一方案,所需钻井、试油方面的设备、材料和技术力量,我部正在抽调解决。因工程较大,我们建议省委给予多方面的支援。关于公路、电话线路、探区房屋,请省委指定有关部门帮助修建,并尽量争取在大冻以前基本完工。关于运输、发电、机修方面,我部一时难以全部解决,请省委给以支援。因松辽石油勘探局成立不久,干部配备不健全,关于党、团、工会干部以及少数行政干部,请省委帮助解决。

黑龙江省委收电后立即研究,于 10 月 14 日回电,明确给出了支援意见。道路上,首先要把安达至大同镇、大同镇至高台子、大同镇至汤家围子的公路争取在结冻前完成土方工程,下一年雨季前修好。通信线路上,安达至大同镇、大同镇至各构造的电话线路即刻动工。电力保障上,先由富拉尔基至大同镇架线供 10 000～20 000 千瓦电力,并安排新电站建设的规划。住房上,立即动工建设 15 000 平方米房屋,力争结冻前基本完成。运输上,当前已有 16 部汽车,还可再安排汽车 30 台、马车 300～400 台。

1959 年 10 月 23 日,黑龙江省委又向中共中央上报《中共黑龙江省委关于大力开发石油资源 发展石油工业的报告》。报告汇报了当时大庆地区石油勘探情况和黑龙江省对石油勘探的支援情况,提出了需要中央帮助解决的问题和困难,请求中央给予支援。报告指出,为了适应石油资源开发和石油工业建设的需要,应逐步建设炼油厂、发电厂、输电线路、铁路支线以及水源等建设项目,请列入国家计划。为了当前加强钻探工作以及今后正式开采的需要,交通运输上要立即修公路,架电线,运物资,在铁路车皮、汽车、电线设备上都要求各有关部门予以安排,技术人员不足也需有关部门帮助调配,如中央同意,省委当向有关部门具体联系解决。主要包括:运输方面,由于运量大,时间紧,除黑龙江省尽力安排外,希望中央拨给 200 台汽车以解决短途运力的不足,铁路运输今冬明春约需 20 000 个车皮,请列入铁路运输计划,保证运输;邮电方面,大同镇至哈尔滨须增设一对铜线电话线路,尚缺 25 吨铜线,希望邮电部帮助解决;供电方面,也须帮助解决架设输变电线路及变电所的材料,需架空线 140 吨、导线 60 吨。石油勘探所用木材、煤、水泥等数量很大,虽然黑龙江省可采取预拨办法解决,但这些物资均为国家统一管理,希望能列入国家计划,以便保证供应。

1959 年 10 月 21 日,中共黑龙江省委、省人委决定首先修路,重点解决石油勘探的交通运输问题。省委在关于修筑肇州地区石油矿区公路的指示中,要求以安达、肇州、肇源、肇东 4 县为主,积极组织人力,抽调车辆,修筑大同镇至安达 68 公里、大同镇至高台子 19 公里和大同镇至葡萄花(汤家围子)44 公里 3 条公路。同时,省委、省人委要求有关部门着手规划安达至大同镇 150 公里的铁路。

1959 年 11 月 13 日,全省各市县落实省委的指示,先后调集 2 万余人,抽调汽车、胶轮马车 600 余辆,开始修筑油区公路。这 3 条路按 4 级、5 级标准修筑,工期要求在 1960 年 4 月底前完成。

从 1960 年 2 月到 4 月底,也就是大会战前夕,很多支援大庆油田的人民解放军官兵参加了修这几条路的工作。4 月初,中共中央调来的复员军人中,有 9 000 多人已经提前到达。当时各地支援的钻机、设备等还未全部到位,大会战尚未全面展开,不需要这么多人。于是,他们都参加了修筑安达至大同镇的公路工作。由于没有住处,也没有准备 9 000 人吃住的房屋和锅碗瓢盆等物资,他们就全部被分散安置在安达至大同镇 68 公里公路两旁的农民家中。

中共中央批准会战后,黑龙江省委于 1960 年 3 月 15 日专门成立支援大庆石油会战领导小组。省委确定了"全力以赴,全力支援"的工作方针,决定由省委常务副书记强晓初任支援大庆石油会战领导小组组长,副省长杨易辰负责勘探职工的粮食、副食品、煤炭、服装等物资供应,副省长陈雷负责机修、卫生医疗、学校等建设工作。

会战开始后,黑龙江省在最短的时间内给石油会战提供了最大的支援。到1960年4月,人力支援为15 351名,其中给松辽石油勘探局抽调技术工人783名、力工500名、学徒工900名,给安达站修专用线拨力工400名、装卸工人700名。省劳动局在哈尔滨安排3 000名转业军人到各大工厂培训,为了充实大庆地区基本建设工程和后勤服务工作,还从齐齐哈尔、佳木斯两市抽调人力5 000名,从松花江地区给大庆抽调商业服务、文教卫生职工2 917名。支援木材43 203立方米,其中方板材11 000立方米,用于床铺板和活动房子;圆木8 000立方米,用作电杆电柱;建材4 405立方米,用于房屋建设。支援钢材525.7吨,其中拨给省石油工业管理局炼油厂219.7吨、松辽石油勘探局用于建造活动房子112吨、邮电局用于通信建设150吨、商业厅用于制作铁锹24吨、交通厅用于修建公路20吨。机械设备和运输工具,包括压路机、拖拉机、挖沟机、汽车、马车等共计1 400台套,其中马车1 200辆,汽车170辆。商业物资供应124个品种,其中包括电动机、变压器、水泵、铁锹、大锤、洋镐等生产资料58个品种,衣物鞋帽、炊具用具、日常用品等生活物资66个品种。

1960年和1961年,省委2次批转关于解决石油地区过冬问题的报告,积极筹备物资,解决石油职工的过冬问题。其中省委于1960年7月全力安排调拨给大庆的过冬物资有煤炭28万吨,木桩5.6万立方米,棉大衣3.6万件,皮大衣3万件,皮帽8.4万顶,棉皮鞋2万双,大头鞋3万双,棉工服6.7万套,棉手套30万副,为战胜石油会战中第一个严冬,保证大庆石油职工安全过冬提供了大力支持。

1960年,石油会战中心向北转移到萨尔图,而萨尔图正是红色草原牧场的中心。家乡发现了石油,使牧民沉浸在一片欢乐之中。他们热情地为会战职工腾出房子,连牛棚马圈也腾了出来。但随着大会战的发展,困扰也随之而来。一口口油井、一座座泵站和油库建设起来,占去了大块土地,油田开发建设破坏了牧民赖以为生的草原,油和牛之间产生了突出的矛盾。1961年开始,会战职工和家属为了度过饥荒,自己动手开垦荒地种粮、种菜,使油与牛的矛盾越来越大,牧场和油田的争执不断升级,引起了黑龙江省委、石油工业部、农垦部甚至是周恩来总理的关注。

在油与牛的矛盾面前,黑龙江省委经过反复研究,确立了"服从大局,牛给油让路"的总原则。欧阳钦亲自找有关部门做思想工作,李范五、强晓初、陈剑飞和陈雷等省领导也多次到农垦部门和红色草原牧场现场办公,明确"宁可牺牲牛,也要确保油"。1961年11月5日,省委在萨尔图召开油田土地会议,通过与牧场、油田等有关部门讨论协商,确定了大庆地区利用土地的具体原则:统筹兼顾,合理安排,保证油、牧、农全面发展。地上服从地下,油区内牛让油,油区外油让牛。之后,黑龙江省将红色草原牧场所属9个牧场中在油区的4个牧场陆续迁出,迁出牧户2 790户共14 180人,把腾出来的土地移交给油田使用,为大会战的开展提供了便利条件。

为了更好地支援大庆石油会战,黑龙江省委还决定成立安达市,把原来安达县和肇州县的大同地区统一划归安达市,使整个大庆长垣均纳入安达市区划,统一负责大庆油区的管辖和领导工作。1960年3月10日，按黑龙江省委指示，中共安达市委开始筹备组建，并对外办公。1960年4月29日，中共中央批准撤销安达县，成立安达市，委派黑龙江省委组织部副部长曲长川任中共安达市委第一书记，并由黑龙江省委组建中共安达市委，成立书记处，书记处书记包括李介民、李荆和、杨祝民、宋月涛、张克孝、刘华、张积文、苏之泉等。

1964年3月31日，为适应油田开发建设的需要，石油工业部、黑龙江省委请示国务院，撤销安达市，成立安达特区（对外仍称安达市），将萨尔图、让胡路、喇嘛甸全部和龙凤公社以北的地方划归安达特区管辖，管辖面积包括已探明的860平方公里的油田面积、大庆炼油厂厂区、油田周围的防护地带以及在油田边缘地带建立的职工生活基地等，共计1 671平方公里。

大庆石油会战时期，正是国家经济最困难的时期。为了全力保障会战，黑龙江省毫无保留，倾尽所有。1960年自然灾害最严重的时候，工农群众宁愿自己饿肚子，也要把粮食节省下来给会战职工。黑龙江省委的大力支援和全省人民的无私奉献极大地增强了石油工业部的信心，为大庆石油会战的最终胜利提供了坚实的基础和坚强的保证。

第四章

甩开三点定乾坤
挥师北上萨尔图

1959 年冬，位于葡萄花构造的葡 1 井已经钻进到油层部位。技术人员通过对比松基三井和葡 1 井测井资料发现，从高台子构造向北，油层可能会增厚，油层性质也可能更好，原油产量更高的地区很有可能就在长垣北部的萨尔图地区。余秋里当即决定甩开钻探，迅速在长垣北部萨尔图、杏树岗、喇嘛甸 3 个构造的高点各自部署 1 口预探井，迅速查清情况。萨 66 井、杏 66 井和喇 72 井相继开钻，并陆续喷油，会战领导小组根据当时的勘探形势，决定"先肥后瘦"，会战队伍立即挥师北上，把石油大会战的重点由南部的葡萄花转移到北部油田地质条件更好、交通便利的萨尔图地区，集中力量拿下萨尔图油田。

⚙ "三点定乾坤"

松基三井喷油后，石油工业部领导和专家们一直在思考一个问题：大同镇长垣的油气富集区到底在哪里？最有利的构造高点在哪里？当时的地质图和有关资料显示，长垣北部几个重磁力高点和电法隆起十分明显，但都还没有钻探，情况会不会比南部更好些？ 1959 年 12 月，余秋里来到大同镇，专门召开讨论会，向大家提出了这个问题。

1959 年 10 月，位于葡萄花构造的葡 1 井首先开钻，很快就钻到了油层部位。张文昭、杨继良、钟其权和地质室技术人员把松基三井资料与葡 1 井等井的测井资料进行对比后发现，从高台子向南到葡萄花方向，地层和油层均有变薄现象，松基三井油层共 11 层，厚 18 米，葡 1 井油层仅 8～9 层，厚度只有 13 米，再向南只有 4～5 米。这预示着相反方向，即从高台子构造向北,油层可能会增厚。据此推断,油层厚度更厚、产量更高的地区可能在长垣北部。

1959年12月22日,石油工业部工作组来到大同镇勘探一线指导工作;12月26日,余秋里也来到大同镇,调查松辽盆地石油勘探情况。在座谈会上,松辽石油勘探局将这一大胆的预测向余秋里部长作了汇报。

来大庆收集资料的四川石油管理局设计院青年技术员王毓俊也提出了这一设想。他收集了地质部在长垣上打的一些浅井资料,经过对比后发现,萨尔图地区的地层逐渐变浅,油砂层逐渐增多。从浅部地层的变化上推断,萨尔图地区的油层很有可能比南部更多、更厚。他提出,萨尔图一带可能是大庆长垣上的油气富集地带,建议在重点勘探南部葡萄花等构造的同时,可以把钻探的步子向北甩得更大一些。

按照勘探布井的一般规律和原则,探井的展开基本按照"十"字形或"一"字形布井,以几公里井距向前推进。萨尔图构造距离高台子50多公里,甩开这么大步子能不能有把握?余秋里建议大家,要多听取各方面的意见,多收集更完整的资料,再进一步深入研究。

1959年12月下旬,地质部长春物探大队最新完成了1∶100 000大庆长垣地震构造图。这是地质部最新的地震细测成果,在这张1米多长的大图上,技术人员发现,除南部高台子、太平屯、葡萄花等已经开始勘探的构造外,还清晰地勾画出了北部尚未钻探的杏树岗、萨尔图、喇嘛甸3个面积各为100～300平方公里的地质构造,可以明显看到3个高点,不但同重磁力、电法显示的轮廓和高点吻合,而且更准确地反映了这些构造的范围和高点的位置关系。

了解这一情况后,余秋里部长十分高兴,彻夜未眠。他立即和工作组张俊、李德生等一起研究,最后决定在这3个构造的顶部各钻1口探井,趁着天寒地冻利于搬迁运输的时机,抢上3口井,迅速进行"火力侦察"。并决定由李德生提出具体井位设计方案,到现场确定井位,由邓礼让负责调运钻机,组织搬迁,尽快开钻。

随即,3个构造的高点分别部署了1口预探井:萨尔图构造顶部为萨1井,杏树岗构造顶部为杏1井,喇嘛甸构造顶部为喇1井。后来研究长垣的总体部署时,为了便于统筹规划,按照每边2.5公里一个方格作为一个探井井区,依据这样的网格排列,萨1井改为萨66井,杏1井改为杏66井,喇1井改为喇72井。

为迅速探明油田面积,松辽石油勘探局立即组织了这3口井的钻机搬迁安装工作。数九寒冬,大地封冻,职工们战天斗地,攻坚啃硬,用铁镐、大锤加钢钎,在冻土上挖出了泥浆池和井架基础,创造了开钻条件。1960年年初,3口井相继开钻。

萨66井位于萨尔图镇以南、大架子屯以北1公里的草原上,即现在的萨大路解放南村西侧,距离萨尔图火车站仅有10公里左右,是萨尔图构造上的第一口探井。

1960年2月20日,萨66井开钻。承担钻探任务的是32149钻井队,队长韩福金。该井在钻探过程中,同样采用不取岩芯快速钻进的办法,通过加强岩屑录井来取得地层资料,了解钻达的油层情况。萨66井在钻进到680多米井深时,便钻遇了长垣普遍存在的油页岩标准层,根据长垣南部高台子、葡萄花等地区的钻井经验,标准层下230米左右即可钻达油层。但萨66井从765米处开始就从录井岩屑中发现了油砂,这说明标准层下仅80米就是油层,而且油砂的颗粒度明显比南部地区要粗,含油十分饱满,具有浓烈的油香味。

1960年3月5日,萨66井完钻,完钻井深1 089.4米,3月8日下套管完井。钻井结果证实了地质人员的预测,全井含油层段厚达300多米,而南部高台子、葡萄花等地油层厚度最多只有50～60米。李德生、余伯良2位专家专门赶到现场亲自观察油砂,发现地下油层为石英和长石组成的中细砂岩,物性非常好,两人大喜过望,心情激荡,连连称赞这是一流的含油砂岩,完全可以媲美海相沉积地层。

3月10日,萨66井采用原井泥浆压井射孔。射孔采用不避夹层大段射孔方法,在773.0～1 002.0米井深分9段射开38个小层,厚度共计56.9米。射孔后下油管用清水替喷,11日22时15分开始喷油。从3月12日到4月25日,用3种油嘴进行试油测试,10.5毫米油嘴日产油112.4吨,6.5毫米油嘴日产油57.6吨,4毫米油嘴日产油22.7吨。虽然在钻探前根据地层和砂岩变化,已经预见到北部地区含油情况可能更好,但萨66井这么厚的油层、如此高的产量,还是远远超出了地质人员的预期。

钻探中还发现萨66井比长垣南部葡萄花和高台子地区多出一套油层。这套油层位于葡萄花油层上部,因为是首次在萨尔图构造发现井获得工业油流的,被命名为萨尔图油层。

32149钻井队是幸运的,队长韩福金是幸运的。20世纪30年代,日本侵略者派出的国防资源调查队也曾在这口井附近的大架子屯打过一口100余米深的探井,但没有找到石油。而32149钻井队从几千里外的四川来到松辽,一下子就在萨66井打出了油。这也是中国人民的幸运,假如日本侵略者在这里找到了石油,很可能改变第二次世界大战的历史进程。

萨尔图油田开发后,萨66井被更名为南2-6-31井投入采油生产。该井在很长一段时间内都保持着旺盛的产油能力,一直到1976年还保持自喷生产。后来改为电潜泵机械采油,因大量出砂,于1984年11月被迫关井停产。萨66井作为大庆长垣北部甩开钻探的第一口井和"三点定乾坤"的首钻井,2014年被确定为工业遗产,登上黑龙江省工业遗产名录。

继萨66井之后,杏66井和喇72井相继开钻。

杏66井是杏树岗构造上部署的第一口探井,位于今红岗区杏树岗镇先锋村南约0.8公里处,由32150钻井队承钻。该井3月17日开钻,3月30日完钻,完钻井深1 153.3米。杏66井经过试油,9毫米油嘴日产油99.36吨,4毫米油嘴日产油27.2吨。

杏66井地层情况与萨66井相似,油层稍薄于萨66井,但明显厚于高台子构造,试油测试产量也远高于松基三井。这就进一步证实,包括杏树岗构造在内的长垣北部地区是比高台子、葡萄花构造更好的油气富集区。

喇 72 井是喇嘛甸构造上部署的第一口探井,位于今让胡路区庆新街道社区第一居委会(采油六厂六楼区)后侧,由 3242 钻井队承钻。该井射开油层后,直接获得能够自喷的工业油流,5 毫米油嘴日产油 48 吨,14 毫米油嘴日产油 174 吨,成为 3 口井中最"肥"的一口井。

杏 66 井、喇 72 井与萨 66 井一样,于 2014 年被确定为黑龙江省工业遗产,成为大庆油田传统教育的重要基地。

萨 66 井、杏 66 井和喇 72 井相继获得高产工业油流,验证了地质人员的预测结果,证实了长垣北部萨尔图、杏树岗、喇嘛甸构造良好的含油情况。而且这 3 个构造面积大,地层厚,储量丰富,这关键的"三点定乾坤"迅速圈定了大庆油田更加广阔的含油面积。

在长垣北部找到厚油层高产区的同时,长垣南部也是捷报频传。1960 年 2 月 24 日,位于太平屯构造上的太 2 井喷油;4 月 10 日,位于敖包塔构造上的敖 26 井获得工业油流。至此,大庆长垣由南向北的敖包塔、葡萄花、太平屯、高台子、杏树岗、萨尔图、喇嘛甸 7 个构造都获得了工业油流,说明南起敖包塔、北到喇嘛甸 800 多平方公里的范围内都是含油区,显示了大庆油田的宏大场面和更大轮廓。

1960 年 3 月 16 日,根据萨 66 井所展示的良好情况,石油工业部党组客观分析了长垣地下形势,立即对油田整个会战部署进行调整,决定参战队伍"挥师北上",以长垣北部地质条件更好、交通更便利的萨尔图地区为重点展开会战,提出要"全面完成准备工作,集中力量拿下萨尔图油田,打响第一枪,迎接大会战"。

萨 66 井、杏 66 井、喇 72 井这 3 口井的钻探揭开了大庆石油会战的序幕,直接决定了石油大会战的主攻方向。"三点定乾坤"的战略部署在大庆油田的勘探开发史上发挥了至关重要的决定作用,成为大庆石油会战史上一个不可磨灭的闪光点。

挥师北上

"三点定乾坤"展示了大庆长垣北部大面积高产的宏大面貌,指明了大庆长垣的油气富集区。另外,滨洲铁路(哈尔滨至满洲里铁路线)横贯萨尔图地区,交通运输方便,有利于油田的勘探、开发和建设。根据这一新情况,石油工业部党组当机立断,决定把石油会战的重点由大庆长垣南部转移到北部的萨尔图地区,已经部署在南部的会战队伍立即"挥师北上",与刚刚来到大庆的新队伍一起,迅速在萨尔图集结。

挥师,在军事上是指指挥并带领军队进行大规模的战略转移和部署。在大庆石油会战发生新的变化,出现更好战略转机的时候,作为担任过人民解放军高级将领的余秋里,立即决定"先吃肥肉、后啃骨头,放下小小的葡萄花,先攻大块头的萨尔图",以军事指挥家的气魄,直接做出了"挥师北上"的重大决策。

把会战主战场从南部转移到北部,还是要冒一定风险的。当时,长垣北部除了萨66井出油外,杏66井、喇72井还没有完成钻探,萨尔图构造上也只打了萨66井一口井,还不能确保大面积含油。康世恩和熟悉地质情况的专家们经过对构造、地质以及含油情况的分析研究,认为对萨尔图油田的地下情况还是有把握的,完全可以承担这份风险。

技术人员对萨尔图油田的信心也给了余秋里调整会战部署的底气。1960年3月16日,他在会议上提出,为了迅速改变石油工业落后的局面,加快大庆石油会战的步伐,尽快拿下大油田,大会战需要调整部署,转移战场。他指出,萨66井出油说明情况发生了变化,出现了更加有利的形势。形势变了,我们就要当机立断,调整部署。否则,当断不断,就会贻误战机,就会像刘伯承元帅说的那样,"五行不定,输得干干净净"。我们要采取点面结合、"先肥后瘦"的方针,在对整个长垣进行勘探的同时,把勘探重点从南部转移到北部,先控制萨尔图、喇嘛甸构造的含油面积,并着手搞生产试验区。为此,要调整各单位、各战区的任务。先把玉门石油管理局的队伍从南部调到北部,同新疆石油管理局的队伍一起,集中抢上萨尔图。

当时调动队伍北上最大的困难就是地面条件很差。松基三井出油以后,在大同镇一带,已经集中了较多的勘探队伍。在黑龙江省地方政府的大力支持下,大同镇已经建起了指挥中心,公路和其他一些辅助生产设施,如小型炼油厂、机修厂等正在加紧建设,生活后勤方面也做了大量准备,建成了15 000平方米的住房,此外还有一个大同镇做依托。应该说,以大同镇为中心的南部地区为重点进行会战,已经具备了一定的基础和条件。而北部地区,从大规模钻探开发的需要来看,除地下条件基本具备外,地上只有青天一顶、草原一片,在生产、生活设施方面没有任何准备,缺少后方生活基础。大批队伍向这里集中,只能住在荒原上,困难可想而知。

但余秋里十分坚定,他提出,既然主攻方向明确了,就要坚决上,刀山也得上,要准备克服一切困难,去夺取胜利。他认为,趁着会战刚刚部署,队伍刚开始调动,把主战场从大同镇附近转移到萨尔图地区比较有利。否则,等到参战队伍在大同镇落下脚、扎住根后再去调整,就会浪费大量的时间和人力、物力。

1960年3月17日,石油工业部党组召开全国石油企事业单位电话会议,通报了萨尔图地区勘探的最新发现以及部党组关于调整会战部署、转移主攻战场的决定。

余秋里在电话会议上强调,对这次调整部署所带来的困难,一定要有充分的思想准备。盲目乐观,看不到困难是要吃亏的。但是,要看到,干,有困难,不干,国家的困难更大。一定要按照毛主席的教导,发扬中国人民吃苦耐劳的光荣传统,发扬革命战争时期的英勇战斗精神,艰苦奋斗,勇往直前,顽强克服各种困难。康世恩也在会上要求,各单位要切实认识这次调整部署的意义,坚决贯彻部党组的决定,抽调精兵强将,一个顶一个,以精干的队伍、头等的技术、头等的设备,集中拿下萨尔图油田。

余秋里和康世恩的讲话如同会战前的冲锋号角,为会战定下了激越昂扬、奋勇争先和敢于面对任何困难的基调。

1960年3月，北国的原野依然春寒料峭，但大庆石油会战的气氛早已热气腾腾。

石油大军汇集的场面让辽阔的草原一片喧嚣，也让单薄的滨洲铁路线日夜繁忙。一列列运送钻机和器材的列车直达萨尔图这个五等小站，一批批穿着绱趟棉工服的石油职工从青海、四川、玉门、新疆云集到一片荒芜的红色草原牧场，一队队石油院校的师生从北京、西安、重庆赶来松辽实现支援会战、报效祖国的梦想，一群群还穿着军装的解放军退伍战士和转业军官从沈阳、南京、济南3个军区开赴荒原听候调遣。各种钻探设备、器材和物资不但堆满了货场，还堆满了从安达到萨尔图、让胡路几十公里的铁路沿线两侧，萨尔图火车站仅有的3条铁路线拥挤不堪，堆积如山的器材之间穿梭着彼此陌生的面孔，赶上哪个单位来接收就到哪个单位去干活，没有人讲条件。不管是谁家发运来的物资，都有人主动卸车，没有人问该不该干。荒凉的大草原上本来就没有多少人家，吃饭、睡觉是会战队伍面临的首要困难，当地政府和红色草原牧场动员老百姓让出了空房，腾空了牛棚和马圈，小小的萨尔图家家成了临时接待站。

先期到达大庆，原来已在南部就位的会战队伍开始陆续向北转移。余秋里对康世恩说："我打过一二十年仗，对组织队伍转移，还有点经验可以用，我来组织队伍北上萨尔图。"

"迎面刮风沙，遍地冰雪滑；北上闹会战，艰苦算个啥？！"3月的松辽平原，冰雪尚未消融，北风依然呼啸。大家听说队伍要北上，要到萨尔图去搞会战，打大仗，拿高产油田，一个个高兴得直跳。

在余秋里的亲自指挥下，南部地区的会战队伍开始迅速调动，百里搬迁。一个接一个的井队立即动手，拆卸井架，整备物资，接连踏上北上的征程。汽车拉着大件设备，马车拉着小件物资，职工们打起背包，人扛肩挑，排起长龙，纷纷加入转移的队伍。大家蹚着齐腰的枯草，踏着厚厚的积雪，浩浩荡荡地走进茫茫荒野，迎着凛冽的风雪一路向北前进。由于天气寒冷，人们呼出的热气立即在眉毛、胡子和棉帽子上结成了白霜，大家相互拍打着霜雪，心里却是热乎乎的。天天盼、夜夜盼，盼的就是找到连片的高产大油田，一举改变中国石油工业落后的面貌，现在高产富集油区已经露出来了，我们一定要更快、更好、更稳妥地把它拿下来。

按照原来的部署，玉门石油管理局包打太平屯地区。玉门是我国最早投入开发的油田之一，曾经是全国最大的油田，被誉为中国石油工业的摇篮。1960年3月11日，玉门石油管理局参加大庆石油会战的先遣队抵达太平屯，并成立了支援大庆石油会战临时指挥部筹备小组，由玉门油田鸭儿峡采油厂党委书记宋振明任组长，小组成员共有11人，其中处级干部2人、科级干部3人。11人中有党员6人、团员1人，工程师3人、技师1人、一般技术干部1人。他们从玉门油田的不同单位出发，乘飞机、坐火车、搭汽车，几经辗转到达太平屯。

3月16日，会战领导小组决定，把玉门石油管理局参加大庆石油会战的临时指挥部筹备小组立即由太平屯迁往萨尔图，并要求玉门石油管理局正在调运搬迁和已经前往太平屯地区的队伍、设备立即改变方向,直接转移向北,摆开到萨尔图地区。

当时,负责萨尔图探区的是新疆石油管理局。会战领导小组给玉门和新疆克拉玛依的石油队伍提出了新的会战目标:拿下萨尔图,北进喇嘛甸,开辟生产试验区,打下200口生产井,争取全年完成原油生产任务70万吨。

宋振明,1926年出生于河北省馆陶县,原石油工程第一师汽车团团长,直接参加过我国第一个石油基地即玉门油田的开发建设。接到会战领导小组命令后,宋振明立即指挥队伍、设备转战萨尔图,并在萨尔图火车站以北约3公里的地宫门安营扎寨,安排调度从玉门前来的各路人员和队伍。到3月底,玉门石油管理局1 000多名职工先后分4批到达萨尔图。队长王进喜带领的1262标杆钻井队(后改为1205钻井队)也带着他们的钻机,于3月25日到达萨尔图。

一场声势浩大的石油大会战在一片荒芜的萨尔图全面铺开。从1960年3月中旬开始,在半个多月时间里,数万名参战职工,50多部钻机,5万多吨器材、设备迅速在萨尔图地区滨洲铁路线两侧广阔的草原上结集。3月29日和30日,新成立的萨中、萨北探区指挥部分别召开誓师动员会,传达石油工业部两次筹备会议精神,开展会战前的生产动员,组织队伍迅速摆开,打响了大会战的第一炮。

挥师北上是大庆油田勘探开发初期最重要的战略决策。石油工业部的卓越领导者余秋里、康世恩在关键时刻做出的果断决定成功指明了大庆石油会战的走向和发展态势,对了有效缩短会战进程,尽快取得决战胜利,发挥了战略性的决定作用,成为大庆油田发展史上的一个重要里程碑。

⚙ 总指挥部靠前指挥

1960年3月,石油会战第二次筹备会议后,为了更好地指挥会战,会战领导小组进驻安达县靠前指挥,石油工业部领导和部机关党委陆续来到安达办公。同时,中共中央决定,将安达县升格为安达市(地级),负责领导大庆油田。为对外保密,全国支援大庆油田建设一律称为支援安达农垦,各路石油大军汇集安达,再经安达中转前往萨尔图,一下子让这个偏僻的东北小城热闹起来。

1960年3月25日,石油工业部在哈尔滨召开了大庆石油会战第二次筹备会议,余秋里、康世恩出席会议。会议决定,成立中共松辽石油会战地区临时工作委员会,加强党对会战的领导。余秋里兼任书记,康世恩、吴星峰为副书记,委员包括余秋里、康世恩、吴星峰、唐克、张文彬、焦力人、陈李中、李荆和、杨继清、王新坡、徐今强、阎子元、张俊。并建议黑龙江省委派人参加。

会议着重对4月份会战的工作安排进行了讨论,其中最重要的就是对会战总体部署的调整。围绕"挥师北上"抢攻萨尔图这一中心,重新调整并明确了各参战队伍的会战区域,把玉门、新疆、四川3个局的主力部队全都调整部署在萨尔图地区,突出了会战的主战场。余秋里要求,在4月份,首先完成20口探井,其中玉门6口、新疆4口、四川3口、青海3口、松辽4口,强调要大抓钻机安装,提高效率,一手抓准备,一手抓开钻,在萨尔图探明100平方公里一、二级含油面积,以及50平方公里可供开采面积。在以萨尔图、喇嘛甸为重点进行钻探的同时,加快对杏树岗的钻探速度,不放松葡萄花、高台子、太平屯地区的工作。在南部几个地区,一方面要在已控制面积范围内加密钻探,打出一、二级面积来,另一方面要加快甩开,向外围发展。

康世恩介绍了当前会战的最新情况和形势,分析了大会战的重要性和重大意义,号召大家要加强领导,充分发动群众,努力克服困难,坚决完成既定的任务。

会议也对前一阶段会战的组织管理、人事工作、思想作风等11个问题提出了具体要求。会议决定,会战领导小组立即在安达成立指挥中心,松辽石油勘探局从长春迁往安达,石油会战总指挥部于4月1日开始,以松辽石油勘探局名义在安达正式办公,靠前指挥会战。

安达,亦作安答,蒙语是"亲朋好友"的意思。在古代,这里曾经是蒙古游牧民族活动的地区。很早的时候,有一家骡马驿站,像中原人喜欢用"悦来""聚贤"等来给客栈取名一样,驿站的蒙古族主人用"安达"来命名自己的驿站,是想告诉过往的客商,到这里来就像住进亲朋好友的家里一样,这就是安达这个地名的来历。

中共中央批准大庆石油会战后,为了方便管理,统一领导,更好地支援会战,黑龙江省委决定把整个大庆油区都划归安达县管理,并向中央提出建立地级安达市,拟派省委组织部副部长曲长川任安达市委第一书记。1960年3月10日,按上级党委指示,中共安达市委组建成立,负责大庆油区的领导工作,并对外办公。

1960年4月29日,中共中央决定撤销安达县,成立安达市。批准曲常川任中共安达市委第一书记,书记处书记包括李介民、李荆和、杨祝民、宋月涛、张克孝、刘华、张积文、苏之泉。1960年5月26日,国务院发文,正式撤销安达县,成立安达市。

1960年4月1日,会战领导小组开始在安达办公。石油会战总指挥部在安达的驻地被称作"二号院"。

当年,随着石油勘探工作在黑龙江地区的开展,安达县陆续为石油勘探职工提供了大量住房。从1957年下半年开始,松辽石油勘探队伍(当时称为"农垦")陆续来到安达县工作,安达县就从民房中腾出了1 697.9平方米房屋,供石油职工使用。1958年上半年,更多石油勘探队陆续迁至安达,安达县委腾出了县人委招待所给勘探队伍暂居。1959年,安达附近的石油勘探陆续展开,队伍和人员越来越多,安达县委又先后从军队营房中调整15 536.42平方米供给勘探队伍使用。

1960年,石油工业部党组决定将会战总指挥部设于安达。安达县委从沈阳军区部队协调11 411.9平方米房屋交给总指挥部使用,将安达县人委第二招待所815平方米房屋除重要物资拿走外,把床铺和招待所部分物资无偿交给会战指挥部下属的大庆试验室使用。之后，又将县畜禽场迁至东门外的军马厩，将天泉区奶牛场迁至城外，房舍全部交给会战指挥部使用。自1957年至1960年，安达先后为石油职工提供房屋3万多平方米，陆续形成了后来的"二号院""三号院"，一直到"八号院"。

会战刚开始，事情千头万绪。当时是边准备会战，边调动队伍，边调整部署，边展开勘探，好多问题等待确定，好多决策需要拍板，工作繁多，日程紧张。余秋里和康世恩一到安达，就立即前往萨尔图前线，走到会战职工队伍中间，和他们深入交流，了解会战准备进程，了解生产、生活安排，了解油田地下地质情况，认真听取他们的意见。

按照会战总体部署，会战队伍采取"边动员、边行军、边编队、边安置、边战斗"的原则。各路会战大军来到萨尔图后，"马不停蹄，人不离鞍"，直接前往战区投入战斗。可由于人员队伍来得多、到得快、上得猛，很多人到达后不知所措，指挥部在哪里？战场在哪里？还有的人不知道现在萨尔图才是主战场。

余秋里和康世恩意识到，当前的形势很严峻，问题很突出。人员不清、任务不明，会战就有可能变成乱战。会战领导小组根据会战形势的发展变化，立即做出2项决定。

一是以萨尔图油田为中心，把会战第一次筹备会议部署划分的5个战区立即进行重新划分调整。决定滨洲铁路以北地区（包括喇嘛甸、林甸构造）为北萨尔图战区（即萨北探区），由新疆石油管理局负责；滨洲铁路以南至萨66井一线以北地区为中萨尔图战区（即萨中探区），由玉门石油管理局负责；萨66井一线以南至杏66井以北地区为南萨尔图战区（即萨南探区），由四川石油管理局负责；杏66井一线以南（包括高台子构造）为高台子战区，由青海石油管理局负责；高台子以南一线及外围战区仍由松辽石油勘探局负责。经过调整，明确把会战重点放在大庆长垣北部萨尔图地区，会战的主要力量也全部集中到萨尔图地区。

二是决定通过部机关党委强化对会战政治工作的领导，加强对参加会战人员、队伍和思想的管理。4月8日，石油工业部机关党委发出通知，决定开始在安达县正式办公，并将石油部机关党委作为大庆石油会战党的临时办事机构，负责领导会战的政治工作。书记由余秋里兼任，副书记为吴星峰、雷震、宋惠。同时，为了及时了解掌握各战区的政治思想工作情况以及各部门、各战区党组织和党员的统计数字，机关党委还提出要求：自4月9日开始，各探区党委每3天以电话汇报一次，每星期以书面简要汇报一次。汇报内容包括党委有关工作部署、群众政治思想动态、大搞技术革新和技术革命运动的情况以及好人好事、坏人坏事等各方面的典型事例。各战区有关群众运动方面的资料、文件和报刊每次应报送机关党委10份，以便分送领导参考。各部门、各战区党委的"党组织和党员统计表"在4月份应每旬填报一次，于旬后3天内报送机关党委一份，以后每月填报一次，于次月3日以前报送。

4月10日晚，部机关党委在安达召开总指挥部机关党员大会。会议明确了当前思想政治工作的主要任务，一是彻底整顿组织，建立党、团支部，加强和健全党的领导；二是搞大宣传、大动员，开展一个声势浩大的大会战宣传运动；三是发动群众进行民主大检查,随之进行"三定",即定任务、定人员、定专责。同时,会议还提出了要发扬艰苦朴素的优良作风,要掀起群众性劳动竞赛高潮,抓好生活、保密等工作部署。

1960年4月16日,为适应当前形势的发展,加强各探区的组织领导工作,会战领导小组对原来划定的战区再次进行调整部署,重新划分为3个探区,并以松辽石油勘探局名义发出通知(会战初期,很多决定是以松辽石油勘探局名义发出的),将各探区管辖范围的调整及各探区的领导人员进行公布。

以敖包塔、葡萄花、太平屯、高台子、升平井,以及杏96井以南一线的南部地区组成第一探区,由松辽石油勘探局负责,对外名义为松辽石油勘探局大庆办事处,指挥宋世宽,副指挥只金耀、陈国润。以杏树岗、龙虎泡井及杏96井以南一线之北,杏16井以北一线之南地区组成第二探区,由四川、青海石油管理局负责,对外名义为松辽石油勘探局第二探区,指挥兼党委书记李镇静,副指挥李敬、杜志福。以萨尔图、喇嘛甸、林甸井及杏16井以北一线的北部地区组成第三探区,由新疆、玉门石油管理局负责,对外名义为松辽石油勘探局第三探区,指挥宋振明,党委书记李云,副指挥孙燕文、刘文明。

会战领导和指挥机关靠前指挥,很快就理顺了会战刚开始的混乱局面。参加会战的各路队伍陆续就位,会战的组织运行开始走上正轨,各战区的钻探工作相继展开,很快就迎来了大庆石油会战的一个又一个胜利。

调度指挥千军万马

大庆石油会战是一个"多兵种"联合作战的攻坚战役。会战开始后,井队和油井星罗棋布地分散在几百平方公里的荒原上,各种站、库和生产设施日夜不停地持续运转,生产运行具有鲜明的联系性、均衡性和协调性,这就要求生产、建设和后勤服务等工作必须紧密相连、环环相扣、协同配合,才能保证会战的优质、高效运转。会战总指挥部根据油田生产建设的这些特点,逐步探索建立了一套适应生产需要、有利于加强管理的生产指挥和调度工作制度,保证了各项生产建设任务的顺利推动。

1960年会战之初,全国石油厂矿企业支援大庆石油会战的职工和转业官兵陆续来到萨尔图。如何按照集中兵力打歼灭战的原则,把来自各方面的力量组织起来,高速度、高水平地投入会战中,是会战组织运行的最关键问题。当时,一边要积极地动员和组织会战,一边要挥师北上调动队伍,同时还要强化地质工作,加快推进勘探部署,很多人对会战任务不清,方向不明。生产指挥没有现成的经验可以借鉴,也没有完备的组织指挥系统,贯彻落实会战总指挥部的安排部署,主要靠各路指挥亲临一线直接指挥作战,有时甚至需要步行前往现场传达生产指令。

为了尽快了解会战情况,解决现场问题,余秋里和康世恩亲临萨尔图。他们深入生产一线,深入职工群众,了解生产组织中遇到的困难和会战推进上暴露的缺点。结合当时会战的严峻形势和生产指挥上的突出问题,余秋里和康世恩决定,把设在安达的会战总指挥部工程组调度室与设在萨尔图的第三探区调度室、作战室一起组成会战总指挥部总调度室,作为生产指挥的日常工作机构,负责调查研究、编制会战计划、绘制作战运行图表,掌握和反映会战的组织运行情况,全面协调指挥各方,帮助基层解决实际问题。

会战初期,生产指挥的重点是组织钻井和油田基本建设,加快钻探,并尽快形成原油生产能力。总调度室从全局重点工作和衔接配合的关键环节出发,组织开展了"正点到达"活动,并按照抓好"生产结合部"的原则,设置了"三配一调"组、投产衔接组、配产配注组、值班室和综合运行组。"三配一调"组主要负责配车、配料、配人,调整备料进度计划。同时,根据重点工程的需要,采取"大会战套小会战"等组织形式,做到"兵马未动,粮草先行",不打无准备之仗,不打无把握之仗。投产衔接组主要负责协调钻井、采油、基建等产能建设部门和设计、地质、后勤供应等保障部门,保证各部门各系统步调一致,有序衔接。除了现场调度之外,还定期召开投产衔接会,统一安排射孔、交井、基建收尾和生产准备,确保竣工投产一次成功,杜绝工程尾巴长、扯皮多的现象。配产配注组也被称为"地下调度",主抓采油、地质和井下作业的协调配合,根据生产试验区开发方案要求,落实油井的配产量和注水井的配注量,抓好井下作业施工的统一指挥。值班室负责收集和分析当天的生产活动情况,归口下达生产指令,检查生产任务的执行落实和完成情况,协调解决基层反映的矛盾和问题。为了保证工作效率和准确性,值班室建立了值班日志和调度卡片,从调度长到值班工程师和值班员,实行统一编号,通过编号按规定术语上报情况,下达指令。综合运行组负责编制和下达生产计划,并对生产指标进行细化分解,按专业衔接关系和进度要求,编制生产运行图表,定期进行检查分析,为会战决策提供依据。

有了组织,更重要的还要看运行。1960年夏天,余秋里专门对负责生产调动的副总指挥、调度长们提出要求:要学习解放军司令部的工作作风,建立起强有力的生产指挥系统,做到指挥灵、行动快、制度严、办事准、抓得狠。按照要求,从会战总指挥部到基层小队,各级领导干部都要住进办公室,轮流值班管理生产,并逐步形成了从会战总指挥部总调度室到各二级指挥部综合调度室再到大队级生产调度室的三级生产指挥和调度工作系统。

为了实现结合实际靠前指挥,油田还探索形成了一系列生产指挥和调度制度,如24小时值班制度、夜间检查制度、3个会议制度(领导干部电话会、生产调度电话会、生产办公会)、现场办公制度、生产分析制度、调查研究制度等。为了加强面对面领导,就地解决问题,防止耽误生产,会战中总结形成了很多优良传统和习惯做法,如凡是由一个二级指挥部几个队联合施工的工程,包括钻井队、作业队等,就由这个二级指挥部组织前线指挥所;凡是由几个二级指挥部联合施工的工程或者地区,包括钻井、井下作业、油田建设、水电路讯等,就由会战总指挥部设立前线指挥所,实行统一指挥,保证工程的高速度、高水平推进。

1961 年 5 月,随着油田规模的不断扩大和生产管理难度的增加,会战总指挥部又成立生产办公室,加强对生产的指挥管理。生产办公室由宋振明负责,仍然以总调度室为办事机构,内设 8 位总工程师,设置了钻井勘探组、安全组等专业管理机构,负责统一指挥生产。机关各部门凡是对上汇报情况、对下下达指令、生产组织协调等都要通过总调度室(生产办公室),被会战领导形象地称为"一捆、一口、一个漏斗",树立了调度的威信,并逐步建立了统一指挥、协同动作、令行禁止的组织调度运行体系,形成了"严、细、准、狠、快"的调度作风。

"严"就是组织严密。生产指挥要"严"字当头,组织和指挥生产坚持高标准、严要求,工作不马虎、不凑合,有严肃的态度、严明的纪律。而且要坚持时时严、事事严、人人严、处处严,上传下达严细认真,一丝不苟。"细"就是安排细致。组织指挥和安排生产要讲究科学、运筹帷幄。对上级的生产安排和基层反映的问题,都要认真对待,件件落实,不能粗枝大叶,不能犯"一粗二松三不狠"的老毛病。只有把工作抓实抓细,才能使计划和决策符合客观实际,才能有正确合理的指挥。"准"就是办事准确。问题看得准,矛盾抓得准,处理情况准。生产组织吃透两头,不犯主观主义错误,不搞瞎指挥。"狠"就是抓工作要狠。生产指挥情况明、决心大,凡是看准了的事情,就要抓住不放,一抓到底,抓出成效。对生产中存在的问题,敢说、敢管、敢于严格要求。对低标准老毛病敢反、对歪风邪气敢顶、对错误倾向敢斗,有敢捅"马蜂窝"的精神。"快"就是行动要快。贯彻上级指示要快,反映下面情况要快,处理问题要快,干工作雷厉风行,说干就干,干就干好,当日事当日毕,急事不过夜。宋振明形象地把调度人员概括为"千里眼、顺风耳、猴子屁股、辣椒嘴",即在调度指挥工作中,无论什么情况和问题,都能看得到、听得到,熟悉基层情况,不搞瞎指挥,经常下现场,像"猴子屁股"一样坐不住,看到问题敢说、敢管、敢要求。

培养一个好作风,关键看领导。生产办公室和总调度室非常注重抓作风建设,领导们带头践行"严、细、准、狠、快",形成了一年 365 天办公、每天 24 小时管生产的优良作风。总调度长郑浩每天坚持早上 6 点下现场了解生产情况,7 点半赶回来参加电话会。白天组织协调各方,处理各种生产问题,晚上参加生产会,向生产办公室汇报生产情况、存在问题和处理情况,会后还要安排落实生产办公会决议,从来没有在半夜 12 点之前睡过觉。为了能够第一时间处理生产问题,他经常住在办公室里,遇有紧急情况时,随叫随到。负责试油工作的毕景林在试油井非常分散的情况下,坚持每天上井调查、了解情况,没有车就从"二号院"步行上井,哪里有试油井施工,他就会出现在哪里。喇 33 井地处油田北部的喇嘛甸油田,他为了掌握这口井的试油施工情况和地质资料,解决试油施工中出现的各种问题,多次步行上井,单程就 30 多公里。年终总结评比时,大家算了一笔账,他一年之中徒步调查,行程达到了 5 000 多公里,被大家形象地称为"铁脚板""飞毛腿"。

调度人员下现场,不仅仅是指挥和组织生产。在下基层的过程中,经常是带着问题深入基层,结合实际调查研究,同时从基层的各种需要出发,替基层着想,为基层服务。例如,后勤供应部门采取"大配套""小配套""货郎担"等形式,为基层送料。组织生活服务部门到基层开展巡回服务,为现场职工送水、送饭、送日常生活用品。生产指挥人员坚持做到"把方便送下去,把麻烦揽上来""下去一把抓,回来再分家",在跑现场时无论是什么专业、什么问题,都要调查明白,回来后再交给对口的负责部门,并逐步形成了"三个面向、五到现场""四不怕""九热一冷""三三制"等一系列加强生产管理、服务基层一线的优良作风。

大庆油田的生产指挥系统经受住了石油大会战的考验和洗礼。这一整套适用于集中兵力打歼灭战的生产指挥的组织、方法、制度、作风为大庆油田迅速建成投入开发做出了巨大贡献。1964 年和 1966 年,大庆油田总调度室先后被会战工委和石油工业部授予"五好红旗单位"和"红旗单位标兵"荣誉称号。

第三篇

"两论"指导坚持会战

第五章

"两论"起家明方向
石油会战掀高潮

　　会战一开始，几万人的会战队伍一下子涌进荒凉的萨尔图草原。头上青天一顶，脚下荒原一片，工作、生活条件十分艰苦，就连吃穿住用都成了问题。同时，会战队伍中还不同程度地存在着思想意识不稳固、工作目的不明确、会战信心不坚定的情况。会战的生产管理和规划部署也没有完全理顺，轰轰烈烈的石油大会战甚至一度出现了工作没标准、步调不统一、生产无秩序、人员队伍参差不齐、越忙越乱的危险局面。面对困难，会战工委带领广大职工坚持"两论"起家，用毛泽东思想指导会战，用辩证唯物主义的思想、观点和方法解决在会战中遇到的这样那样的问题，以"有条件要上，没有条件创造条件也要上"的壮志豪情，坚决把会战打了上去。

⚙ 篝火学"两论"

　　队伍上来了，会战开始了，可队伍能不能站住脚？如何下手才能高速度、高水平开发建设大油田？当时，会战领导们发现，会战队伍从四面八方聚集而来，职工在思想和作风上还不统一，仍保留着"一粗二松三不狠"、抢速度而忽视质量等老毛病。如果思想作风问题不解决，大会战将成为一场浪费人力、物力的大混战，好油田也可能弄成差油田。

　　1960 年 3 月开始，支援大庆石油会战的人员队伍和设备物资陆续集结到萨尔图。萨尔图火车站这个只有 3 条线的五等小站一下子忙碌起来，支援会战的各路大军往来集聚，又从这里投入四周的一片荒原。一列列满载物资设备的火车陆续开来，从安达到萨尔图 50 余公里的铁路沿线两侧到处都是钻机、井架和设备、器材。由于当时吊车和运输车辆严重不足,这些物资一时无法转运,只能散乱地堆积在铁路线两旁,因为等不到起重设备,一些大件的设备物资在火车上卸不下来,甚至堵住了莫斯科到北京的国际列车。最后是周恩来总理亲自下令国际列车改道从二连浩特到北京,并指示铁道部迅速"解堵"。

萨尔图,蒙语意为"月亮升起的地方",这里最早曾是横贯杜尔伯特草原卜奎南道上的一个驿站。1896 年(光绪二十二年),清政府与沙俄签订了《中俄密约》。同年 9 月,根据《中俄密约》第四条,中俄代表在德国柏林签订了《中俄合办东省铁路公司合同章程》,开始由沙俄修建绥芬河至满洲里之间的铁路(即滨洲铁路,当时称中东铁路,亦称东清铁路或东省铁路),选在萨尔图设站。1902 年,萨尔图站开工修建,1903 年 7 月正式建成使用。

虽然名字梦幻般地充满恬静、饱含诗意,可实际上,1960 年早春的萨尔图头上青天一顶,脚下荒原一片,除了火车站和红色草原牧场附近稀稀落落的几片房屋以外,满眼都是荒芜的盐碱地。

会战队伍到达萨尔图后,面临的困难可想而知。首先是生活的艰难,一无房屋,二无床铺,只能寄居在当地红色草原牧场的牛棚马厩里。人太多,有的连牛棚马厩也轮不上,只能钻进帐篷和自己挖的地窖子里遮蔽风寒,晚上冷得睡不着觉,大家只能坐着挤在一起相互取暖。当时,找到一个地窝子,是三等旅馆;有一顶帐篷,是二等旅馆;找到一个被废弃的牛棚,是一等旅馆;要是能找到一间民房,那还得了,就是特殊化喽!没粮没菜,没有锅灶炊具,许多职工用脸盆熬汤,铝盔盛饭,还经常要喝雪水,啃冻得硬邦邦的干粮。

会战初期,生产同样艰难。没有汽车,没有吊车,设备物资搬运基本是靠人拉肩扛;水井太少,而且远水解不了近渴,打井配泥浆时,只能找附近的冰泡子破冰取水;没有公路、电话不通,生产经常要靠步行去联络和指挥。地质情况也不尽如人意,地下油层没有进行系统分析,就连一些地质工作者和技术人员也了解不多,许多现象说不清楚,许多问题无法解决。

更难的是职工队伍的思想和作风。有的人讲速度而忽视了质量,靠蛮干而不注重技术,"大跃进"留下的一些坏习惯、老毛病依然存在;有的人认为国家经济困难,全国工业都在下马,石油系统靠自己的这点人力、物力和财力硬上,对能不能把会战打起来心存疑虑;有的人对会战特殊时期的种种非常规措施和办法很不适应,认为一切都是乱哄哄的,会战不正规,不像个搞工业的样子;有的人来到萨尔图后,面对一片荒凉和诸多困难,觉得艰苦出乎意料,吃苦受累没个完,战斗情绪十分低落;有的人过惯了在老油田的优越生活,一下火车,先打听有没有招待所,有没有小灶食堂,工资待遇能提高多少;有的人一看会战这么艰苦,直接开小差儿当了逃兵。

怎么办?如果这些困难和问题解决不好,会战还如何打得下去?

面对严峻的形势,余秋里部长想到了 1959 年 12 月周恩来总理在东北经济协作会议期间的指示:"这次会战是一场大仗、硬仗,将会遇到种种风浪、重重困难。大会战的指导思想就是要用毛泽东思想指导一切,要用辩证唯物主义的观点、方法分析和解决会战中可能遇到的各种问题。"

于是,余秋里带领康世恩、吴星峰、唐克等领导成员,关起门来,一连几天阅读毛泽东的《实践论》《矛盾论》和《关于领导方法的若干问题》等著作。通过学习讨论,认真分析会战的形势、任务和矛盾,大家认识到:在困难的时候、困难的地方、困难的条件下,进行这场史无前例的大会战,必然面临许多矛盾和困难。这些矛盾中,生产、生活条件上的困难是暂时性的,可以逐步解决;而从长远来说,决定油田命运的,起决定作用的主要矛盾和最大困难,是如何搞清油田地下情况,掌握油田客观规律,科学开发大庆油田。要想正确引导大会战,推动大会战,必须用毛泽东思想的认识论、方法论来解决这些问题,指导会战实践。

《实践论》和《矛盾论》("两论")是毛泽东系统研究马克思主义哲学,结合中国革命经验和实际进行深入反思的经典著作。余秋里、康世恩深知"两论"所主张的通过实践而不是照搬经验对树立正确的世界观、方法论的重要作用,深知"两论"不仅是当前组织开展石油会战的需要,也是石油队伍长期建设的需要。因此,学习"两论"不能停留在一般号召上,必须由党组织做出正式决定,对领导干部、党团员和广大职工提出明确要求。

1960 年 4 月 10 日,会战领导小组经过共同讨论,由宋惠整理,以石油工业部机关党委名义做出了《关于学习毛泽东同志所著〈实践论〉和〈矛盾论〉的决定》(简称《决定》)。这是大庆石油会战中做出的第一个决定。4 月 13 日,《决定》刊登在会战机关报——《战报》的创刊号上。

《战报》是大庆石油会战中党的领导机关主办的第一份报纸。当时,会战刚刚开始,职工们急切地想了解会战的安排和动态,会战总指挥部也需要通过多种途径传递会战工作部署,统一职工思想,提振队伍士气。部机关党委因势利导,从满足会战职工的新闻文化需要、加强宣传和政治思想工作、推动石油大会战顺利开展出发,在当时条件艰苦,根本不具备办报条件的情况下,硬是组织起部政策研究室干部关松森等 6 名同志,在一个破旧的活动木板房里,办起了这份《战报》,创刊号上的开篇之作便是部机关党委的《决定》。《战报》自创刊后,始终坚持正确的政治方向,宣传党的路线、方针、政策,积极开展形势任务教育,反映干部群众的意见要求,表彰先进典型,传播先进经验,批评落后现象,对动员和鼓舞职工群众提高思想觉悟,完成各项任务和加强队伍建设,培育大庆精神,都起到了重要的促进作用。广大干部职工和家属非常喜爱它,亲切地称赞它是"不见面的指导员"。1968 年 5 月 31 日,《战报》改为《大庆战报》,后来又改名为《大庆报》,1982 年 5 月 1 日更名为《大庆日报》。

《决定》在《战报》上刊登后,立即在广大职工中引起强烈反响。《决定》指出,我们正面临着会战——大规模的生产实践。在会战中,要把别人的经验都学到手,但又不迷信别人的经验,不迷信书本,要勇于实践,发扬敢想、敢说、敢干的风格,闯出自己的经验。同时,在实践中要想不迷失方向,就要掌握马列主义的理论武器,把实践上升到理论,包括正确认识油田的规律,使实践具有更大的自觉性。为此,部机关党委决定,立即组织全体共产党员、共青团员和干部学习毛泽东同志的《实践论》和《矛盾论》,并号召非党职工都来学习这2个文件,用这2个文件的立场、观点、方法来组织大会战的全部工作。《决定》要求,学习要根据理论结合实际的原则,采取边读、边议、边议、边做的方法。每周学习时间不少于6小时,在5月10日前学完。各级党委要订出学习计划,并列入向上级党委汇报的内容。《决定》号召掌握思想武器,认识油田规律,这是学习的目的,号召参加大会战的职工立即掀起一个学习毛泽东著作的高潮,为开展技术革命、生产革命,做好思想革命。

《决定》发出后,很快在全战区掀起了学"两论"的热潮。没有那么多书,就到新华书店去买。很快,附近书店的书都买光了,就派人到哈尔滨去买。石油工业部机关还从北京买了2万多本书,派专人坐飞机送到哈尔滨,再运到萨尔图发给每个职工,基本上做到了人手一册。职工们都把"两论"随时带在身边,钻台旁、工地上、车间中、帐篷里,学"两论"的身影无处不在。晚上没有电灯,职工们就点起篝火,大家围着篝火,一边烤火取暖,一边借着火光学习。老工人文化水平低,自己认不全字,就请别人帮着读,自己认真听、仔细想、用心记。各级领导还经常深入基层,和基层干部职工交流学习的经验体会,了解学习情况,进行理论辅导,总结和推广职工的学习经验。

"青天一顶星星亮,荒原一片篝火红,石油工人心向党,满怀深情望北京。"电影《创业》所展现的场景正是广大职工篝火学"两论"的真实写照。满怀着对石油事业的无限热爱,干部学,技术人员学,工人也学,广大职工用"两论"基本观点分析解决面临的各种矛盾和困难,统一了思想认识,明确了工作方向,坚定了夺取石油大会战胜利的信心。

几万名干部职工一起深入学"两论",是一次对马列主义、毛泽东思想的理论大普及,也是一次打破"洋框框",冲击旧观念的思想大解放,更是一次对"大跃进"以来出现的主观主义、官僚主义、"浮夸风"的作风大纠正,对高速度、高水平拿下大庆油田,起到了重要的思想保证作用。

"有条件要上,没有条件创造条件也要上"

"石油工人一声吼,地球也要抖三抖,石油工人干劲大,天大困难也不怕。"在"两论"思想指引下,广大会战职工发挥主观能动性,发扬艰苦奋斗的革命精神,面对困难不等不靠,积极动脑筋、想办法,顽强拼搏、奋勇争先,坚定地把会战打了上去。王进喜和他带领的1205钻井队就是其中的突出代表。

1923年10月8日，王进喜出生于甘肃省玉门县赤金堡一个贫苦农民家庭。他6岁要饭，10岁给地主放牛，后来服劳役、被抓兵，受尽欺辱和压迫。1939年玉门油矿开发，王进喜为了生计，给石油勘探队拉骆驼、找石油，从此与石油结下了不解之缘。

新中国成立前夕，国民党敌特筹划破坏玉门油矿。党中央和毛主席指示，一定要保护好玉门油矿。时任甘青分公司经理的邹明组织矿工成立护矿队，王进喜积极参加护矿行动，和护矿队员们一起拆下钻机部件，抬到山里掩埋起来，并用沙子和水泥把采油井封上，夜间还戴上红袖标参加巡逻，保护油矿的安全，让玉门油矿顺利回到了党和人民的怀抱。

1950年春，玉门油矿开始首次招工，王进喜通过考试成为新中国第一代钻井工人。在党的培育下，他迅速成长。1956年6月，王进喜担任了贝乌五队钻井队长，带领全队大打翻身仗，把曾经被称为"豆腐队"的钻井队带进了先进队行列，并光荣地加入了中国共产党。1958年，在石油工业部开展的"高速优质钻井"技术比武活动中，玉门油矿提出"月上千、年上万，祁连山上立标杆"的目标，组织一批先进队"大战白杨河"。王进喜主动请缨参加了这场大会战，他带领贝乌五队，全天工作在井场，9月份完成月进尺5 009.47米，创造了全国最高纪录，被授予"钻井闯将"称号。

1960年3月15日，王进喜带领1205钻井队（当时为1262钻井队）从玉门出发，一路辗转，于3月25日到达萨尔图参加大庆石油会战。他和全队37名队友冒着零下二三十摄氏度的严寒，在萨尔图火车站的屋檐下露宿了一夜。钻机没到，王进喜就让大家四处打听消息，找到第一口井——萨55井所在小村子马家窑，带着队伍住进了老乡空闲的四面漏风、上面露天的马棚里。留下人挑水烧饭，大家又到火车站等钻机。没有钻机，有的职工就提出可以先休息一下。王进喜却说："我们是来会战的，不能一到战场就先休息。"于是，他带领大家守在火车站，一边等钻机，一边当起了义务装卸工，主动帮助别人卸车，不管是木材、煤还是行李、设备，有活就干，一连干了好几天。

一天晚上，听说钻机运到了萨尔图。王进喜喜出望外，天不亮就叫上队里的职工，从马家窑一路小跑赶到火车站。可当时没有吊车，车站也没有起重设备，钻机卸不下来怎么办？王进喜对大家说："钻机是死的，人是活的，要拿下大油田，不能等。我们要有也上，无也上！抬也好，搬也好，一定要把钻机运到井场。"他和大家从清晨4点开始，把40多吨重的钻机拆卸成几大件，喊着号子，以撬杠、大绳、圆木、钢管为工具，齐心协力，拉的拉，抬的抬，棕绳把手勒出了血，肩膀压得又肿又疼，可没有人叫一声苦、一声累。大家冒着严寒人拉肩扛，硬是一件一件地把整个钻机的所有部件装上车，运到了几公里以外的萨55井井场，全队职工两天两夜只吃了一顿饭。

钻机运到萨55井后，大家信心更足了，干劲更高了。全队还是靠土办法，挖钻机底座，挖绷绳坑，立井架，安装泥浆泵、柴油机，经过6个昼夜的起早贪黑、埋头苦干，巍峨的钻塔终于屹立在一望无际的大草原上。

开钻前的困难一个接一个。没有水源井，也没有水罐车，水供不上怎么开钻？王进喜急得嗓子直冒烟:"没有水,尿尿也得保开钻!"指导员孙永臣和他一起想办法找水源,决定到附近的泡子里破冰取水,全队职工排成 70 多米的长队,用水桶、脸盆、灭火器壳甚至铝盆、行军壶等器具,端的端、担的担,一个传一个,终于备足了开钻用水。

1960 年 4 月 14 日 12 时 5 分,萨 55 井正式开钻。为了打好会战第一口井,王进喜日夜不离井场,亲自指挥,连续苦干。饿了,就啃两口冻窝窝头;累了,就裹着老羊皮袄,枕着钻杆打个盹儿。房东赵大娘看见他一连几天都吃住在井场,心疼地和大家说:"你们的王队长,真是个铁人啊!"

4 月 19 日 16 时,萨 55 井胜利完钻,完钻井深 1 020.0 米。1205 钻井队只用时 5 天零 4 小时,就高速优质地打完了第一口井,一举创造了松辽地区当时快速完钻的最高纪录。

王进喜文化水平不高,但爱学习,尤其爱学毛主席的著作。从玉门来大庆,他把其他东西都托运了,唯独把在北京参加群英会时奖励的一套《毛泽东选集》带在了身边。他说:"学会一个字就像搬掉一座山,我要翻山越岭去见毛主席。"油田学习"两论"号召发出后,王进喜带头认真学习,他对大家说:"这困难,那困难,国家缺油是最大的困难;这矛盾,那矛盾,社会主义建设等油用是最主要矛盾。"而且,他不仅仅是在思想上有深刻的认识,在行动上也践行着"有也上,无也上"的坚定诺言。

萨 55 井完钻后,全队开始拆卸井架,准备搬家到第二口井。4 月 29 日凌晨,王进喜指挥放架子时,被滚动的钻杆砸伤了腿,当时就疼昏了过去。等醒来一看,工人们都围着他,井架还没有放下来,他当时就急了:"我又不是泥捏的,哪能碰一下就散了。"说完,忍着剧痛站起来,继续坚持指挥,又带着腿伤参加了万人誓师大会。探区领导知道后,强行把他送进医院,但他惦记着井队,偷偷从医院跑出来,回到第二口井 2589 井(后改为中 7-11 井,该井是大庆油田的第一口生产井,也是第一口注水井),挂着双拐继续指挥打井。

2589 井钻到 700 米时,突然发生井喷。当时现场没有压井用的重晶石粉,王进喜当即决定用水泥加入泥浆提高比重压井。可没有搅拌机,水泥搅不开,注不到井里去,井喷止不住。危急关头,他不顾腿伤,毅然扔掉双拐,带头跳进泥浆池里用身体搅拌泥浆。在他的带领下,全队经过 3 个多小时的艰苦奋战,终于制服井喷,保住了钻机和油井。

第三探区机关干部李玉生在 1205 钻井队蹲点时,发现了王进喜的典型事迹。情况逐级上报给了余秋里部长,余部长认为这是一个好典型,会战就需要这样的精神状态。于是借用老乡形象生动的语言,将王进喜叫成了"王铁人"。会战领导小组肯定了王进喜"有也上,无也上"的精神,经过反复推敲,由副部长孙敬文完善为"有条件要上,没有条件创造条件也要上"。余秋里号召,全战区都要学习铁人王进喜,人人争做铁人。"有条件要上,没有条件创造条件也要上"的豪迈誓言和"王铁人"的响亮名号迅速在全油田传开,成为战区克服困难、化解矛盾的第一个典型,成为激励广大职工坚持会战的重要精神力量。

在铁人王进喜事迹的带动下,更多突出的典型和队伍脱颖而出。

来自新疆克拉玛依油田的1202钻井队在队长马德仁、指导员韩荣华带领下来到萨尔图。这是一支以石油工程第一师一个排为基础组建而成的英雄队伍,他们发扬人民解放军敢于攻坚啃硬的光荣传统,研究出了一套双吊卡接单根技术和不同地层用不同钻头的钻井窍门,提高了钻进速度,创造出了一个月"五开五完"的钻井新纪录,成为会战中与铁人王进喜带领的1205钻井队并驾齐驱的标杆队。来自四川的由段兴枝、陈懋汉带领的1206钻井队(即1247钻井队)以苦干巧干相结合,创造了"钻机自走"新技术,解决了钻机搬家时间过长的问题,争取了宝贵的钻井时间,多次夺得钻井速度和质量冠军。来自玉门的采油队长薛国邦带领20多名采油工,在荒原上安家,自制木绞车,管理方圆100多平方公里范围的上百口油井。为保证6月1日首车原油外运,他手持滚烫的蒸汽管,跳进齐胸深的储油池融化凝结的原油,烫得满手大泡也不下火线,直到原油顺利装车。来自炼建三公司的施工小队长朱洪昌为抢建输水管线,保证会战前线及时用水,手捂焊口,忍着焊花灼伤双手的疼痛,让焊工在手指间带压点焊。盖在他手上的铝饭盒都被刺成了蜂窝麻面,每一颗火花落在手上都是一个血泡,但是他一声不吭,咬牙坚持把焊口补好,保证了顺利通水。

还有维修队队长奚华亭,在油罐着火的时候,不顾粉身碎骨的危险,跳上罐顶,脱下棉衣盖住罐口,用血肉之躯压灭猛烈的火焰,避免了一场严重事故。通信工人毛孝忠和萧全发在狂风怒吼的夜晚,用自己的身体连接刮断的电话线,接通了紧急电话。3241钻井队发生井喷时,司钻侯有伦、副司钻刘松山带领大家冒着危险顶喷冲上井口抢救钻井设备。司机冯友发为了保障井队生产急需,在汽车陷进泥潭后,他光着脚用两手挖泥,硬是把车开了出来……

"有条件要上,没有条件创造条件也要上",这是广大会战职工面对当时艰苦的自然环境和艰难的会战条件,以无比坚强的决心与意志坚持会战的真实写照。正如余秋里所说的那样:一个国家要有民气,一个队伍要有士气,一个人要有志气。正是这种为国争光,为民族争气的士气、志气,鼓舞着广大会战职工奋发图强、艰苦创业,最终凝结成为"爱国、创业、求实、奉献"的大庆精神。

⚙ 万人誓师大会

1960年4月,会战总指挥部决定召开一个万人参加的石油大会战誓师大会。当时,会战的前期各项准备已基本就绪,会战正在有条不紊地逐步推进,召开这次大会,既是一次对前段勘探工作的总结表彰,也是对石油大会战的一次誓师动员,还可以通过大会宣传典型,引领队伍,形成"比、学、赶、帮、超"的火热氛围,促进会战各项工作的全面提高。

万人誓师大会的筹备任务交给了第三探区。康世恩提出,誓师大会在"五一"劳动节召开,要像当年在革命根据地表彰战斗英雄一样,让铁人王进喜等先进模范披红戴花,骑上高头大马,大张旗鼓地进行宣传表扬。

第三探区党委书记李云和指挥宋振明接到任务后,连夜开会研究筹备工作。当时萨尔图只是一个百十户人家的小地方,哪里有能装得下万人的会场?最后他们把火车站北侧的一片草原确定为会场,并在会场北端搭起主席台,张贴标语,悬挂会标,布置彩旗。宋振明还从当地请来了鼓乐班子,到牧场借来了高头大马。筹备工作紧锣密鼓,进展得十分顺利,很快就提前完成了会场布置和大会组织工作。康世恩了解情况后,高兴地对李云和宋振明说:"你们提前把会议筹备完,是不是让我也把会期提前啊?为了迎接'五一'劳动节,那就4月29日开会吧。"

一传十、十传百,万人誓师大会提前召开的消息迅速在全战区传开。

1960年4月29日,石油大会战誓师大会在萨尔图举行。参加大会的不仅有总指挥部领导和各探区的会战职工,还有当地的干部职工、公社社员、学校教师和学生。各路队伍纷纷从四面八方向会场赶来,有些职工甚至凌晨3时就开始出发了。大家身着节日的盛装,手持鲜花和彩旗,早早就进入了会场。另外,还有一支浩浩荡荡的报捷队,高举报捷标语、彩画、模型、图表,踏着喜庆的锣鼓旋律,载歌载舞进入会场。

整个会场庄重、朴素。主席台正中高挂着巨幅毛主席画像,两边挂着五星红旗,五星红旗两侧插了几十面红旗,毛主席画像在猎猎红旗映衬下,显得更加熠熠生辉。主席台前方悬挂"石油大会战誓师大会"会标,两侧是巨幅标语:高举毛主席思想红旗,敢想敢说敢做,高速度高水平拿下大油田;沿着总路线光辉道路,苦干实干巧干,多快好省地建设我国的石油工业。会场四周和通向会场的道路两旁插满五彩缤纷的彩旗,彩旗迎风飘扬,标语光耀夺目,整个会场处处都洋溢着节日的气氛。

上午10时,大会在振奋人心的礼炮声和雄壮威武的《社会主义好》乐曲声中正式开始。参加大会的领导有石油工业部部长余秋里、副部长康世恩、部机关党委副书记吴星峰和黑龙江省委组织部副部长曲长川以及会战领导小组成员唐克、张文彬、李荆和等,人们挥舞着鲜花和彩旗高声欢呼,热烈的掌声经久不息,整个会场一片欢腾。

黑龙江省委专门向石油大会战总指挥部及全体职工发来贺电。贺电中说:

欣闻,在中央亲切关怀和正确领导下,在石油工业部、地质部的直接领导下和国务院各部委及各地区的大力支援下,全体职工日以继夜地艰苦奋战,使石油勘探工作进展迅速,取得了巨大成果,特此致以热烈的祝贺。

大量的石油资源的发现和这一新的石油工业基地的建设,不仅对于当前国民经济发展,而且对于全国的社会主义经济建设和国防建设都具有极为重大的作用。同时,对于增强社会主义阵营的力量,也有重要意义。我们相信,在全体干部和职工同志们团结一致,密切配合协作之下,鼓足干劲,再接再厉,发扬共产主义觉悟,深入开展技术革新和技术革命运动,不断地提高工作效率和质量,必将在短时间内,取得大会战的胜利。

余秋里首先作石油大会战动员报告。他热情洋溢地说："今天的大会是全国石油工业战线各路英雄的会师大会，又是检阅我们力量的誓师大会。我们集中石油工业战线各个方面的精兵强将进行大会战，就是为了高速度、高水平拿下大油田！这标志着我国石油工业的发展进入了一个新的阶段！"报告首先充分肯定了石油大会战备战阶段取得的可喜成绩，对广大会战职工以"两论"为指导坚持会战的艰苦创业精神给予了高度赞扬。他特别表扬了王进喜带领全队职工，不怕困难、不讲条件、不计时间、不计报酬、不分工种，在缺乏运输工具、没有起重设备的情况下，靠人拉肩扛搬运钻机、创造打井新纪录的先进事迹。

余秋里指出，五六月份是大会战的第一战役，是对大会战取得全面胜利具有决定性意义的2个月。他在报告中明确提出了这2个月的总任务：一是经过2个月的勘探，以第三探区为重点进行会战，要拿下一定面积的大油田，同时在外围构造上进行勘探，为下一个战役准备战场；二是打出一块生产试验区，以便取得全套的油田开发数据，为大规模开发油田创造条件；三是进行与油田建设相适应的基本建设，基本建设必须保证勘探、油田建设和生产的需要。余秋里还指出，为打好这一战役，必须坚持党的领导，坚持党的群众路线，放手发动群众。要在目前的大好形势下猛上、快上、巧上，抱定只准上、不准下，只能前进、不能后退的决心。要坚持自力更生，大搞技术革新和技术革命，土洋结合、土法上马，深入开展大搞技术革命、大表演、大竞赛、大评比、大检查、大学毛主席著作的"六大生产运动"。最后他强调指出，在会战期间要开展一个大规模的学习《实践论》和《矛盾论》的运动，把"两论"作为全部工作的指南。

紧接着，省委组织部副部长曲长川讲话。他指出，我们大油田的形势越来越好，这个巨大的胜利是党中央、毛主席领导的结果，是石油工业部、地质部全体同志树雄心立大志，干劲冲天，努力奋斗的结果，是全国各地积极热情支持的结果。这个大油田的发现对加速我国社会主义建设有着重大意义。高速度地建设石油工业基地，是光荣、伟大、艰巨的任务，是全体职工、各路英雄们的任务，也是省委、省人委和全省人民的任务。会战干部职工在石油工业的前线冲锋陷阵，我们地方全体人民保证做好后勤。他要求，地方党组织和各行各业的职工要全力以赴，提高生产工作效率，增加产品数量，做好后勤保障，和广大会战职工团结一心、步调一致，为高速度、高水平拿下大油田，夺取大会战的伟大胜利奋勇前进。

会上，战区各单位和当地人民公社、各行业各部门都争相向大会报捷。人们捧着"礼单"，抬着模型、图表涌向主席台，争相向大会隆重献礼。

献礼后开始颁奖。副部长康世恩在乐曲声中，把17面印着"一级红旗"的鲜红旗帜授予给王进喜带领的1205钻井队等17个在备战阶段取得突出成绩的先进单位。现场立刻变成了一片欢腾的海洋，台上17面红旗迎风招展，翻波涌浪，会场上掌声、欢呼声响成一片。一群少先队员登台献词，并向获奖单位代表和红旗手献花。

下午，大会继续召开，副部长康世恩代表石油工业部党组部署大会战第一战役的任务。他首先概述了油田已探明部分的具体情况，接着宣布了第一战役中地质、钻井、试油、采油、供应运输、基建安装以及生活服务等部门的具体作战任务和主攻方向。

康部长讲话后，比武打擂开始。大家争先恐后地向大会表决心、发誓言，主席台前排满了要求发言的人。这时，会场西侧突然锣鼓喧天、掌声雷动，在乐队伴随下，身上十字披红、胸前佩戴红花的铁人王进喜骑着高头大马走进会场，他走到哪里，暴风雨般的掌声就响起在哪里。王进喜在大家的簇拥下登台发言，他谦虚地说："我没有做什么工作，这一切都是党和人民给我的光荣。"他还向大会表达了坚持会战的决心："今后党指向哪里，我就干到哪里。宁肯少活二十年，拼命也要拿下大油田！"铿锵的誓言感染了每一个人，"学习铁人王进喜""人人争做铁人"，激昂的口号声在会场上久久回荡。

比武打擂一直进行了两个小时。大会在"中国共产党万岁！""毛主席万岁！""高速度、高水平拿下大油田！"的欢呼声中胜利结束。

大会后，广大会战职工树雄心、立大志，迅速打响第一战役。各红旗单位纷纷发出会战倡议书，号召大家团结协作，积极行动，一条心、一股劲、一个样，全力打好第一战役。还有好多队伍直接向先进单位发出挑战书，展开友谊赛、挑战赛，在全战区形成了"比、学、赶、帮、超"热潮。钻井队伍通过"对手赛"打擂比武，各项纪录不断刷新。总指挥部钻具小组为配合快速钻井，在任务繁重、时间紧急的情况下，仅用 5 天就设计出了我国第一套绳索式取芯器图纸，研究设计出了一种适合松辽地区使用的取芯刮刀钻头。供水大队 102 队陈三韶班一次在上夜班时因车辆紧张，迟迟未等来班车，为了早日打好水井保障生产，他们全班跑步到现场换班。第一探区机械厂加工车间在"双革"运动中试制成功了螺丝绞刀眼床，提高工作效率 30 倍。运输一区队油罐车小队奔波在油田百里探区，日均送油 60 吨，保障了会战需要。

万人誓师大会吹响了大庆石油会战全面进军的战斗号角，是会战史上十分重要和难忘的经典瞬间。万人誓师大会的召开和会战第一战役的打响标志着大庆石油会战进入了一个以更高速度、更高水平向前发展的新阶段，是我国石油工业史上前所未有的伟大壮举。

⚙ 首车原油外运

1960 年 6 月 1 日，会战总指挥部在萨尔图召开"红五月"报捷献礼大会。会议总结了 5 月份各条战线的会战成果，安排了 6 月份的工作部署，全面推动了石油大会战。按照会战总体部署，大庆油田生产的首车原油作为报捷大会的最重要成果正式外运，迎来了石油大会战的又一个高潮。

会战第一战役打响后，战区各项工作的推进十分有力。会战职工以高速度、高水平拿下大油田为中心，坚持边勘探、边建设、边生产的方针，克服雨季和器材设备不足等重重困难,快摆硬上,各个阶段有序衔接,各个部门相互促进,大大加速了会战进程。在地质工作上,20项资料72个数据做到了"四全四准"。在钻井上,平均钻机月进尺达到1 230米(王进喜带领的1205钻井队月进尺达到1 973米),探井平均每米进尺成本降低到120元。在基本建设上,完成大量土方工程、集油输水管线铺设和电讯架设工程。技术革新和技术革命运动有了新发展,新技术普遍推广,钻机自走已经在多口井上试验成功。在油田建设上,不断有新油井投入生产,油田的第一座油库——东油库即将建成。

东油库是油田最早设计建设的一座大型油库。它的勘察设计经验为以后油库的施工建设打下了坚实的基础,而尤为让人难以忘怀的是,这一建设工程所用的大部分材料和全部红砖都是干部职工用手抱、用肩挑搬运到工地的。

1960年4月,大庆油田已经有10多口井出油。由于油田开发方案尚未确定,不能全面开展油建工程,原油只能储存在井场的土油池子里,日晒雨淋,损失很大。当时国家最急缺的就是石油,组织开展大会战就是为了尽快建成大油田,尽快生产更多的石油,满足国家工农业生产和国防建设的需要。这么重要的物资,怎么能眼看它浪费呢?于是,会战领导小组研究决定,在铁路附近建设一座油库,通过油库,把落地原油集中保存起来。会战领导还决定,于1960年6月1日向外输送首车原油,向党和全国人民献礼,以实际行动支援祖国社会主义建设。

北方施工就怕化冻期,一化冻,到处一脚水一脚泥。东油库工程的工地刚进入4月下旬就陷入了一片汪洋,别说汽车,就是马车也进不去。

当时,外地运来的建设用的红砖都卸在萨尔图火车站,距东油库有几公里远,如何才能将大量的红砖运到工地?会战总指挥部决定:搬!

从干部到工人,从机关到基层,人人都加入火热的建设东油库的会战中来。当时已是5月,距6月1日首车原油外运不到1个月了!运砖队伍伍铆足了劲儿,抢时间、争进度,挑砖、抬砖、背砖、抱砖……开始一趟挑10多块砖的,后来增加到20多块;绳子磨断了,接上再用;扁担压断了,换一根再挑;木杠抬断了,干脆上铁管。一天下来,脚上尽是血泡,简单用布头绑一下,第二天照样干,肩膀肿得不能再压了,就用手抱……

运砖队伍浩浩荡荡,踏晨曦、送晚霞,将千万块红砖运到东油库工地,保证了工程正常进行。很快,土油罐建成了,金属油罐投产了,输油管线接通了,锅炉点火了,栈桥立妥了,原油进库了。经过与铁路部门联系,挂有15节油罐的列车也已经在东油库停置妥当。这时,距首车原油外运只剩2天。

因为东油库的建设还没有完全竣工,之前从油井上收集来的原油只能储存在油库的2个大储油池里。5月的萨尔图虽然天气已经逐渐变暖,但大庆原油含蜡高、凝固点高、黏度大,储油池里的原油都凝结了,根本无法流动,只有用蒸汽加温融化后,才能用泵抽入油罐里装车。

为了能保证顺利装车,按时外运,32岁的采油队长薛国邦抱着蒸汽管,带头跳进齐胸深的储油池里化油,即使手烫伤了也坚持不下火线。在他的带领下,职工们齐心协力奋发大干,5月31日16时,首次外运的15节油罐车全部装完。薛国邦忍受着手上的烫伤和关节炎的疼痛,片刻也没有离开装车现场。

1960年6月1日,晨曦初现,细雨纷飞,喧闹的人群和欢腾的锣鼓打破了萨尔图小镇的宁静安详。初夏的草原上,成千上万的石油工人们兴高采烈地从四面八方来到东油库。东油库彩门耸立,锣鼓喧天,细雨中彩绸飞舞,红旗飘扬,满载着大庆生产的第一批原油的15节油罐车整装待发。机车正面的中央悬挂着毛主席画像,上方装饰着立体的和平鸽和井架图案,机车前方的左右两侧拉起了振奋人心的红布标语,喜庆的盛装在蒙蒙细雨的洗礼下愈发神采奕奕,连绵的油龙在微微晨光映衬里更加威武雄壮。

石油工业部地质勘探司司长、会战领导小组副组长唐克主持首车原油外运仪式。他指出,这是党和毛主席英明领导的胜利,是党的社会主义建设事业的胜利,是全国各地、黑龙江省和人民解放军大力支援的结果,是战区全体职工英勇奋战的光辉战绩。而且,这仅仅是胜利的开始,我们全体职工要以更大的努力,争取更大的胜利。

8时45分,迎来了油罐列车剪彩出发的庄严时刻。石油工业部副部长、会战领导小组组长康世恩在《社会主义好》的军乐声中,将机车前的红绸轻轻剪断。现场欢声雷动,掌声、欢呼声、锣鼓声、口号声响彻云霄。在人们热切目光的关注下,在人们载歌载舞的欢送下,伴随一声长鸣,满载着600吨原油的大会战首列外运油罐列车缓缓驶出东油库,一路奔驰,运往锦西石油五厂。

随着油田基本建设的不断完善,更多油库和输油管道先后建成,东油库也逐渐不再承担原油外运任务。现在,东油库隶属于大庆油田第一采油厂第七作业区,功能仅为单纯地收存、发送原油,是厂级原油外输口,主要接收中七联、北二联、中十四联、南1-1联合站的来油,分别输至南一油库和大庆石化分公司炼油厂。

2007年,东油库被确定为大庆市首批工业遗产文物保护单位,成为大庆油田传统教育的重要基地。

原油外运的列车出发后,上午9时30分,"红五月"报捷献礼大会开始。这次报捷采用了丰富多彩的文艺形式,各单位报捷献礼的队员们身着各式服装,载歌载舞依次登上主席台,用欢快喜悦的舞姿和生动活泼的表演描绘了会战职工克服重重苦难,战胜连绵雨季,出色完成任务,创出全新纪录的典型事迹,用豪迈的歌声和闪亮的数字展现了"红五月"中钻井、采油、运输、基建、筑路等各条战线取得的突出成绩,用振奋的口号和激昂的誓言表达了广大会战职工继续战斗、完成会战更艰巨任务的坚定决心。

报捷献礼后,进行了授旗颁奖仪式。康世恩代表会战总指挥部将28面"一级红旗"授予了在"红五月"中无惧风雨坚持会战,克服困难创造奇迹的28个先进集体,其中铁人王进喜带领的1205钻井队等10个单位连续获得一级红旗。大会还表彰了336名红旗手,会战领导亲手为他们戴上了鲜艳的大红花。

大会最后,康世恩作了总结讲话。他首先总结了"红五月"会战取得的突出成果,肯定和表扬了广大会战职工在艰苦恶劣条件下艰苦奋斗的创业精神和以苦为乐、以战胜困难为荣、战天斗地坚持会战的革命乐观主义精神。对于6月份的工作,康世恩指出,要继续贯彻一手抓勘探,一手抓生产,边勘探、边建设、边生产的"三边"工作方针,以原油生产为主攻方向,同时打出关键性探井。为了完成这一任务,继续推进更大场面会战,要进一步提高钻机搬家、安装、测井、固井和射孔等工作效率,继续贯彻并发展"五队合一"完井一条龙,既要保证高速度,又要做到"四全四准";要迅速建立油井负责制,认真抓好原油生产,基本建设要以生产性建设为主,突击抓好油气集输工程,快修公路;要高速度建设新基地,加大力度建设"干打垒"房屋,为过冬做好积极准备;要大搞技术革新和技术革命,猛攻八项生产关键,并以生产关键带动全面;要大搞"三结合",除了干部、工人、工程技术人员相结合,还要组织教育、研究、生产和设计、制造、施工等方面的"三结合",使技术革命进展更快、水平更高;要迅速发起大总结、大学毛主席著作的高潮;要继续深入学习"铁人"王进喜等先进典型的高度革命精神,在苦干实干的基础上巧干,不断提高效率;要注意劳逸结合,注重开展会战职工思想工作,为取得大会战的决定性胜利打下坚实基础;要在"红五月"阶段性胜利的基础上乘胜前进,战胜雨季,奋力夺取会战第一战役的全面胜利,以优异成绩向"七一"建党39周年献礼。

6月1日当天,会战领导小组以松辽石油勘探局名义向石油工业部、黑龙江省委、省人委、东北协作区发电,报告首车原油外运情况。电文中说:"大庆油田的勘探工作,在党的正确领导下,在各个方面的大力支援下,经过全体职工艰苦奋战,已于6月1日上午8时半从萨尔图车站运出第一列车萨尔图油田的原油。这一列车由15节油罐车组成,共装原油600吨,现在正往锦西石油五厂发送。"

6月3日,黑龙江省委以黑发〔60〕第585号文件,向中共中央呈报了大庆油田首车原油外运的报告。首车原油外运标志着大庆油田积极扩大石油勘探的同时,正式开始石油生产,标志着大庆石油会战进入了一个崭新的阶段。

第六章

革命精神过难关
艰苦创业战犹酣

"天当帐篷地当床,棉衣当被草当墙;一杯盐水香又甜,野菜包子黄花汤;五两三餐保会战,为油吃苦心欢畅。"大庆石油会战是在困难的时期、困难的地区、困难的条件下进行的。会战开始后,在近5 000平方公里的荒原上,几万名职工遇到了严寒、雨季、物资器材不足,甚至缺衣少食等重重困难,如果没有思想上的充分准备,没有精神上的顽强意志,没有行动上的统一指挥,哪怕是稍稍有一点动摇和后退,会战队伍都无法站住脚跟,会战阵地就可能失守。在会战工委和会战领导小组带领下,广大职工坚持"两论"起家,自力更生,艰苦奋斗,以忘我的革命精神和顽强的攻坚意志坚持会战,留下了很多可歌可泣的创业故事,形成了很多传颂至今的光荣传统,仅用1年零3个月时间就拿下了大油田,一举打赢了会战,创造了石油工业史上的奇迹。

⚙ "天上下刀子会战也不能停"

据记载,1960年5月,大庆地区降雨量为107毫米。这是有史以来同期降雨量最高的月份,比历史记载最高纪录1919年5月的83.2毫米还高出23.8毫米。这一年,不仅雨季早,而且雨量大、雨期长,大雨三天两头下,有时一下就是十几天,恶劣的天气给刚刚开始的石油大会战带来了巨大的困扰。

1960年4月,寒冷的严冬已经悄然离去,和煦的春风不可阻挡地来到了萨尔图草原。谷雨一过,节气已经赶走了寒流,天气也渐渐暖和起来。残雪消融,大地复苏,会战职工刚刚摘下狗皮帽子,脱掉厚厚的冬装,正准备趁着好天气大干一场。4月26日,萨尔图就迎来了当年的第一场春雨,而且一下就停不下来。

大雨连续几天下个不停,职工们生活上面临的困扰一点也不比寒冷的冬天少。会战职工们居住的简陋的帐篷、牛棚马厩和地窨子根本挡不了雨,屋外大下,屋里小下,屋外不下,屋里还滴滴答答,脸盆、鞋子像船一样漂在水上,床和被子被雨淋湿,不等晒干,又挨雨浇,就是没被淋到的被褥也潮湿得几乎能拧出水来。就连余秋里、康世恩住的地方,有一天晚上为了避雨也挪了7次床。

大雨不仅让职工生活上苦不堪言,也给生产带来了巨大的困难。萨尔图地处的红色草原地势低洼,是嫩江、松花江的天然泄洪区。大雨小雨连绵不断,如注的雨水无处泄流,很快就让萨尔图草原变成了一片汪洋。大地刚刚开化,便陷入一片泥泞,仅有的几条土路湿滑不堪,车辆寸步难行——翻浆的碱土地一下就变成了难缠的烂泥潭,汽车轮胎在上面打滑,要靠拖拉机保驾,就是拖拉机,有时也陷进泥潭里难以自拔。一辆辆汽车陷进了泥坑,一堆堆器材泡在了水中,物资设备运不上来,井还怎么打得下去?许多工地和井场被积水围困,职工们常常在没膝深的水中施工,有时双脚不甩掉鞋子都难以拔出,还要保证安全和质量,困难可想而知。

康世恩心急如焚,亲自冒雨涉水到施工现场调查。调查后,他以会战总指挥的名义,向广大职工下达了决战雨季的命令:第一,不管雨多么大,哪怕天上下刀子,会战也不能停;第二,战区不分干部工人,不分你的我的,要一切为一线生产服务,哪怕人拉肩扛,也要把物资送上去;第三,把所有车辆组织起来,领导亲自带队,选好路线保障运输畅通;第四,无论哪个地段陷车,附近的不管哪一支队伍,都要有求必应,作为自己的责任,主动支援;第五,各级政治部门派出人员到附近的牧场和公社生产队去求援,把他们所有的拖拉机都动员出来,摆在陷车最多的地段,随时准备把汽车拖出来。把马车、牛车和人拉的架子车也动员出来,为汽车不能到达的分散单位运送材料和给养。

不怕"天公"降大雨,职工妙法胜"天公"。会战领导小组成员张文彬带领第三探区运输处,在职工们的努力下,千方百计找窍门,终于试制成功"汽车轮胎防滑铁鞋",解决了雨天汽车无法行驶的问题。

为了战胜"天公",第三探区运输处展开了一场轰轰烈烈的技术革新竞赛。运输处全体职工,特别是汽车司机们先后研究试用了多个汽车防滑方案,都取得了很好的效果,但也都存在一定的缺点。最后,一区队二分队汽车司机郑学书综合自己和别人的经验,提出了给汽车"穿铁鞋"的大胆创意。他设计的这种"汽车轮胎防滑铁鞋"用钢板制成,借助螺丝卡在汽车轮胎上,制造简单,使用方便,而且晴天可以卸下来,领导和职工们都很认可。郑学书连夜画出图纸,在机修厂配合下试制出第一套"汽车轮胎防滑铁鞋"。行车试验证实,汽车装上这种"防滑铁鞋"后,可以畅通无阻地行驶在翻浆路和雨天泥泞的土路上,运输处迅速推广了这一创新成果。

随后,总指挥部组织机关和运输供应战线开展了运输会战。整个战区全体总动员,车不熄火,人不下班,全程保障,日夜突击,仅用7天时间就抢运了3 000多吨物资,送到散布在草原深处的 40 多个井场、工地，保证了生产急需，为战胜雨季赢得了主动。

面对大雨，干部始终冲在最前面。在 1205 钻井队施工的 2589 井，第三探区指挥宋振明冒着大雨和钻工们一起捞砂样。铁人王进喜不顾腿伤，拄着拐杖，踩着稀泥指挥生产。干部们用实际行动鼓舞带动了职工，挖泥浆池时，雨越下越大，大家不但没有一个人停工，反倒脱了衣服、鞋子大干，还风趣地说："老天爷给咱洗个澡，太痛快啦！"

1960 年 5 月 25 日午夜，乌云翻滚，雷雨交加，第二探区党委决定由干部分成几路，分别到各井队送雨衣。3228 钻井队当天正在集中精力处理井下事故，倾盆大雨将大家浇了个透心凉，由于任务紧急，虽然风大雨大，但谁都没有撤退，一直在忙碌。这时，第二探区副指挥李敬带队，深一脚浅一脚地步行 20 多里路，把雨衣送到了井场，把温暖带给了职工。

广大会战职工并没有被雨季带来的困难吓倒。大家提出了"抢晴天，战雨天，无雨特干，小雨大干，大雨猛干"的口号，靠顽强的意志和坚定的信念，坚定不移坚持会战。

第三探区作业大队射孔队战风雨、破陈规，创造出每炮 12 分 24 秒的新成绩。按照老传统、老规矩，为了保证射孔质量，在大雨里射孔队是不能施工的。可大雨天天下，也不能天天等啊，他们就冒着大雨出发了。现场一片汪洋，职工们跪在泥水里连炮，脱下衣服撑起来为射孔弹和雷管挡雨，在怀里包接头，保证绝缘效果。最后，他们不但创造了 12 分 24 秒的优异成绩，还保证了安全生产、百发百中。

油建指挥部有一个小分队在荒原深处施工，被暴风雨隔绝，困在草原上。车辆进不去，给养上不来，带来的干粮吃完了，水也喝光了，小分队 5 个人勒紧腰带，吃野菜、喝雨水，依然坚持施工，在草原上度过了"艰苦卓绝的风雨七昼夜"。

地质人员为了在大雨中录取和保护珍贵的数据，在红砖上刻字记录，把资料放进靴子里，自己光着脚蹚水回来。试油试采职工为了取全取准资料，抬着清蜡绞车上井，顶风冒雨坚持试油作业。

1960 年 5 月 17 日晚，风雨交加，倾盆如注，一场大雨把 250 吨的钻杆和油管全部淹没在萨尔图火车站的积水中。这批物资必须立即抢救出来，任务就落在第三探区供应运输指挥部装卸七中队一分队的肩头。

这个分队 30 名职工都是刚刚退伍来到大庆的解放军战士。18 日凌晨 3 点多钟，接到任务的 30 名战士冒雨迅速赶往车站。车站现场白茫茫一片大水，哪里看得见一根钻杆？积水足有 1 米多深，钻杆油管都泡在水底，这可怎么搬？

物资是国家的财产，是油田的宝贝，是会战的希望。一场激烈的战斗打响了——排长尹玉斌一声令下，带头脱下棉衣棉裤，冒雨跳进齐胸深的水中，29 名战士也纷纷脱衣下水，潜入水底把钻杆油管一根一根抬出来。雨越下越大，天越来越冷，最低气温只有 4 摄氏度。他们在水中整整苦战 14 个小时，一直到晚上 6 时，终于抢救出全部物资，以钢铁般的意志谱写了一曲战天斗地的英雄壮歌，被会战总指挥部命名为"钢铁装卸小分队"。

1960年5月,中国人民解放军9470部队八一大队前来支援大庆石油会战,承担了从喇嘛甸到萨尔图东油库列车电站全长17.2公里的输水管线工程。这一工程是东油库原油外运的重要辅助工程,要求挖管沟2米深,动用土方8万立方米,并且要求10天时间完成土方任务,1个月时间完成管线焊接。会战领导小组多次强调,输水管线一定要按时建成通水,如果不能按时完成任务,那就用脸盆一盆一盆地端也要保障用水,保证把第一列车原油按时运出去。

关键时刻,这支曾经参加过著名的淮海战役的英雄部队提出了"当年淮海惊敌胆,今朝会战展雄风"的豪迈口号。全体官兵头顶倾盆大雨,脚踩齐腰泥水,英勇顽强地与积水烂泥搏斗,脸盆淘水、铁锹挖泥,和油田基本建设指挥部三大队干部职工团结协作,按期完成了全部工程。

1960年6月6日,会战总指挥部决定,将这条由人民解放军参建的喇—萨输水管线命名为"八一"管线。"八一"输水管线是人民解放军参加大庆石油会战的一项标志性工程,是军民团结协作、英勇奋战,共同战胜困难夺取胜利的历史见证,在大庆石油会战史上留下了光辉的一页。

干部职工们的艰苦奋斗见到了显著的成效。大雨连绵的6月上旬,生产试验区安装钻机部数为5月同期的2.4倍。6月中旬,5月份创造的钻井纪录全部被刷新。1247钻井队创造了每米61元的钻井成本最低纪录,成为全国最高标杆。

整个6月已有62口探井、生产井进行试油试采,建成了一座列车发电站,原油日产量达到了3 000吨水平。从会战开始,仅用不到3个月的时间,已经基本搞清了萨尔图油田的含油面积,第一战役取得了全面胜利。

"天不怕刮风下西瓜(冰雹),地不怕翻浆道路滑,我们的决心比钢硬、比天大,用我们的两只手,一定要把油田拿下!"广大会战职工不惧风雨,在大雨和洪水面前毫不退缩,用豪迈的革命热情和顽强的创业精神在草原上站稳了脚跟,坚定不移地把会战打了上去。

⚙ "干打垒"赶快升帐

大会战刚刚开始,余秋里、康世恩就一直在思考会战队伍如何度过第一个冬天的问题。大庆地处北纬46度,是典型的高寒地区,夏短冬长,10月一到,天降霜雪,冬季最低气温甚至达到零下三四十摄氏度。人要有房子、车要进车库、设备要保温,可当时没有资金,没有材料,也没有时间建房,如何让几万名职工和上万台设备、车辆顺利过冬,成为决定会战成败的最大问题。

会战之初,职工们大都挤在当地的牛棚马厩、简易的帐篷和少量的活动板房里。但这些临时措施只能解决燃眉之急,却解决不了会战队伍长期站脚扎根的问题。在如此严寒的东北地区,集中几万名职工和成千上万的机器设备,没有可靠的御寒手段,就可能冻伤大批的人,甚至会冻死人,也可能冻坏大量的设备。若遇上当地群众都闻之色变的"大烟儿炮"——暴风雪,就可能使石油大会战陷于全局瘫痪,甚至毁于一旦。中外战争史上,不乏孤军深入奇寒异域,面临坚壁清野无生存保障而惨遭溃败甚至覆灭的战例。

面对严峻的形势,当时可供选择的只有两条路:一是入冬前把大量队伍和设备撤下去,或者干脆放假休整,养精蓄锐,待到来年开春再开上来继续会战;二是采取切实可行的措施,保证职工队伍和设备安全过冬,并且长期坚持下去。

经过会战领导小组讨论,余秋里、康世恩坚定地决定,坚持把会战打下去才是唯一的出路。因为如果队伍冬天撤下去,那一年就只剩6个月的有效会战时间,明年再上来,势必劳民伤财,拖延油田开发进程,一场党中央要求的高速度、高水平的大会战就会变成拉锯战、消耗战。

但在当时的条件下,要想在短短几个月内建起几十万平方米的房屋和其他防寒设施,让会战职工住进温暖的房子,设备进暖库,蔬菜进暖窖,是根本不可能的:一是没有这笔建设资金,当时国家正处于经济困难时期,全国各地各行业都缺少资金,石油工业部仅有的那点投资放在生产建设上还捉襟见肘,根本没钱盖房子;二是没有这么多建筑材料,而且即便是有,仅靠当时的一条铁路线,那么多的砖瓦沙石也运不进来;三是没有施工队伍和施工设备,当时油田根本没有专门的建设部门和建筑队伍,黑龙江省也不可能一下子汇集起如此大量的工匠和设备;四是时间上根本来不及,挖地基、进料、盖房,然后还要建供暖设施,包括锅炉房和供热系统,这么多工程在入冬前根本不可能完成。

1960年5月4日,黑龙江省委第一书记欧阳钦来油田视察。他很赞赏第三探区用东北"干打垒"形式盖房子的做法。1959年冬天,松辽石油勘探局在地方政府的帮助下,就曾在大同镇盖起过上万平方米的"干打垒"住房。他和余秋里、康世恩研究过冬问题时认为,这种因陋就简、白手起家、艰苦立业的办法十分可取,造"干打垒"房子,一是可以就地取材,不用沙石砖瓦;二是人人可以动手,不需要专业队伍和设备;三是可以节省木材,建造简便,工期短;四是这种房子冬暖夏凉,当地的老百姓祖辈相传,多年来就靠它抵御东北的严寒。

康世恩立即派人到附近农村去进行调查,找当地的泥瓦匠请教这种住房的设计、用材和施工技术。这种"干打垒"住房墙壁使用当地丰富的碱土为材料,装入特制的木夹板内,用木槌分层夯实垒起;门窗和房檩需要少量木材,房顶也是就地取材,用本地盛产的羊草和芦苇绺成长长的草把子,覆盖碱土和成的稀泥抹光抹平,就成了夏天不漏雨冬季不透风的房盖;室内的取暖使用火墙和火炕,烧火做饭的同时还可以保温取暖。这种"干打垒"虽然看起来土气,但结构简单,结实耐用,施工容易,很适合发动职工自己动手建造,便于迅速大面积建设起来。

会战领导小组为了取得经验,首先组织了一个青年突击队,在当地老把式的指导下,建成了500平方米的"干打垒"和2 000平方米的房框子。在施工过程中,青年突击队总结出一套建"干打垒"的操作规程和施工标准,试制了各种规格的夹板和其他工具,还试制成功了电动打夯机,使建筑效率从每人每天不足 1 立方米提高到 2.4 立方米,成功地给干部职工做出了示范。

经过实践,大家一致认为,搞"干打垒"是一个十分可行的办法。会战领导小组立即成立了"干打垒"指挥部,调石油工业部副部长孙敬文来大庆专门抓这项工作,并由各级领导干部分工负责,充分发动群众,在搞好油田生产建设的同时,开展一个人人动手建"干打垒"的群众运动。

有过实践经验的青年突击队向共青团员和广大青年发出倡议,号召大家积极参加共产主义劳动竞赛,突击建设"干打垒",靠自己的力量建设新基地、新家园。

6 月 1 日,会战领导小组又决定组建专业队伍,采取部分专业队伍和广大职工业余劳动自建相结合的形式,加快建设"干打垒"的速度。专业队伍主要包括油田建设指挥部油田设计院,负责结合老百姓的施工方法,提出各种类型"干打垒"的标准设计;供应指挥部,负责提供木材、芦苇、油毛毡及砌火墙和炕口的红砖等一些关键材料;运输部门,负责到大小兴安岭拉运"困山材",汽车队跋山涉水进入深山老林,人不歇、车不停,千里迢迢把急需的木材运回来。战区还组织专业人员,专门负责加工制作门窗、房檐、施工工具和绺草把子等技术性较强的工作,减轻职工建设"干打垒"的负担,推动掀起建设"干打垒"的热潮。

"飞起你的夯哟,夯声如春雷,抡起你的槌呀,战鼓声声催。同志们加油干啦,盖好干打垒。"像《干打垒之歌》唱的那样,建"干打垒"迅速成为当时全战区最热门的话题和工作任务,尤其是年初较早来到油田参加会战的职工,对东北寒冷的冬天已经有了深刻认识和切身体会,对尽快建成"干打垒",保证严冬来临之前住进温暖的房子有着更加坚定的决心。

会战工委和会战总指挥部因势利导,把建设"干打垒"作为学习和继承延安挖窑洞、纺线线等自救自立精神的延续和发展,鼓励职工自力更生、坚定信心,积极克服当前困难,自己动手建设家园。一时间,从部长、司长、局长等各级领导干部到专家、教授、工程师等高级知识分子,都以能参加"干打垒"会战为荣,下了班就去现场,挽起袖子、卷起裤脚,和普通职工们一起挖土打夯、挑水和泥,一起挥汗如雨、一起"两线作战"。

为了保证"干打垒"建设质量,"干打垒"指挥部提出了"三保五要一不漏"的具体要求。鼓励和引导大家抢时间、争主动、打一栋、保一栋,努力争取"干打垒"建设的全面胜利。"三保"就是保质、保量、保工期,"五要"就是要坚实、要保暖、要适用、要安全、要节约,"一不漏"就是保证下雨不漏。同时,指挥部还成立"干打垒"促进检查团,副部长孙敬文任团长,石油工业部基本建设局局长张仁,"干打垒"指挥部负责人只金耀、安达市副市长刘长林任副团长,下设 3 个检查组,分赴油田各处,检查建设任务落实和完成情况、施工中的劳动组织和材料使用情况以及工作方法和群众运动情况,并帮助各单位总结经验,解决关键问题,全面促进"干打垒"施工建设。

在会战工委和各级组织的全力推动下，"干打垒"建设成果显著。到 8 月中旬，全战区已经完成 81% 的"干打垒"施工任务。各单位在建设过程中还总结出了很多实用的工作方法和经验。油建公司为保证墙身不歪不倒、不沉不裂，总结出了打夯垒墙实、直、平、齐、正"五字诀"，为保证房盖大雨不漏，积累形成平、顺、严、齐、比、匀、隔、实"八字工作法"，提高了"干打垒"建设质量。土建公司四大队发动职工大搞革新，创造了"规格夹板"工具，把安装时间由半个小时缩短到两三分钟，打墙效率和质量大大提高，平均单人日工作量提高到 2.57 立方米。钻井二大队向职工发出"今日冬防猛上阵，来日井房起新屯，任你严冬风雪吹，我自室内暖如春"的号召，他们选在第三排井架附近，在钻塔林中扎下大营，先后建起 65 栋"干打垒"宿舍，建成 1 栋办公室，还建起了食堂、学习室、卫生所，开辟了 1 个中心广场，修建了 1 条马路，从而形成战区第一个大型住宅区——群英村。

"抗日延安挖窑洞，今朝处处干打垒，革命红旗辈辈传，艰苦奋斗最光荣。"从 6 月全面铺开，到 9 月底为止，历时 3 个多月时间，全油田完成了 30 多万平方米"干打垒"房屋建筑，其中会战所在的中心区也是油田 70% 以上职工聚集的区域，完成了大部分的房屋建筑，曾经一片荒凉的萨尔图草原上星罗棋布地出现了群英村、登峰村、红卫星等新的集中居住点。这些"干打垒"房屋都有火墙和火炕，用原油和天然气取暖做饭，基本满足了生活需要，在严冬到来前实现了人进屋、机进房、菜进窖、车进库的"四进"目标。

"干打垒"建设不仅解决了会战生产生活急需，还节省了大量资金。1960 年，在油田中心区建成的 30 多万平方米"干打垒"房屋，由于就地取材搞主体，人工又主要是靠业余时间义务劳动，每平方米房屋的平均造价不超过 30 元，总投资只有约 900 万元。如果建设砖瓦结构房屋，投资会高达 6 000 多万元。在 20 世纪 60 年代初，特别是在当时经济严重困难的情况下，一次能节省这样一大笔投资，是十分难能可贵的。

"干打垒"建设体现了白手起家、自力更生，因陋就简、勤俭节约的创业精神，是革命战争年代光荣传统和奋斗精神在大庆油田的继承和发扬。很多到过大庆的老领导、老同志都说，看到"干打垒"，好像是看到了抗战时期的延安窑洞；来到大庆，就好像回到了延安。

"零下四十度是纸老虎"

战胜严寒，设备冬防保温和冬季安全生产也是会战的重要任务。1960 年 10 月，油田迅速推动冬季攻势，各条战线和广大会战职工以"不怕地冻几尺雪成山，定把寒冬变春天"的豪迈气概与顽强意志，积极行动起来，开动脑筋开展冬防保温工作，战胜严寒给会战带来的巨大困难和严峻考验，安全度过了大庆石油会战的第一个冬天。

1960 年，"干打垒"会战的卓越成果为广大会战职工安全过冬提供了重要保证。全战区基本实现了人进屋、菜进窖、车进库、设备进厂房、牲畜进圈的目标,各项过冬准备下手早、推动快,冬防保温工作全面展开,为挑战严寒、度过严冬打下了坚实的基础。但是由于当年冬季来得早,气温下降快,还有很多过冬准备工作亟待突击完成。

1960年10月7日,油田召开"冬季攻势干部动员大会"。会战领导小组副组长张文彬强调,当前必须抓好扫尾工程、保温工程、安全防火、房子问题和冬菜储运5项工作,把它们当作10月份会战的"五保户"重点对待,一切供应、运输和加工必须首先保障"五保户"的需要,这个冬天能不能战胜严寒,能不能继续高速度、高水平地发展大会战,关键就看这"五保户"的完成情况。

会战领导小组组长康世恩指出,会战形势不断发展,会战成绩越来越大,面对严冬,我们要扎实开展冬季攻势,坚定信心,坚持会战。要想打好这一仗,干部首先要有决心。针对部分干部和职工中存在着的畏难松劲情绪,康世恩强调,干部必须抓住两个问题:首先是大抓思想,发动群众,树立坚强意志,这是过好冬天的头一炮;其次是把工作安排好,要依靠群众,坚持"三定"(定任务、定措施、定组织)、"两到"(人人到现场、事事到现场),做好"三安排"(安排房子、服装和伙食)。他还鼓励大家,冬季并不可怕,只要做好充分准备,充分发挥人的主观能动性,把工作落实好,把生活安排好,我们就能变不利为有利,就能保证我们战胜严寒,打好冬季会战这一仗。

10月19日,会战总指挥部又向全战区职工发出了"紧急行动起来,打好过冬突击战"的冬季攻势突击动员令。针对突击战中有些保温工作跟不上的问题、在几次检查中发现和暴露的新问题、部分工程未完工而有"尾巴"需要尽快清理的问题以及保温办法不合适或者缺少切实可行的防火措施等问题,提出当前的紧急任务就是对冬防保温和安全防火工作彻底"扫尾",同时要安排好房屋,抓好职工生活,包括取暖、服装、储运、伙食等。动员令中指出,这些紧急任务面宽量大,有成千上万的项目,必须发动所有干部职工,人人检查、人人动手,见到一个问题,就解决一个问题,查漏补短,打一个冬季攻势突击战、扫荡战。会战总指挥部在动员令中要求:要做好思想政治工作,大搞群众运动,既要防止麻木不仁、粗心大意,又要避免急功近利、急躁情绪。各级领导干部要保持清醒的头脑、坚决的意志,发动群众查缺补漏、发现问题、制订方案、解决问题、组织力量、成龙配套、反复检查、彻底整改。要定任务、定人员、定措施,要开展大竞赛、大比武、大讲评,树立冬季攻势中的标杆典型、技术能手和革新闯将,推动冬季攻势突击战迅速展开。

10月的萨尔图草原依然是金风送爽、暖意融融。可到了晚上,最低气温早就低于零摄氏度,冰霜和寒冷已经开始影响到了大会战的生产生活。"夺油英雄意志坚,决心战胜严冬天。刀风剑雪顶回去,誓把冬天变夏天。"全油田迅速掀起抢抓冬防保温,确保安全过冬的生产和革新热潮。

钻井系统在1203钻井队召开现场会,推广该队"井场保温成套化"和五不停、五不冻、五好相融合的"三五一体工作法"。为了应对严冬,1203钻井队对保障措施分解细化:他们建成了防寒保暖,便于拖运的泵房、机房、电机房、锅炉房、值班房"五大房",全力保障生产,实现冬季施工"五不停";加强防冻教育,把高空作业由 1 人改为 2 人,20 分钟一换班,井场保温设备随坏随修,还专门设立烤衣室,保证职工穿得干爽暖和,实现"人不冻";开动脑筋自己动手,给电瓶加装保温箱,规定 20 分钟以上非临时性停车必须放水以免冻结,实现"动力不冻";采取管线包裹加温套、泥浆泵凡尔吹暖气等措施,实现"管线不冻";用干草、干土等垫高船形底座,加装暖气管线,保证"井架基础不冻"搬家快;在泥池里通上暖气,保证"泥浆不冻"。通过这些有力措施,确保冬季"五好施工"。

采油指挥部明确冬季安全防火标准,提出要做到"三清""四无""四不漏"和"五有"。"三清"即井场清、井口清、分离器清,"四无"即无杂草、无污油、无明火、无易燃物,"四不漏"即不漏油、不漏气、不漏火、不漏电,"五有"即有防火制度、有防火公约、有防火沙袋、有防火设备、有防火组织。为了推进落实,指挥部还组成 150 人的检查团,确定以冬防保温和安全防火为主的 38 个检查项目分批、分片、分组全面检查,检查采用边介绍、边表演、边讨论、边改进、边肯定、边推广的"六边"方式,检查团成员听、看、问、记、评,既当学生,又当先生,推动冬防保温和安全防火典型经验的迅速推广。

基建战线在 9 月份就开办了司炉训练班。经过 20 多天的短期培训,130 多名司炉工已经全部掌握炉前操作及一般事故处理技术,基本达到了不仅能烧火,还能防火、救火的要求。他们及时扫清集输工程中的新增项目及收尾工程,突击油库工艺管线保温和回填土工程,克服工作量大、管沟积水等困难,分段包干施工,原计划 5 天的工程,3 天就全部完成。油井井场施工做到井井进管线、井井能加热、井井能量油、线线畅通、站站配套。在生活保障上,他们创造性地发明了除炕面以外不用土坯的"干打垒"土炕、火墙以及经济实用的砖砌式蒸笼、尾脊式菜窖等,为职工生活提供了便利。

运输、供应、机电、运销战线也积极开动脑筋,发明创造了汽车自动保温器、移动式锅炉等一批冬防保温设备和措施。

1960 年 10 月 29 日,战区又召开以保温防火为中心的技术革命与技术革新检阅大会。《大庆战报》发表《零下四十度是纸老虎》的社论,引导广大会战职工在做好冬防保温和安全生产的基础上,充分发挥工作积极性、创造性,正视冬季生产困难,汇聚职工群众智慧,人员不停,紧张劳动,采取有效措施保障冬季生产、生活,圆满完成会战任务,争取全年满堂红。

"寒冬不可怕,人定能胜天。"为了夺取冬季钻井高速度、高水平,1245 钻井队提出了重点在钻井过程中必须严防"一憋"(泵)、"二堵"(水眼、管线)、"三冻"(循环系统、设备、井架及泵的底座),确保"四灵"(工具灵、仪表灵、启动灵、循环灵),杜绝"四漏"(风、气、雪、火),保证防火保温、防滑防爆、资料收集分析及泥浆测量准确。为保障这些措施落实到位,该队总结出 100 条冬季钻井施工经验。这 100 条经验对钻井队战胜严寒攻势很有参考价值,钻井指挥部派专人帮助他们系统整理,并印发给其他井队作为参考。

采油四矿一个井组想方设法做好冬季安全生产,实现连续 160 天无事故。他们针对冬季生产特点,努力提高安全生产认识,发动全体干部职工制定安全保障措施,并形成管理制度。另外,他们还设立了安全技术员、保卫员等"五大员"。为提高全体职工安全意识,他们把每周三定为"安全活动日",组织职工学习安全守则,开展操作表演。每次上班前都进行安全讲话,向接班人员交代注意事项,形成了"人人重视安全、事事保障安全"的良好作风。

油建职工研制成电焊机冬季保温托架,保障了冬季安全施工。这个托架采用爬犁底座,便于冬季拖运,上面安放电焊机,外套帆布保温棚,利用蒸汽小锅炉进行保温取暖。这个活动棚机动灵活,内部温暖,操作方便,可给内燃机、变压器、电焊机保温用,并能当作简便的保温工作室,可以在冰天雪地里进行焊接作业和野外施工,确保施工质量和施工安全。

第三探区生活办公室通过向当地老乡学习请教,总结出了许多冬菜储存方法。当时土豆、萝卜、白菜都是油田的"珍贵物资",虽然很多职工挖好了菜窖,但不知道如何才能更好地保管储存这些赖以过冬的宝贵物资。生活办公室专门派人向当地老乡求教,形成了一套完整的储存方法,包括入窖前的处理、如何入窖摆放、如何通风保鲜、如何防冻管理等。喜爱腌菜的家庭整理了腌制酸菜和制作冻菜的方法流程。他们还把这些经验做法刊发到《战报》上,为广大职工家属提供了重要参考。

在会战总指挥部带领下,冬季攻势突击战取得了重要成果。到1960年12月,全战区共查缺补漏61 504条,其中工程技术方面5 474条,冬防保温8 211条,防火、安全15 886条,食堂和生活7 442条,群众献计献策3 412条。大部分问题得到了解决和整改,为安全过冬创造了良好条件和坚实基础。

"任凭风冷雪如山,石油工人无冬天。"广大会战职工以顽强的意志迎战风雪严寒,取得了石油大会战第一个冬天的全面胜利。1960年,油田钻井进尺39万多米,多次刷新了全国纪录;基本建设投资完成国家计划的108.5%;第四季度原油生产比第三季度增长174%;全年发现构造8个,获得可采储量5亿吨,生产原油97万多吨。

⚙ "五两保三餐"战胜饥荒

大庆石油会战正值三年困难时期,全国粮食大幅减产,会战职工粮食定量下降,每天只能吃玉米面大饼子、窝窝头、菜团子,喝玉米粥,再加上前来投亲的近万名家属没有粮食定量供应,甚至出现了"五两粮食保三餐"的艰难局面。饭吃不饱,还要承担重体力劳动,会战职工体力严重不足。

1960年是我国三年困难时期中最困难的一年。头几个月,黑龙江省委在地方粮食供应同样十分紧张的情况下,全力支援石油大会战,会战队伍的粮食供应基本得到了保障。但是到10月份以后,黑龙江省的粮食储备已经严重低于"危险线",很多地区出现了断粮情况。副省长陈剑飞亲自赶到萨尔图向康世恩告急：省里已经实在顶不住了，粮食定量要减下来。

油田的形势更加严峻。玉门、河南、四川等老油区的职工家属因为当地的饥荒，很多跑到萨尔图投亲，本就供应不足的口粮要养活一家人，有时就连喝粥都难以为继。

民以食为天。当时生产任务紧，一个会战接着一个会战，一个突击连着一个突击，职工们干的都是重体力活，肚子吃不饱，体力明显下降，螺丝拧不紧，大钳打不动。有的职工饿得难受，就用工资到附近的市场去买高价粮，工资花完了，甚至变卖手表、衣服等，去换点土豆、甜菜疙瘩充饥；没啥可卖的了，就到冰雪覆盖的野地里去捡农民秋收时丢下的烂白菜帮子、冻土豆崽子和甜菜叶子；实在饿得不行了，就喝点盐水，喝点酱油汤，坚持上井劳动。

长期的营养不良使很多人患上了浮肿病，而且患病的人越来越多，迅速从几十人到几百人，再到上千人，到1961年1月底，患病人数已经达到4 000多人。

余秋里、康世恩等领导十分着急，会战总指挥部立即提出了3条措施：一是各级党委书记、一把手要亲自下食堂抓生活；二是抽出10%的职工专门去搞生活；三是每次抽20%的职工轮流从生产一线撤下来休整。会战领导小组也要一手抓生产、一手抓生活，千方百计战胜浮肿病，无论如何要把会战坚持住。

康世恩连夜召开会战领导小组会议，做出7项具体决定：一是各单位一把手既要抓生产，又要抓生活，二把手专门抓生活；二是食堂设立政治指导员，就餐人数超过200人的大食堂建立群众性的伙委会，监督用粮用菜；三是会战总指挥部派车出去搞生活物资；四是得浮肿病的职工一律停止上班，把他们集中起来，办专门的营养食堂，从搞回来的副食中每人每天供应2～3两肉；五是大搞代食品；六是粮食按定量吃足吃够，不准有任何克扣；七是组织打猎队、捕鱼队，到深山老林和黑龙江、乌苏里江以及北大荒冰冻的湖泊中打猎捕鱼。

为抢治患浮肿病的职工，会战领导小组专门给黑龙江省委打报告请求支援。欧阳钦了解油田的严峻形势后，毅然做出决定：每月再多给大庆调拨15万斤粮食，每人每月补助3斤黄豆，宁肯自己挨饿，也要尽力支援石油大军。同时，还同意给2 500多名家属落户口，解决口粮问题。曾任沈阳军区工程兵政委的季铁中亲自回军区求援，部队领导决定支援10万斤黄豆。各级干部都把职工的吃饭问题当作头等大事来抓，想方设法解决职工的口粮和营养问题，除了安排打猎捕鱼增加副食外，还派人到很远的野地里去刨冻土豆、萝卜叶子，然后放到空罐头盒里，放点盐蒸一蒸，做成代用食品。

政治进食堂，干部下伙房。基层食堂通过实行"三软一硬""两干一稀"等办法，尽量使有限的主副食发挥最大的作用。有一次，余秋里在油建一个食堂看到炊事员用玉米面、高粱面加野菜和捡来的菜帮子制作烤饼，觉得办法不错，就和主管生活的张文彬商量，在这个食堂召开现场会，引导和鼓励基层节约粮食、粗粮细作、调剂口味，满足职工生活需求。许多普通职工也无时无刻不记挂着大家的饮食，1202钻井队炊事员卢兴山看到上级给的那点黄豆只能煮着吃、炒着吃,心里想,这要是做成豆腐、豆浆该多好啊。他利用 7 年才回家探亲一次的机会,跑到离家 500 多里的地方买了一副石磨,从千里之外背回了队里,精心给大家做豆腐、磨豆浆。

由于采取了一系列有效措施,加上省委、部队的支援,浮肿病得到了有效控制和治疗,但大面积的缺粮断粮情况并没有得到根本解决。余秋里等会战领导意识到,要想真正战胜饥荒,坚决把会战打下去,只靠勒紧裤腰带咬紧牙关苦熬不行,唯一的出路是生产自救,只有发扬南泥湾精神,发动干部职工开荒种地,自己生产主副食品,才能突破粮食"危险线",确保大庆石油会战的胜利。

1961 年 1 月 29 日,正是北方猫冬的腊月,会战总指挥部召开农副业生产会议。会议确定了全战区 1961 年农副业生产的规划,重点明确了搞农副业生产的几种形式:一是由油田建立农副业生产基地,组建相应的专业队伍,集中领导,统一规划,独立核算,统一分配;二是各级单位可根据条件就近开荒种地,集体经营,收获按集体人均分配;三是职工家属可根据水源、土地、劳力条件,在"干打垒"房前屋后自行开荒种地,收获归自己,谁种谁收,不准平调。

1961 年 4 月,大地刚刚开化,油田就开始组织职工开荒种地。经历过饥饿严冬的职工们都像当年的南泥湾战士一样到草原上开荒,没有拖拉机,就用人拉犁,就连余秋里部长也空着一只袖管和大家一起拉犁种地,没有那么多犁,锄头、筢子、铁锹、十字镐纷纷上阵。为了在下一个冬天能吃饱肚子,大家热情高涨,因地制宜开荒种地,积极动手生产自救。

1961 年 6 月,会战总指挥部专门组成"野菜部队"。委任地质指挥部党委书记、地质师李光明为"野菜司令",抽调人手到银浪一带草原上采挖黄花菜、"婆婆丁"等野菜,仅 7 天就采摘了 15 万斤,成为饥荒中的重要补充食品。

1961 年,在干部职工的共同努力下,全战区开荒 2 万多亩。当年秋天,收获粮食 304 万斤、蔬菜 1 316 万斤。副业养殖同样全面丰收,存栏猪 4 465 头、羊 1 760 只、牛 448 头、马 211 匹,同时养殖了大量家禽。夏秋之际,采摘野菜 171 万斤,打芦苇 40 万斤、羊草 54 万斤,储备青饲料 160 万斤,撸草籽 120 万斤,打鱼 4 万斤。到 1962 年,全油田开荒种地面积扩大到 10 万亩,收获粮食 800 多万公斤,产菜 1 150 多万公斤,职工每人可分自产粮 75 公斤,吃上了自产的猪肉、豆油、豆腐,极大地缓解了主副食供应不足的困难,保证了会战的顺利进行。

1961 年冬天,油田职工的生活已经有了明显的改善。当时,国家整体上仍然处于灾害和粮荒之中,形势依然十分紧张。油田由于积极进行生产自救,虽然生活环境和条件依然艰苦,但会战职工的身体素质明显增强,队伍中再也没有发生浮肿病,会战整体形势更加稳定了。

在开荒种田生产自救的过程中,广大家属也成为一支重要力量。1961 年,来油田的家属越来越多,当时职工们开荒种地干得热火朝天,家属们有的不想吃闲饭,也想参加劳动,有的因为孩子等原因,对开荒种地有所顾虑,会战总指挥部也开始考虑家属的问题。当时,从玉门到大庆参加会战、在钻井指挥部招待所工作的连兴回家后就常常说起开荒种地的事,他的爱人薛桂芳就想组织几个姐妹,自食其力,也去开荒种地,减轻国家和油田的负担,和职工们一起克服大会战的困难。可老连不放心啊,最小的孩子才4岁,离不开妈妈呀。45岁的薛桂芳主意已定,她鼓动了王秀敏、杨学春、丛桂荣、吕以莲4名钻井指挥部机关的家属,决定带着孩子去野外开荒。

1962年4月16日,薛桂芳等5名家属出发了。她们带着简单的行囊、粮食、咸菜和辣椒,带上1盏油灯、5把铁锹,带着3个三四岁的孩子,搭车来到离家30多里外的草原上。倒春寒的天还依然很冷,空旷的原野上,西北风刮得呼呼直响。在钻井指挥部的帮助下,五姐妹找到一处钻井队废弃的破房子,找来一块旧帆布当房盖,总算把家安了下来。夜晚,她们抵御住了疲劳、寒冷和恐惧,以坚强的毅力和顽强的斗志,在这片荒芜的草原上站住了脚,5个人5把铁锹,3天就挖了5亩地。

五姐妹的"五把铁锹"感动了钻井指挥部的领导和职工们,也感动了更多的家属。在钻井指挥部党委支持下,第二批和第三批共18名家属先后赶来了。她们借来了木犁,邵向荣等家属还专门向当地老农请教了扶犁开地的诀窍,姐妹们齐心协力,靠人力拉犁,在春播前开出了30多亩荒地,全都种上了黄豆。大家像伺候孩子一样精心看护自己辛辛苦苦开出来的土地,到秋收的时候,一下收获了黄豆3 000多斤。姐妹们自力更生、艰苦创业的精神得到了会战工委的肯定,她们开荒种地的地方就被取名为创业庄,后来成为钻井指挥部家属开荒种地的基地。

1962年8月19日,油田召开了首次职工家属代表大会,动员广大家属学习薛桂芳等"五把铁锹闹革命"的精神,组织起来参加农副业生产。到当年年底,参加集体劳动的家属达到了3 800多名。1963年,已经有14 000多名家属走上了"自己动手,丰衣足食"的道路,占有劳动能力家属的92.5%。她们组成了398个家属生产队,当年种地1.8万亩,收获粮豆200多万斤,产菜200多万斤,饲养各种牲畜上千头。

五姐妹的"五把铁锹"燃起了家属参加集体劳动的熊熊火焰。广大家属从此成为大庆石油会战中一支不可或缺的重要力量,为石油大会战的胜利做出了重要贡献,"五把铁锹闹革命"自力更生的创业故事到今天仍然在油田广泛传扬。

第七章

五面红旗迎风展
星火燎原大油田

石油大会战开始后，广大职工在"两论"指引下坚持会战，涌现出了很多自力更生、艰苦创业、奋发大干的先进典型和生动事迹。1960 年 7 月 1 日，战区召开庆祝中国共产党成立 39 周年和大会战第一战役总结大会，隆重表彰了王进喜、孙永臣带领的 1262（1205）钻井队，马德仁、韩荣华带领的 1202 钻井队，段兴枝、陈懋汉带领的 1247 钻井队，薛国邦带领的采油队和朱洪昌带领的管线工段，称赞他们是全战区的"五面红旗"。7 月 28 日，石油工业部机关党委专门发出《关于开展学习"王、马、段、薛、朱"运动的决定》，8 月初，三探区组织开展"王、马、段、薛、朱"式的百面红旗运动，号召广大干部职工都来学习"五面红旗"的先进事迹，人人当铁人、举红旗，在全战区掀起了一场"前浪滚滚后浪涌，一旗高举万旗红"的群众运动。

⚙ 为中国人民争气——铁人王进喜和他带领的 1205 钻井队

1960 年 3 月，王进喜和他的 1205 钻井队来到大庆参加石油会战。他带领大家人拉肩扛运钻机、端水打井保开钻，一连几天几夜盯在井场，饿了啃几口冻干粮，困了枕着钻杆眯一会，坚持打完了第一口井。房东赵大娘感动地称他为"铁人"。会战总指挥部了解他的事迹后，在万人誓师大会隆重表彰了王进喜，号召全体职工都来学习铁人。"铁人"这个光荣的称号，很快就传遍了整个战区。

王进喜是带着一股气来到大庆的。1959 年 9 月，王进喜从玉门到北京开群英会，看到北京大街上的公共汽车都背着个大包来回跑，就问别人："汽车背的是个啥？"人家告诉他那是煤气包,因为国家缺油,公共汽车只能烧煤气。王进喜听后十分震惊,他说:"我在玉门觉得油很多,可出来一看,油缺得很。连首都北京都没有油用了,作为一名钻井队长真是有愧呀! 还有什么脸开大会,受表扬!"群英会期间,他听到了一个消息:东北松辽发现了一个新油田。他高兴得都跳起来了,马上提出申请,一定要到这个新油田去,为国家生产更多的石油。

1960 年 3 月,期盼已久的王进喜接到了支援大庆石油会战的命令。3 月 15 日,王进喜和 30 多个战友急匆匆地从玉门踏上东去的列车,恨不得一下子飞到东北,赶快把井架立起来、把井打起来。

1960 年早春的萨尔图虽然依旧冰天冻地,却早已呈现出一片热气腾腾的会战景象。3 月 25 日,王进喜和他的战友们来到了萨尔图。一下火车,到处是紧张繁忙的景象:火车吼叫、汽车轰鸣、人欢马嘶、旗帜飞扬,铁路两旁堆满了器材,车站到处挤满了人,新疆、甘肃、四川、上海、北京……操着各种口音的人们热情地打着招呼,全国各地的人似乎一下子都涌到这个小站上来了。

火热的场面感染着每一个人,也感染着憋足了劲的王进喜。从几千里外来到松辽,就是为了尽快拿下大油田,一下火车,王进喜一不问吃、二不问住,而是急忙找到调度室打听:"我们的钻机到了没?""钻井的井位在哪里?""这里钻井的最高纪录是多少?"句句离不开钻井生产。钻机没有到,他也待不住,一边了解战区的情况,一边带领大家在火车站当起了义务装卸工,主动帮助别人卸车装货。

1960 年 4 月 2 日,1205 钻井队的钻机终于到了。可一套钻井设备总重 60 多吨,在玉门拆散搬家时,使用吊车、拖拉机各 4 辆,大型载重汽车 10 辆。而当时大庆石油会战刚刚开始,整个萨尔图探区吊运设备非常少,要想卸钻机,只能等,怎么办? 王进喜问指导员孙永臣:"你当了十几年解放军,打仗时遇到这么多困难怎么办? 是上还是退? 我没打过仗,我想怎么也不能退。"孙永臣说:"绝对不能退! 剩下一个人也要上!"王进喜赞同地说:"要拿下大油田,不能等。我们要有也上,无也上! 抬也好,搬也好,一定要把钻机运到井场。"他带领队友响亮地喊着"石油工人一声吼,地球也要抖三抖。石油工人干劲大,天大困难也不怕"的豪迈号子,30 多个人,个个像小老虎一样,撬杠撬、滚杠滚、大绳拉,硬是靠双手和双肩把钻机卸下火车,装上汽车,搬到了井场。紧接着,全队还是人拉肩扛,经过 6 个昼夜的苦战,终于把井架立了起来。那时水管线还没有接通,罐车又少,但是王进喜怎么等得及呢,他和指导员孙永臣带领工人到附近水泡子破冰取水,靠人力端水 50 多吨,做好了开钻准备。

就要在这个新发现的大油田上打井了,王进喜心里无比激动。望着终于屹立起来的巍峨的钻塔和一望无际的大草原,他抓了一把黑土,对孙永臣说:"这里没遮没挡的,该我们甩开膀子大干一场了。"国家缺油,王进喜心里急啊,他恨不得一拳头在这黑土地上砸出一口油井来。

1960 年 4 月 14 日 12 时 5 分,萨 55 井正式开钻。王进喜穿着他那件沾满油污的老羊皮袄,一个箭步跨上钻台,用他那粗壮而有力的手稳稳地握住刹把,钻机一阵轰鸣,开钻了! 4月19日16时,萨55井胜利完钻,完钻井深1 020.0米。1205钻井队只用时5天零4小时,就高速优质地打完了第一口井,一举创造了松辽地区当时快速完钻的最高纪录。为了打好会战第一口井,王进喜不分日夜亲自指挥,一刻也没有离开过井场。饿了,就啃两口冻窝窝头;累了,就裹着老羊皮袄,枕着钻杆打个盹儿。房东赵大娘见他一连几天都吃住在井场,便心疼地向大伙儿说:"你们的王队长,真是个铁人啊!"

萨55井完钻后,1205钻井队立即接到了第二口井2589井的钻井任务。4月29日,天刚蒙蒙亮,1205钻井队的钻工们就开始动手做搬家前的准备。王进喜披着他的老羊皮袄,正指挥大家放井架。他举着双手,眼望钻塔,一边吆喝着,一边后退着。忽然,旁边的钻杆从堆上滚了下来,砸伤了他的腿,他一下子疼得昏了过去。指导员孙永臣赶紧把王进喜抱在怀里,钻工们也都围过来,着急地呼喊着,好半天才把他叫醒过来。他一睁眼,看见孙永臣和大家都在抱着他的腿哭,再一抬头,井架还没有放下来,当时就急了,对孙永臣说:"打仗时伤了人,你哭,你这一连人都哭,敌人来了把你们都活捉了!能哭吗?""我又不是泥捏的,哪能碰一下就散了。"说完,忍着剧痛站起来,大声地喊起来:"继续放!继续放!"一边喊一边举起双手,继续指挥放井架。

4月29日这天,王进喜还要去参加战区召开的石油大会战万人誓师大会。放好井架后,钻工们把他腿上的血洗了一下,撕下一片衬衣包扎好,想法找了一辆马车让他坐上去开会。到会场后,铁人才知道要号召大家学习他和他的井队。有人给他披红戴花,让他骑上高头大马,在大家前拥后呼下绕场一周。他拖着伤腿登台,向广大会战职工发出了"宁肯少活二十年,拼命也要拿下大油田"的铿锵誓言。

万人誓师大会后,王进喜小腿肿得厉害。职工们担心他的伤势,说什么也要他到医院去。可他却对大家说:"伤个腿算个啥!我不能工作,嘴还可以动弹,谁都不能讲出去!"可世上没有不透风的墙,没多久,会战领导还是发现了,就硬是把他送到了医院。

可王进喜在医院根本待不住,他惦记着井队,惦记着打井啊。他寻找机会从医院偷偷跑出来回到了井队。第二口井2589井是大庆油田的第一口生产井,"六一"就要出油。这么关键的井,王进喜怎么能休息呢?他挂着拐棍,天天在井场上跳来跳去,继续指挥打井。

2589井打到700多米的时候,突然发生了井喷。井里的油气呼啸着冲出井口,如果不能及时控制井喷,几十米高的井架和钻机就有可能陷到地里,甚至造成井毁人亡的后果。可井上没有加重泥浆压井的重晶石粉,等重晶石粉从几十里外运来,根本就来不及。有人提出把水泥掺进泥浆压井,但又担心加水泥会把钻杆凝固到井里。大家都知道加水泥压井史无前例,可是现在根本没有比这更好的办法。王进喜深知,如果水泥压井出了事故,就可能要受到处分,承担责任。但是如果不用这个办法,那就只能任凭井喷,油井就是油田的命啊,怎能放任不管呢?情况万分紧急,铁人没有想到任何个人的得失。他大手一挥,大声地说:"加水泥!"

一袋又一袋水泥倒进了泥浆池，可没有搅拌器搅拌，水泥马上沉了底。泥浆注不进井里，井喷就止不住，大家急得直跺脚。在这千钧一发之际，王进喜把拐棍一甩，一个箭步跳进齐胸深的泥浆池里，奋力用身体搅拌泥浆。紧跟着，钻工周正荣、戴祝文等也跟着跳了进去，他们用身体、用铁锹拼命搅拌水泥，整整奋战了3个小时，终于制服了井喷，保住了油井。

1960年，在王进喜和孙永臣带领下，1205钻井队仅用短短9个月时间就交井19口，总进尺21 258米，创造了月进尺5 466米、日进尺738.24米、班进尺432.98米等多项全新纪录。

王进喜的生活一直十分俭朴。从会战开始，一条帆布裤子补了又补，一件光板老羊皮袄不知穿了多少年！脚上蹬一双布鞋，破旧得不能穿了，同志们要给他领一双新工鞋，他说还是把工鞋先发给钻井工人吧！他自己到夏天就打赤脚穿草鞋。

无论在什么岗位，王进喜对自己的要求始终一样严格。1961年，王进喜担任钻井大队的大队长，经常要到各井队去跑井，去解决生产问题。因为当时全战区粮食定量都很紧张，他就让爱人给他炒几斤苞米面，缝个口袋装上带在身边，到吃饭的时候，井队的同志们把饭端出来，他也不吃，而是随手从背后取下炒面袋，抓几把炒面放在碗里，用开水一泡就吃上一顿，绝不占用工人们的粮食定量。

王进喜也是一个实事求是、敢于面对问题的人。有一次，他带过的1205钻井队打了一口斜度超过3度的井，被会战领导在大会上公开批评，他去的晚了一会儿，刚到门口，有一个职工就对他说："赶紧趴下，趴下！"王进喜问："趴下干什么？""领导正在批评我们呢！"王进喜当时就说："你这个人说的，披红戴花的时候，你们叫我抢着往头里走，现在挨批评了，就叫我悄悄地趴下当狗熊？我不当这个狗熊！"说完，他就挺起腰杆，咚咚地走向前去接受了批评。

王进喜说过，讲进步不要忘了党，讲本领不要忘了群众，讲成绩不要忘了大多数，讲缺点不要忘了自己，讲现在不要割断历史。后来，王进喜先后担任钻井指挥部副指挥、大庆革委会副主任等职务，当选第三届全国人大代表，并在党的九大上当选为中央委员。但他矢志不渝的爱国情怀、坚忍不拔的意志品格、不怕牺牲的创业精神、严细认真的工作作风始终没有变。他的崇高思想、优秀品德被概括为铁人精神，成为中国工人阶级的光辉榜样。

在大会战中立更高标杆——马德仁和他带领的1202钻井队

1953年3月，1202钻井队以中国人民解放军19军57师转业的一个排为基础组建而成。队伍成立后，从玉门到克拉玛依，再到川中会战，克服了一个又一个困难，经受了一个又一个考验，创造出进尺"月上千，年上万"的全国最高纪录，被誉为"天山脚下立标杆"。1960年，1202钻井队来到大庆参加石油会战，他们自力更生、艰苦奋斗，始终坚持在会战中创立更高标杆，成为大庆石油会战中一面最鲜艳的红旗。

1959年秋天，东北松辽发现大油田的喜讯很快传遍石油系统，也传到了新疆克拉玛依。当时，1202钻井队职工和全国的石油人一样，都为这一激动人心的喜讯欢呼雀跃，钻工们摩拳擦掌，巴不得有那么一天能到松辽大油田去战斗，去显身手、做贡献。

1960年3月，日夜奋战的1202钻井队接到了支援松辽的命令。石油工业部决定在松辽组织石油大会战，新疆石油管理局决定让队长马德仁、党支部书记韩荣华带领1202钻井队，代表新疆石油管理局到松辽参加石油大会战。马德仁、韩荣华立即整顿队伍、整理装备。4月1日凌晨，经过几天几夜的长途跋涉，这支具有光荣传统、全国闻名的标杆钻井队终于到达了萨尔图这个刚刚发现的新战场。

当时天还没有亮，几十号人下了火车就一齐涌进萨尔图火车站小小的候车室。由于天气寒冷，大家只能人挨人、人靠人地挤在一起互相取暖。挨到天亮，大家来到了他们的驻地星火牛场。大家一边打扫牛棚，一边去拉羊草，然后把羊草铺在地上，搭起一个大通铺，1202钻井队就这么住了下来。

住是住下了，可几十号人吃饭也是大问题。开始队里没有食堂，在老百姓家搭伙，每顿就是苞米面窝窝头加咸菜。全体职工大都是年轻小伙，饭量大，吃不好怎么参加会战呢？于是马德仁千方百计想办法自己建食堂，他领着大伙找到一个旧猪圈，打扫干净，砌上炉灶，算是把队上的食堂建了起来。有人觉得条件艰苦，马德仁说："钻井队是苦，可总得有人干才行，不干，石油从地下冒不出来，国家需要油啊！"

吃、住问题解决了，可是钻机还未到。钻井队没有钻机就等于战士没有枪，怎么上战场？全体职工求战心切，队干部心里更急。为了稳定队伍情绪，马德仁、韩荣华一商量，决定向解放军学习，在等钻机的时间，为老百姓做好事，搞好工农关系，带领职工主动为老乡打扫院子、干农活，替牛场喂牛、刨粪，被群众称为"戴铝盔的解放军"。

马德仁和韩荣华还利用这一时机，向大家进行战前动员。他俩向全队职工们讲大庆石油会战的形势和意义，号召大家克服困难、艰苦创业，要经受住各种考验。同时，队长马德仁又到先开钻的钻井队熟悉情况，取经求教，了解当地打井特点，学习各队的先进经验。他在职工大会上向大家提出：面对各路英雄，要全队一条心、一股劲，保持井队荣誉，努力实现高速度、高水平，要在大会战中再立标杆。

4月中旬，1202钻井队的井位确定了。马德仁带头和大家一起挖水池和泥浆池，由于地还没有化冻，一刨一个小坑，工作量很大。但他们不怕难、不怕苦，早起晚睡搞突击，很快就做完了钻前土方工作。听说钻机到了，而且是一部国产钻机（编号1202），马德仁高兴地跳了起来，立即组织全队人马兵分两路，一部分在火车站装车，一部分在井场卸货，很快把钻机和设备搬到井场。会战初期，汽车、吊车、拖拉机都很少，大家不等不靠，没吊车，就挖卸车台，硬是像铁人那样靠人拉肩扛把钻机安装了起来。接着，他亲自到调度室联系，要来打钻用水，拉来钻井工具器材。经过几天几夜的奋战，井架立起来了，钻前准备就绪了，马德仁和他带领的 1202 钻井队在新油田会战的第一口井开钻了。

从第一口井开始起，每口井从搬家、安装、开钻、完钻、固井、完井到再搬家，马德仁都寸步不离井场，亲自指挥。他像一个永不疲倦的指挥员，日夜战斗在前沿阵地。同时，马德仁还是经验丰富的钻井能手，他能根据现场地层情况，分别采取不同的钻井措施；钻井中出现什么问题，他就爬上钻台及时处理；发现钻机声音不正常，他就能准确地判断出是啥问题，然后立即帮助司钻解决问题。大家都称他是"经验丰富的钻井专家"。

马德仁是一个粗中有细的人，他很善于发动职工群众，依靠群众智慧改进工作，不断提高钻井水平。打第一口井时，由于对地层还不熟悉，钻井指标和施工措施不好制定，他就发动职工边打井边注意了解地层情况，然后根据地层情况制定切实可行的技术措施。一口井打完后，他又发动大家进行总结，吸取经验教训，明确新的奋斗目标，统一队伍思想，鼓舞职工士气。1597 井固井出现了事故后，马德仁立即发动群众，查思想，查工作，揭露矛盾。找出问题后，他带头整改，从事故中吸取经验教训，以后固井再没有发生事故，而且质量不断提高。

为了提高钻井速度，马德仁动心思、想办法，不断钻研可行措施。按照钻井惯例，表层打钻都用清水循环，清水比较轻，钻井速度快，但井深了就不敢用了，怕压不住井造成井喷。既然清水打钻钻速快，能不能多用清水代替泥浆钻井呢？带着这个问题，他在井场召开司钻会，围绕提高钻井速度这个问题发动大家出主意，想办法。经过讨论，思想解放了，大家决定每口井在标准层深度以上采用清水钻井，大大提高了速度，创造了月"三开三完""四开四完"直至"六开五完"的纪录。

在人力组织上，过去搬家 4 个班一齐上，人力施展不开，耽误休息，干不出成绩。针对这个问题，马德仁提出 2 个班搬家、2 个班做开钻准备的措施。安排一半人在原井场组织搬家，另一半人去新井场，在搬家前铺平道路，挖好泥浆池、水池，做好各项钻前准备工作。这样分头推进，各项工作有条不紊，既保证了工作重点，又提高了工作效率，创造了当日搬家、当日开钻的新纪录。在钻头使用上，他不断摸索，掌握了不同地层使用不同钻头的诀窍，大大提高了钻头使用效率，加快了钻井速度，为全队夺标杆、保荣誉创造了有利条件。

会战不分日夜推进，不管刮风下雨、地冻天寒，马德仁始终坚守在自己的岗位上。由于井场离住地很远，饭菜都是炊事员送到井场。每次吃饭时，他总是替司钻、副司钻工作，等大家吃完他才吃。有时候，饭送少了，他宁肯自己不吃，也要让工人先吃饱。在会战紧张的日子里，他很少回队部睡个安稳觉，始终顶在井场。当钻井工作走上正常轨道，他疲倦得不行了的时候，就把头伏在膝盖上闭闭眼，或者躺在钻杆上睡一会儿。听到钻机声音不正常，他马上起来跑上钻台去处理。一次，由于寒流袭来，气温突然下降造成泥浆泵上水管线冻结。泥浆是钻井的血液，泥浆不循环，钻井就无法进行，不解决这个关键问题将影响钻井进尺，影响当月任务的完成。经过分析，大家认为是上水管堵塞，马德仁毫不犹豫，破冰跳进泥浆池清理上水管线的莲蓬头，棉衣被泥浆浸透，冻成了坚硬的冰铠甲,他硬是坚持奋战几小时,直到故障排除,才离开井场去换衣服。

队长以身作则,带头吃苦在前,就像无声的命令,鼓舞、鞭策着全队职工。钻工们说,干部都这么拼命干,我们还有啥说的。当时,1202钻井队打井多,工作量很大,个别人感到比其他队干的活多,又脏又累,想调离这个队,但一看到干部、职工们的干劲,又都感到这个先进集体无比温暖。

会战初期生活极其艰苦,为了做好全队职工的思想工作,提高大家对艰苦环境的认识,支部委员在摸队伍思想状况的基础上,做出了开展思想互助、做好群众工作的决定。钻工王积成觉得会战太艰苦,连续写了几次报告申请回家,韩荣华、马德仁一面主动找他谈话做工作,一面又发动队里20多人找王积成谈心,终于使王积成转变了思想。四五月份,队里虽然完成了任务,但职工总感到成绩不突出,尤其是在1597井发生固井事故后,不少职工产生了消极的埋怨情绪,而当时王进喜队的新成绩不断传来,大家都担心还能不能保持标杆队称号。这时,党支部专门开会找原因、想办法,并在1598井开钻前召开现场会,讲形势、提要求,号召大家要在这口井上干出成绩来。由于战前动员搞得好,统一了思想,鼓舞了士气,结果创出了2天零18小时的完井新纪录。

在马德仁、韩荣华的带领下,1202钻井队始终保持团结一致,始终保持着顽强作风和集体荣誉感。第三探区首届生产运动会上,1202钻井队取得了亚军,马德仁、韩荣华组织职工找差距,找出了未得冠军的原因之后,立即派人到段兴枝队去学习先进经验,从而改善了劳动组织,研究出根据不同地层用不同钻头等一套切实可行的措施。为了争时间,他们采用双吊卡接单根,接一个单根只需1.5～2分钟,在搬家速度上缩短9小时30分,做到当日搬家当日开钻,保证了6月份"四开四完"目标的实现,一举夺得第三探区第二届生产运动会的全能冠军。从此,马德仁队和段兴枝队展开了对手赛,段兴枝队有什么好经验,他们及时组织人去学习,段兴枝队有了困难,他们主动去帮助。一次,段兴枝队井上鼠洞跑泥浆,用水泥都堵不住,马德仁就跟韩荣华商量,把自己的办法介绍给他们,用整袋水泥很快就堵住了。

在马德仁、韩荣华的带领下,1202钻井队在石油大会战中屡立新功。他们把革命意志和科学精神结合起来,首次创造了月"六开五完"的纪录。1960年,他们用8个半月时间打井22口,实现了年钻井进尺上双万米的目标,成为一支思想过硬、作风过硬、技术过硬的队伍,被誉为"永不卷刃的尖刀"。

⚙ 石油会战的一面红旗——段兴枝和他带领的1247钻井队

1247钻井队是从四川来到大庆参加会战的。当上级领导把发现大庆油田和开发这个油田对于改变我国石油工业落后面貌的重大意义向大家传达的时候,队长段兴枝就想,能参加这样的会战,是党对我们的信任,能多为国家生产石油,使我国石油工业早日摘掉落后的帽子,是多么幸福和光荣啊！我是共产党员,一定要带领同志们圆满完成上级交给的任务。

1960 年 4 月初,队长段兴枝和指导员陈懋汉带领 1247 钻井队,从天府之国四川来到了东北松辽平原,立即投入艰苦紧张的大庆石油大会战中。

尽管之前就知道新油区条件差,会遇到很多困难,但当时的萨尔图"青天一顶,荒原一片"是段兴枝没有想到的。1247 钻井队面临的第一个困难就是搬运钻机问题,运输缺车辆,若按部就班等车搬运,恐怕十天半月也轮不上。段兴枝整天听着远处陆续响起的钻机的轰鸣声,一心想着自己怎样才能早日开钻干起来,心里早就跟长了草似的,咋能等得及呢？"动手,自己动手,不能等,条件是人创造的,大的机件搬不动就拆开搬,一个人扛不动就合伙抬！"段兴枝果断地做出了决定。

初春的萨尔图,虽然封冻的草原已经开始复苏,但依然寒风凛冽。"嘿哟嗬哩嘿哟,同志们哪,再加油啊,齐心合力往前走啊……"段兴枝带着钻工们,抬着数以吨计的钻机和机件设备,喊着铿锵的号子,踩着沉重的步子,深一脚浅一脚地走在一望无际的原野上。

抬不动了,就放下歇口气,抬出了一头汗,就扔掉帽子,敞开了怀接着干。个子高大、身材魁梧的段兴枝声音洪亮地喊着:"同志们,越困难我们越要有股硬劲。只要我们有决心、有干劲,就一定能把钻机搬到井场上,就一定能够按时开钻打井。"

前进的道路总是布满了荆棘,一个困难克服了,一个新的困难又挡在前面。当钻机和设备都运到井场后,没有吊车,怎样才能把这几吨重的钻机和柴油机搬上 2 米高的钻台又成了大问题。段兴枝、陈懋汉和大家一起商量,想出了搭坡道用人力拉钻机上钻台的办法,高亢的劳动号子再次响起,钻机终于就位了。草原上,又耸立起了一座巍峨的钻塔,又响起了一部钻机欢快的轰鸣声。

正当 1247 钻井队和兄弟钻井队展开热烈的劳动竞赛的时候,他们的柴油机突然出了故障。为了保证进尺,会战总指挥部及时调来了新的柴油机。但是,当拖拉机快要把柴油机拖到井场时,却陷在稀泥坑里了,同志们的高兴顿时化为焦急。段兴枝拧紧眉头一想:"要靠大家拧成一股劲……"他一面想一面就跑到值班房里拿出过去井队荣获的一面"钢铁单位"的红旗插在钻台上,大声对大家说:"我们一定要在今天中午 12 点钟以前把柴油机拉上去！""干呐！"随着喊声,大家争先恐后一拥而上,你推我拉,一场紧张的"战斗"在稀泥塘里打响了。队长段兴枝脱掉了工服,光着膀子,一面指挥,一面和大家一起干,经过 1 个多小时的奋战,终于把柴油机拉上了钻台,提前完成了换柴油机的任务,钻机又隆隆地响起来了。

钻井是大会战的火车头。会战初期,会战总指挥部最关注的是钻机"正点到达"和提高钻井速度、缩短钻井周期的问题。在紧张的会战中,各钻井队之间广泛地展开了劳动竞赛,第三探区还组织开展了钻井运动会。段兴枝干工作总是向前看、往上比。他说:"我们干一件事情就要尽一切努力把它干好,我们干任何工作都要为党争光。"1247 钻井队在段兴枝、陈懋汉带领下，很快成为大家公认的钻井速度"后起之秀"，在一次劳动竞赛中，他们以3天19小时打完一口井，创造了新纪录，超过了王进喜、孙永臣带领的1205钻井队和马德仁、韩荣华带领的1202钻井队，一举夺得首届钻井运动会冠军。

劳动竞赛热火朝天，钻井生产你追我赶。没过2天，1247钻井队的钻井新纪录就被兄弟钻井队突破了。但1247钻井队的职工们创造纪录不满足，纪录被超越也不气馁，始终不断努力改进工作，缩短生产环节，提高钻进速度。为了学习快速钻进经验，段兴枝亲自到马德仁队登门拜访，参观取经。他发现马德仁队打得好的一个重要原因就是水源充足，而自己的井队连一个比较大的泥浆池都没有，因而影响了钻进。回到队里，段兴枝立即带领职工挖泥浆池。他亲自挥镐刨土，和工人一块儿苦战，1天的时间就挖成了16米长、10米宽的一个大泥浆池，解决了供水问题。很快，1247钻井队就以2天13小时40分钟打完了第二口井，重新攀上了新的高峰。

随着钻井经验的不断积累，各个钻井队打一口井的时间逐步都缩短到3～4天。但由于当时的运输设备仍然比较缺乏，钻机搬一次家却需要7～8天，已经成为制约会战进程的主要因素。为了更多、更快地打好井，必须提高搬家速度。段兴枝广泛吸取技术员、老工人意见，反复进行研究，提出了用柴油机作动力牵引自己的钻机前进的"钻机自走"办法。第一次试验时，由于绷绳坑设计有问题，失败了。段兴枝毫不气馁，和大家一起认真分析失败的原因，针对检查出的缺点切实改进。

1960年5月4日，1247钻井队在萨15井再次试验了他们的"钻机自走"方案并一举获得成功。他们的自走方案工作原理很简单，即保持原钻井设备不做任何变动，仅把泥浆泵的皮带摘掉，把井架绷绳全部拆掉，把大绳挂在大钩上，利用钻机的柴油机带动，经过滚筒、滑车，再通过埋地锚和组合滑轮变向，最终实现了钻机自走。这种自力更生、土法上马的办法立即引起了其他井队的极大兴趣，大家纷纷来现场取经学习。

段兴枝不但善于钻研，更时刻关心着生产。10月中旬，晚秋的草原上时常刮起大风，这对钻井工人来说是一个很大的威胁。为了保证钻井施工安全，段兴枝经常一天24小时和工人一起顶在井上。他检查检查这里，看看那里，钻台上下什么活都干，看见泥浆稠了，他就挽起裤腿下到泥浆池里去搅拌泥浆……工人们经常说："我们队长真是哪里艰苦就出现在哪里。"在钻萨16井时，夜里刮起了六七级大风，寒流初上，气温骤降。开完生产会后，段兴枝立刻就从队部一口气跑到井场。正赶上起钻，他就登上二层平台，辅助工人进行高空操作。半空里，冷风刺骨，寒气逼人。段兴枝坚持和工人一起操作，忙个不停，出了一头汗。工人们说："天气虽冷，但是干部在身边，我们心里就觉得格外温暖。"

段兴枝不仅是一个敢打敢拼的猛将，还是一个扎实细致的管理多面手。会战初期，由于缺乏经验，1247钻井队在工作中也曾出现过一些漏洞。段兴枝认真从中总结经验，吸取教训，逐步学会了从实际情况出发进行工作布局、明确分工、布置工作、检查工作相结合等工作方法，使全队的钻井水平不断提高。为了使钻机持续打井，他认真抓机器设备的保养维修工作，从钻具的使用、泥浆的管理到螺丝、卡子的检查，他都要亲自摸一摸、看一看、试一试。钻井过程中,他又以实际行动给大家树立了坚持质量第一、工作一丝不苟的榜样。下套管时,一定要做到扣扣上紧;安采油树时,少一个螺丝也不行,减少安全隐患。在段兴枝带领下,1247钻井队还创造了电动砂轮、土电焊机,实现了用先进技术处理泥浆、自己安装水泵。6月份,他们计划完井2口,实际完井4口,钻井进尺超计划117%,并有效降低了钻进成本,创造了每米61元的最新纪录。

1247钻井队不但井打得好、打得快,在办地质方面也做到了"后来居上"。他们录取的地质资料经过生产试验区综合研究大队规格化小组和钻井二大队地质室评定,得到了"资料全、数据准、图幅美观,形象化、应有尽有"的评语,实现了钻井合格率100%、资料录取"四全四准"。丰收的硕果来自艰苦认真的劳动,为了找标准层,指导员陈懋汉带领大家奋战,通宵不眠。针对夏季雨多、道路泥泞、电测车到不了井场的情况,职工们还想出了利用游动滑车拉电测车到井场的办法,保证了电测顺利进行。

1247钻井队之所以敢打硬仗、能打硬仗,源于他们坚强的队伍和顽强的作风。为了更好地发挥支部战斗堡垒作用和党员先锋模范作用,党支部提出了"七好五占先"的号召。"七好"是政治学习好,主席言语要记牢;技术革命好,土洋一起搞;群众关系好,事事把心交;执行决议好,行动快又早;宣传鼓动好,带头来写稿;安全生产好,事故消灭掉;团结互助好,批评掌握牢。"五占先"是党员群众记心间,政治挂帅要占先;党员同志肯钻研,各种学习要占先;党员同志干劲冲破天,模范带头要占先;党员是人民的勤务员,生产工作要占先;党员同志意志坚,克服困难要占先。这一号召首先在党员中贯彻,然后逐步扩大到全体职工,最终形成了思想一致、行动一致、全队拧成一股绳的良好局面。

"一面红旗红一点,五面红旗红一片,百面红旗迎风飘,红遍松辽大油田。"段兴枝深知,只有更多井队把井都打好,会战才能取得最后的胜利。1960年年底,许多钻机集中到北线,开展快速钻进的"生产运动会"。1247钻井队和1203钻井队展开了激烈的劳动竞赛,你追我赶,摽着劲干。当竞赛进入高潮时,1203钻井队突然发生井喷,急需要泥浆压井,而他们泥浆池里的泥浆已经用完,1203钻井队非常着急。段兴枝得知消息后,立即把本队的重晶石粉送到了兄弟钻井队,并亲自带领职工去支援,很快就制服了井喷,2个井队又开始"并肩作战"。

⚙ 油井的主人——薛国邦和他带领的采油队

1960年3月份,32岁的薛国邦带领着他的采油队,告别战友,离开玉门油矿,风尘仆仆地踏上千里征途,远赴东北参加松辽石油大会战。刚到油田,紧张的采油工作就开始了——萨尔图油田的第一口井萨66井完钻出油了,薛国邦立即投入这片荒凉的草原,成为大庆油田的第一位采油队长。

初春的萨尔图春寒料峭,可人人心里都燃烧着一团火。薛国邦高兴地对大家说:"这个地方是大油田,油井也是高产井,咱们甩开膀子开干吧!"他带领采油队的职工们来到了井场,怀着无比兴奋的心情接管了萨尔图油田上的第一口油井。要开井了,薛国邦庄重地站在采油树旁边,双手紧紧地握着闸门的手轮,屏住呼吸慢慢地打开闸门,"呜——"随着蕴藏在地下的天然气吼出的第一声,原油像喷泉一样涌出井口,浓烈的油香味儿沁人心脾,油流的呼啸声悦耳动听,大家抑制不住激动的心情,欢呼着跳跃起来。

为了扎扎实实管好这第一口油井,薛国邦像对待孩子一样细心。他凭着 10 多年的管井经验,悉心照料着宝贵的油井,认真取得"四全四准"资料。在他心里,管好油井,为国家多生产原油,就是对油田的最大贡献,就是对祖国和人民的最大贡献。无论是白天还是夜晚,薛国邦总是喜欢在采油树跟前转来转去,摸摸这儿,听听那儿,看看压力,记录数据。若是遇到风天雨天,更是放心不下,一会儿蹲在采油树旁凝神静听有没有可疑的声音,一会儿又聚精会神地观察压力有没有变化。薛国邦 16 岁就到了玉门油矿,管过无数的油井,对油井的脾气摸得像自己 10 个指头那样清清楚楚。可是,新的油田、新的油井给他带来了新的困难,一切都要从头摸索,他锲而不舍地总结经验,虚心向技术人员学习,发誓一定要真正成为油井的主人。

一天,油井突然发生了变化,原油产量直线下降,半天也找不出原因,大家都慌了神,薛国邦也急得满头是汗。他竭力抑制自己内心的不安,侧着身子贴耳在采油树上,静静地听油的声音;蹲在采油树下,认真观察套管压力;走上清蜡操作台,仔细查看油管压力;又跳下操作台,三步并作两步地跑到土油池边——油咕嘟咕嘟间歇地喷着。他注视了半天,心里霍地亮起来,紧绷的脸也豁然开朗了。他把大家聚在一起说:"这么大产量的高产井,不会不出油。压力没变化,出油声音也正常,一定是地面管线堵塞了!"

大家一听有道理。"那好,咱们立即行动!"薛国邦一马当先拿起管钳,大家一起动手,不一会儿工夫就卸开了管子,果然是地面管线结了硬蜡。故障迅速排除了,油井又恢复了生产,又响起了畅快的出油声。

1960 年 4 月 29 日,万人誓师大会揭开了大会战序幕。广阔的油田上,井架成行成列,钻机发出隆隆响声,奏起了高速度、高水平开发大油田的进行曲。为了使生产出的原油早日支援祖国社会主义建设,会战总指挥部发出了"六一"外运第一列车原油的响亮号召。而这项光荣而又艰巨的任务就落在了担任采油一区队队长的薛国邦身上。

工期短,任务重,但这一切都难不住薛国邦这条硬汉子。一想到祖国人民不久就要用上大庆油田生产的原油,薛国邦浑身充满了力量。在萨 37 井,薛国邦和他的采油队经过几昼夜苦战,铺好了管线,又安装好了锅炉。水泥车来到了井场,机泵飞快地转动着,把原油打进了油库的土油池里。随着收集的原油越来越多,胜利的喜悦开始拨动每个人的心弦,但这仅仅是胜利的起点,要保证原油准时外运,薛国邦又迎来了更大的困难。

北国的 5 月,天气已经渐渐转暖。但大庆的原油凝固点高,必须把原油池里的原油加温、化开后,才能装进油罐列车。5 月 27 日夜晚,气温突降,土油池里的原油变得愈来愈稠,蒸汽管又伸不到油池中间,水泥车的机泵抽不动稠油,马达发出了"哼哼"的喘息声,压力逐渐上升,"不行了,打不上油来了!"水泥车司机从驾驶室里探出头焦急地喊着。大家站在油池边上也急得要命,因为时间越来越紧,离"六一"只剩几天了,油打不上来,任务如何完成呢?

"今晚任务紧,天气冷,油池大,蒸汽压力小,融化的油满足不了泵的进口,要完成任务必须下油池!"说完,薛国邦第一个奋不顾身地跳进油池,赤手拉起蒸汽管,在油池中来回移动着化油。"队长,你腿有关节炎,快上来!"职工们一齐喊着。薛国邦却像没有听见一样,坚定地站在没腰深的油池里化油,浑身上下沾满了油水,寒风吹来,冰冷刺骨。腿麻木了,蒸汽管把手烫伤了,他仍坚持着,坚持着……终于,原油的温度升高了,变稀了,水泥车的机泵又欢快而有节奏地响起来。

经过4天4夜的激战,油罐车终于装满了。薛国邦忍着关节炎的疼痛,片刻没有离开井场。6月1日,人们盼望的日子终于到了。这一天,薛国邦很早就跑到了火车站。他望着那披着节日盛装的15节油罐车,心里有说不出来的高兴。8时45分,这是一个难忘的时刻,乐队高奏起《社会主义好》乐曲,在一片热烈的掌声和欢呼声中,满载着原油的列车徐徐开动。薛国邦频频地向着远去的列车招手,乐得嘴都合不上了。

1960年7月初,高速度、高水平开发大油田的第二战役开始了。要开发好大油田,必须进一步弄清油层情况,充分认识和掌握油田生产规律,会战总指挥部提出了"大办地宫"的号召。

"地宫"怎么办?办成个什么样子?薛国邦也不知从何下手。他组织召开全区队大会,发动群众集思广益,靠职工们自己动手来搞。8月7日,在薛国邦带领下,小小的"地宫"初步建成了。

"地宫"虽小,但五脏俱全。这里有油井井史、井身结构图、综合记录和采油曲线等各种资料,不但能了解地面情况,也能了解地下情况。采油工人们参观之后说:"过去找资料东跑西颠还凑不齐,现在一进'地宫'就能找到,可方便多了。"

可薛国邦并不满足,他说:"这个地宫还很简单,不够全面,需要大家充实内容,使它更丰富。""大家要积极行动,井井办起'地宫',我们要争取第一个办起区队油田'地宫'!"为了让陈列展示内容更丰富,薛国邦到处搜集资料,无论吃饭走路,他总是绞尽脑汁地想点子。一天,他望着墙上的奖状,心里一动,"用木板做一个扁匣,两边镶上玻璃,中间板隔起来,装上几根玻璃管表示油井,用带有颜色的木屑表示油层厚度……"于是,一个立体的油井模型诞生了。采油工人风趣地说:"原来油层就这个样子呀,过去看见地质员一个人搞,好像挺神秘似的!"一句话就把采油工人和地质工作者拉近了,这不正是"地宫"需要发挥的作用吗?望着认真参观的人们,薛国邦开心地笑了。

8月21日,第一个由采油工人们自己动手办起的"地宫"正式开放了,会战总指挥的领导也来参观了。"地宫"内陈列着巨幅的油层对比图,从图上可以看出油层的分布情况、油层厚薄和物理性质。2排试采井的立体模型不仅反映了油田的地面流程,而且将地下油层情况展示在观众面前。每口井都有井史、井身结构图和采油曲线图。通过这一系列的模型、图表、资料,整个区队的油田地质情况,直到每一口井从完钻到试采的全部历史和当前情况,都一目了然。这个"地宫"不仅为油田开发提供了极为宝贵的资料,也成了区队采油工人的"技术学校"。

时间过得飞快,一转眼,冬天来了。整个油田都面临着严寒的考验,而对采油工人来说,首先遇到的便是地面临时出油管线的保温问题。这时,薛国邦已经担任采油二矿场主任了。他一天到晚拖着患有关节炎的双腿,在全矿场120多口油井上来回跑,办公室的门边儿都挨不着。"现在才零度左右,管线就要冻结了,到零下40多度可怎么过?"薛国邦在井场上听到了很多职工的议论,这也正是他心里的担忧。零下40多摄氏度的天气,他也是头一次遇到啊!但他还是那个老脾气,有了心事便觉也不想睡,饭也不想吃,在井上转来转去,和工人一起研究对付管线结冻的办法。薛国邦提出一个地面管线保温方案:用砖砌成烟道,把管子围起来加温。得到领导批准后,他们立即开始了行动,这时,有些技术人员风言风语地说:"油井上用火,这是国内国外从来没有过的事,不闹出乱子来才怪呢!"

"前人没有做过的事,我们就是要试验着去做,外国人连想都不敢想的事,我们今天就是要让它实现。"薛国邦理直气壮地回答。

第一个烟道保温炉砌成了。经过试验,基本上还算成功的,缺点是烟道加油口离采油树太近,如果蹿出火苗来,容易发生危险。琢磨了半天,薛国邦把原来的加油口拆掉,又把它砌在烟道的中间,这样离采油树和油池都远了,失火的危险也降低了。

可是,使油井安全过冬,关键问题还在于井口装置的保温。薛国邦又开始闯了,多次试验失败,他也没有灰心,经过不断总结、改进、提高,再改进、再提高,最后他在采油树周围砌一层火墙,在墙内加一道迂回间隔层,使烟气在火墙内有较长时间的停留,便于传热,又在采油树火墙之外加一道封闭起来的保温墙,终于建成了一座新式的油井加热炉。

参观之后,大家都十分赞同这种土法上马的保温加热炉。它不仅施工容易,操作方便、安全,而且加热温度高,美观、大方、经济,被大家一致评为"六好加热炉"。在会战初期,正是这种"六好加热炉"为油井战胜零下40多摄氏度的严寒,坚持安全正常生产发挥了巨大的作用,保障萨尔图草原上星罗棋布的第一批油井度过了大庆石油会战的第一个冬天。

钢骨红心——朱洪昌和他带领的管线工段

1960年的春天,一场轰轰烈烈的石油大会战在松辽平原打响了。沉睡了千万年的萨尔图草原一改往日的沉寂,到处是激动人心的标语,到处是迎风招展的红旗,汽车马达的吼声、钻机隆隆的轰鸣、队伍行军的口号为初春的草原奏响了一支豪迈的迎春曲。

行色匆匆的人们从祖国的四面八方涌进萨尔图,其中就有来自西北甘肃的年轻工段长朱洪昌。

1960 年 3 月,正是大会战序幕即将揭开的前夕。石油工人们干劲冲天,各条战线捷报频传,刚刚来到新油区的人们都沉浸在为祖国开发大油田的喜悦中,决心以出色的成绩迎接即将召开的万人誓师大会。战斗在工程战线上的朱洪昌正带领着他的工段,战斗在喇—萨输水管线的工地上。

朱洪昌 1952 年 5 月参加工作,1956 年 5 月加入中国共产党。1960 年 3 月,他从石油工业部西北一工程局来到大庆参加石油会战,担任了工程指挥部三大队的工段长,参加的第一项重要工程就是这条 17.2 公里的大口径、长距离的喇—萨输水管线。和煦的春风轻抚着一望无际的草原,乌黑的泥土散发出沁人心脾的清香,虽然春天还没有真正来到这片辽阔的原野,可这位曾经出席过全国群英会的 28 岁的工段长的心早已像春风一样轻盈地飞翔起来。望着草原上绵延的钢管,他恨不得一下子就把它们都接好,都焊上。

4 月 29 日,石油大会战万人誓师大会召开的时候,朱洪昌工段负责的工程也到了紧张的决战阶段。中午 12 时,拖管线的一台拖拉机曲轴发生弯曲,无法开动了,如果不及时修好,就会大大影响施工进度,甚至影响整个工程任务的完成。朱洪昌心里非常着急,他迅速组织了抢修队,又飞奔到在附近施工的兄弟单位借来了汽油喷灯,打算利用喷火烤的办法来调直曲轴。喷灯点着后,喷出的火很大,其他沾着汽油的零件也瞬间着起了火,万一火势控制不住,整台拖拉机都有被烧毁的危险,朱洪昌奋不顾身地上前扑救,油火四处飞溅,他的手和脸都被烧伤了。

大家齐心协力,火被迅速地扑灭了。朱洪昌被烧伤的脸和双手一阵阵疼痛,可他不顾伤痛,又投入紧张的抢修中。大伙看他伤得这样严重还不下火线,便一拥而上把他推到车上,强行把他送进了医院。

医生包扎伤口时,烧伤的地方已经冒出了黄水,疼得更加厉害,但朱洪昌始终没叫一声。他想:"同志们都在不分白天黑夜地紧张战斗,我受这么点伤,难道就这样躺在床上吗?"他不顾医生的劝阻,一次又一次地要求出院,他的心哪里还在医院?早就飞回了工地上!

医生们知道,这位年轻的工段长就是锁也锁不住。他们看朱洪昌的伤势还算稳定,同时也实在禁不住他的软磨硬泡,只好同意他出院。临走时,还再三地嘱咐他:"朱段长,回去后可不能急着干活,一定要等伤好了才能工作。"朱洪昌心里想着"反正叫我出院就行",便爽快地回答说:"你们的话我都记住了。"

朱洪昌带着伤,又来到了工地上。职工们一看工段长回来了,都关心地围上去问长问短。有的人说:"朱段长,你的伤还没好,还是把伤养好了再工作吧。"朱洪昌说:"不,没啥关系,这点小伤算不得什么。"会战任务正吃紧,他心里实在是放心不下啊。

5 月,大会战序幕揭开了,基建工程也进入了紧张的施工阶段。朱洪昌工段承包了一整段输水管线的修建任务,这对他们来说还是第一次,而且面前还摆着重重困难。但困难并没有吓倒朱洪昌和队友们,他们采取分段包干、从上而下明确分工、一竿子插到底的方法,充分发动群众,展开劳动竞赛,保障优质施工。

为了实现快速优质施工,朱洪昌经常徒步到各段了解情况,发现问题就及时解决。6月中旬,管线焊接完毕,全部下沟。6月18日,朱洪昌按上级指示,带领职工做投产前的全面检查,检查中发现管线有一处裂缝漏水,如果不马上焊好,就要耽误正常投产试压,耽误全线通水。朱洪昌毫不迟疑,带头跳进没腰深的泥水里抢修。大家想了很多办法,用布条塞、绳子绑,都堵不住漏水。最后,朱洪昌决定用手堵住漏点,让电焊工陈忠盛带水带压补焊,陈忠盛说什么也不干,朱洪昌说:"工人就得服从指挥,我命令你焊!"朱洪昌拿出2块手帕缠在指头上,用刚刚受过伤的手堵住漏水,让陈忠盛立即施焊。他不顾高温电弧的烧烤,不顾电流传遍全身,硬是咬着牙坚持着。在场指挥的基建处领导拿了一个饭盒为朱洪昌遮挡电弧火花,饭盒都被烧了好几个洞,而朱洪昌凭着一个共产党员的坚定意志,手捂焊口,忍痛坚持,直到把裂缝焊好为止,保证了按期试压和投产。

6月22日,天一直下着滂沱大雨。朱洪昌工段在输水管线上冒着大雨进行最后试压。泵机刚一开动,出口处第一个阀门就被冲坏了,水流向外喷出很高,如果不立即抢修,就可能发生更大的事故。在这千钧一发的时刻,朱洪昌第一个跳进了冰冷的水沟中。在他的带动下,几个钳工、管工也跟着跳了下去。瓢泼似的大雨和泥泞阴凉的积水让他们浑身上下全湿透了,草原上一阵阵的冷风吹来,寒意彻骨,朱洪昌坚持奋战了3个多小时,终于修好了阀门,解除了危险。从水沟上来的时候,大家的衣服滴滴答答地往下滴水,几个同志冻得直哆嗦。朱洪昌把他们送回宿舍,自己换上衣服,又回到施工现场指挥生产,直到凌晨2点多钟才撤下来。之后他仅仅休息了2个小时,就又返回工地了。就这样,朱洪昌领着大家一直苦战了3天3夜,终于顺利地完成了试压任务。

输水管线的修建任务1个半月全部完工,经过输水试压和一系列的检查,全部合乎国家质量标准。这条输水管线直径246毫米,用料2 000多吨,近2 000个焊口,还有深井泵、沉砂池、大小闸门等500多项修建安装任务,过去在比较好的条件下,一般也要3个多月才能完工。

朱洪昌工段快速优质施工的先进事迹很快传遍了整个战区,基建战线广泛开展了学习朱洪昌工段的群众运动。7月,朱洪昌工段被大会战领导小组命名为"五面红旗"之一,朱洪昌也被提拔为机械工程师。在1960年的油田建设中,朱洪昌工段连续7次获得"一级红旗",并荣获"油田建设标杆队""钢铁突击队"等光荣称号。

1961年年初,朱洪昌被调到供水战线,担任水厂厂长。当时,水厂刚刚建立起来,人员、组织机构还不健全,各种器材、设备还没有完全到位,水厂的生产局面还没有打开,供水量低,远远满足不了油田注水和其他工程的需要,用户总是紧跟在后面要水。但这些困难并没有吓住朱洪昌,反而激励他鼓起了更大的勇气。朱洪昌心里明白:先注水、后采油,才能保持油井的寿命,让原油长期稳定高产,供水的任务是多么重大啊!他暗下决心,一定要实现会战总指挥部提出的要求——为"长命水"而战,改变供水的被动局面。

一二月份,正是萨尔图草原最寒冷的时候。为了早日熟悉生产、了解生产,摸索出正确指挥生产的方法,朱洪昌冒着严寒,昼夜奋战在冰封雪舞的萨尔图草原上,带领大家展开了一场争夺"长命水"的紧张战斗。冰天雪地也阻挡不住火热的激情,朱洪昌钢铁意志始终不减,英雄本色始终不改,哪里有困难,他就出现在哪里;哪里工程艰巨,他就战斗在哪里。

1961年除夕之夜,作为会战总指挥部的"二号院"里,缤纷的彩旗随风飘舞,简朴的小院喜气洋洋。来自战区各条战线的代表们怀着愉快的心情,满面春风地走进门前春联鲜红、室内灯光明亮的联欢会会场。石油大会战不断推进,几万名职工已经在萨尔图站稳了脚跟,人们无不为大会战的巨大胜利欢欣鼓舞。

晚上7时半,春节联欢晚会开始了,会场里一片喜庆欢乐的景象。正当大家互相祝贺的时候,长途电话的扩音器里传来了声音,石油工业部副部长康世恩从北京向大会战的各路英雄祝贺新春,会场里顿时沸腾起来了,大家纷纷起立热烈鼓掌。

电话里,康副部长依次向各位英雄问好。他首先问到"铁人"王进喜,问到了马德仁、段兴枝、薛国邦,他们都兴奋地答了话。接着问到了老标兵朱洪昌,可问了好几声也不见朱洪昌上前,大家都焦急地四处寻找。墙壁上的挂钟"滴答滴答"地响着。1秒、2秒……半分钟过去了,还是不见朱洪昌走出来。朱洪昌到哪里去了呢?这时候,一位管基建的局长走到麦克风前面汇报说:"我们的钢铁英雄朱洪昌同志在工地上还没回来。"怎么还在工地上?会场里骚动起来,大家纷纷议论着:"春节了还战斗在工地上,朱洪昌真不愧是战区的一面红旗啊!"

原来,就在春节前,"八一"供水干线突然出现了故障。为确保"长命水",朱洪昌带领水厂职工,立即组成抢修队突击抢修。除夕的晚上,北风呼啸,寒气逼人,荒凉的雪野上,房无一间,灯无一盏,大地冻得像石头一样坚硬,大镐刨到上面只留下一道白印。朱洪昌和抢修队的职工们燃起原油,一边烤火照亮,一边奋勇抢险,决心把自己在节日里的艰苦劳动作为党的新春献礼。大家把管线上的冰层打开,在充满碎冰、泥水的管沟里,朱洪昌躺倒身子,紧张地和工人一起焊接管线。一直到凌晨3点多钟,才把"八一"管线抢修好。

在党的关怀领导下,朱洪昌和全厂800多名职工经过3个月的奋战,终于夺得了供水战役的主动权。优质的"长命水"沿着蜘蛛网似的管线,源源不断地输送到油田的四面八方。而朱洪昌和他的战友们又开始战斗在新的工地上。

第四篇

独立自主开发大庆油田

第八章

工作岗位在地下
斗争对象是油层

大庆油田发现后,如何更好、更快地开发建设这个大油田成了关键。油层深埋于千米地下,看不见、摸不着,情况难以掌握,规律需要探索,如果地质资料不全不准,将会对石油大会战产生重大的不利影响。为了加强地质研究,会战领导者余秋里和康世恩明确提出,必须搞清油田地下情况,掌握油田客观规律。油田的勘探开发,必须重视第一性的资料;要尊重科学、大胆创新、勇于实践;要从实际出发,大兴调查研究之风,坚持走自己的路,逐步发展我们自己的地质理论和油田开发技术。科技人员和广大会战职工大胆抛弃"洋拐棍",勇于打破藩篱、挑战禁区,全党办地质、人人办地质,千方百计地搞清地下油层、查明地质情况,准确核算出油田的地质储量,为大庆油田的全面开发奠定了基础。

20 项资料 72 个数据

1960 年,石油大会战千头万绪,但最大的矛盾和最基本的问题还是油田地质和地下情况问题。当时会战刚刚开始,油田的地质情况还不是十分清楚,油田面积有多大?储量有多少?油层结构和物性还没有完全掌握,一些地质结论还缺乏更多的科学根据,油田开发建设还需要更扎实的地质基础。

1960 年 4 月,会战队伍陆续就位,石油勘探已经全面展开。大庆长垣南部的葡萄花、高台子、太平屯等地区有 20 多口探井正在钻进和测试,萨 66 井已经出油,杏 66 井和喇 72 井也都已开钻。会战领导在现场检查基础资料和原始记录、现场报表时,发现存在着很多资料录取不全不细、标准不统一等严重问题。余秋里和康世恩意识到，石油大会战面临着众多的矛盾和问题，但最主要的矛盾和最大的问题就是地下地质情况的问题。

1960年4月9日至11日，大庆石油会战的第一次技术座谈会在安达火车站附近的铁路工人俱乐部召开。当时召开会议有两处地方：一处是半夜以后的车站候车室，那里有现成的候车用的长凳，可以容纳三四十人开会；另一处是站前的铁路工人俱乐部，这是一座随中东铁路一起建成的高大的俄罗斯风格建筑，上下两层，作为正厅的剧场可以容纳五六百人，配有结实的木头长凳，在当时堪称"豪华建筑"。

会议由余秋里和康世恩轮流主持。参加会议的除专家、教授、技术人员外，还有有关领导和一线生产工人180多人，因此会议也被称作"五级三结合"技术座谈会。"五级三结合"是根据战区当时的情况采取的一种会议组织形式，其中"五级"即会战总指挥部、二级指挥部、大队、中队、小队五级，"三结合"即各级干部、技术人员、岗位工人三结合。

技术座谈会上，钻井人员汇报的时候，被主持会议的余秋里部长狠狠批评了一顿。按照惯例，地质图上的油、水、气井用红、蓝、黄三色来标注，红色代表油井、蓝色代表水井、黄色代表气井。但由于资料不全不准，图表上标识的红、蓝、黄色，汇报人也说不清楚。其他单位汇报的时候，也存在很多对地下情况掌握不准、地质资料模糊不清的问题。生产中，同样存在忽视地质工作的情况，如一个井队的地质员在打井的过程中漏取了岩样，连油页岩标准层都没有发现。

这些问题给余秋里带来了极大的震动。他指出，以往的经验和教训告诉我们，搞油田开发最大的实际就是地下情况，油田的地下情况在那里摆着，你不承认，不研究，就要受到惩罚。搞钻井的、采油的，都是指挥员派出去的侦察兵，侦查和主攻的对象就是地下油层，必须把油层的孔隙度、渗透率、压力等各方面情况侦查得清清楚楚，半点马虎不得。这不是一般的工作作风问题，而是对党和人民的事业负责，坚持唯物论、坚持辩证法的问题。

对于如何搞清地下情况，余秋里指出，我们下大力气组织石油大会战，目的就是找到石油。现在石油已经找到了，当前突出的工作就是要树立地下地质工作的科学态度，进行系统的、准确的试油试采；要重视调查研究，一丝不苟地取得地质资料；要善于把生产科研实践提升到理论的高度，创造自己的学派，指导我国石油工业的发展。

围绕油田勘探开发过程中需要取得哪些数据和资料以及怎样取得这些数据资料的问题，会议发扬技术民主，集中群众智慧，展开了热烈的讨论。最初，大家提出要搞清13项有关资料，经过讨论后增加到16项。最后，康世恩补充总结为20项资料72个数据，并由地质专家李德生执笔，形成了《大庆长垣地质钻探和开发过程中取全取准20项资料72个数据》的地质技术规范。20项资料72个数据是：

一、录井资料4项：砂样录井、钻时录井、泥浆录井、气测录井。

二、测井资料8项：标准电测、横向测井、放射性测井、微电极测井、井径、井温、井斜、井内流体电阻。

三、岩芯资料 2 项：钻井取芯、井壁取芯。

四、储油层岩性 4 项：矿物成分、粒度、油层结构、胶结物。

五、储油层厚度 4 项：油层总厚度、有效厚度、最好油层厚度、最大单层厚度。

六、饱和度 2 项：原始含油饱和度、残余油饱和度。

七、孔隙度 2 项：总孔隙度、有效孔隙度。

八、渗透率 2 项：空气渗透率、有效渗透率。

九、地层温度 2 项：地层温度、地温梯度。

十、地层压力 2 项：原始地层压力、静止压力。

十一、流动压力 1 项：流动压力。

十二、饱和压力 1 项：饱和压力。

十三、井口压力 2 项：油管压力、套管压力。

十四、油气比 1 项：油气比。

十五、原油性质 13 项：地层条件下的原油粘度、天然气溶解度、体积系数、压缩系数、比重，在地面脱水后的比重、粘度、凝固点、含蜡量、蜡融点、含水、含矿、馏分。

十六、天然气性质 3 项：比重、粘度、组分。

十七、地层水性质 5 项：矿化度、离子成分、机械杂质、比重、粘度。

十八、产量 4 项：油产量、气产量、水产量、注水井吸水量。

十九、含油面积 2 项：含油面积、油水边界。

二十、生油层性质 8 项：生油层岩性、厚度、分布、有机碳、有机氮、还原系数、沥青含量、沥青性质。

为了保证这 20 项资料 72 个数据的准确录取，技术座谈会针对会战初期钻井为主的实际情况，还提出了"四全四准"的要求："四全"就是录井资料全、测井资料全、岩芯资料全、分析化验资料全，"四准"就是各种仪表校正准、压力测准、油气量准、各种资料准。

技术座谈会后，全战区迅速兴起了尊重科学、尊重实际，注重现场实践、注重调查研究的良好氛围。各探区、各单位切实加强对地质工作的领导，积极组织开展多种形式的"取全取准各项地质资料"的群众性活动。战区专门成立"三结合"工作小组，深入井队"四同五包"，即与工人同吃、同住、同劳动、同商量，包宣传鼓动和发动群众、包地质预告、包生产任务、包资料整理、包给工人讲地质课。"三结合"小组下到基层后，既指导生产，又进行综合研究。地质技术人员把现场取得的第一性资料及时整理、分析、加工、对比，同时协助井队提高岩芯收获率，岩芯选样后，专程送实验室分析，做出岩芯综合图。监督验收测井资料，资料带回后立即进行定量解释，推动现场生产工序和油田地质研究形成"一条龙"，促进地质工作渗透到生产的每一个环节。

在会战工委和会战领导小组倡导下，广大地质工作者坚持高度的革命精神和严格的科学态度相结合，留下了很多认真取得第一手资料，努力加强地质研究的生动故事。

一天晚上，刚刚大学毕业分配到井队工作的地质员王晓云冒雨从井队带回了25包刚刚录取的砂样。可回到大队后一检查，发现少了2包。王晓云急坏了，砂样是第一手的地质资料，是20项资料中的重要一项，缺少了砂样，就无法准确分析对应的地层情况。她不顾天黑雨大，找来手电筒，拖着患关节炎的双腿，毅然钻进茫茫雨夜，返回泥泞的草原，沿着通往井场的小路反复搜寻，终于找回了丢失的砂样。

3249钻井队方永华班一向以严谨、细致、认真闻名。一次在钻井取芯时，进尺6.16米，可取出来的岩芯只有4.85米，有1米多的岩芯掉进了井里。虽然在总计的取芯数上也算合格，但是，岩芯少一寸，了解地层的依据就少一分，认识地层的困难就增加了一分。为了取得准确的第一手资料，全班职工一致决定，宁可不下班，也要把掉井的岩芯捞上来。班长方永华带领大家连续工作26小时，3次起下钻，没有吃一顿饭，终于把掉进井里的岩芯捞了上来，使全井取芯收获率达到了99.3%，取全了原始的钻井资料。余秋里部长听到这件事情后，高兴地表扬说："他们捞上来的不仅仅是岩芯，更是石油工人对油田的一片责任心。"

工程师叶德泉是古生物化石方面的专家。他在研究中发现，苏联古生物学专家涅乔叶娃错误地把属于青山口组的地层划归到了姚家组。为了验证这一发现，他反复对比求证，在一次显微镜下观察样品时手一抖，一颗米粒大小的介形虫化石掉到了地上，他趴在地上2个多小时，用放大镜一寸一寸地寻找，终于找到了这颗化石。在叶德泉带领下，研究小组先后发现介形类化石19个属164个种，包括一个新属84个新种和一个未定种，以此为依据，推翻了苏联专家的结论，正确划分出了青山口组和姚家组油层，划分出了地层纵向上的12个组合，并将储集层分成14个小层。

玉门来的工程师刘兴俭专门负责油井测压工作。在喇72井测压过程中，汽车离井场老远就陷在了泥塘里，为了不耽误工作，他带人冒雨扛着压力计，背着钢丝绳，一步一滑地艰难跋涉了20多里地来到井场。测压后晚上回不来，大家就挤在一个破牛棚里，顶着雨衣坐了一夜。西7-1井测压时道路翻浆，设备运不到井场，刘兴俭带人抬着绞车、防喷管上井，终于取得了准确的资料。

化验室负责原油样品的化验，工作一丝不苟。他们科学制定取样时间，不管刮风下雨都准时取样。他们建立了每天集体审查、半月数据普查的严格制度，每天下班前把自己的化验数据拿给大家检查，互相监督，避免误差。一年中，他们进行了8800多次原油样品化验分析，共取得了3万多个数据，误差不超过万分之五。

在地质技术人员和干部职工的共同努力下，油田地质工作显著加强。1960年，全年完钻探井91口，共取岩芯3381米，井壁取芯9181颗，砂样录井12.28万包，电测曲线3200公里。对这些大量的第一手资料，地质技术人员进行了235万次的地层对比和31万次的化验分析，各项资料都做到了齐全准确，为正确评价油层、准确计算油田储量提供了可靠的地质基础和科学依据。

莫看毛头小伙子,敢笑天下第一流

会战过程中取得的各种资料,尤其是钻井队、测井队、试油队、采油队精心取得的岩芯、录井、测井和试油试采资料,以及各种样品的分析化验资料和其他地质资料,是石油勘探、油田开发和科学研究的最重要、最基础依据。如何加强地质研究,利用好这些第一手的资料,探索地下油层的奥秘,是夺取会战胜利,高速度、高水平拿下大油田的关键。

为了加强地质研究,会战总指挥部组织了上到教授、工程师,下到技术员、实习员和院校学生共 1 000 多人的研究队伍。战区还专门成立了地质指挥所,指挥是大名鼎鼎的"老八路"范元绶,副指挥包括石油师转业的咸雪峰及石油工业部专家组成员李德生、童宪章、秦同洛、朱兆明、谭文彬等,地质专家李德生兼任地层对比大队队长,北京石油学院副教授秦同洛兼任测压大队队长,石油工业部朱兆明处长兼任注水大队队长。

为了能让科研人员安心工作,更好地发挥作用,余秋里提出要给他们创造最好的工作和生活条件,让地质研究人员"两耳不闻窗外事,一心只搞渗透率"。当时,会战总指挥部领导驻地被称作"二号院",而地质指挥所的驻地是条件更好的"一号院"。同时,在生产、生活上,也对他们优先照顾。为渡过饥荒,开展农副业生产时,会战总指挥部规定,地质研究人员平时一律不参加农业生产劳动,并且要在生活上照顾好,让他们吃饱吃好,定量不够时还可以补助。当时粮食供应十分紧张,所有人都下调了粮食定量标准,连"二号院"的会战总指挥部领导都要在每月很低的定量中再节约 1 斤粮食支援劳动强度大的前线职工,而"一号院"的食堂却每人每月增加了半斤豆油定量。秦同洛饭量大,会战总指挥部规定,他吃饭不受定量限制,可以敞开肚皮吃。李德生长期扑在松辽会战一线,北京家里人却挣扎在饥饿线上,会战总指挥部专门奖励他 50 斤黄豆,让他带回北京,补偿他对家人的愧疚。

考虑到不少技术干部和知识分子在政治运动中受到过不公正对待,会战工委采取了"充分信任,大胆使用"的方针。1962 年 7 月 10 日,会战领导在技术干部会议上正式宣布要"一风吹":所有受过批判、戴过各种"帽子"的一律取消;当时有存档材料的,一律取出销毁。

特殊时期的特殊关怀在科研人员中产生了特殊的激励效应。当时,参加会战的技术人员队伍平均年龄只有二十几岁,总地质师、钻井和采油工程师也只有三十几岁,这些青年技术干部立志投身于石油科技事业,把探索油田勘探开发规律、解决油田技术难题当成了无悔的追求,成为大庆油田开发建设的主力军,在会战中发挥了至关重要的作用。

地质指挥所油田地质研究室主任钟其权为了加强对油田地下地质情况的研究,仔细分析过每一口探井的测井曲线。在研究中他发现，每一条曲线上都有一个形态基本一致的尖峰，后来经过钻井取芯证实，这个尖峰对应的正是几乎遍布整个盆地的一个油页岩层，后来被确定为大庆油田油层上面的"标准层"。为了取得真实的第一手资料，他在天寒地冻中一手拿着岩芯，一手拿着放大镜仔细观察对比。为了方便记录，他的手冻得一片紫红下也不戴手套，手指都生了冻疮，留下了永久的伤疤。他与裘怿楠等专家一起，带领韩大匡、唐增熊、王志武等，在3年多的时间里运用数据405.5万个，运算316万次，进行了2 016万次对比，绘制图幅1 736张，经过反复实践，提出了一套分级控制、组为基础的旋回对比方法，突破了以往分大段笼统认识油层的惯例，为研究和认识油层分布规律闯出了一条新路。通过对比研究，他们发现多数油层在平面上并不是成片连续分布，每块都是一个独立的整体，而且在岩性和孔隙度、渗透率等物理性质上差别很大，他们就把这些独立的整体称为"油砂体"。"油砂体"概念的提出把油层分析引向了新的高度。

钟其权参加会战时还不到30岁，却承担了松基三井井位确定等大量重要的技术工作。在他的带领下，广大石油科技工作者默默无闻、辛勤耕耘，他们突破重重难关，把地下看不见的油层情况摆到了桌面上、图表里。1961年年底，他们用上百口井资料、1.3万米的岩芯、上百万个数据，经过对油层岩性对比分析，从上到下清清楚楚地查明了松辽地区黑帝庙、萨尔图、葡萄花、高台子和扶余、杨大城子等油层组，并把萨尔图、葡萄花2套主力油层细分为14个砂岩组、45个小层（单油层），命名了2 000多个油砂体。他们还把这些研究成果转换成岩性电性关系图版和分布图表，直观展示了大庆油田地下的油层埋藏情况和非均质面貌。

王启民出生于1937年9月26日，与大庆油田同一天生日。大庆油田发现后，当时还是北京石油学院学生的他按捺不住激动的心，立即决定到松辽会战前线去，到石油事业最需要的地方去。1960年4月1日，北京石油学院松辽实习团150人在地质系党支部书记尹道墨带领下，从已经春光烂漫的首都北京踏上北去的列车，前往依然寒风凛冽的松辽平原，王启民就是其中的一员。

来到萨尔图后，王启民被分配到了地处大同镇葡萄花的一探区试油队，从事探井试油试采工作。4月的萨尔图依旧春寒料峭，辽阔的原野一片迷茫，卡车一路奔驰来到葡4井现场。队长郭子正一听来了一个要扎根前线的大学生，高兴得合不拢嘴，哪管是实习生还是毕业生，拉着王启民说："我们这里都是转业军人，大老粗，队里缺懂技术的人，正缺技术员，你是大学生，学问最高，就当队里的技术员吧。"

试油队的技术员可不好当，王启民每天的工作都排得满满的：白天上井采集资料、整理数据，晚上为工人们补习石油基础知识，和大家一起学"两论"；一有空闲，还要和职工们一起学习研究采集手段，对照资料、核实数据。当时试油队住在老乡家，离井场有好几公里远，为了节省时间，便于夜间观察生产情况，他索性搬到了井场，住进了给井口加温的一座矮小的锅炉房里，晚上就睡在一条长凳上。

　　1961 年 9 月，王启民毕业了。经过一年多石油会战的洗礼，耳听着铁人王进喜的感人事迹，感受着大会战的火热场面，他义无反顾地主动申请回到大庆油田，被分配到地质指挥所动态组。虽然日常工作十分枯燥，但王启民等这些初出茅庐的新兵却信心满满、干劲十足。1962 年春节，动态组王启民、王乃举和大家共同琢磨出一副对联，上联是"莫看毛头小伙子"，下联是"敢笑天下第一流"，横批是"闯将在此"。练过书法的王乃举执笔书写，还特意将"闯"字里的"马"写得很大，几乎冲破门框，不仅真实展现了青年技术人员在艰苦条件下潜心钻研、以苦为乐的进取精神，也生动展现了他们在科学研究领域勇于打破藩篱、挑战禁区，敢想、敢说、敢做的创业豪情。

　　油水层动态研究是认识地下油水变化规律，保持油井稳定生产的关键。正是王启民以及和他一样的这些"毛头小伙子"扎根油田、立足实践，积极开展注水开采过程中的油水动态研究，靠"敢笑天下第一流"的雄心壮志，提出了 20 多种计算方法，经过反复论证，最后创造出小层动态计算公式，为大庆油田的非均质分层开采奠定了基础。后来，他以"宁肯把心血熬干，也要让油田稳产再高产"的无私奉献情怀先后主持推动分层接替稳产技术、表外储层开发技术、稳油控水开发技术等油田重大技术项目，为大庆油田长期高产稳产提供了关键的科技支撑，被誉为"新时期铁人"。

　　因为在大庆油田开发建设中的无私奉献和突出成就，在 2018 年改革开放 40 周年之际，王启民被党中央、国务院授予"改革先锋"称号。2019 年 9 月，中华人民共和国成立 70 周年，王启民又被党中央授予了"人民楷模"国家荣誉称号。

　　1960 年，王德民主动请缨到大庆油田工作，被分配到采油地质室测压组。在石油大会战的工作实践中，他发现 1951 年美国学者赫诺提出的压力恢复试井方法——当时国际通用的"赫诺法"——没有考虑井与井之间的干扰，随着油田开发时间的延续，误差会越来越大。王德民立志创造出中国自己的分析解释方法，他自学俄语研究数学推导方面的苏联资料，苦心钻研，认真地记录了几十万个数据。

　　1961 年 2 月，经过夜以继日、废寝忘食的连续奋战，王德民推导出符合大庆油田实际情况的油井压力计算公式，被命名为"松辽一法"。1963 年，由于初出茅庐便取得了突出的科研成果，王德民被评为油田的"科研标兵"，并由技术员破格提拔为工程师；同年年底，他被调到采油工艺研究所，负责主持油井分层测试技术的攻关。王德民和技术人员一道，深入油田第一线调查研究，决定改用细钢丝代替钢丝绳向井筒内投放测试仪器，大大提高了测试效率。为了攻克分层测试难关，他们经过 2 年多反复试验，先后研究出多油层试油和油水井分层测试等一整套工艺，填补了中国下有封隔器的油井无法进行分层测试的空白。1994 年 6 月，王德民当选为中国工程院院士。2016 年 4 月 12 日，国际编号为 210231 号的小行星正式被命名为"王德民星"。

　　在大庆石油会战过程中，广大石油地质和科技人员没有人拉肩扛、勇战井喷的英雄壮举，没有轰轰烈烈、热火朝天的会战场面，但他们以为国争光、为民族争气的责任心和使命感，以独立自主、自力更生的科学态度和求实精神，在松辽大地上默默无闻、孜孜以求,用实际行动和卓越贡献谱写了一曲"我为祖国献石油"的壮丽诗篇。

全党办地质、人人办地质

地质工作是油田开发的基础,但在会战初期,整个油田地质工作还很薄弱。有一次,康世恩到一个采油队,问一个穿着褪色军装的采油工:这口井出油的油层是哪一段? 油层深度有多少米? 厚度是多少? 井底压力是多少? 对这些简单的问题,他却一个也答不上来。

采油工是油田的主人,不懂得地质知识、不了解地下情况,油井怎么能管好。而且随着更多的油井投入生产,以及油井生产时间的不断增长,20 项资料 72 个数据也由静态变成了动态,采油人不懂地质,各级领导都不重视地质工作,油田怎么能开发好呢?

1960 年 6 月 21 日,油田召开第三次"五级三结合"技术座谈会。康世恩针对当时的地质工作情况,严厉批评了一些不重视地质工作的干部和指挥员,他指出,石油会战的工作千头万绪、千丝万缕,可一切工作的基础就是油田地质。如果不重视地质工作的重要意义,觉得取全取准 20 项资料 72 个数据都是地质人员的事情,就等于放弃了党的领导,就不可能有正确合理的指挥。搞石油的人的工作岗位都在地下,工作的对象都是千米以下的地层,都是为了解决油层的问题,这是大会战最根本的任务。

康世恩表扬了李居仁、章启波带领的 1245 钻井队"全党办地质、人人办地质"的经验。1245 钻井队刚上三探区时,对地质情况不太熟悉,他们提出"要向地层要资料,不等地层赐资料",大搞群众运动,钻井、地质密切配合,钻工主动帮助地质组做记录、捞砂样、取资料,做到"人人搞钻井,人人搞地质"。康世恩指出,无论会战形势发生怎样的变化,油层情况首先要搞得清清楚楚。钻井、采油、地质等各路都必须行动起来,首先保证 20 项资料的"四全四准",不管油层厚度、岩性、物理性质如何变化,都要搞得明明白白。所有的资料必须经过反复检查、反复核对,要经得起考验,经得起问几个为什么。全战区都应该像 1245 钻井队那样,在大搞技术革新和技术革命的基础上,全面发动群众,"全党办地质、人人办地质",一切工作都要为解决地下问题服务。将来,油田可能会有成千上万的油井,如果只靠少数地质人员,每个人就是"三头六臂"也管不过来。全油田干部职工,特别是采油系统的干部职工,要坚定"采油工作在地下,斗争对象是油层"的方向,坚决打一场加强地质工作,认清地下情况的"人民战争"。

在会战总指挥部的号召下,全油田掀起了"全党办地质、人人办地质"的热潮。油田组织了 4 000 多名干部职工,组成专门的科学技术研究队伍,其中有 800 多名教授、工程师、地质师、技术员、大学生,但大部分是具有丰富经验,善于开展技术革新和技术革命的地质、钻井、采油、试油及从事各种技术作业的工人群众。他们分成综合研究、地层对比、测压、注水、攻关、分析化验等不同专业,大举向地下油层进军,迅速形成了"全党抓地质、队队办地质、人人搞地质"的群众运动高潮。仅7月份1个月取得的油田地质资料，就比5月和6月2个月份的总和还多，完成测井、取芯工作量成倍增长，钻井取芯平均收获率达到70%，祁建和、蔡凤启带领的1275钻井队和杨友福、周明和带领的1201钻井队大胆实践，成功采用筒形取芯，岩芯收获率提高到90%～100%，岩芯直径达11厘米，长度达到2米以上。在采油方面，在几十口井上进行了系统试井工作，取得了大量资料，为认识和掌握油田规律提供了科学的依据。

地层对比大队对比9队在地层对比中，资料收集快、数据采用全。全大队仅7月份就进行了地层对比37万次，分析砂样3 200多次，绘制对比曲线2 000多米。在数十平方米的对比图上，集中汇总了全部已取得的岩芯分析资料、地球物理测井资料和解释成果，以及油井其他生产数据。他们加班加点进行资料综合分析和数以万计的反复对比，仅用3天时间就制成了长达几十米的综合对比大图4张，描绘各种曲线上百条，曲线总长度数百米。通过对比，他们对油层中每一个小砂层的变化规律都有了清晰的认识，提出了初步的结论性意见，为认识地下油层打开了大门。

除了这些技术人员外，如何才能实现"人人办地质"，余秋里、康世恩等领导始终牵挂在心。考虑到采油工的主体都是刚刚退伍的战士，对石油地质知识了解很少。他们到油田后，基本上是按照老传统、老习惯量油、测气、清蜡、扫地，只管地上、不管地下。要想不断提高他们的技术素质，必须采用生动直观的形象和深入浅出的形式，尽快普及地质知识。会战总指挥部经过深思熟虑，决定在油田大张旗鼓地开展"办地宫""游地宫"活动。

油层深埋地下，看不见、摸不着，而"地宫"就是一个地下油层情况的地质展览馆，是一本生动形象的地质教科书。按照康世恩的设想，"地宫"资料翔实，精细真实，不仅包括井史资料、油井综合分析记录、采油曲线等资料和图表，还可以通过大量的地质数据做成油层模型，加上岩芯、岩样标本等实物，放在展览室里，让人一目了然，可以把看不见、摸不着的地下油层和地质情况真实展现出来，就像一座真正的"地下宫殿"。

1960年8月2日，生产试验区"地宫"正式开放。长2.0米、宽1.8米的生产试验区立体模型不但反映了地面上井架错落林立、油井星罗棋布的景象，而且让大家能够真实地看到地下油层的情况，实现了余秋里部长提出的"地上群众运动轰轰烈烈，地下油层情况清清楚楚"的号召。总长54米的巨幅油层对比图是在大量丰富的地质资料的基础上，经过几十万次分析，运用成千上万个数据绘成的，从图上不但可以明显看出油层的分布情况，还可以直观形象地看出油层的厚薄和孔隙度、渗透率等物理性质。1∶50的岩芯柱与油井的录井和电测剖面——对应，真实准确地反映了地下油层情况，使观众犹如身临其境。"地宫"内还陈列着直径11厘米、总长几十米的4排油层岩芯，这是认识油田最宝贵的实物，是研究油田最可靠的依据。此外，还有许多其他图幅，记载着20项资料72个数据的取得情况，从各个方面展示油层面貌。"地宫"的布展和开放检阅了大会战以来油田勘探开发取得的地质成果，展示了已经初步搞清的地下油层真实情况，是一条用自己的办法、走自己的道路勘探开发油田的探索实践。

生产试验区"地宫"开放后,康世恩副部长专门来参观了 2 个小时。他认真观看每一件展品,详细询问制作过程,赞扬了干部职工们的劳动成果,对"地宫"给予了高度评价。他要求在大游"地宫"的基础上,今后要做到在确定井位时,就能科学计算出油层的厚度、压力和产量。"地宫"不仅要展示以往勘探开发工作的地质成果,成为对职工进行地质教育的大课堂,还要成为技术干部研究分析地下情况的"参谋部",成为指挥生产、制定措施的"作战室",为认识油田、掌握油田和高速度、高水平开发油田提供最可靠的科学依据。

1960 年 8 月 21 日,三探区二矿一队的"地宫"也正式开放。这是采油队办起的第一个"地宫",在低矮的"干打垒"里,各种资料和挂图琳琅满目,逼真的井场模型、油砂体模型随处可见。最吸引人的是一个地层剖面模型,不仅可以清楚地展示地下岩层和各组油层的位置与相互关系,其中还安装了 2 根玻璃管代表油井,同时在井口制作了采油树模型,当讲解员牵动拉线时,就可以看到井筒中的原油自喷冲出井口的生动情形。大家都说,采油工把"地宫"办活了。

到 1960 年 10 月份,全战区已经陆续办起了大大小小 353 个"地宫"。各单位通过"地宫"这种看得见、摸得着的形式,把油田和油井情况向职工交底,让大家都能掌握油井的各种生产数据和变化规律,真正成为油田的主人、油井的主人。

1960 年 9 月 18 日,为进一步推动石油地质工作的大普及,促进油井管理工作从地面向地下延伸,会战总指挥部组织召开的群众性油水井分析活动拉开了序幕。活动得到了全战区采油工人的普遍响应,有上千人报名参加,大家在草原上席地而坐,认真倾听参赛选手在挂图前的讲解和分析。采油二矿三队 23 岁的采油工姜岱冬是刚来油田 5 个月的退伍战士,他从油井生产的众多数据和复杂现象中理清规律,以油井流动压力与饱和压力、油管压力与套管压力的变化和相互关系分析了油井的生产特点、不同回压下的产量变化,还分析了油井结蜡井段的下移、新技术清蜡的措施等,把油井的"肠胃功能""脾气秉性"掌握得一清二楚,一举夺得了"油井分析冠军"。在分析会现场,北京石油学院副教授、著名采油专家秦同洛极为激动,当场写下"油井分析冠军"几个大字送给了他。

随着油水井分析活动的深入开展,会战总指挥部又提出采油工人要争当"地下警察",号召采油战线的职工要像交通警察熟悉车辆、道路、交通规则,熟练指挥交通一样,熟悉油井地下情况,得心应手地指挥调度地下油气水的科学运行。从克拉玛依油田来参加会战的采油三矿一队井长贾世安经常整夜守在井上观察油井生产变化,随时分析变化情况,及时采取措施。为了准确量油,他自己还琢磨研究了浮标和玻璃管双保险量油法。在油田举行的油水井分析表演赛上,贾世安等 18 人通过扎实的学习和实践,被命名为油田首批"地下警察"。

"全党办地质、人人办地质"促进了石油地质工作的思想解放和采油工人素质的不断提高,为油田长期高产稳产打下了坚实的群众基础。"一队英才来摸'底',千层崖石始交'心'。重新写部'石头记',敢笑'西天'经不真。"著名作家赵树理的《竹枝词·咏石油地质工作》成为大庆油田广大石油地质工作者和干部职工扎实开展地质研究工作,勇于探索地下油层、认识地下油层的真实写照。

⚙ "六大参数"算储量

1961年年初,随着地质研究工作的不断推进,大庆油田的整体面貌和油田地下地质情况越来越清晰。可以说,经过几个月的会战,一个大油田、好油田已经稳稳地拿到手了。但当时大油田、好油田还只是一个笼统模糊的概念,这个油田到底有多少油、能开采多少年还不清楚,因为油田的储量还没有计算出来。

1960年6月,在石油工业部工作的苏联专家开始陆续回国。苏联专家组在回国途中曾来到萨尔图短暂停留,实地考察了油田勘探开发情况。他们分头与勘探、钻井、测井、开发等部门的技术负责人进行了学术交流,参观了施工现场,查看了大量岩芯和地质资料,认为松辽盆地发现的这个大油田完全可以和苏联的第二巴库油田媲美,地质储量甚至可能超过第二巴库油田。可油田到底有多大储量,这个谁也说不清,也不是随便就能估计出来的。

第二巴库油田位于伏尔加河中游与乌拉尔山脉之间,也称为伏尔加—乌拉尔油气区,是苏联仅次于西西伯利亚的第二大油气区,也是当时世界上最大的油田之一,主要油气田有罗马什金、奥伦堡、杜依玛兹等,总面积70万平方公里。巴库油田1929年开始工业开发,20世纪50年代中后期由于产量严重下降,第二巴库油田开始大规模开采,成为当时苏联最大的产油区,地质储量超过20亿吨。

大庆油田如果超过第二巴库油田,那得多大的储量啊!余秋里和康世恩都想到了地质指挥所储量组组长、苏联留学回国的专家、曾经在罗马什金油田实习过的李淑贞。他们先后找到李淑贞,不耻下问,甘当小学生,面对面了解第二巴库油田的地质和储量情况,讨论大庆油田的储量计算问题。

实际上,搞清油田储量,方法很简单,难度却很大。方法简单,是因为世界上计算油田地质储量普遍采用容积法,涉及的主要计算参数也只有6个:油层面积、油层有效厚度、孔隙度、含油饱和度、原油体积系数和原油密度。计算难度大,是因为对大庆这样一个刚刚发现的大油田来说,这些参数的确定和取得难度非常大,而且其中任何一个参数有微小的偏差,计算出来的结果可能就会造成千万吨级的误差。

李淑贞深知这"六大参数"对于油田储量计算的复杂性和重要性,尤其是其中的油层有效厚度、含油饱和度等参数,要想取得准确的数值,必须有收获率高、直径大的岩芯作为直接依据。在莫斯科,苏联同行们都把钻井取得的岩芯称为"石油地质家的面包",

但要想用于计算储量,这个"面包"就不能是普通的"面包",岩芯收获率必须达到90%以上,直径不能低于100毫米。岩芯收获率太低就没有代表性,而对于直径太小的岩芯,切除被泥浆污染的部分后,剩下的部分就少得很可怜,取得的数值就不能反映地下的真实情况。而当时,大庆油田的钻井取芯还不能达到这一技术要求。

指令直接下给了总工程师、钻井专家王炳诚。康世恩要求,立即组织科研攻关,务必要用最短的时间、最快的速度拿出符合标准的岩芯。为了尽快攻克难关,他还直接调来了石油科学研究院钻井机械研究室100多名研究人员,连同制造钻井工具的车床、钻床、刨床、电焊机等成建制搬到了萨尔图前线,直接建起了一个完整的试验工厂。

有了专业队伍的强力支持,王炳诚心里也有了底。在他们的帮助下,各个钻井队普遍采用了新式长筒取芯工具,钻井取芯很快见到了成效,各井队的取芯平均收获率迅速从最初的40%逐步提升到86.4%,很多井队超过了90%。1275钻井队在萨21井取芯时,甚至创造了收获率100%的世界最高纪录,岩芯直径也超过了地质专家期望的100毫米。

岩芯达到了技术标准,计算油层有效厚度就有了保证。但这只是岩芯利用的第一步,通过岩芯测定油层的渗透率又遇到了难题:石油工业部现有的实验室条件还无法满足实验测定取值的要求。而且测定渗透率时,用空气做实验和用水做实验得出的结果是不一样的,对于大庆油田的情况采用哪种办法,谁也没有把握。

余秋里深知,渗透率搞不准,可采储量的差别会很大。他要求,对渗透率的取值一定要搞准,千万不能马虎,我们不具备条件,可以到全国最高级的实验室去做实验。于是,地质人员背着岩芯,先后在中国科学院银川、西安、南京、长春、兰州等研究所和地质部实验室反复化验测定,最终使数值误差降低到只有千分之几,满足了储量计算要求。

计算储量的另一个至关重要的参数是含油饱和度。李淑贞提出要用油基泥浆钻井取芯,这样才能使岩芯含油饱和度不被泥浆里的水破坏。油基泥浆是用油代替水配置泥浆,不但钻井成本高,钻井施工也更加困难。当时,打一口油基泥浆的井的施工费用是普通井的5倍。情况汇报给余秋里后,余部长单臂一挥:"只要能弄准含油饱和度,下定决心也要搞。"他要求地质指挥所和钻井系统迅速行动,一定要在1962年前完成用油基泥浆钻井取芯测准含油饱和度的任务。

1961年夏天,战区成立了油基泥浆研究小组。在李淑贞的帮助下,参照有限的国外资料,列出了筛选配方的进程表,逐项进行试验。

夏日的萨尔图草原骄阳似火,油基泥浆试验现场更是一片火热。研究小组在荒原上支起一口大锅,熬制各种有可能成为泥浆基料的油品。每天烟熏火燎、浓烟滚滚,人人灰头土脸、油渍麻花。经过1 400多次室内外遴选和试验,发现用氧化沥青和柴油的混合液配置出的泥浆符合取芯要求,但国内没有现成的原料,只能自己动手配置。于是那口大锅又成了反应釜,研究组胆战心惊地开始了史无前例的配置工程,因为配置过程是十分危险的——成吨的5号沥青放进大锅,点火加热到270~290摄氏度,沥青就变成了滚烫而又黏稠的胶体,然后要放进烧碱、生石灰等化学剂搅拌均匀,接着要和柴油混合,之后才能配成油基泥浆。配成的油基泥浆还要满足钻井液平衡地层压力、稳定井壁、冷却钻头、润滑钻具、携带岩屑这五大功能的需要。

1961 年 10 月，中国石油工业历史上的第一次油基泥浆钻井取芯在萨尔图油田北 1 区 6-28 井拉开了帷幕。为保证安全、预防火灾，施工现场戒备森严，用飘扬的红旗拉起了警戒线，一辆辆装满油基泥浆的罐车整齐排列，消防车和消防战士严阵以待。经过反复培训演练的钻工们各就各位，井架上高悬的长筒取芯工具跟随取芯钻头，缓慢而又坚定地伸向 700 米下的目的油层，全体人员全神贯注、小心翼翼地推动取芯工作稳步进行。大家都热切地盼望着成功，因为每个人都在油基泥浆试验中付出了大量的心血，不知道喷淋了多少油污，滑倒摔过多少跟头。但大家都清楚，从花这么大代价取出来的岩芯得出来的数值直接关系着油田的储量。如果含油饱和度误差 3%，计算的地质储量就相当于相差一个玉门油田；如果误差 5%，那就是一个克拉玛依油田。对于"贫油"的帽子还戴在头顶上的中国石油人来说，这是多么大的损失啊。

为了准确得到第一手资料，岩芯实验室把检测仪器搬到了取芯现场。张家茂任组长，负责化验分析的谢国安和储量组的张致奇任副组长，工程师沈联蒂负责含油饱和度与电性特征的现场测定。现场技术人员团结协作、紧密配合——岩芯取出后要在 10 分钟内取样、称重，然后把岩样放进装有乙醚的密闭容器内加热，让其中的水分和原油都蒸发出来，冷却后取出岩样和冷凝水分别称重，接着将岩样烘干，再次将蒸馏出来的水分和岩样分别称重，如此反复。每取一筒岩芯，就像发起一次冲锋一样，而且不能出现任何差错。为了尽可能降低各种各样因素带来的影响，保证数值的科学性、准确性，小组先后共经过 101 次试验，最后测得岩芯含水为 30% ～ 40%，反推大庆油田油层含油饱和度在 60% ～ 70% 之间。为了稳妥可靠，在计算油田地质储量时，取下限值 60% 作为计算参数。

这种稳妥不单单体现在含油饱和度上。按照余秋里部长的要求，在大庆油田储量计算的过程中，必须"过秤入仓"，不但不能"粗估冒算"，而且要"留有余地"。例如在取油层有效厚度时，为了求准求真，地质人员进行了 70 万次对比计算，但最后也没有满打满算，而是按照当时的油田开发水平，计算那些眼下就能拿出油的油层厚度，对将来有可能有效开采但现在还不开采的油层厚度，暂时不计算储量。按照这一原则，对过渡带的油田面积、厚度小于 0.5 米的油层、渗透率达不到 50 毫达西的油层，当时都没有计算储量。

经过研究人员的千辛万苦和不懈努力，储量计算工作终于取得了最后的成功。1962 年年初，大庆油田第一次公布了石油地质储量。按照"留有余地"的原则，当时只计算了长垣北部的萨尔图油田、杏树岗油田和喇嘛甸油田的萨尔图、葡萄花 2 套油层的储量。依据 68 口探井和其他 28 口重点井资料，共探明 965 平方公里的含油面积，计算石油地质储量为 22.68 亿吨。

当时，全世界储量达到 5 亿吨以上的大油田只有 14 个，储量达到 10 亿吨以上的特大油田只有 6 个。大庆油田以 22.68 亿吨的地质储量一跃成为世界上少有的特大型油田之一，而且是世界上少有的特大型陆相砂岩油田，一举扭转了我国石油工业的落后局面。

第九章

顶风冒雪战严寒
攻克原油集输关

1960 年年初，葡 7 井喷油。原油喷向高空后，大家赶紧避让，怕油沾到身上。可等原油散落下来，却发现原油凝结变成了一粒粒圆圆的"咖啡豆"，不但不沾身，还挺光滑。后来，根据各探井试采的原油样品分析，技术人员得出了大庆原油具有凝固点高、含蜡量高、黏度高的"三高"特点。经实验室测定，在温度低于 28 摄氏度时，大庆原油就失去了流动性。而大庆油田本身又处于松辽平原这样一个高纬度地区，萨尔图全年平均最高气温只有 11 摄氏度，仅有七八月份的最高气温偶尔能够达到 28 摄氏度，最低气温却可以达到零下 30 甚至 40 摄氏度，这给原油集输储运带来了巨大的挑战。

⚙ 水套炉消灭"三把火"

会战初期，油田井数少、产量低，职工们用最原始的土油池收集等办法进行原油集输，并且很快就外运了第一列车原油。但随着油井越来越多、产量越来越大，原油集输问题就变成了会战的主要矛盾，如果解决不好，将严重影响会战进程。

原油集输问题主要集中在原油加热保温关、集输流程设计关和原油计量关。原油从地下和井内经高温高压采出，不存在凝结问题，防止原油低温凝结主要的环节是井口和管线保温，这是解决如何把原油从井口输送到集油站的关键，如果做不好，原油就可能在采油树和集油管线中"灌香肠"。大庆原油的"三高"特点和高寒地区的气候让原油保温成为影响集输的最关键环节。

会战一开始，会战总指挥部就意识到了原油低温集输储运的问题。会战领导积极组织力量,成立了油气集输流程设计组,由油气集输方面的专家宁玉川和冯家潮任组长和副组长,广泛调查、对比论证,集中攻关试验,尽快研究设计适合大庆地区气候特点和原油性质的集输流程。另外,还成立了原油集输保温攻关队,由北京石油学院副教授、集输专家张英任队长,北京石油学院讲师任瑛任副队长,带领学校的学生与采油一线的技术人员和干部职工一起,土洋结合,因陋就简,上上下下积极行动,探索研究不用或少用锅炉的集输保温办法,首先解决井口和管线的原油保温问题。同时,动员广大职工要做好连冬季都用不上锅炉的思想准备。

会战初期,会战职工都是采用原始的土办法解决原油保温问题。因为当时井数尚少,职工们用毛毡粘上原油包扎井口管线给原油保温,一旦原油低温凝固,就用明火点燃毛毡加热。探井试采出来的原油都是放到事先挖好的土油池中,用蒸汽融化后再装罐车拉到油库。落后的集输方式不但给职工增加了劳动强度,也存在很大的安全隐患,不可能一直靠这么原始的方法开发大油田。

在会战总指挥部引导下,职工们"八仙过海,各显神通",结合实际搞出了盘管加热、烟道保温、热风吹加温等几十种因地制宜的土办法、土方案。1960 年 6 月 10 日,为了减少烟道中的火星,油田处(后为采油指挥部)党委书记薛仁宗带领攻关组干部职工,建起了长达 15 米的长烟道式分离器、保温炉和油嘴加热炉,在安全防火上取得了新进展。6 月 16 日,基建指挥部玉门大队三小队队长党兴汉带动全队就地取土,盖起了"干打垒"加热炉,加热保温效果和防火效果都有提高,而且能节约大量红砖。8 月 7 日,采油二矿五区队开动脑筋,学习当地老乡冬季取暖的办法,设计了 3～5 米长的烟道,利用位差,把不带火星的烟道热气送到井口火墙实现保温。

1960 年 8 月,会战总指挥部对职工们几十种发明创造中最成熟、最典型的 7 种方案进行了检查鉴定。张文彬、焦力人等指挥部领导和攻关队的老师、学生们一起现场研究,分析比较,认为中区 3-3 井采用的封闭火墙加热风吹的采油树保温装置和围墙烟道式分离器保温装置效果最好,并直观形象地称之为"井场三把火"原油加热保温方案。"三把火"中第一把火是井口保温房的"热风吹"——通过烟道往井口送热风给采油树保温;第二把火是用盘管炉加热原油,防止原油低温凝固;第三把火是井场值班房的采暖炉,为采油工人提供取暖保温场所。这"三把火"基本解决了人员取暖和井口、管线原油加热保温问题,虽然还没有杜绝明火,但对明火进行了有效控制,比起会战初期的"点火把""烧毛毡"有了非常明显的进步。

会战总指挥部和攻关队研究决定,把"井场三把火"作为原油加热保温的第一个解决方案进行推广,扩大试验,不断完善。改进的目标是把"三把火"尽可能变成"两把火""一把火",并尽可能隔离井场火源,把明火变成暗火,确保安全。

在这些实践的基础上,技术人员经过总结和改进,又推出了"两把火"加热保温方案,其中一把火是火烧井场值班房火墙采暖,另一把火是通过烟道,对井口采油树和盘管吹热风保温原油。"两把火"方案减少了一把火,又向改进目标推进了一步。

"两把火"方案依然没有实现井场彻底隔离火源,仍然存在着安全隐患,因为井内生产的油气易燃易爆,一个小火星就有可能酿成大灾难。

1960年10月12日13时,试验区刚投产不久的中6-20井突然发生火灾。烈焰腾空而起,黑烟直冲云霄,警报迅速报到总指挥部,康世恩亲临现场指挥灭火。邻近的会战职工发现火情后立即放下工作,抄起铁锹、扫帚、水桶,自发从四面八方向井场赶来。接到火警的消防车拉着汽笛呼啸而来。可临时储存在井场土油池中的原油有几百吨,被点燃后的大火比煤炭、木材等着火强烈好几倍,任凭消防车拼命喷水,推土机奋力推土掩埋,几千名职工拼死相救,燃烧的原油依然疯狂肆虐,几丈高的火苗依然烈焰腾腾。而且,火势已经蔓延到井口,再烧下去,钢铁都可能融化,必须先关闸门才能阻断油源,才能保住油井。采油工人在消防车水幕的掩护下轮番上阵,倒下了几拨人后才关闭了采油树上的出油总闸门。现场的扑救能力根本没办法阻止大火继续燃烧,只能在四周设法控制火势,保证火势不再继续蔓延。大火一直燃烧了11个小时,直到从哈尔滨赶来增援的消防车到达后,在12日午夜才最终扑灭了明火。在火灾救援过程中,先后有30多名职工因被烟熏火燎而昏倒。火灾现场七零八落、一片狼藉,所幸油井保住了,第二天就恢复了生产。

10月13日,会战总指挥部召开会议,分析查找火灾原因,研究制定防火措施。其实火灾原因很容易查明,起火的根源就是原油加热保温的"两把火"——因为保温炉火源没有实现与油井的彻底隔离,井下高压天然气窜至井口,与保温炉火源接触引发大火。会议提出,暂时将井口加热炉搬到离井口30米以外,通过加长距离,尽量减少火星进入井口保温房。同时,以井口为中心,设置30米范围的隔离带,清除井场杂草杂物,一旦失火,便于控制,尽量消除安全隐患。

一场大火烧出了问题,烧出了短处,也坚定了攻克原油集输关的决心和勇气。原油集输保温攻关队在张英教授带领下,认真调查总结职工们创造的"干打垒"保温炉、长烟道"热风吹"、盘管加热炉等保温方式的优缺点。他们锯开通过盘管加热炉直接加热原油的井口出油管和集油管线,发现管线内普遍严重结焦,有的堵了一半,有的甚至快全都堵死了。为了彻底消灭明火,他们殚精竭虑、绞尽脑汁。后来任瑛老师提出了将直接加热改为间接水浴加热的设计思路,张英教授十分赞同。为了能够保证水浴加热的保温效果,他们在采油工人的支持下,对233口油井的井口原油温度进行了测试,取得了8万多个数据。为了能够保证加热炉的安全、简便,他们查阅研究了大量炼油厂加热炉和正规锅炉的设计资料,反复对比研究,先后设计了几种炉型。

余秋里和康世恩也专门听取汇报,支持张英教授和任瑛老师大胆试验。张文彬、焦力人与他们一起研究论证,帮助解决试验场地、设备和材料。余秋里鼓励他们,搞科学试验哪有一帆风顺的,要允许失败。重要的是要从失败中总结经验教训,通过不懈的努力去争取最后的胜利。他还叮嘱试验人员,要有周密的防护措施,要绝对保证人身安全。

经过精心设计和反复试验,一种能够消灭井场明火、减少管线结焦,并能有效给原油加温,确保集输管线畅通的"水套加热炉"诞生了。"水套加热炉"参考了炼油厂加热炉、热交换器和正规锅炉的设计原理,吸收和借鉴了土加热炉的优点,结构简单,工作科学。它利用油井生产中伴生的天然气作燃料,加热炉体水套中的水,再通过热水水浴方式加热炉体盘管中的原油,提高油温,保证原油流动性。水套中的一部分热水经管线进入值班房和井口房散热器对外供热,保证井口采油树保温和工人取暖,各个散热器中流出的已降温的水借助位差和重力差回流到水套中重新加热,以水为介质实现循环加温采暖。它真正把过去井场保温的"三把火""两把火"彻底变成了"一把火",而且集油管线、井口采油树不会直接接触火源,把明火变成了暗火,消除了火灾隐患,非常安全可靠。

"水套加热炉"比土加热炉更加经济实用。每台炉体仅使用不到1吨的钢材,每月只需加水1次,操作简便,易于管理,还能比土加热炉节省2/3的燃料用气。"水套加热炉"定型后,首先在现场进行了抗风试验,又先后解决了回火和灭火的问题,之后在萨尔图油田中区2排集输流程中试用,保温效果良好。当时冰天雪地、寒风凛冽,井口房、分离器、值班房的温度都能达到30多摄氏度。攻关组成员倾听着原油哗啦哗啦的流动声,虽在数九寒冬,心里却和井房内的温度一样暖烘烘的。

实践证明,"水套加热炉"是一种非常适合大庆油田实际情况的集输保温设备。随后,"水套加热炉"迅速在油田推广,成为当时油井采油生产的"标配"和"绝配",成为让采油工放心、省心、安心的得力助手,成为一代油田人心中不灭的记忆。1964年,"水套加热炉"凭借经济实用和安全可靠的性能,荣获国家创造发明奖。

⚙ 萨尔图流程"挂灯笼"

油田生产中采用何种集输流程,直接决定了原油收集输送的方式。攻克原油保温关的同时,集输流程设计也在紧锣密鼓进行之中。当时,萨尔图生产试验区已经在火车站两侧附近摆开了20多部钻机,生产场面马上就要铺开,原油集输问题已经堵到了家门口,流程设计势在必行,而且必须分秒必争。

1960年6月,苏联油气集输专家维舍夫要经东北回国,康世恩请他在安达下车,当面向他请教高寒地区的油气集输储运问题。维舍夫曾经协助指导过克拉玛依油田的开发建设,我国搞集输储运的技术人员对他都比较熟悉。按照上级指示,参加座谈的宁玉川、冯家潮等不能透露我国在这里发现了大油田的具体细节,而是以请教座谈的方式,提出如果在寒冷地区开采"三高"原油,应该采用什么集输流程,在地下水位高的盐碱地带适合采用哪种保温方式,以及计量方法等。

常温下不能自由流动的原油让维舍夫也皱起了眉头。他也未遇到过这样条件的油田,没见过这样性质的原油,绞尽脑汁、苦思冥想,一时也拿不出对症下药的设计方案。

通过一天加一个晚上的摸情况、提问题和解答、讨论,最后维舍夫认为,如果是这样的油田,只能采用"巴洛宁流程",即集油管线用蒸汽管伴随保温,技术上可靠且经济。原油计量可以采用齿轮流量计或翻斗分离器。当被问到还有没有其他方法时,维舍夫微笑着摇摇头,摊开双手,耸耸肩说:"还有最后一个办法,那就是把这个油田搬到赤道上去。"

1960年,宁玉川、冯家潮等还请教了苏联采油专家普切林采夫、油气储运专家奥列涅夫和另外一位油气集输专家洛勃可夫。他们的方案如出一辙,如果不用"巴洛宁流程",根本没有别的办法,奥列涅夫甚至无奈地建议采用最笨拙的固体搬运法暂时解决燃眉之急,也就是先让原油在地面上凝固,然后像切豆腐一样切成块装车运输,并提议沿着采油井排修建铁路,因为火车运输比汽车运输运力更大、经济性更高。

中苏专家交流探讨的"巴洛宁流程"是以苏联油气集输专家巴洛宁名字命名的蒸汽伴随双管流程。"巴洛宁流程"是一套十分成熟的集输流程,对于黏度高、集输困难的油井尤其适合。但这套流程并不适用于当时的大庆油田,主要是经济条件不允许。1960年,我国的国民经济已经十分困难,技术成熟的"巴洛宁流程"一次性投资和经营费用都很高,建设所需的小口径管材和蒸汽锅炉根本无法解决,余秋里费了很大劲争取到的几亿元建设资金即便都用来建造"巴洛宁流程"也不够用。

"巴洛宁流程"不合适,就只能扔掉"洋拐棍",自己想办法。在一分钱掰成两半花的困难时期,大庆油田的集油流程设计只能独立自主、自力更生,冯家潮在心里暗暗鼓劲,一定要设计出一套超越"巴洛宁流程",真正属于我们自己的集输流程。

冯家潮是马来西亚归国华侨,1936年回国,1954年毕业于西北石油学校。他先后在玉门、四川油田从事设计工作。1960年4月,27岁的冯家潮被派到萨尔图,专门负责集输流程的设计。海外游子赤诚报国,献身石油矢志不渝,冯家潮一到油田,就投身到紧张的设计、筛选、论证和现场试验中。最忙的时候,一天要跑几十里到上百里路,连续工作十七八个小时,甚至一个来月没有脱过衣服上床睡觉。忘我的工作、巨大的体力消耗和严重的营养不良很快压垮了他的身体,他全身浮肿,胃溃疡发作,多次吐血。一天夜里,他正用计算尺计算一个数据时,突然眼前一黑,一头栽倒在地。大家七手八脚地把他送到医院,医生一量血压,发现他的低压只有40毫米汞柱,诊断是身体虚弱、疲劳过度,要求他必须休息2周。可流程设计正在紧要关头,他心里着急,根本躺不住,第二天又拖着病体回到了设计室。

经过集输流程设计组的顽强拼搏和不懈努力,终于设计出一套"挂灯笼"式单管密闭集输流程。这套流程从油田的开采方式和井网情况出发,符合高寒地区"三高"原油的集输要求,并且结合了可选用的材料和设备情况。管网形式是临行列井排铺设集油管线,把油井像灯笼一样,一口一口串起来,每口井生产的原油经过计量后进入集油管线输送到转油站或油库。整个流程上无须锅炉房供热,也不用伴热管线,而是利用油井加热炉单井供热剩余的热能输油。

"挂灯笼"式流程方案让人眼前一亮。这是一个开天辟地的大胆设想,不仅我国,恐怕世界上也没有人这么搞过，流程的创意非常符合油田实际情况，但这些"灯笼"怎么挂，能不能真正实现技术要求，如何保证集输效果……很多问题还需要进一步讨论和验证。

会战总指挥部专门召开"五级三结合"会议，研究讨论"挂灯笼"式集输流程方案。余秋里、康世恩亲自参会听取冯家潮的汇报，之后开始畅所欲言、讨论答辩。有人质疑：油井剩余的那点热量和能量能不能保证原油的顺利输送？把这么多油井串在一起，每口井的出油压力都不一样，会不会在各个油井之间产生相互干扰？管线整体会不会对各个油井产生冲击，会不会影响油井的油压和产量？还有更专业的人提出更深入的问题：试验区马上要进行注水开发试验，注水后原油里面就要含水，管线里的水多了怎么办？采用干线盘管加热炉加热需要消耗多少天然气你们计算了吗？怎么能保证在气温最低的情况下管线不会被冻结，万一管线"灌了香肠"怎么办？

整个答辩一直进行了 2 个多小时。大家的提问让冯家潮额头冒汗、心里发慌。好在方案十分熟悉，很多数据、设计了然于胸，平静下来后，针对大家的问题，冯家潮一一做了解答。

最后，康世恩对讨论答辩进行了总结。他归纳了大家的意见，提出了最关键的问题就是集油管线回压问题。冯家潮说明了设计组的计算依据和结果，但康世恩听了不太满意，他指出，搞这么重要的设计可不能纸上谈兵，一定要有保证安全的绝对把握。

这次会议一直开到了半夜，散会后，康世恩又特意把冯家潮留了下来，就几个细节专门和他研究了一下，如计算的问题，让他把设计理由和计算依据全都说出来，不要有保留，也不要有顾虑。康世恩强调，流程设计关系到试验区和整个油田的命运，不得不谨慎。

冯家潮的心里既忐忑又激动。他摊开图纸和计算数据表，把流程设计思路和数据参数又仔细地讲了一遍，同时又把对比"巴洛宁流程"的优势做了详细的汇报。在场的焦力人、张文彬又提出了一些新的问题，冯家潮也一一做了说明，得到了在场领导的肯定。最后，康世恩批准他们的设计首先在中区 3 排和 7 排进行现场试验，并指出，通过试验充分暴露问题，并结合大家的意见，继续开展新一轮攻关，抓紧时间进行改进，彻底解决这些疑虑。

回压问题是大家最关心的问题，特别需要实际验证。虽然冯家潮已经通过科学计算向大家说明，但在实际运行中，所有油井串在一条管线上，处于一个压力系统中，产量小、压力低的油井在管道回压下还能不能正常输送原油，管线回压会不会影响油井流动压力和生产压差，这需要在现场同时测量各井的油管压力、油嘴后的管线压力和油井的产量数据，绘制流压、回压和产量曲线来验证。

1960 年冬天，工程师吴增材带领回压小组承担了这一任务。他们在 2 个井排的 15 口井上，连续 6 个月对不同油压、回压下的油井生产参数进行观察试验。没有先进的测量工具，就用桶接秤称，没有现成的经验参考，就反复对比计算，终于搞清了产量与回压的关系,绘制出完整的关系曲线,得出了油压与回压比值不大于0.5就不会对采油井产量造成影响的明确结论。

原油计量是集输系统中的重要一环。当时计量仪表奇缺,也不能总把原油放到土油池里估算,每口井的产量数据不准确,根本无法更好地开发和管理油田。攻关人员参照化工厂的玻璃管液位计,设计出一种玻璃管量油工具。可量油一次以后,玻璃管上就沾满了黑乎乎的原油,液面就看不清了。经过反复试验后,大家又研究出用盐水作隔离液的办法,既能防止污染玻璃管,又能解决防冻问题,成本也很低。为了稳妥,攻关队在萨37井冒着大雨装好玻璃管液位计,在采油工人的帮助下,经过20多次调试,终于试验成功。这种方法简便、准确实用的计量工具得到了采油工人的认可,很快在油田推广,这种计量方法被油田命名为"水垫式玻璃管重量量油法"。

在张英、宁玉川、冯家潮等工程技术人员的发奋努力下,一套以水套加热炉为主要加热保温设备,采用"挂灯笼"的集油方式,以玻璃管液位计进行原油计量的集输流程完整地呈现出来了。这套流程比"巴洛宁流程"节约钢材33%,节省投资13.5%,而且更加简单、实用,集输效果良好,被命名为"萨尔图流程"。

"萨尔图流程"是科技人员结合实际自主设计的第一套集输流程,不仅解决了原油在高寒地区集输的世界级难题,也是当时世界领先的工艺流程。1965年,"萨尔图流程"获国家发明证书;1985年,又获国家科学技术委员会颁发的一等发明奖。

⚙️ "万点调查"测 K 值

"萨尔图流程"设计中的另一个重要问题是 K 值的选定问题。K 值是不同自然条件、不同管径、不同敷设方式下的管输总传热系数。在原油集输过程中,井口采出的原油加热到什么温度才够用?管道口径选多大才能保证输油?管道在冻土中要埋深多少才合适?这些关键问题都需要一个准确的 K 值才能确定。

K 值是集输管线设计中一个非常重要的参数,原油是否能够在管线中顺畅流动、顺利集输,都直接和 K 值有关。K 值选得过大,虽然保险,但管线沿途需要大量布置加热炉,要多用钢材,多费资金,管线深埋也会增加劳动强度和施工难度,造成很大浪费;选小了更不行,轻则原油凝结,形成管线"灌肠",重则冻坏管线,造成停工停产,会给油田生产带来更大麻烦。按照苏联的教程和惯例,K 值一般选在 8~10 之间,但萨尔图油田实际情况完全不同,不可能依赖别人的资料和数据,必须经过实际测量得出符合油田实际情况的 K 值。

在技术座谈会上,设计院工程师谭学陵提出:"必须拿出一个科学的、符合实际的 K 值,不能浪费国家的一分钱、一寸钢。"1960年7月,谭学陵主动请缨,带领陈大昌、王伯绵、郭跃清、郑幼曼4人组成了 K 值测试小组,开始了长达10个月的 K 值测试活动。

　　谭学陵 1931 年 2 月出生于四川省武胜县，1953 年毕业于北京石油学院，分配到燃料工业部石油设计局工作，1958 年调到北京石油勘察设计院任技术员、工程师，1960 年 5 月从北京来到萨尔图参加石油会战。

　　为了保证测量数据的准确性，谭学陵小组在试验条件艰苦、仪器设备简陋的情况下，首先对现场使用的温度计、压力表以及室内仪器进行反复对比校验。领回温度计后，谭学陵凭着自己的经验，拿来一缸热水和一卷胶布，他把胶布撕成小条分别粘在温度计上并编号，然后把所有温度计都放进热水里，通过这种土办法标出了温度计的差值，校正了准确性。

　　试验程序和现场测试始终坚持"严"字当头。有一次，王伯绵到北一转油站至北二转油站沿线测温，谭学陵问："管线是几吋？"他回答："听说是 8 吋。"谭学陵严肃地说："搞科学试验不能靠听说，一定要亲自实践。"后来经过测量，发现管线直径是 10 吋。8 吋和 10 吋对 K 值的影响是很大的，从那以后，王伯绵事事都十分认真。陈大昌绘制玻璃棉保温结构施工图，谭学陵带领小组反反复复修改了几十稿，直到合格为止。

　　要想测出 K 值，必须先测出土壤的导热系数。可当时油田根本无法搞到专用的测定仪器，谭学陵带领大家自力更生，土洋结合，采取找、拣、做、借的办法，用 20 多天时间自行设计制作了一台由高低恒温水箱和薄壁土壤填夹层组成的、符合要求的测试设备。他们就是利用这台设备，用 3 个月的时间对大庆油田不同地区、不同密度、不同含水率的土壤进行了测试，经过数据对比，精度完全符合要求，解决了 K 值求取中的一个关键问题。

　　由于当时没有流量计，测试管线流速只能通过大罐检尺来计算。为了求得准确数据，不管什么天气，每半小时就得爬一次 12 米高的油罐，测一次就需要 10 多分钟。为了方便测试和读数，大家都不戴手套，高处风大，每次都冻得手指僵硬，读数之后还要擦净尺上的原油准备下一次测试。晚上记录数据的时候，只能用胳膊夹着手电筒照明。弧形的罐顶有时粘上一层原油，或者下了一层雪，结了一层霜，就特别滑，每次测试时都要小心翼翼，只能一步一挪，甚至是爬行前进才能保证安全。

　　在测温中，测试小组坚持实测所有需要的数据，不来半点虚假。为了测出油温在地下管线中的变化情况，他们沿集输管道，每隔 800 米到 1 000 米挖一个 2 米深的土坑，采取定人、定坑、对时的办法，每个坑里蹲一个人，按照设定的时间间隔测量和记录温度数据，然后整理分析、系统对比。为了能把温度测准，必须把温度计套内的泥土清理干净，他们特制了"掏耳勺"工具，保证温度计能插进管线深处，温度计插入后必须测试足够长的时间，防止数据不真实的情况发生。

　　大庆地区的气候随季节变化极大。为了真实掌握集油温度的变化情况和规律，不管天气好坏，无论风霜雪雨，大家坚持测温，从不间断，因为黄沙飞扬的风天、潮湿阴冷的雨季、寒气袭人的冬季都是了解集输情况变化、实际测定 K 值所必须经历的气候状况。天气变化时，别人可以猫在屋里躲风躲雨躲霜雪，测试小组却要顶风冒雨，迎霜卧雪，披星戴月地测定各种自然条件下旷野中输油管线的真实物理参数。

夏天是测 K 值的大好时机。可大草原上蚊虫小咬成群结队，测试人员一边看温度计一边记录，腾不出手来驱赶，脸上、手上都被叮起了一片红疙瘩。雨天测试更加不能间断，人人都被淋成了"落汤鸡"，他们挖的测温坑又是最低洼的地方，不但要泡在水里工作，还要和跳进来的青蛙、小虫蹲在一起，连女成员郑幼曼也不例外。尽管这样，大家还是风趣地说："老天爷真照顾我们啊，看我们整天在土坑、泥坑里工作，一天给我们洗一次冷水澡，再来个日光浴，就更好啦！"

1960 年夏天，大庆地区雨水勤、雨量大，野外测试经常要蹚水作业。有一次在管线测距时，管线整体都沉没在沼泽里，水面上还漂浮着一层污油，测试小组硬是蹚着水，拉着 50 米的皮尺，历时六七个小时，在近 10 公里的范围内反复测量 100 多次，工作结束后人人身上都沾满了油。就这样，他们一连工作了 7 个整天。

长期的潮湿环境使很多人患上皮肤病等各种疾病。陈大昌的肚子上鼓起了一个鸡蛋大的疖子，拐带着走起路来都疼痛难忍。他怕大家知道，就硬挺着爬上爬下坚持工作，晚上睡觉也不脱衣服。后来还是被发现了，大家硬把他送到了医院，医生决定开刀治疗，他一听就急了，这时候开刀，工作等不了啊！医生禁不住他的软磨硬泡，只好让他休息几天。陈大昌执意不肯休息，大家只好把他锁在屋里。可大家刚走，他就从窗户跳了出来，歪歪斜斜地跟上了测试队伍，坚持去跑现场。

春秋天，草原上刮起大风是常有的事。风沙弥漫、野草飘飞，整个旷野上灰蒙蒙一片，根本辨不清方向。沙土毫无忌惮地打在脸上，连眼睛都睁不开，这给测试工作带来了巨大困难。大风肆虐，不但使测试人员口干舌燥、嘴唇干裂，也让干线加热炉经常灭火，如果不及时点燃，会严重影响测试数据的准确性。为此，他们专门抽出一个人，每天沿测试管线往返十几公里检查加热炉，发现灭火后就及时点火。

有一次，谭学陵在检查中发现一台加热炉灭火了，就自己动手去点火。由于天然气分气包分离效果不好，使少量的原油流入并凝固在天然气管线内造成堵塞，天然气中也带有微量原油，加之在大风中点火，致使点火时发生回火，把谭学陵的眉毛、头发都烧着了。后来，大家发现加热炉燃烧不佳时，就先找来一把干草点燃，加热天然气管线保证畅通，减少了点火时的回火现象。

萨尔图的冬天寒冷又漫长，越是气温骤降天气寒冷，越要加密数据频繁测试。数九寒冬，大雪纷飞，萨尔图草原上白茫茫一片，连大地都被冻实了 2 米以上。谭学陵带领大家顶着凛冽的风雪，在零下 40 摄氏度的严寒中，蜷缩在冰冷的土坑里，每隔 2 分钟就测试一次温度，一蹲就是几个小时。手冻僵了，就搓搓手、呵呵热气；脚冻麻了，就爬起来跳一跳，稍微活动一下接着干。

一次收工的时候，大家发现陈大昌不见了。大家一面呼喊一面沿着管线寻找，后来在一个阀池子里找到了他。原来，他为了测准这个数据，整整蹲了 3 个小时，被大雪埋在坑里，加上全身麻木，根本就爬不上来了。就这样，他们从早到晚奔波在测试现场，手脚冻伤了、脸冻裂了,测试工作却一刻也没有停,5人小组一个也没有掉队。

1960年的冬天,也是油田饥荒严重的时候。谭学陵等5人忍饥挨冻,甘守寂寞,带来作为食物的窝窝头和菜团子早已冻得硬梆梆,啃不动、掰不开,只能用随身携带的小铁锤砸碎了充饥。整天跑野外,体力消耗大,粮食定量不足,营养不良,使谭学陵患上了严重的浮肿病,连路都走不动了,但他仍然坚持在测试一线。

在艰苦的条件下,测试小组以高度的革命精神和严格的科学态度,靠坚持不懈的努力和积极乐观的精神,从南到北,由东向西,跑遍了整个萨尔图试验区。他们把自己的决心编成顺口溜来自我激励:"科研健儿意志坚,赤胆忠心为油田;不怕冰冻雪成山,誓把严冬变春天;为保原油输送出,不拿K值心不甘。"

冬去春至,寒来暑往,萨尔图草原绿了又黄,黄了又绿。经过10个月的艰苦努力,谭学陵带领K值测试小组顶风冒雨、爬冰卧雪,行程6 000多公里,系统监测了1 600多个测试点,取得了50 000多个温度数据,进行了1 100多次对比分析,终于得出了大庆地区准确的K值为3,解决了困扰"萨尔图流程"的K值问题,为集输工程设计提供了科学可靠的依据,为解决如何"挂灯笼"问题攻克了最重要的难关。

⚙ "万里测温"保外运

随着会战的不断发展,战区投产油井数量越来越多,原油产量逐渐增大。1960年9月24日,大庆油田日产原油达到5 000吨;1961年11月30日,日产原油突破万吨大关,达到10 598吨。国家困难,需要更多的原油,会战职工们甩开了膀子大干,可要是生产出来的原油运不走、没处放,那可怎么办呢?原油的储存和外运成为会战中又一个重要问题。

东油库是大庆油田最早设计建设的一座大型油库,它为大庆原油外运立下了汗马功劳。它的建设不仅在会战初期解决了原油储运的关键问题,也为以后更大规模油库的设计施工提供了重要参考。从1960年4月会战总指挥部开始组织建设这座当时战区唯一的一座油库,到6月1日从这里运出了大庆石油会战的首车原油,仅仅用了1个多月的时间。东油库艰辛的建设过程,尤其是从东油库发出第一列车原油的历史瞬间,成为大庆油田永恒的记忆。

首车原油外运时,因为当时油库还没有完全完工,只能采用人工泵抽向油罐车装油。后来,东油库陆续建成了装油单侧栈桥427米,装油鹤管119个,实现了半自动化装油,极大地提高了外运效率。但随着油田开发进程的持续推进和原油产量的不断提高,东油库的规模已经捉襟见肘,无法承载当时的原油存储任务,也无法满足装车外运的需要。

1961年7月,西油库建成投产,这是大庆石油会战时期建设的第二座大型油库。西油库设计年装油能力 600 万吨,建有 1 万立方米原油储罐 2 座、原油铁路运输栈桥 1 座。西油库建成后,主要承担大庆油田原油铁路外运任务,初期年外运原油 100 万吨,大大缓解了油田原油外运的压力,为油田产量的不断增长提供了重要保障。

用铁路罐车向外运油,如果加热温度不够,原油在中途就会凝固,冻结在罐里;如果加温太高,则又会造成很大的浪费。"萨尔图流程"建成以后,从油田上各个集油站发来的原油温度都在 35 摄氏度左右,基本能够保证原油流畅地输送到油库。但从油库外运时,不仅要保证原油能顺利装车,还要考虑到达终点后能否在不加热的情况下卸车。当时,苏联现成的数据和公式不一定符合大庆的实际情况,经过研究,设计院最初把油库给原油加温的温度设定为 55 摄氏度,因为如果温度再高的话,原油就开始挥发了。可设定的这个温度是否合理,能不能达到预期的目标,只有实测一下才能确定。

为了弄清大庆原油在长途运输时油温随沿途风速、气温的变化关系,给原油加温提供更科学的参考,设计院决定自己收集数据,拿出新的推定公式。随油罐列车测温的任务交给了助理技术员蔡升和实习员张孔法。

任务领下来,可具体怎么干谁也不清楚。蔡升和张孔法听说西油库派工人跟火车测量过原油损耗,他们就去"取经",了解长途跟车要做什么准备。为了能准确测温,他们又去气象站求援,借来了风速仪、最低温度计。出发前,又把测温的温度计和标准温度计进行了数值比对,校验了温度计的准确性。

1961 年 12 月 7 日下午,刚下过一场大雪,又刮起了北风,刺骨的寒风刮得人脸生疼。蔡升和张孔法偏偏选择在这样的天气开始了测温工作,因为只有在寒冷的时候测得的数据才最有用。他们穿着棉袄、棉裤和皮大衣,带上风速仪和十几个温度计,背上窝窝头和苞米面饼子,向东油库出发了。等到了东油库,却根本没有油罐列车,他们一打听才知道,原定在东油库装油的 052 次油罐车已经临时调整到西油库装油。2 个油库相距 10 多公里,等火车过去要等很久,赶不上装油怎么办?为了能测到装油时的第一个数据,蔡升和张孔法商量决定,立即步行赶往西油库。他们顶着凛冽的西北风,蹚着厚厚的积雪,摸黑深一脚浅一脚地跋涉 2 个多小时,正好赶上西油库油罐车装油,测到了寒冷深夜里的第一个数据。

满载原油的列车呼啸着一路向东奔去,狂风卷着雪花猛烈地向列车扑来。上车以后,蔡升和张孔法蜷在没有座席、没有暖气的守车上,饿了啃口苞米面饼子,渴了喝几口凉水,开始了艰苦的测温工作。每隔 1 个小时,他们就轮流在守车上探出身去,一手拉着列车的栏杆,一手尽力把风速仪、温度计伸向外面测量风速和气温。抓栏杆那只手不敢戴大棉手套,因为手套太厚抓不紧,列车一晃一颠,很容易把人摔下去,为了安全,就只能戴个薄薄的线手套或者干脆光着手。

每到列车停车,他们又拿起温度计爬到油罐车顶上,打开罐盖,把温度计插到里面测油温。4 米多高的车顶上毫无遮挡,风雪又大,每测一次都冻得浑身麻木,很容易从车顶上滑下来。但他们冒着危险,从不马虎,每次都坚持二三十分钟,把数据测准。运油列车开停时间没有预告，无法掌握，一旦停车，他们就得抓紧往车顶爬，像打仗一样，每测一次都像一场战斗。有时还可能白跑一趟，因为是临时停车，还没等测温，车又开了，还得迅速爬下来，赶快上守车。

用一个温度计测温，只能测表面温度，跑一趟获得的数据很少。而且在寒冷的天气下，温度计从原油里拿出来读数，一定会有误差。第一趟车返回后，蔡升和张孔法找到实验室，经过研究实验，他们用一根3米多长的大木杆，绑上10根铜电阻温度计，用干电池做电源，这样一次就可以测油罐车内从上到下10个点，连中部、底部的油温也都一起测出来了。这个新发明的土仪器有三四十斤重，拿上拿下不方便，但是通过它可以在守车里读数，不用再爬到油罐顶上去测量了，更重要的是，避免了温度计的读数误差，所测得的温度更准确了。为了更好地对比，他们仍然坚持每停车一次就测一次油温、记一次数据。

一天深夜里，车到哈尔滨站，他俩打开电源一看，测温计没示数了。他俩赶紧下车检查，发现测温计上的电线在隔离车上被刮断了7根。为了尽快修复仪器，保障测温，蔡升登上隔离车查线，张孔法在守车上看表，对上一根接一根。可接好了线，正要缠胶布的时候，列车启动了。若胶布缠不好，电线很容易再次断掉。没办法，蔡升就趁火车速度还没提起来的短暂时间，迅速缠好电线，跳下来飞奔跑向守车。火车越来越快，如果上不去，剩下一个人根本无法完成测温工作，紧要关头，蔡升不顾危险，一个箭步冲上去，奋力抓住守车栏杆，而张孔法在车门口拼命向上拉，终于在列车出站的汽笛声和越来越快的铁轨咔哒声中跌跌撞撞地爬进了车厢。两人你看看我，我看看你，都长出了一口气，瘫倒在了守车里。

守车上的生活也是很艰苦的。列车行车时摇摇晃晃，震动特别厉害，车上连条凳子也没有，实在困急眼了就只能靠着车厢，坐在地板上合合眼。到了晚上，经常使用的照明设备是一支蜡烛，哪怕蜡烛也得节省使用，剩下一点点也要保留下来，因为还要借这么一点亮光做记录。每次跟车测温，吃的是自己背来的苞米面饼子，连一口热水也难得喝上。守车上虽然有一个小铁炉子，但开车的时候车身晃动太厉害，没有办法烧开水，只能取暖、热干粮。有一次，列车跑到对青山火车站就停了下来，而且一停就是近40个小时。眼看着带来的干粮不够用了，对青山火车站又是一个小站，什么吃的都没有，蔡升就和张孔法商量，让他先搭客车到哈尔滨买点食品，自己守在列车上值班测温。蔡升一边工作一边打听，听说附近有个粮店，他赶紧跑过去买回了2斤苞米面，用喝水缸子在炉子上烧水对付了点面糊糊，好歹算是吃上了饭。

从1961年12月7日到1962年3月12日，蔡升和张孔法连续奋战了100多天。他们怀抱温度计，手持风速仪，跟随原油外运的油罐列车，从大庆出发到大连石油七厂、锦西石油五厂，先后往返5次，行程1.1万多公里，共测得大气温度800多个、风速数据600多个、油温数据1400多个，基本掌握了长途运输油罐车中原油温度的变化规律，获得了科学设计的依据。

1963 年年底,大庆炼油厂建成。从东油库开始到大庆炼油厂,油田铺设了第一条原油外输管道,开始第一次通过管道向炼油厂输油。初期,每年向炼油厂直输原油 100 万吨,并随着炼油厂生产能力的提升而逐步增加,1970 年已经超过 400 万吨。

随着大庆油田建成规模的不断扩大,原油产量迅速上升。除了少部分就地炼制外,其他全部都要靠火车外运,原油外运量也逐步提升。1964 年,大庆油田铁路外运原油超过 500 万吨;1969 年,铁路外运超过 1 000 万吨;1970 年,大庆油田年产原油已经突破 2 000 万吨。对于这么高的产量,单靠火车外运已经完全无法承担,运力不足致使辽宁等地炼油厂供油紧张,造成汽油、柴油、煤油等油品的供应严重不足。大庆原油的外运问题已经成为制约大庆油田开发、影响全国交通运输和工农业生产的重要问题。

1970 年 7 月,国务院、中央军委联合发出了《关于建设东北输油管道的通知》,决定建设大庆油田的原油外输管道。周恩来总理亲自部署,由沈阳军区牵头组织这项工程,第一期工程为抢建大庆至抚顺输油管道。8 月 3 日,庆抚长输管道建设筹备会议召开,建设工作正式启动,这就是著名的"八三"管道工程。

1971 年 11 月 7 日,中国第一条大口径、长距离原油输送管道——庆抚输油管道提前 2 个月胜利建成,输油投产一次成功。从此,大庆油田告别了原油铁路外运的历史,开始通过管道直接外输原油,开创了大庆油田原油储运的新局面。

第十章

开辟生产试验区
十大试验解难题

为了保证在大规模正式开发油田之前就取得可靠的设计数据和开采经验，石油工业部党组决定，首先在初步探明的含油地区内开辟试验区进行采油试验。1959 年 12 月，石油工业部派出以李德生为主的工作组，到大同镇指导松辽石油勘探局制定 1960 年勘探工作部署时，就提出了在葡萄花油田选择 3 个地区，开辟 185 口井的生产试验区初步方案。会战开始后"挥师北上"，会战重点由葡萄花转移到了萨尔图，会战总指挥部结合油田勘探开发形势的变化，又重新制定了在萨尔图油田开辟生产试验区的新方案，以科学求实的态度扎实开展科学试验，攻克了一个又一个技术难关，走出了一条独立自主开发建设大油田的成功之路。

⚙ 解剖"小麻雀"，开辟试验区

1960 年 2 月，石油工业部党组在讨论组织大庆石油会战时，就开始考虑大庆油田的开发问题，提出要瞄准世界上，特别是美国、苏联大油田开发的先进水平，大胆实践，勇于创新，合理确定大庆油田开发的方针、原则和目标，发展属于我们自己的石油地质理论和油田开发技术。

1960 年 3 月，随着萨 66 井喷油，会战的重点转移到萨尔图油田。石油工业部党组及时调整部署，放弃了之前制定的葡萄花油田的开发计划，明确要将油田第一阶段的开发任务部署在长垣北部的萨尔图油田。

当时，大庆长垣的轮廓已经查明，探明的油田面积不断扩大。要开采这么大的油田，我国石油工业还没有现成的经验。在开发部署上,采收率提高百分之一就可能是一个中型油田的产量,如果稍不谨慎,就可能犯下无法改正的大错误,给后面的规模开发留下诸多困难。石油工业部党组研究决定,在萨尔图油田开辟一个小面积的生产试验区,所有油田开发的技术措施和开采方案都先在试验区的小范围内试验,探索规律、发现问题、积累经验,为以后的大规模开发提供参考。按照余秋里部长的话说,就是要先解剖一只"小麻雀",取得必要的数据和经验后再全面铺开,扩大开发。

1960 年 4 月 24 日,会战总指挥部正式在萨尔图油田中部划出一块油田作为生产试验区。这一地区油层厚度大、产量高,滨洲线铁路横贯其中,交通便利。最初确定的试验区面积为 22 平方公里,占当时圈定的 480 平方公里含油面积的 1/22。在 4 月 29 日召开的万人誓师大会上,余秋里下达大会战第一战役战斗任务的时候提出,大会战的一项重要任务就是要打下一块生产试验区,取得全套的开发数据,为大规模开发油田创造条件。

划定试验区的同时,会战总指挥部还讨论确定了试验区开发的基本原则,即采取早期注水,及时补给地层能量,注水方式为油田内部注水,具体是采用横切割行列式注水方法。这一原则符合一般油田的开发规律,因为许多油田的油井没有足够的油层压力驱油到地面,而在采油过程中,油层压力必然还要持续下降,大部分原油仅靠原始油层压力无法驱动采出时,就必须用人工举升的方法采油。早期注水原则也吸取了国内外油田的经验教训,从美国的东得克萨斯油田、威明顿油田,苏联的罗马什金油田、杜依玛兹油田,以及我国的玉门油田和克拉玛依油田的情况来看,如果不通过主动注水保持地层压力,只靠消耗油层的天然能量开采,油层压力就会很快下降,油田产量也会迅速递减,只有采取早期注水才能保持地层压力,才能实现油田的长期稳产。而大庆油田的地质特点是饱和压力高,油层弹性能量低,而且边水不活跃,不能起到补给地层能量的作用,如果不注水而仅靠溶解气作驱动能量,会使油田的采收率大幅度下降。

1960 年 5 月,会战总指挥部召开"五级三结合"技术座谈会,专门讨论生产试验区的技术方案和开发部署。会议按照开发试验的需要,把生产试验区扩大到了 30 平方公里,明确了早期注水,保持油层压力采油的具体执行方案。首先是在试验区开发时,先打注水井,2 排注水井之间打 5 排生产井。其次是采取合理的大井距,试验区 1 平方公里面积内先打 4 口井,采用排距 600 米、井距 500 米布井,萨尔图油层和葡萄花油层各部署一套井网,独立开采,2 套井网交叉布置,地面实际井距 250 米,以后视开发情况逐步加密。再次是控制生产压差,保持在饱和压力以上或接近饱和压力的情况下采油。按照当时编制的方案,30 平方公里试验区内计划布井 362 口,其中生产井 278 口、注水井 84 口,全部投产后预计日产油水平为 1.07 万吨,年产原油 353 万吨,年注水量为 522 万立方米。

为了尽快建立生产试验区,会战总指挥部决定,会战第一战役的主要任务就是在探明油田面积的同时重点打好生产试验区的攻坚战。针对提前到来的雨季,全战区缩短战线,除安排一部分钻机打紧急、必需的探面积、探边界的重点探井和资料井外,外围剩余钻机全部抢上萨尔图,全力抢打萨中地区的注水井、生产井。对于外围的建设工程,只要不是最迫切的项目,可以缓一缓,暂时先不上。全战区迅速集中了百分之八九十的钻井、油建、运输力量,快上萨尔图,猛攻试验区,确保试验区尽快投入大面积生产,得到稳定的产量,同时要尽快开展注水试验。

1960 年 5 月 16 日,生产试验区第一口油井——中区 7-11 井投入试采。通过排液采油,逐步降低井底压力,到 10 月停止试采,进行注水试验,又成为试验区的第一口注水井。

开辟生产试验区时,对于早期内部注水保持地层压力的开采原则,苏联专家也提出了他们的意见。1960 年,中苏关系发生了巨大变化,在石油工业部工作的苏联石油地质专家也准备陆续回国,但他们本着负责任的态度,摒弃两国之间的不愉快,以专家组组长祖包夫为首的一行 7 人专门来到大庆油田考察。专家组对油田的地质勘探、地球物理、钻井工作等给予了充分肯定,并提出了很多有价值的建议,如建议井深钻至葡萄花油层底部进行开采试验,赞同采取内部横切割早期注水的开发方式,支持同井分层注水;提出可以减小生产试验区生产井的排距,以便提高水驱效率;要设计好初期的注水量,控制多油层均匀吸水,针对油藏特征提前研究增加采收率的技术措施等。

但同时,苏联专家也提出了他们的担心和疑虑。祖包夫坦率地说:"大庆油田是陆相沉积,储油层的结构非常复杂,你们已有的开采经验,很难搞好注水开发。"其他几位苏联专家认真研究了生产试验区规划和井位设计图,不断摇头叹气,他们认为,开发油田必须按照开发程序一步一步进行,而在油田勘探阶段就匆匆忙忙割下来一块搞开发试验,是完全不顾程序地瞎干。萨尔图油田好比是一块品质上乘的毛料,30 平方公里的生产试验区如同在这块料子的正中央剪开了一个窟窿。他们担心一旦搞砸了,本来可以做西装的料子毁成了马甲甚至裤头,就太可惜了。苏联专家组善意地劝导中国同行,不要把油田开发的步子迈得太快,一定要按照油田开发规律,等油田完全探明了,再考虑布井开采,这样才最为稳妥。

对于专家组的建议,余秋里要求:我们要抓住最后的机会汲取苏联的油田开发经验,但也不能完全照抄"洋本本",试验区的这套开发部署能不能适应全油田的情况,要看具体的开发数据和采油情况,要坚持依靠自己的力量进行勘探、开发和建设。要尊重科学,加强试验,高速度、高水平建设生产试验区,走一条独立自主、自力更生开发建设大油田的新路。

7 月 2 日,会战总指挥部召开大会,成立生产试验区指挥所。会议强调,要加快推进生产试验区建设,加强对生产试验区的全面管理,明确提出了试验区产量要保持 3 年不递减,之后 5 年递减不超过 5% 的攻关目标,并提出了 10 项具体工作要求:钻井质量必须完好,钻井地质工作要做好,取芯收获率要高,测井工作要成套,射孔要射得准、射得透,测压要准,量油测气要准,摸清注水水性,分析试验工作要及时、准确、大量、系统、全面,要做好系统对比。为了适应试验区发展需要,会议决定组织 8 000 人,分成 6 路主攻队伍、3 路辅助队伍，在加快钻探、开发、地质和试验工作的同时，加紧推动水、电、路等保障工程，全力加快试验区建设。会议还决定扩大试验区范围，在东部和西部过渡带开展不同井网、不同油层、不同开采方式的试验。

8 月，会战总指挥部正式开辟中部西区生产试验区。中部西区采取了与中区不同的地面部署方案：2 排注水井间布 5 排生产井，排距 500 米、井距 400 米，对高中渗透率油层进行分注合采。9 月，又开辟了中部东区试验区，分 2 套井网开采：第一套井网开采葡 1 组油层，2 排注水井夹 1 排油井，排距 1 200 米、井距 600 米；第二套井网开采葡 2 组和萨尔图油层，2 排注水井夹 3 排油井，排距 600 米、井距 500 米。后来又开辟了南一区和北一区，生产试验区面积也进一步扩大到 60 平方公里。

1960 年年底，萨尔图生产试验区建设取得了显著成果。试验区内当年累计完成钻井 222 口，其中生产井 101 口、注水井 121 口。在试验区，探索实践了油田开发井网的部署和大面注水的技术、方法、效果，开展了大量科学试验，取得了宝贵的开采数据，为油田大规模开发奠定了基础。

集中力量开辟试验区，有效缩短了会战战线，极大推进了大庆石油会战的进程。在当时艰苦的条件下，缓解了运力、设备不足带来的困难。同时，会战队伍集中在试验区开展劳动竞赛，激发了队伍士气，创造了更多的实践经验，也促进了会战队伍工作水平和作战能力不断提高。

⚙ 攻克注水难关

注水试验是生产试验区最关键的战役。早期内部横切割注水，先注水后采油，生产试验区铺开后焦点就是注水。大庆油田油层天然驱动能力小，早期注水就是要在油层保持原始地层压力条件下开始注水，目的是不让天然气因为压力降低在油层分离，减少多相流干扰效应，减少地层能量消耗，提高油田的高产稳产能力。

会战总指挥部十分重视注水工作。萨尔图生产试验区铺开后，余秋里专门指派张文彬、焦力人共同去抓注水工作，张文彬主抓水源建设，焦力人主抓注水试验。同时，会战总指挥部成立注水攻关试验小组，点名由朱兆明、杨育之、刘文章、张会智牵头负责，首先在萨尔图油田中区西部的中 7-11 井开始注水试验。

中 7-11 井紧邻滨洲线铁路，附近有一片面积很大的水泡子，因为井场旁边有一个叫陈家大院的小村子，这个泡子就被大家称为陈家大院泡。中 7-11 井即铁人王进喜到大庆打的第二口井，也就是他拖着伤腿跳进泥浆池，用身体搅拌泥浆制服井喷的那口井，当时的井号是 2589 井。这是生产试验区的第一口油井，后来按照生产试验区井网统一编号，改为中 7-11 井。

1960 年 10 月，经过 2 个多月排液，生产试验区注水试验正式启动。攻关小组在陈家大院泡西北角的中 7-11 井井场搭起帐篷,成立注水试验前线指挥所,100 多人吃住在井场集中攻关。井场上,帐篷、储水罐、油罐、蓄水池四面环绕,水泥车、锅炉车、作业机往来穿梭,引擎轰鸣,试验现场一片繁忙。

为了确保注水试验的成功,攻关小组制定了详细的施工方案。他们吸取了玉门油田和苏联的注水试注经验,决定先进行几天的清水洗井作业,井底洗净清洁后再用现场水泥车注水,准备在试注成功后改为注水站注水。经过反复论证,大家都认为,这个方案对比玉门油田的注水方法有很大进步。可是万万没想到,试注开始后,中 7-11 井每天只能注进去 50 立方米水,距离每天注水 150 立方米的设计目标还相差很远。连续几天反复试验后,注水量依然没有增加,攻关小组束手无策,四员大将一筹莫展,试验陷入了僵局之中。

康世恩一直关注着注水试验的进展。了解情况后,他立即来到生产试验区,专门召开会议了解试验情况,研究施工方案,改进试注措施。刘文章代表试验小组作了汇报,康世恩越听脸色越沉,他压抑着心里的怒气连续发问:洗井用了多少水? 为什么不用热水洗井? 你们怎么知道井底洗干净了?

4 个人被批评得灰头土脸、无言以对。可康世恩并没有就这么放过他们,他继续严厉地批评:用 200 吨水洗井,就像拿一酒杯的水洗脸,能洗干净吗? 为什么不用 2 000 吨? 而且还不用热水。萨尔图原油“三高”,没有足够的热量,井底的死油不能化掉。这样做是马虎、凑合、不在乎,把这么重要的试验当儿戏,蛮干、胡干是会葬送油田命运的。康世恩要求他们不能停止试验,回到井上去好好学“两论”,重新研究措施,完不成任务就撤他们的职。

余秋里了解注水试验情况后,勉励大家,提出这是一场艰苦的地下攻坚战,不可能一次成功,要多搞几次试验。虽然大庆的原油黏度高了些,这是不利因素,但是也有有利因素,萨尔图地下油层的渗透率比玉门油田高得多,玉门油田注水已经注进去了,大庆油田也一定能注进去。这次试注没有成功,无非是 2 个因素,一是排液量不够,二是井底没有彻底洗干净。要总结经验、改进措施,继续猛攻中 7-11 井试注的堡垒,下决心破一破注水开发的不可知论。

挨了一顿疾风骤雨、劈头盖脸的批评,大家羞愧难当,但也茅塞顿开。余部长、康部长不仅仅是批评了大家,也为大家下一步的试注提出了主攻方向。大家回到前线指挥所,连饭都没顾得上吃,就聚集在煤油灯下研究改进方案。

组长朱兆明是石油工业部开发生产司采油处处长,他曾经在玉门油田主持过我国的第一次注水试验。正因为曾经有过注水工作经验,他首先从康部长的批评里悟出了门道:“先排液、后洗井、再试注,这套原定的设计程序没有问题,关键是每个环节应该达到什么标准。”他提出,下步的试注工作要按照“高、大、狠、准、清、净、稳、全”这 8 个字来干:高,就是提高洗井水的温度,加热到超过原油的凝固点和结蜡点;大,就是用水泥车最大排量清洗,把井里的脏东西彻底排出来;狠,就是不留死角,每一个油层都要洗到位;准,是用井下水嘴对准油层进行清洗;清,是指水质清洁,不能用浑水洗井注水;净,是指洗井出口的水质要干净,要达到进出口一致的标准;稳,是要让水泥车的压力和排量稳定,保持恒定不变;全,就是要取全取准各项试验数据,一项不落。

杨育之在苏联留学时学习过注水,听了朱兆明的思路,他也受到了启发。他提出,可以把这 8 个字再做一点修改,比如把"准"字的概念从对准油层扩展到对注入水的水质提出一个定量化的标准。刘文章提出,洗井的热水也要设定一个合理的温度值。张会智也激励大家说,咱们拼了命也要争这口气,一定要攻下早期注水试验这一关。几个人发誓说:"这次一定要把水注进去,再注不进去水,怎么还对得起余部长和康部长,不如就一起跳水泡子里淹死算了。"

深夜的萨尔图万籁俱寂,皎洁的月亮高挂在夜空,陈家大院泡静静地沐浴在深秋清冷的夜色中。帐篷里,昏暗的马灯摇曳着灯火,照亮着大家疲惫的面容。几个人继续在灯下整理新的施工方案,绞尽脑汁地谋划如何才能够撬开油层的嘴,让它喝进去更多的水。经过讨论研究,试验小组首先确定了注入水的水质标准为含铁量小于每毫升 0.5 毫克,机械杂质含量小于每升 2 毫克,浊度用玻璃瓶取样对比。同时,按照康世恩部长的要求,用烧原油的方法对洗井水进行加温,水温定在 80～90 摄氏度之间,如果水温再高的话,水泥车往复泵的橡胶柱塞承受不了。直到天光大亮,东方已经透出了一片朝阳,新的试注方案终于确定了。

1960 年 10 月 15 日,中 7-11 井再次开始了注水试验。整个井场烟雾笼罩、热气腾腾,现场按照预先的演练摆布整齐,3 台大马力水泥车、4 台锅炉车、3 台高压蒸汽车一字排开,锅炉队的职工们正在用紧急赶制的几台直径 2 米的土加热炉给洗井水加热。随着原油燃烧冒出的滚滚黑烟,水温在不断上升,50 摄氏度……70 摄氏度……90 摄氏度,试验小组同时还在热水中加入了大粒粗盐,以防止油层中的泥质成分膨胀降低渗透率。现场人员各司其职、有条不紊,洗井准备全面就绪。

朱兆明担任现场试验总指挥。随着他一声令下,3 台水泥车同时启动,伴着柴油机的高亢轰鸣,大地震颤,水龙奔腾,水泥车强有力的柱塞泵把 500 立方米烫手的热水注入管线,在高温高压下直冲井底,冲洗井下油层和射孔炮眼。循环洗井几个小时之后,出口管线返出来的水流开始由黑变白,化验组的技术人员连续不断地检测出口水质,经过与进口水质 133 次数据比对,确认达到了设计标准。

"倒流程,关闭出口闸门,开始试注!"随着朱兆明组长新的指令,现场所有人都揪着一颗心,捏着一把汗——方案几经修订,流程反复演练,决战的时刻到来了,试验成败在此一举。

朱兆明、杨育之、刘文章、张会智分别紧盯井口采油树和水泥车上的压力表。随着试注开始,压力表指针一下就蹿上了 200 个大气压,注入水在油层遇到了巨大的阻力,水泥车引擎马上变成了沉闷的低吼。"稳住,压力稳住!"全场都在默默祈祷,大家都清楚,水泥车的极限工作压力只有 300 个大气压,长时间高负荷运转后,柱塞泵最容易出故障,而在这样关键的时刻，假如有 1 台水泥车抛锚，剩下 2 台就更无法完成施工，整个试验都要前功尽弃。

在大家紧张热切的盼望中，经过坚持不懈的努力，油层终于被打开了。压力表的指针开始缓缓下降，水泥车的引擎声也变得欢快轻盈起来，井场上的人们喜笑颜开——这些现象表明，打开的油层已经开始慢慢吸水了。在储水池边负责计量水量的人开始高声报告注入量：50 立方米、100 立方米、150 立方米、200 立方米……几经周折，反复试验，中 7-11 井试注终于成功了，一天的注水量由原来的 50 立方米一下提高到 250 立方米，萨尔图油田在原始地层压力条件下早期注水的目标终于可以实现了。

第一口注水井试注成功预示着生产试验区的注水工作正式全面展开。会战总指挥部领导康世恩、张文彬、唐克一同到现场祝贺。后来，攻关小组再接再厉，又试验成功了冷水注水，因为大面积注热水能源消耗太高，只有实现冷水注入才更加具有现实价值。冷水注水试验成功后，迅速在油田推广，顺利打开了油田注水第一道门。

⚙ 十大开发试验和 14 项技术攻关

开辟生产试验区主要目的就是进行开采试验，为油田的大规模开发摸索经验。开采试验的重要内容就是注水试验，为了能够摸清地下油气水运动规律，真正验证注水开采效果，搞清油田注水后地下油层可能发生的变化和出现的问题，油田专门对试验区的科学试验情况进行了详细的规划和部署。

1961 年 4 月 14 日至 5 月 9 日，油田召开技术座谈会，经过集中研讨和反复论证，确定在生产试验区开展以油田注水为中心的十大开发试验。这十大开发试验是：利用天然能量采油试验；不同油层分注分采试验；不同渗透率油层合注，观察不同性质油层注入水在地下推进速度试验；油水井分注分采强化注水试验；油水井分注分采和分注合采试验；油水井合注合采、合注分采，提高油层压力高于原始地层压力 10 个大气压试验；放大注采井距，采用面积注水强化采油试验；葡一组（主力油层）放大井距单注单采，葡二组（非主力油层）和萨尔图油层合注合采两套层系井网开发试验；通过控制打开油层的射孔密度，对不同性质的油层配产配注试验；注水井一口井注水、一口井采油拉水线试验。

1961 年 5 月，为了保证十大开发试验的顺利推进，地质指挥所又提出集中力量开展 14 项技术攻关，即选择性注水技术，选择性堵水技术，选择性压裂技术，油井清蜡防蜡技术，不压井井下作业技术，矿场地球物理手段判断见水层找水技术，采油井油气计量技术，原油集输中降黏防凝技术，合理改善集输流程技术，集输管网加热保温技术，集输泵站自动化控制技术，管道防腐技术，管道焊接与施工技术，土建预制化、装配化技术。

这 14 项技术有很强的针对性：一是针对当时的原油集输难题，二是以注水为中心的分层注水和分层开采技术。这 14 项技术攻关的重点是加深对油层注水情况的摸索，搞清注水量和采油量的比例关系问题;解决好油层多、油层薄、吸水能力不同的情况下使水均匀注入的问题;认真研究注水后纵向和横向位移的变化,解决使注入的水均匀推进的问题;试验在注水中需要什么添加剂才能更好地提高采收率;通过录取大量的资料分析对比,了解注水后地层渗透性的变化。

试验设计内容向现场交底后,地质指挥所迅速组织油田石油地质、油田开发、地球物理、矿厂机械、采油工艺等多系统专业技术人员 200 余人,与采油指挥部共同组成一个观测总站和 10 个试验队,深入生产试验区 13 个井组、井排和区块,着手开展大规模的油田开发科学试验。

1961 年 4 月下旬,十大开发试验陆续展开。首先,在中区东部 3 排 17-25 井进行了"合注合采""合注分采"强化注水,提高油层压力的开采试验,共试验 27 口井;5 月下旬,在中区西部 3 排及两侧 2 排、4 排生产井进行了"分注分采""分注合采"试验,共试验 46 口井;在中区东部 7 排 18-25 井及两侧生产井进行了预定注采比(1.5:1 ~ 2.0:1)条件下"合注分采"试验,研究分层吸水能力、生产井见效情况和油井见效后生产特征及油水运动规律,共试验 19 口井;在中区 2 套井网层系进行了"分注分采"试验;在中区东部葡一组油层进行了大井距面积注水、"单注单采"强化采油试验,在葡二组及萨尔图油层进行了"合注合采"2 套井网开发试验;在中区西部 3 排 7-15 井及两侧生产井范围内进行了"不同渗透率油层合注"试验;在中区西部断块 10 口井进行了"利用天然能量采油"试验;在中区西部 9 排、10 排对 14 口井进行了不同渗透率油层"分注分采"强化注水拉水线试验;在中区东部 7 排、9 排进行了"大排距、大压差"注水开采试验,共试验 54 口井;1962 年,又在西区一套行列井网、一套层系组合进行了"分注合采"试验。通过这十大开发试验,探索研究了地下注水后可能出现的情况,摸索了油气水地下运动和油井生产规律。

从 1961 年到 1963 年,油田用近 3 年时间的推动开采试验,生产试验区取得了很多真实可靠的开发数据。这些第一手的数据证明了油田实行早期内部注水,保持地层压力采油的开发方针的科学性、正确性。

同时,通过开采试验,发现了很多油田注水开发出现的新情况和新问题。例如,由于油层间小层的存在形成层间差异大的特征,在试验中采用"合注合采"方式后,出现了注入水单层突进的现象,造成油井生产提前见水,受中 7-11 井注水影响的 2 口油井相继都出现了注入水窜进、含水上升的情况,这意味着油层注入水的驱扫面积会受到极大影响,驱油效果大大降低,油井产量会因此而下降,高水平开发的目标面临着巨大挑战。

采油工作的地下矛盾和问题随之而来,但也为下步科研攻关指明了方向。康世恩指出,要高水平、高速度开发好大庆油田,就不能见事迟、抓得慢,更不能在困难面前无所作为,任其自然发展;既要注水,又要治水,既要兴水利,又要避水害,要创造一种能够指挥油层中注入水的新措施,要用创新的采油工艺技术解决油田开发面临的主要矛盾。

经过讨论研究,"三选"工作的研究随之启动起来。"三选",即选择性注水、选择性堵水、选择性压裂。"三选"工艺技术的关键就是能够把地下油层分隔开来的封隔器。

1962年2月，康世恩专门找来刘文章。他要求刘文章尽快研制一种像北京大街上卖的糖葫芦一样的封隔器，把一串皮球连接到油管上，在油管中注水后皮球就能胀大，封闭油套环形空间，停止注水后就能缩回去，实现注水过程中注入层的人为选择。

同时，康世恩还向余秋里建议，为了尽快推动这项研究，要把技术人员集中起来，在油田成立专门的采油工艺研究机构。

1962年5月，采油工艺研究所正式成立，所长刘文章、副所长万仁溥。全所有技术人员251名，工人227名，组成3个井下作业试验队，最主要的任务就是全力攻关"糖葫芦"封隔器。在刘文章带领下，技术人员收集分析了当时国外所有的48种封隔器资料，认真研究每一种封隔器的结构、特点和适用范围。但大庆油田的地质情况不同，开采方式不同，国外的支撑式、卡瓦式、皮碗式常规封隔器都不能满足多油层分段注水的需要。要想实现"三选"，必须打破"洋框框"。

采油工艺研究所年轻的科研队伍发扬敢想、敢说、敢干，严肃、严格、严密的"三敢三严"精神，很快确定了研究方向。他们决定采用橡胶作为密封材料，采用水力压差座封和解封，形成了第一代水力压差式封隔器设计方案。方案确定后，采油工艺研究所加班加点，很快就制造出实物产品。但经过试验，封隔器的耐压只能达到25个大气压，距离150个大气压的目标要求相差甚远，而且经过一次次改进、一次次试验，仍无明显进展，橡胶耐压问题成了"三选"进程上最大的"拦路虎"。

康世恩听到汇报后，亲自来到试验现场，和大家一起研究解决问题。他指出，一是要杜绝试验中的盲目性，要找出规律，有针对性地攻关；二是要明确科学研究的紧迫性，不要丧失时机，油田的地下情况等不及；三是要扩大研究的协作范围，可以去找唐克，想办法解决橡胶的问题。同时，他还勉励大家，不要惧怕当前的难关，要准备像经过666次试验研制成"666"农药那样，攻下了这一关就为石油工业立下了大功，就是大庆石油会战的功臣。

了解到橡胶是攻关的难点，会战总指挥部副总指挥唐克想到了老战友吕其恩。吕其恩是他革命时期的亲密伙伴，曾经在太行山一起并肩与日寇作战。新中国成立后，两人各奔东西，当时吕其恩担任哈尔滨市市长，请他帮忙，一定能够解决橡胶研制的问题。刘文章带着唐克的求援信找到吕市长，请他帮忙在哈尔滨找一家有技术实力的单位，协作研究生产耐压橡胶筒。

在吕其恩亲自协调下，哈尔滨北方橡胶厂接受了这一任务。为了能尽快攻克封隔器耐压难关，刘文章等技术人员常常背着几十斤重的胶筒往来于哈尔滨和萨尔图之间。1962年年底，在北方橡胶厂协助下，他们经过1 018次试验，包括在多口注水井中的现场试验，终于研制成功了全新的水力压差式封隔器，其胶筒的承压能力达到了150个大气压的设计目标。打压以后，胶筒全都胀起来，真的像糖葫芦一样。科研人员看着这历尽千辛万苦才试验成功的宝贝，都亲切地称它为"糖葫芦派克"（派克是英语Packer的中文译音,即封隔器)。

"糖葫芦派克"研制成功后,采油工艺研究所的科技人员并没有满足于现有的成绩。经过反复改进和试验,他们将"糖葫芦"封隔器的耐压进一步提高到250个大气压,最多可以连接8级封隔器,实现多层分层注水,并且经受了批量应用的考验。当时,国外尚无此项纪录,采油工艺研究所通过不懈努力创造了大庆石油会战中采油工艺技术的全新高度。

"糖葫芦"封隔器的研制成功为油田分层注水提供了坚强的技术保障。正是因为有了"糖葫芦"封隔器,油田才组织开展了后来的"101、444"(注:101为注水井数,444为分注层段数)分层注水会战、"六分四清"油井管理活动。正是由于它的广泛应用,才满足了油田开发形势的需要,推动了大庆油田陆相非均质油层的分层开采和高效开发。1964年9月,这一科研成果获得国家计划委员会和国家科技委员会共同颁发的重大革新奖。

⚙ "146 开发方案"

1961年,随着生产试验区"解剖麻雀"式的攻关试验,从地下油层到地面工程,从采油工艺到集输储运,很多在油田开发上遇到的困难和问题已经得到初步解决,尤其是十大开发试验的顺利开展,为油田进一步扩大开发奠定了坚实的基础,积累了宝贵的经验。因此,在推动生产试验区全面建设的同时,石油工业部党组也开始考虑大庆油田的全面开发问题。

1956年9月,中国共产党第八次全国代表大会通过的"二五"(1958—1962年)计划指出,国民经济发展的基本任务是继续进行以重工业为中心的工业建设,推进国民经济的技术改造,建立我国社会主义工业化的巩固基础。同时提出,要在大约3个五年计划时期内,基本建成一个完整的工业体系。

石油工业部在"一五"时期就没有完成计划任务。"二五"计划开始后,本来希望在四川有所突破,但事与愿违,川中会战并没有实现预期的效果。石油工业要想在"二五"期间巩固发展基础,走上独立自主的发展道路,大庆油田的开发是关键。

1960年10月,石油工业部就开始思考如何扩大大庆油田的开发问题。部党组经过讨论,认为大庆油田的开发首先要从长期稳产高产出发,一定要从长远考虑,搞好总体规划,必须坚持实事求是和留有余地的原则。如果不留余地,可以一时高产,但却不能持久。因此,在制订开发方案时,不能只顾眼前,还要想到今后的10年、20年。留有余地,最重要的就是动用油田面积必须留有余地。当时决定,1964年以前,先开发萨尔图油田,杏树岗、喇嘛甸油田这2个"大仓库"要坚决留下来,作为油田长期稳产高产的储备。

根据部党组的讨论意见,余秋里和康世恩先后向邓小平、薄一波作了汇报。1961年3月14日,国家经委专门下发了关于大庆油田开发问题的会议纪要。

1961年4月14日至5月9日,会战总指挥部召开"五级三结合"技术座谈会,会议的一项重要内容就是讨论萨尔图油田的整体开发问题。会上,明确提出了萨尔图油田的开发方针和目标:保持长期稳定高产,原油年产量达到550万吨;各开发区年采油量按储量1%的速度稳产10年,全油田陆续开发后,在最高产量上稳产20年。

按照这一方针和目标,会战总指挥部决定,首先将滨洲铁路线两侧萨尔图油田中部投入第一阶段开发,包括中区、东区、西区、南一区、北一区5个区块,计划动用油田面积146平方公里,尽快编制开发方案。同时,还提出了制订开发方案的6条原则:一是内部横切割注水,早期注水保持地层压力;二是按照油层性质合理划分层系,分层开采;三是采用较大井距,为以后加密调整留出余地,保持稳产潜力;四是认识一步,实践一步,萨尔图油田开发以生产试验区为基础,逐步向南北扩展;五是保持工程优质,取全取准各项资料;六是尽量采用新工艺、新技术,争取更高的采收率。

石油工业部党组对萨尔图油田开发方案的编制十分重视,确定秦同洛、童宪章、李德生、谭文彬4位专家为总负责人,专门从中国科学院以及下属的兰州研究所、四川分院力学研究所、北京石油学院、西安石油学院、四川石油学院以及正在筹备的东北石油学院4所高校聘请抽调了85名科技人员,在北京成立了石油工业部大庆油田开发研究组,与大庆石油会战地质指挥所共同编制开发方案。1961年,大庆油田专门安排部署了28口开发资料井,取得了大量第一手资料。地质技术人员应用6.8万个数据,进行了160万次地层对比,绘制了146平方公里面积内45个油层小层平面图,为编制开发方案扎下了坚实的基础。1961年11月至1962年2月,油田部署完成了146平方公里开发面积万分之一地形图的测绘工作,为推进油田开发和地面建设奠定了基础。

从1961年5月开始,科技人员进行了大量开发理论和开发方案的研究工作。地质指挥所油田动态研究室、油层对比研究室等单位在石油工业部大庆油田开发研究组指导和协助下,进行了萨尔图油田储量计算,并完成了14个专题研究报告;利用中国科学院计算技术所的电子计算机计算了萨尔图油田北一区、南一区2 485个不同井网的开发方案,进行了方案的综合对比分析,得到了33.5万个数据;利用北京石油学院的电网模型对北一区和中区的实际资料进行了26个层次的模拟试验。科技人员还在萨尔图油田进行了大量开发研究试验,对认识油层、编制方案进行了很多有益的尝试,如向油层注二氧化碳驱油、提高油层压力10个大气压采油、用四氯化硅堵水等试验。

寒来暑往,冬去春还。1962年4月,科技人员经过一年的紧张工作,北京、大庆两地专家和科技人员紧密配合、协同作战,编制完成了《萨尔图油田146平方公里面积的开发方案研究报告(草案)》。

1962年5月11日至7月8日,大庆油田在地宫门采油指挥部新落成的礼堂召开技术座谈会。北京、大庆两地的700多位知名教授、专家、学者和研究人员汇聚一堂,对《萨尔图油田146平方公里面积的开发方案研究报告(草案)》进行了充分的讨论和详尽的论证,并在康世恩主持下,对研究报告进行了认真、全面的审查。8月1日,大庆石油会战总指挥部向石油工业部党组提出了《关于萨尔图油田146平方公里面积内的开发方案报告的审查意见》。该意见认为，方案对储量的计算是有根据的，开发措施是可行的。方案设计的井网部署、开发层系、射孔密度及配产配注方案科学合理，符合萨尔图油田实际；预测的油田含水上升速度、采油速度、压力变化幅度和产油量、注水量等开发指标有很大的先进性，并且留有充分的余地；与国外同类油田的开发实践相比，突破了传统模式，部分技术的创新点很突出。按照部党组多次讨论决定的长期高产稳产，保留"大仓库""小仓库"，开发层系划分和井网部署必须谨慎的方针和原则，该意见还对开发方案提出了3条具体要求：一是在146平方公里范围内年产油能力定为500万吨；二是北一区、南一区注水井排两侧的生产井在投入生产的最初5年内要实现基本不见水，切割区内的总产量10年内保持均衡稳定；三是开发区内的年采油速度保持在3%左右。

方案经过修改后，正式形成了《萨尔图油田146平方公里面积的开发方案》，简称"146开发方案"。这一方案以地质研究和开发试验为基础，吸取了生产试验区取得的宝贵经验，着重考虑了油田注水后单层突进等矛盾和问题，解决了油田开发中合理开采方式、合理划分组合开发层系等基本问题，地质依据充分，同时综合考虑了各种开发经济指标，明确了油田开发的指导思想和具体原则，是专家、学者和一线科技人员相结合的产物，是科学研究与生产试验相结合的产物，是整个石油工业集体智慧的结晶。

1963年4月，"146开发方案"通过了石油工业部党组正式批准。与之前玉门油田、克拉玛依油田开发方案由美国地质家和苏联专家主持制定不同，"146开发方案"是我国石油工业发展史上第一个完全由自己的技术人员编制的大型油田开发方案，不但真正实现了独立自主，而且方案符合实际，开发效果十分明显。到1963年年底，"146开发方案"全部实施，萨尔图油田全面投入第一阶段开发，如期建成了年产原油500万吨的生产能力。

1963年，在"146开发方案"实施的同时，石油工业部党组决定将萨尔图油田北部136平方公里油田面积纳入开发范围，开始着手编制萨尔图油田282平方公里开发方案。1963年4月，部党组进行了专门讨论，决定尽量少动用可采储量，短期内大庆油田的开发仍然以萨尔图油田为主战场，要争取在282平方公里面积内形成年产1000万吨原油的年产量。在开发方案制定时，首先以提高油田最终采收率为根本目标，开发规划的第一位是最终采收率，第二位是开采速度，第三位是合理的经济指标。同时，将建成年产原油1000万吨规模确定为大庆油田开发的第一阶段。在这一阶段内，萨尔图油田中部146平方公里面积从1963年全面投入开发，萨尔图油田北部136平方公里面积从1964年开始投入开发。在这一开发规划内，"146开发方案"仍然是重要的基础方案。

"146开发方案"的编制有力推动了大庆石油会战高速度、高水平的发展进程。"146开发方案"的部署实施标志着大庆油田从试验性开采正式转入全面开发，"146开发方案"的全面落实标志着大庆油田基本建成，大庆石油会战取得了决定性的胜利。"146开发方案"不仅是大庆油田的第一个开发方案，也是中国石油工业第一个成功的开发方案，在中国石油工业发展史上具有里程碑式的重要意义。

第五篇

为油田负责一辈子

第十一章

施工质量过得硬
负责油田一辈子

　　大庆石油会战开始后,尤其是生产试验区攻坚战全面打响后,战区的生产规模迅速扩大,油田各项建设高速推进和管理相对薄弱的矛盾开始显现出来。一些基层单位受到"大跃进"思想的影响,一心要抢红旗、站排头,一心追求生产速度和进度,甚至形成了重速度、忽视质量,马虎、凑合、不在乎的错误风气,结果造成管理工作顾此失彼,不仅没有真正实现会战要求的"高水平、高速度",还暴露出很多施工质量上的严重问题。会战工委敏锐地发现了职工队伍中的不良思想倾向,及时制止了可能影响会战进程和会战结果的危险苗头,通过加强管理措施和提高技术水平,不断提高施工质量,把轰轰烈烈的石油大会战引上了正确的轨道。

⚙ 难忘"4·19"

　　1960年,会战刚开始时,会战职工气势高涨,为快速拿下大油田甩开膀子大干。但有的队伍只是把速度当成了主要目标,而对施工质量有所忽视。余秋里、康世恩等领导意识到,"针鼻儿大的窟窿能透过斗大的风",不顾质量地大干蛮干,不抓管理地急攻猛打,不但不能实现会战的"高水平、高速度",甚至会好心办坏事,好油田也会管成坏油田,粗枝大叶、急功近利会让来之不易的石油大会战成果毁于一旦。

　　1961年4月14日,战区在群英村召开600人参加的"五级三结合"技术座谈会。这次座谈会没有像以往那样照例表彰先进,而是直转风向,公布了一份现场调查报告,曝光了很多涉及油田发展的质量问题。

作为石油会战的火车头，首当其冲就是钻井指挥部的严重问题。1961年1月到3月，在油田完钻的23口井中，就有4口井误射孔，5口井固井质量不合格，4口井井底冲洗不干净，5口井油层浸泡时间过长，就连王进喜带过的1205标杆钻井队也打了一口斜度超过3度的井。

紧接着，采油指挥部也被点名：接管的新井不安装压力表就投产，漏取了很多重要的原始资料；井场脏、乱、差，出现了一些油乎乎、黑乎乎、黏糊糊的"三乎"井。更加严重的是地下管理混乱，注水都注到了高渗透层，水舌突进，水线拉不成；采出来的原油出自哪些油层成了糊涂账，谁也说不清。

主持会议的康世恩一腔怒火，对这些现象进行了严厉的批评。他拍着桌子，指出干工作不能光有张飞的猛劲，重速度、轻质量，这是"抬着棺材进坟墓"，坚决不能让这样的风气蔓延，这要毁了整个石油大会战。他现场就点了钻井指挥部的名，直接让当时担任钻井指挥部指挥的李敬等领导站到台前来接受批评，现场检讨。

暴露出来的是质量问题，可根源在于干部、在于管理。康世恩对李敬在大会上的检讨并不满意，4月17日，康世恩再次对钻井战线重速度、轻质量的现象提出批评：驴粪蛋子外面光，贴金的马桶里面脏，要不怕丢人，就到万人大会上去检讨。

1961年4月19日，为了让更多的人受教育，会战总指挥部召开千人大会。余秋里部长和周文龙副部长也参加了会议。会上，康世恩再次对发生的忽视质量的问题一一列举，钻井指挥部又被点名批评：谁不讲质量，我就和谁拼命，你们怕丢人，我怕丢了大油田；钻井指挥部是石油会战的火车头，火车头不带好高质量的头，石油会战就会出轨；鼓干劲的口号喊得比谁都响，就是没有质量；今天，还要把你们的领导请到台上来，让你们的头脑清醒清醒。

李敬和钻井指挥部副指挥兼总工程师王炳诚再次被"请"到了台上。康世恩语重心长地指出，钻井战线是油田的生命线，工作质量的好坏决定油田的命运；党把这个战线交给了你们，这是组织对你们的极大信任；钻井队伍是一支过硬的队伍，指到哪里打到哪里，到底怎么才能干好，就看领导怎么指挥；质量问题不完全是技术问题，主要是人们的思想方法和责任心问题，也是领导干部对质量的态度问题；钻井质量好不好，根源就在干部，需要把队伍带到以确保质量为中心的道路上来。

会上，余秋里因势利导，提出了"干工作要为油田负责一辈子"的指导思想。他指出，质量问题关系到今后会战的成败，会战工委要在全油田开展一个以检查质量为中心的群众运动，发动广大职工充分揭露本单位存在的问题和矛盾；各单位要像对待敌人那样，毫不留情地和"低标准、坏习惯、老毛病"做斗争，坚决纠正"一粗、二松、三不狠"的坏作风。没有一个全体总动员、狠抓质量的作风，会战工委提出的高标准、严要求就会落空。对1205钻井队在南线打的那口斜度超过3度的井，余秋里提出了明确要求，并坚决让王进喜把这口井填掉，同时指出，质量不合格就要推倒重来，一定要下定这个决心，要让大家记住一辈子。

会后,李敬和王进喜来到 1205 钻井队,带领全队把这口不合格井填了起来。有的职工对填井不理解,认为 1205 钻井队是全国石油工业战线的红旗单位,填了这口井就是给标杆队的队史写上了耻辱的一页。王进喜说:"没有这一页,队史就是假的。这一页不仅要记在队史上,还要记在我们每个人的心里。要让后人都知道,我们填掉的不仅是一口井,还填掉了低水平、老毛病和坏作风。"王进喜的一番话让大家幡然醒悟。全队职工在李敬和王进喜的带领下,眼含热泪背水泥,共同把这口井填掉了。

"4·19"大会在全油田敲响了质量问题的警钟。为了帮助钻井战线尽快整改,会战总指挥部的各路领导都对钻井施工的质量标准提出了明确要求。分管采油的焦力人提出,新井完钻试压时,采油树高压阀的法兰外侧贴上窗户纸,试压压力达标后,窗户纸不鼓起来才算合格。分管地质的范元缓要求,钻井取芯务必要保证收获率,只要发现井队有一筒岩芯收获率低于 80%,一定要通知王炳诚到"二号院"(会战总指挥部机关驻地)报到,说明原因和整改措施;如果一个队连续 2 次岩芯收获率低于 80%,必须停钻整顿。

分管钻井的张文彬亲自深入钻井指挥部,带领大家一起分析造成质量问题的原因。经过讨论分析,大家一致认为,质量问题的根源是管理,主要责任在领导层,钻井指挥部领导首先要认真反思问题,最重要的是思想问题,要拿出行之有效的整改措施。同时,还找出了导致质量问题的 2 个直接原因:一是队伍的作风不过硬。张文彬提出,干部要带头认认真真地抓基础工作,苦练基本功,严格执行规章制度和技术措施,杜绝低水平、老毛病和坏作风。二是有些技术不过关。这一点要通过科技攻关,不断使用新技术、新工艺、新方法、新装备才能更好地解决,钻井指挥部要有针对性地开展攻关,以技术进步保证钻井质量。

问题找到后,钻井指挥部连夜召开会议。为了更好地纠正队伍作风问题,大家一致认为,钻井战线对新情况下出现的新问题估计不足,有利方面看得多,不利方面看得少,强调了指标,放松了措施,注意了速度,忽视了质量,因而才出现了这么多的质量问题。随后,钻井指挥部成立了以张文彬为团长,刘韬、李云、李敬等为副团长的整改检查团。4月 21 日开始,检查团分成 8 个小组深入基层,围绕质量问题,在职工中开展广泛深入调查研究,了解职工对质量工作的看法,听取群众意见,收集群众反映的质量问题,制定专门整改措施。同时,为了提高钻井技术水平,钻井指挥部确定了钻垂直井、千米刮刀钻头、交流电驱动钻机、定位射孔、气动下灰固井、优质泥浆、取芯和井架安装 8 项技术研究课题。经过讨论,钻井指挥部决定首先解决当前的最主要矛盾——对施工质量影响最大的油水井误射孔问题。

目标确定后,任务开始层层推进。钻井指挥部首先分析了造成屡屡误射孔的原因并不是射孔枪本身的问题,而是悬挂射孔枪下井的电缆拉伸变形问题。在每口井射孔前,操作人员都要用皮尺反复丈量电缆,并在电缆上做好明显的深度记号。尽管如此,还是无法解决射孔的精度问题——1 000 多米长的电缆在受热、受拉力的情况下造成的误差仅靠麻绳、尺子加剪刀这传统的"射孔三件宝"来手工校正,根本无法做到准确射孔、百发百中。

1961年下半年,钻井指挥部成立了定位射孔攻关组。技术娴熟、经验丰富的测井工程师赖维民在长期的测井实践中,发现能够产生磁性的仪器在井筒中上下运动,经过套管连接处的接箍时,就会感应出一个明显的电信号,表现在图像上,就会形成一个小尖峰,而且波形一致,规律性很强。如果利用这一原理研究一种磁性定位仪,以套管接箍作为定位参照物,校准电缆输送的射孔枪对准油层部位的套管,那就不会发生误射孔了。

这一创造性的思路一经提出,立即得到了石油工业部的高度重视。如果这一设想能够成功实现,将是整个石油工业史上的最大创举。石油工业部勘探司立即派出2位试油和测井方面的技术专家赵声振、蒋学明,帮助赖维民一起设计磁性定位仪。经过近1年的反复实验,并经过多次下井实测,仪器对套管接箍的磁信号定位越来越准确。1962年5月,定位射孔工艺终于走出了实验室,开始在油田投入实际应用。这一工艺的研制成功让油井射孔彻底告别了人工丈量电缆的"原始时代",成为中国石油射孔定位技术走向世界领先水平的开始,成为轰动整个中国石油界的重要发明。很快,这项工艺技术就在全国各油田推广应用,为提高射孔质量提供了重要的技术保证。

在推行这项工艺技术的过程中,王炳诚又结合实际提出了改进措施。由于下到井下的套管长度都很相近,磁性定位仪不易区分哪根套管邻近油层。为了解决这一问题,他提出修改套管管串设计,让管子站专门生产一批套管短节,作为明显的定位标志下入油层上部的标准层部位,以此来确定射孔枪与油层之间的相对位置和距离,让磁性定位射孔技术更加完善。

"4·19"大会不仅推动了钻井战线的质量进步和工艺技术提升,也成为全油田狠抓质量工作的一个缩影,尤其是在会战初期,在战区基层建设、质量管理工作还相对薄弱的情况下,敲响了质量工作的警钟,促进形成了"人人出手过得硬,事事做到规格化,项项工程质量全优,台台在用设备完好"的良好风气,推动和加强了油田各项管理工作。

⚙ 质量是油田的命根子

1961年5月10日,会战领导小组在油建四大队食堂召开干部大会。余秋里要求,要立即行动起来,提高质量,改进作风,全力夺取大会战的全面胜利。康世恩、周文龙,石油工业部司局长及会战领导小组成员出席了大会,全战区科(室)、处负责人和队长、指导员以上干部1 100余人参加了会议。

大会总结了1年多的会战成果,专门提出了质量问题,并着重强调。余秋里指出,会战成绩很大,质量基本上是好的,但缺点也不容忽视。这些缺点主要表现在工程质量有些地方不够理想,如今年钻井合格率不够高;管线焊接质量不好,存在跑气、漏油、刺水现象;基本建设中有些代用器材不好,发生过事故;对器材设备的维修爱护不够,以及工作方法简单生硬,工作上有时抓得不够准确等。虽然这些质量上的缺点不是主要的,而是次要的,是九个指头和一个指头或者不到一个指头的关系,甚至有些还是前进过程中极难避免的缺点,但对任何缺点都要认真对待,对任何质量问题都不能原谅。

质量是油田的命根子,只有保证质量,才能使会战各项工作立于不败之地。余秋里指出,要在长期的生产考验过程中,坚定不移地打牢基础,抓实质量,保证油田长期稳定高产。第一,要立足于地下地质工作,继续不间断地把地质资料搞清搞实。要对地下的油层厚度、渗透率、孔隙度、压力变化等搞得清清楚楚,取芯、电测、岩性对比要全面做好;对地下资料的取得,要不断修正,不断充实,精雕细刻,反复进行。第二,要立足于工程质量,要有高标准、高规格。打出一口井硬是一口井,100%合格,每一根管线都要畅通无阻,不漏油、不漏气、不漏水。为了保证质量,要搞一整套一条龙的办法,从钻井、固井、电测、射孔、试油一直到井口装置、保温等,都要有严密的监督、检查和验收队伍;要组织一定数量的专家和政工干部执行这一任务,质量不好的,宁可返工;检查必须严格执行,实事求是,不能马虎包庇,必须坚持百年大计,质量第一。

康世恩对质量问题抓住不放。他反复思考,给总指挥部的干部们出题目,让大家共同研究如何才能提高干部职工的责任心,树立对工程质量负责一辈子的思想认识,真正把质量工作落到实处,建设更多的优质工程、名牌工程。

灯不拨不亮,理不讲不明。经过研究讨论,大家认为,把好质量关,主管领导的责任心最重要,对重大工程要实行工地主任负责制。康世恩进一步提出,负责人要"刻字留名",电焊工要把自己的代号刻在焊口上,自己干的活要经得起子孙后代的检查和时间的检验,做到真正为油田建设负责一辈子。

北二注水站是全油田第一个实行"刻字留名"的工程。在它的主建筑外墙上,醒目地刻着当年负责施工的工地主任崔海天的名字。这座砖木结构的普通平房历经几十年依然完好如初,当初建站时使用的大闸门历经几十年依然灵活好用,最后因为工程改造的需要才被换下来,后来被评定为国家级文物,至今还陈列在大庆油田历史陈列馆。

为了提高职工的主人翁、责任感,强化质量监管责任,油田还制定推出了"五不准施工"制度。这一制度明确规定,在以下5种不符合质量要求,或者没有质量保证的情况下现场施工人员有权利拒绝施工:一是任务不清,情况不明,施工图纸不清楚不施工;二是质量规格标准和技术措施规定得不清楚不施工;三是备料不符合要求,施工必须具备的基本条件没有准备好不施工;四是施工的设备仪表不齐全、不完好不施工;五是上道工序不合格,下道工序不施工。"五不准施工"制度标准下发后,各单位专门制作成公告警示牌,竖立在各个井场和工地上,要求现场施工人员相互监督,严格遵照执行。

随后,会战总指挥部又制定补充细则,对现场使用的原材料提出了具体规定。要求所有施工用的原材料必须经过化验分析、检测,不管是水泥、管材还是其他材料,不管是从哪个渠道进来的,检验不合格不准使用,没有检验合格证,工人有权拒绝施工。如果使用代用品,必须经过反复试验,证明其性质良好,合乎设计要求,不会影响工程质量,才准代用；否则，工人有权不施工。

康世恩对"不准施工"的标准提出了明确要求：这些规定必须卡死，松不得口；一松口，就会有人强调客观原因，放松管理，随便代用，就会不断出现质量问题。只有"说一是一，说二是二"，让"过得去"变成"过不去"，让标准成为习惯，让习惯成为自然，才能真正把好质量关。

1962 年，会战第一战役打响后，针对油田以往生产中经常出现的问题，会战总指挥部又提出了保证油田基本建设施工质量的四点意见，把质量工作摆在了最突出的位置上。

一是要大抓工程质量，打好质量工作的思想基础。对待工程质量必须从"好"字出发，牢固树立"只有好，才有快"的意识，再细小的工程也要以"好"为基础，以质量为保证。从"严"字入手，时时严、处处严，不能有丝毫的迁就与马虎。从"细"字上下功夫，严细认真对待每项工作，扎扎实实做细每项工程。

二是要从头抓起，一贯到底。要狠抓施工设计、材料检查和职工的技术培训。每张设计图纸上的每一条线、每一个点、每一个数据都必须准确无误；设计要符合生产实际，面向生产实际，提高设计水平。对原材料，必须做好质量检验和化验分析，要使工程上的一钉、一木、一块砖、一寸管线、一块钢板都达到质量标准，为保证工程质量奠定物质基础。职工的技术水平一定要达到质量标准要求的技术基础，符合工程项目的技术要求，一方面要坚持搞好练兵，加强关键操作技术的培训；另一方面必须实事求是地进行施工前的技术考核。

三是要坚持检查制度，狠抓自检、互检、专职检查这"三项检查"。要把群众性的质量监督和专项质量检查很好地结合起来，一个项点、一个项点地抓好、抓实，一道工序、一道工序地卡死、卡严，本道工序质量不合格，坚决不能执行下道工序，严格把好质量关。

四是要充分发挥技术人员和老工人的作用。技术人员必须深入工地，面向现场，凡制定的各项技术措施必须结合生产实际，同时要向工人细致交底，把抓面上的管理变成职工群众的实际行动。要让老工人发挥技术特长，带头搞好质量，积极掀起"创名牌""立标杆"活动。各级技术管理部门要善于发现问题，解决问题，认真按照规章制度和操作规程办事，扎扎实实搞好技术管理和质量管理工作。

1962 年 11 月，为了真正做到对质量负责到底，为油田负责一辈子，会战总指挥部还在油田建设战线推行了质量回访制度。会战 2 年来，油建系统广大干部职工建成了大批的转油站、注水站，敷设了大量油气集输干线和供水、注水管线。这些工程最早的已经投产 2 年，质量究竟怎么样？经过生产实践的检验有无什么问题？使用单位对这些工程还有什么意见？油建指挥部党委专门组成质量回访团，由副指挥崔海天、徐振带队，带领工程师、质量管理人员、基层干部和不同工种职工代表到那些由他们施工，现在正在生产中的单位登门拜访，征求意见。

从 11 月 24 日开始,回访团先后访问了 8 个单位,20 多项单项工程。回访过程中,经多方征求意见和自我严格检查,证实 2 年来的工程质量是过得硬的,生产部门普遍十分满意。对于使用单位提出的个别问题和意见,能现场解决的现场解决,不能现场解决的立即安排解决,切实改进工作,提供质量保证。

由于高度重视施工质量,毫不放松地严抓严管,油田的质量管理形势得到了彻底扭转。到 1963 年年底,油田开发面积达到 146 平方公里,高质量、高速度、高水平地建成了生产建设的八大系统,一座现代化的石油基地基本建成。在工程质量上,所有的油井井斜不超过 3 度,最直的只有 0.6 度;固井质量合格率由 1960 年的 95% 上升到 99.5%;射孔合格率由 1960 年的 90% 上升到 97.3%;岩芯收获率由 1960 年的 58.3% 上升到 95%。3 年共铺设各种管线 600 多公里,共有 13 万道焊口,一次试压合格率达到 99.99%,工程优良率达到 93%,涌现出一大批优质工程和优质项目。

同时,也逐渐在油田职工队伍中培养形成了重视质量、一丝不苟的优良作风,进而涌现出许多"好"字当头、自觉从严的钻井队、采油队、施工队、作业队,出现了许多最讲认真、严细成风的好干部,出现了许多"宁肯身上掉层皮,不让质量差分厘"的好工人,成为传诵至今的油田经典。

⚙ "一公分精神"

"4·19"大会以后,油田上下普遍形成了重视质量、狠抓质量的好风气。"质量就是油田的生命,质量就是速度的保证"的思想越来越深入人心,各系统、各单位都提出了行之有效的质量管理措施,有的单位甚至把施工质量精确到了厘米、毫米,牢固树立起了"为油田负责一辈子""干工作要经得起子孙万代检查"的质量意识。

为了保障油田基本建设,会战总指挥部提出:要严细认真、一丝不苟地对待工程质量,加强制度保障、技术保障和人员保障,教育和引导职工,逐步培养"人人抓质量、处处重质量、事事讲质量"的良好风气,把施工差错消灭在图纸上,把质量隐患消灭在施工前,迅速形成一个重视质量、严格把关的良好开端。

机电安装系统严格材料检查,狠抓质量节点,建设工程精益求精。1962 年 4 月,机电安装四大队承担了西油库金属油罐的附属工程,包括工艺管线、加热器、连接管、法兰安装、打压试漏和设备保温等,工作量大、面宽,项目工艺复杂,质量要求很高。施工中,他们首先从原始材料质量入手,对电焊条、沥青等严格选择,除了标号合格统一外,还对出厂日期、存放情况进行了调查,对材料质量进行了抽样检验,一丝不苟地严把材料关。在工艺审查上,他们结合以往的工作经验和油库投产后的实际情况,对照施工图纸,对各个工艺流程、项目节点逐一会审,发现问题后立即提交设计部门研究讨论,提出新的施工意见后再开工,杜绝了机械按照图纸施工达不到生产要求后再返工的现象。在工程安排上,把大队、中队的技术员加强到管工、铆工、焊工等主要工种班组里,协助把好质量关。对已完成的工程,实行打代号制度,谁负责施工就打上谁的代号,就要对质量负责,工程验收实行三级检查,严格执行技术和质量标准。整个工程 350 道焊口一次试压成功,工艺管线平正垂直,组装间隙均在 2 毫米以下,全部优于规定的质量标准。

设计院为了提高设计质量,制定了 5 项设计标准,做到施工设计"四落实",即生产工艺方法落实、施工条件落实、材料设备落实、建设地区条件落实。在此基础上,建立"设计质量检查卡"制度,对于每张图纸,从描图员到总工程师,逐级审核签名,做到消灭错、漏、碰、缺,达到"看图施工,不讲自明",确保施工设计满足施工需要,使设计质量大大提高。

钻井系统吸取"4·19"的沉痛教训,从上到下、从干部到职工,都牢固树立了质量意识,严抓质量问题。各钻井队加强生产管理,严格制度要求,对照钻井质量的最新标准,认真落实关于井眼质量、泥浆性能、泥浆密度和水泥上返速度新的 4 条质量标准,由工程师、生产科长、技术员分别组成现场检查小组、质量综合研究办公室和现场资料小组,形成保障质量的现场"顾问团",及时发现问题、研究问题、解决问题。

有一次,总工程师杨录在 1263 钻井队发现泥浆槽子不合格。为了教育各井队加强对泥浆的管理,钻井指挥部随即在该井召开了泥浆循环系统现场会,专门研究解决循环泥浆沉淀砂子的问题。1263 钻井队当晚就修改了泥浆槽子,保证了钻井质量。1275 钻井队由于坚持泥浆检测化验制度,连续钻完 2 口高压气井,井身质量、固井质量全部合格,还创造了取芯收获率新纪录。1281 钻井队在夹层井段钻进时,坚决克服加大钻压单纯争取进尺的做法,防止这种地层情况下最容易发生的井斜现象,全井井斜只有 2.1 度,完全合乎质量标准。

还有一次,1284 钻井队打的一口油井下套管时发生了试压不合格的质量事故。该队队长王润才和职工们一起,把油井套管从深深的地层中一节一节地拔出来,逐节检查,认真查找原因。最终他们发现,造成这次事故的原因是有一处套管接箍变了形,而下井前检查不严,没有发现。后来,队长王润才就背上这个沉重的套管接箍,走遍广阔的油田,到每一个钻井队去现身说法,给全体干部职工介绍发生质量事故的教训。从那以后,钻井战线所有的油井都打得笔直,而且固井质量普遍提高,最直的井井斜只有 0.6 度,井底位移只有 0.4 米。这就相当于顺着一条直路走,走了 1 公里,偏差没有超过半米。

3259 钻井队健全制度,狠抓质量,边打边学边进步,打深井的技术和质量大幅提高。为了抓好深井钻探工作,3259 钻井队经过认真的思想动员,从井架安装开始就狠抓施工质量和安全工作。井架安装完毕后,分别对井架基础、绷绳、配件和机械动力设备等进行全面细致的检查,完全合格后才正式开钻。钻进过程中加强生产和质量管理,抓钻头、抓钻具、抓泥浆、抓指重表,反复检查下井钻具,严格控制施工程序,随时掌控泥浆性能,质量措施确保落实,实现安全平稳钻进 4 个多月,先后创造了班进尺 480.5 米、日进尺 751.8 米的新成绩和新纪录,井斜、井径等质量指标完全达到优质要求。特别是采用筒式取芯后,他们边学边干,在取芯作业中严把质量关,平均岩芯收获率达到98.9%,其中有七筒达到了100%,实现了安全优质施工。

固井队伍坚持按照"固井约法十章"科学组织固井施工,保证了固井质量口口合格。1962年会战刚开始,为了提高固井施工的质量和效率,固井系统在职工讨论和技术准备的基础上,总结形成了"固井约法十章"施工规范,一方面加强固井设备维修保养,另一方面按照人员的思想和技术状况、体力强弱对队伍做出调整,保证了固井从车辆、物资、技术、人员、制度的成龙配套。施工前对职工进行技术交底,施工中严格按照工序施工,坚持做到设备"三定"(定车、定人、定司机)、干部"四包"(包车、包人员思想、包管线不漏、包替泥浆质量)、技术"五查"(查管线、查洋灰、查水、查泥浆性能、查井下情况),牢牢把住了质量关。4月1日至11日,他们连续固井8口,口口质量全优,打响了会战开门红。

在1963年的射孔会战中,共青团员金世英往返40公里,连续工作30个小时,对质量工作一丝不苟,消灭了射孔深度1公分的差错。6月14日,天还未亮,射孔中队助理技术员金世英在值夜班时接到了大队转来的一份射孔测井图。图上标示着应射孔的油层位置和地面四通高度,并有测井队队长、验收员、操作员和射孔队验收员等的签字。金世英虽然工作一天后又值了一宿夜班,但当他接到图纸后,高度的质量意识和强烈的责任感使他忘掉了疲劳,立即聚精会神地查对每个数字。当他看到图中标写的井口四通高度是43公分时,他产生了怀疑:"以往的四通高度都是44~46公分,为什么这里出现了43公分呢?一定要弄个水落石出。"他还发现,图上缺少地质员的签字。他想:"质量问题不能马虎。射孔虽然允许有30公分误差,但那是在地下真正无法避免的情况下才允许的。而这1公分可能的误差是在地面上,一定要消灭它。"

决心已下,金世英立刻跑到大队调度室,找到值班员查对井号和射孔时间。当得知这口井就要在当天射孔,而且射孔作业队已经上井时,他当时就着急了。为了不影响射孔时间,同时又要消灭这个可能存在的差错,他不顾天还没亮,赶忙跑到地质室,喊醒了地质员李自跃,和他一起翻出射孔设计书和汇报记录本,经过查对,找到了测这口井的是测井七队。他又跑到测井队,可是测井七队的职工都已上井了,其他人员也不清楚。

怎么办?一定要负责到底,不让自己手里出半分差错。这时已是早上8点,金世英一天一夜没闭眼,肚子也饿得咕咕叫,但他都没有顾得上,一心要把问题弄个水落石出。他向大队和中队领导作了汇报,领导们都很赞赏他这种勇于负责的精神,并告诉他:"弄不清楚,这口井就暂不射孔。"领导的支持让他坚定了信心。他在队上把所有资料都检查清楚后,又立刻带上图纸和卷尺到现场去实测。一辆顺路的射孔车把他带到井排上,他又沿着井排走了40分钟才到达射孔井场。在现场,他和正在这口井上施工的1801射孔作业队职工一起,用钢卷尺在井口四通周围仔细测量,实测结果是44公分,而不是43公分。他把这个事实告诉了现场作业的人员,并找到了原来错写了数字的地质员,请他更正签字。这时他已先后找了6个单位,询问了9个人,奔波40公里,连续工作了30个小时。当他把这一切都处理妥当后,他才感到自己眼皮发涩,两眼酸痛,但是想到准确射孔能多出原油时,他心里却是无比高兴。

余秋里听到金世英的事迹后,高度赞扬了他这种为质量负责的精神。11月16日,《战报》头版头条刊发题为《一公分见精神》的报道。从此,"一公分精神"传遍了战区,成为会战职工一丝不苟严抓质量的榜样,成为石油工人"为油田负责一辈子"的真实写照。

"五毫米见精神"

在质量管理上,油田建设是大庆石油会战的一个特殊系统。他们所承担的任务中,地下和隐蔽项目多,工程使用年限长,施工质量尤为重要。比如埋藏地下一两米深的油水管线,一经覆土,极难返工,不但要经受高温、高压、严寒等恶劣环境的长期持续考验,还要承受油、气、水等介质的常年冲刷和酸碱腐蚀,假如有一道焊口出现沙眼,就会造成无穷的后患。

1960年12月下旬,油建施工的一条输油管道试压时,焊口冒油。康世恩闻讯后,直接质问工程指挥部党委书记季铁中"这一个焊口说明什么问题?"并让他讲一讲。

康世恩的铁面无私和严肃态度深深警醒了油建人。有了这次深刻的教训,油建系统开始转变质量观念,质量管理也严格起来。有一次,油建十一中队施工一个200立方米的大罐,完工后焊口焊缝光滑平整,不渗不漏,整个圆形罐体十分完美,简直无可挑剔。可在反复检查验收时,却发现上油罐的扶梯几十块踏板中有一块不合格,估计是下料的时候没切好,整个切边"龇牙咧嘴"不整齐。有人认为一块踏板并不影响大罐的质量,可油建党委书记欧阳义却抓住不放,他对油建十一中队队长、老标兵李德武说:"这可不是一个小问题,电焊工在焊接这块踏板的时候,肯定看到了踏板切割得不合格,可是他为什么还往上焊呢?这就是质量意识问题。"他亲自领着李德武背上这个梯子,到各个工地去现身说法讲教训,还让李德武跟大家说:"我焊了一条质量不好的梯子,你们不要跟我学!"所到之处,没有一个人觉得这件事好笑,也没有一个人觉得李德武丢人。相反,大家都深感自愧,纷纷反过身来,去检查整改自己认为不合格或者标准不够高的焊口、管道、闸门、门框、墙壁。

康世恩了解了这件事后非常高兴,连连称赞这件事抓得好。他对欧阳义说:"只有这样从上到下,人人动手,坚持不懈地抓下去,才能消除工程隐患,才能教育广大职工坚持高标准、严要求。"

油建十一中队1954年在玉门油矿组建,其前身是玉门油矿一个铆焊车间,主要负责制作大罐和井架。在玉门期间,他们就以施工精细、质量优良著称,还曾经被玉门市委授予"更高标杆立祁连"荣誉称号。1960年8月来到大庆参加石油会战后,一直也是一支能打硬仗、敢挑重担的队伍,可在工程质量上出了事,让大家心里都堵了一个疙瘩。为提高施工水平和工程质量,队里的另一名老标兵周占鳌响亮地提出了"严在针尖上,细在发丝上""宁要一个过得硬,不要九十九个过得去"的口号,发誓要为油建十一中队争口气。

有一次,油建十一中队负责安装的一个井排投产后,周占鳌前去回访。当他检查到一口井的清蜡装置时,发现在清蜡管上有几滴油,其中有一滴是在焊口上。"这是放喷溅上去的,还是因为焊口不合格,有沙眼呢?"这几滴油在他的脑海里打了个大大的问号,让他一直放心不下。过了2天,他又专门来到这口井仔细查看,却见焊口上还有油迹,他用手抹去了油点,心里的疑惑却更大了。夜里,他翻来覆去睡不着,对油田负责一辈子的精神驱使他带上手电筒,第三次来到井上。这回,他发现焊口上还有一滴油迹,断定是焊口有沙眼。他凭着一种讲认真的精神和态度,又立即赶回队里,并找来工程师,连夜到井上把沙眼补好。

还有一次,在管线焊接安装过程中,周占鳌用放大镜一段一段检查焊口。检查过程中,发现一道焊口有一个焊接时留下的"瘤子"。有"瘤子"不影响质量,但周占鳌却较真儿地认为坚决不能放过。这个焊口被切割下来,他指着这节管线说:"割下来的管子,我们要放到食堂门口,就是要把它摆在大家眼前,让大家都来看看这道焊口合格不合格,优良不优良,让大家都从这个焊口中吸取教训。"

事情传开后,周占鳌的这股认真劲儿和敢于为油田负责一辈子的质量意识被传为佳话,大家亲切地称他为"最讲认真的人"。在他的带领下,油建十一中队以高度的主人翁责任感和为油田负责的使命感,积极投入大庆油田火热的生产实践中。凭着"让过得去变成过不去"的精神,从1960年到1977年,油建十一中队共建设泵站28座,安装井口2 772套,铺设管线1 394公里,焊接焊口742 837道,工程质量项项全优,成为大庆油田响当当的标杆。

油建十一中队的精神也带动鼓舞着整个油田建设系统。油田建设系统从"讲认真"出发,始终把施工质量放在第一位,为整个油田高水平、高速度建设做出了巨大的贡献。

1962年9月,一条8公里长,由萨尔图通往龙凤炼油厂的大型输水管线——萨龙管线的管材已经预制完成。管工等着对管,焊工等着焊接,绝缘工等着防腐绝缘,工期越来越紧,可有一道工序还没有完——清管还没有进行。

清管是管线施工的一个重要环节。如果焊接之前管内杂物、垃圾没有清理干净,管线建成后就会留下很多隐患。清管工作也很简单,用一个专用的清管器,从管子的这端伸进去,再从那端拉出来,管内的砂石、泥土、杂草、污垢就都清出来了。工期这么紧,工作这么重要,施工又这么简单,这道工序为什么却没有完成呢?原来萨龙管线是大型输水管线,管线直径比人还粗,使原来的清管器根本用不了,这项看似平常的工作难倒了整个工程指挥部。有人提出,不清管就直接焊吧,可那根本不符合质量标准和规范。最后,工程指挥部把清管任务落实给了工程二大队五中队管工小队,要求他们尽快想办法解决难题。

接到任务后,管工小队立即行动。他们自制了一个大号清管器,但没拉几次就被管壁的毛刺卡住了。大家又自制了一把大拖把,但是清理效果不好,达不到质量标准。9月4日上午,一筹莫展的小组长杨永胜突然想起,同事曾经钻进管线里去捉兔子,干脆也别绞尽脑汁想办法了,直接钻进去清理吧。一有想法,说干就干。他找来一块半圆形铁推板就往管子里面钻,可他身体太壮,刚钻进上半身就被卡住了。身材瘦小的许协光自告奋勇,二话没说就钻了进去。初秋的太阳火辣辣的,晒得管子直烫人,管子里又闷又热,气都喘不上来。虽说是大口径管线,可对人来说还是太细了,人进去只能伸展着四肢蠕动前行,清理的垃圾越堆越高,向前推动越来越费劲,扬起的灰尘铁锈直冲鼻孔,清扫难度可想而知。为了保证质量,许协光一步一挪地清理了20多分钟,才从另一端钻了出来。他的肩头、肘部、膝盖、臀部都刮露磨破了,露肉的部位血迹斑斑,但他看着一堆清理出来的垃圾,会心地笑了。

杨永胜小组钻管清扫的消息在工地迅速传开,其他班组纷纷效仿。先后有20名职工钻进管子,把自己当成"清管器"。他们顶着炎炎烈日,一共钻了400多根管,累计长度超过4 800米。清管完成后,锉口、对口、焊接、试压一次成功,工程二大队仅用9天时间就优质高效地完成了全部施工,全程793道焊口无一渗漏。人们问他们为什么这么干,大家说:"不钻,怎么能保证百年大计的工程质量啊!"因为他们这种认真负责的态度、不怕吃苦的干劲和对油田建设负责一辈子的精神,人们都称赞他们是保证工程质量的"二十勇士"。

1964年年初,油建指挥部在总机械厂建筑工地上召开了一次别开生面的现场会。指挥部领导、各大队和中队干部、机关干部以及工程技术人员、工人代表600多人参加了会议。在会场中央整整齐齐摆放着10根10米长的钢筋混凝土大梁。这些大梁表面光滑平整,根根长短粗细一致,即使最能挑剔的人,也找不出它们有什么毛病。但是,油建指挥部指挥崔海天却代表全体干部在会上检讨说,由于他们脑子里缺乏高标准,工作不深入,检查不严格,导致这些大梁的个别地方比规定的质量标准宽了5毫米。

5毫米,只不过是一个韭菜叶的宽度。5毫米对于10米太微不足道了,而且也并不影响施工。当时春节马上就要到了,大家都急着回家准备过年,值得为它兴师动众地开一次几百人的现场会吗?指挥部党委书记郭生吉说:"值得!好作风必须从最小处培养,好质量必须在细微处严抓,只有抓住一些'微不足道'的小问题大做文章,才能防微杜渐,避免发生大事故,才能真正在关系到整个石油企业命运的质量问题上自觉从严、一丝不苟。"领导带头作检查,大家都坐不住了,大冷的天气里甚至冒出了汗来。负责施工的二大队六中队干部职工紧接着检查了自己作风不严不细,没有做到"人人出手过得硬,道道工序质量全优"。工程技术人员检了自己没有认真执行验收标准,没有严格把好质量关。大家在现场纷纷都找了自己的工作失误,承担了自己的质量责任。

深刻检查后,指挥部领导带头抄起榔头、扁铲,拿起磨石,和干部职工们一起,把大梁上宽出的5毫米铲掉、磨光。大家都说:"咱们要铲掉磨掉的,不只是5毫米混凝土,更是马马虎虎的低标准和凑凑合合的坏作风。"

最讲认真,是中国共产党人的特质。毛泽东有一句至理名言:"世界上怕就怕'认真'二字,共产党就最讲认真。"油田建设系统从"讲认真"出发,始终把施工质量放在第一位,为整个油田高水平、高速度建设做出了巨大的贡献。

现场会后,各单位结合本单位的工程项目讲教训、抓质量、定措施,加强管理,精益求精,靠严细认真开创了质量管理的新局面。而"五毫米见精神"也成为油建系统狠抓质量,勇于克服低标准和坏作风的真实写照,成为大庆石油会战中严格执行质量标准,坚决保证施工质量的佳话,一直传颂至今。

第十二章

建立岗位责任制
油田管理上水平

随着生产规模不断扩大，大庆油田生产建设任务越来越重。1962年，全油田已有油水井507口，各种管线728公里，转油站、注水站、变电站21座，职工人数达到5万多人。各个环节、各个岗位相互影响，地上地下随时都有新情况、新变化，生产管理薄弱的矛盾越来越突出。1962年5月，由于管理不善，中一注水站被一把大火烧毁，直接引发了全油田范围内关于加强基层管理、改进队伍作风为主题的大讨论、大分析、大总结，促进了油田基层工作的加强和完善，推动了各级领导干部工作作风的转变和工作方法的改进，直接催生了油田著名的岗位责任制的诞生，带动了大庆油田许多优良传统和作风的形成。

⚙ 中一注水站大火引发的思考

1962年5月8日凌晨，中一注水站因为管理不善和工作疏忽造成火灾，刚投产不久的注水站被大火烧光，直接损失160多万元。会战工委先后召开党员干部大会和现场会，总结中一注水站失火的教训，由此引发了持续1个多月的"一把火烧出的问题"大讨论、大分析、大总结，推动了基层管理工作的不断加强。

1962年5月8日1时15分左右，采油指挥部采油二矿中一注水站值班工人突然发现从屋顶掉下火星来。4名职工当即爬上房顶，掀开瓦片检查，却发现火已经烧了起来，屋顶上已经蹿出了火苗。"着火啦！"当班的干部职工赶忙回去找灭火器救火，但全站的7个灭火器平时根本不检查，关键时刻只有5个能用，加上平时不注重防火演习和训练，救火的人不太熟悉要领,灭火器都喷完了,火还没有扑灭。这时才想起还有消防水龙头,一开始使用时,因为正在检修水泵,没有水源,等停止检修后解决了水源,却发现水枪不见了,水龙带也只剩下短短的一小段,长度根本不够用。本来这套消防设备完好无损,可大家都不太爱惜,经常把消防水龙带拿来当排污水管,随用随丢,没人管理,关键时刻,不但水枪头早已不知去向,连100米长的水龙带也只剩下7.3米。没办法,只能眼睁睁地看着火越烧越猛,越烧越大,只能等消防车来灭火。由于天干风大,火势猛烈,又延误了宝贵的救火时间,等消防队赶来的时候,大火已经烧了1个多小时,大部分厂房已经被烧毁,没有抢救的意义了。会战总指挥部副指挥宋振明赶到现场的时候,泵房已经烧落架了。

5月8日清早,宋振明与采油指挥部领导程国策、王瑞龙、孙燕文等一起向康世恩报告了情况。采油指挥部常务副书记王瑞龙代表采油指挥部汇报了火灾情况,并分析了起火原因是注水站3号柴油机组排气管冒出火星,被风吹进房顶的瓦缝,将房顶保温层中作为保温材料的油毡纸和干燥的锯末子引燃,从而引发火灾。同时,因为日常管理不严格,消防演习不认真,消防器材用不了、不会用,丧失了救火时机,导致了最后巨大的损失。

采油指挥部的领导们承认了错误,承担了责任,并主动向康世恩表示接受组织处分。但康世恩并没有放过他们,他严厉地批评,处分能解决什么问题?最主要的是总结经验,吸取教训;去年冬天到现在,发生了多少问题,大小火灾几十起,机械事故、交通事故接连不断;领导干部思想上松松垮垮,作风上大大咧咧,要求不严,管理松懈,没有今天的中一注水站失火,明天也要烧个中三站、中四站的火灾,这是偶然存在于必然之中,是管理不严带来的直接后果;不认真总结经验教训,光讲处分,大油田交给你们管理,党和人民怎么能放心?

中一注水站是战区1961年的二级"五好红旗"单位。1962年2月份、3月份又连续获得二级"五好单位"称号,在之前开展的"百日安全无事故"活动中,他们还获得了优胜,得到了上级的表扬,到4月末已经安全生产170多天。但就是这样一个以安全好著称的先进注水站,却被一场大火烧光,怎么能不发人深省呢?

火灾发生之后,采油指挥部组织召开了各级会议,分析事故原因,总结经验教训。但是站里主要就事论事地从技术业务上去打圈子,根本没有从领导的思想上找原因。采油二矿作了一些检查,但都很抽象、空洞,只是泛泛提出了几条缺点,既没有充分发动群众,也没有认真解决问题。有的人员甚至说"这次大火是站里的干部极端不负责任造成的"。难道上级领导没有责任吗?采油指挥部党委也开会作了自我检查,又对各注水站进行了防火检查,采取了一些措施。但是还没有根据会战工委提出的方针,深入中一注水站全面查摆和解决问题,以此来改进领导、加强基层、教育全体,做法上基本还是就事论事。会战总指挥部有关部门也没有认真检查自己的工作,这也是一个极大的问题。

余秋里和康世恩分析认为,这次火灾暴露出的问题主要是生产管理混乱,职工岗位职责不清,缺乏必要的规章制度。就像基层职工反映的那样:"想把生产搞好,就是不知道怎么个管法。整天忙忙碌碌,什么事情都管,结果还出毛病。"中一注水站失火前一个月,就发现了3号柴油机组排气管漏火,当班工人反映给站长,站长汇报给矿调度,矿调度答应解决,但始终没有派来电焊机,发现问题后层层不落实。站里的灭火设备没有专人保管检查,技术员发现水龙带坏了,已经领了新的,但是一直放在库房里,准备等上级检查的时候再拿出来。指导员和站长都是老工人出身,干劲很大,经常和职工们一起加班加点,带头参加生产劳动,但缺乏组织能力和管理能力,从1961年10月以来先后23次出现火患苗头,一直都没有解决。余秋里指出,中一注水站的问题说明基层工作薄弱,领导官僚主义严重;基层是油田所有工作的基础,要通过这件事全面总结教训,要同老工人、技术干部研究,把各种管理制度建立起来、完善起来,加强基层工作,加强生产管理。

5月10日,会战工委召开党员干部大会,康世恩做《加强基层工作,开展五好红旗队运动,大力改进作风,全面管好生产》专题报告,重点提出了加强基层建设的6点要求。随后,《战报》连续刊发《加强基层工作是做好一切工作的基础》《一切要以五好为纲》《大力改进作风是加强基层工作的关键》3篇社论,焦点全都是如何加强基层工作问题。

一个小小的火星竟引发了一场熊熊大火,火灾的损失固然令人震惊,但火灾的原因却更加令人深思。为更好地总结火灾教训,会战总指挥部组织全油田各指挥部书记、指挥和职工代表到中一注水站火灾现场召开大会。康世恩在大会上一连问了14个为什么,直指火灾发生的根源。他还一针见血地总结了事故教训:一是工作有了成绩,干部就沾沾自喜,看不到工作中存在的大量问题和弱点;二是有了问题不及时向上级报告,说假话,报喜不报忧;三是发现问题后不切切实实解决,汇报给上级完事,问题还是问题;四是出了问题后就事论事,只从技术和客观上去找原因,甚至片面指责群众,不从领导干部的思想作风上找根源;五是思想政治工作不结合生产实际,党支部没有起到战斗堡垒作用,而上级领导干部只忙于开会,不深入基层,不认真解决存在的问题,这是发生事故的总根源。他还提议,要在全油田开展"一把火烧出的问题"大讨论,油田各条战线都要组织干部职工,结合中一注水站的火灾教训和本单位的实际情况,进一步贯彻油田工委提出的"加强基层工作,开展五好运动,大力改进作风,全面管好生产"的方针,从思想根源和管理制度入手,把基层管理、基层建设真正抓起来。

5月29日,《战报》刊发题为《一把火烧出的问题》的文章,并配发编者按。文章以"事故的发生是火花引起的吗?"的疑问分析了中一注水站火灾事故的原因:一是隐患早就大量存在,事故一触即发。发现问题和隐患后,他们不想办法,只是等领导和上级解决,使事故隐患长期存在,终于发生了严重事故。二是生产管理上十分紊乱。面对繁重任务,没有加强维修,管好生产,导致问题越积越多,火警、机械事故不断,使问题长期得不到解决,他们还以为自己有了经验,沾沾自喜,不再积极改进管理。同时,还以"原因到底在哪里?"的疑问深入剖析了造成中一注水站大火的6个深层次问题:一是火灾事故早就不断发生，从未引起应有的警惕；二是劳动组织混乱，生产不断发生问题；三是思想问题不少，缺少政治挂帅；四是干群关系不好，没能充分调动职工群众的积极性；五是党支部没有发挥战斗堡垒作用，干部之间不团结；六是领导干部和领导机关同样有责任。

《战报》还提出了几个发人深思的问题，号召全战区各单位、各级领导干部和广大职工群众深入讨论和思考：这个事故的发生是排气管的问题、水龙带的问题、厂房的问题，还是其他更深层次的原因？这次事故是站上的问题，但是有没有领导干部和领导机关的问题？这些大量存在的问题只有中一注水站有，其他单位就不存在吗？以后排气管又冒出火花，火灾可不可以避免？怎么解决这些一系列的问题？

在会战工委引导下，这场"一把火烧出的问题"大讨论、大分析、大总结轰轰烈烈地在全油田展开。各单位纷纷召开会议，对照中一注水站火灾查摆自己的问题，制定管理措施和管理制度。各级干部深入基层，蹲点调查，帮助基层整章建制，加强管理。采油二矿党委在讨论中明确要接受教训，改进作风，并提出了作风整顿的四条要求。钻井指挥部深入井队，帮助基层分析查找棕绳等物资损耗大的原因，结合实际提出了整改和加强管理的措施。供应指挥部建立和完善管理制度，红砖厂通过加强管理把红砖的一级品和二级品率提升到了 91％，等外品由 25％ 下降到 9％，质量明显提高。油建指挥部严格落实《基本建设五十九条》，从上而下把好质量关，从思想上、制度上入手，加强基础管理，消灭各种隐患，实现了 5 月施工工程全部合格。

一场大火带来了一场讨论，也带来了清醒的思考。正如康世恩所指出的那样，烧了一个注水站损失 100 多万元，损失可以买来教训，可以变成宝贵的财富。这场大火虽然损失惨重，但它带来的思考和认识直接催生了宝贵的岗位责任制，对大庆油田优良传统和作风的形成起到了巨大的推动作用。

岗位责任制的诞生

大庆油田开发建设点多、面广、战线长，涉及的范围大、行业多、人员广。会战总指挥部意识到，管好油田必须从大处着眼，从大量的、常见的、看起来细小却又直接关系生产和管理效果的具体事情入手，把千千万万个在不同生产岗位上的人，与千千万万件必须做好的事情联系起来，只有这样，才能把千头万绪的油田日常生产管理得井井有条。

中一注水站大火后，油田成立了调查组。康世恩点名宋振明担任组长，彻查火灾事故原因，了解基层大讨论的情况。

宋振明当时 35 岁，任大庆石油会战总指挥部的副总指挥兼生产办公室主任。作为生产一线工作的主管领导，宋振明十分清楚，随着油田生产规模越来越大，任务越来越重，管理工作不到位、不适应的矛盾将越来越突出。他认真分析研究了广大干部职工在大讨论中的意见,认为中一注水站这场大火中暴露出来的问题主要是生产管理各个环节、各个岗位的责任不清楚、不明确。要想解决当时油田上这一带有普遍性的问题,必须尽快建立起严格的、可执行性强的岗位管理制度,通过完善的制度加强基础工作。

康世恩不仅充分肯定了这一看法,还派宋振明带队到北二注水站蹲点写实,抓好典型,指导加强全油田的基础管理工作。他强调,全面管好生产的工作是多方面的,但最大量的、最直接的、最起决定作用的在于搞好基层工作。对基层工作,要实行面对面活的领导,各级领导机关应当明确,自己的主要任务就是把基层工作建设好,基层建设好了,基层工作带起来了,才算完成领导工作的基本任务。围绕加强基层建设,各级领导干部要发扬民主作风,放手发动群众,坚持实事求是,坚持调查研究,一个一个地解决问题,一步一步地战胜困难,带动广大职工扎扎实实做好各个岗位上的工作,全面管好基层生产。

北二注水站是 1962 年 4 月 1 日才建成投产的新站,站长罗政钧,指导员秦时栋。全队 140 多人中,除了十几个人是从注水单位调来的,其他都是新转业战士,对注水都是外行,更缺乏管理经验。当时全站负责 1 座注水站、13 个配水间和全矿的注水井,生产管理难度非常大。

刚开始,泵站各项工作都比较混乱。尽管职工们一天到晚忙得团团转,可注水生产却一直不太正常,庞大的机泵好像故意跟大家作对似的,经常出现各种故障,事故苗头多次发生。职工们对上班干啥、管啥心中没底,面对繁杂的工作,"老虎吃天无从下口",结果经常是有的地方忙得"脚打后脑勺儿",有的地方还没有人管,生产工具东扔西丢,生产管理杂乱无章。干部职工看到油田生产建设迅速发展,而注水工作却像老牛拉车一样缓慢,人人心里都急得火烧火燎,可谁都想不出好办法来。

中一注水站火灾发生后,同为注水站的北二注水站非常重视。党支部按照会战工委号召,发动群众,结合本单位的实际开展大讨论,总结经验,吸取教训。经过讨论,大家一致认为,建立合理的规章制度十分必要,只有有章可循,才知道抓啥管啥、咋抓咋管,才能杜绝隐患、保证安全。可是一谈到用什么措施,制定什么样的制度,职工们却都沉默了,因为大家都觉得,我就是一个普通工人,还能建立啥规章制度。

这时,宋振明来北二注水站蹲点。他启发大家,实践出真知,从生产实践中摸索出的管理生产的办法就是最适合我们工作实际的好制度,工人的智慧是无穷的,只要我们的办法好用、管用,大家一样能创造出管理企业的规章制度来。

认识统一后,大家感到突出的问题是泵站投产以来许多工作没有落实到岗位,每个人的职责不清。哪台设备归谁管,哪件工具谁负责,没有明确的责任制度,致使全站设备、工具一大堆,究竟有多少,"家底"摸不清。查问起来,这个说:"都在这儿呢!"要问手钳哪去了,那个说:"刚才还在呢,怎么一转身就不见了?"简直是一笔糊涂账。北二注水站党支部发动群众开展大调查,首先从查物点数入手,把全站 15 台设备、231 个大小闸门、5 793 套螺丝、135 件工具、55 只仪表和 48 张图表记录,搞得一清二楚。

"家底"摸清了,怎么管理起来呢?大家发现张洪洲班把每样东西、每件事情,由谁管、负什么责任都落实到人头,使每个职工都明确了职责,知道该干什么、管什么、怎么管、达到什么程度,全班工作井井有条,大家都说好。于是就根据他们的做法,把全站要管的东西和事情按照生产工艺和工作量的大小划分为 5 个区、8 个岗位,明确规定了每个岗位的责任,做到人人有专责、事事有人管,办事有标准,工作有检查,总结出了一套规章制度,在全站各班推广执行,成为最初的"岗位专责制"。

虽然泵站的工作分了工,但每个岗位要管几十件事,怎样才能管好呢?这时有人提出,田发林班为什么从来没有出过事?因为他们巡回检查有一条合理的路线,先干啥、后干啥都一清二楚,工作重点总是放在那些容易出问题的部位上,划出了一些检查点,发现问题后能够及时解决。于是就由田发林当场示范表演,从田发林班的经验出发制定出"巡回检查制"。在全站确定了 64 个检查点,规定了检查内容和要求,并制定出一条比较科学的检查路线。

北二注水站是连续生产单位,怎样使上下班之间相互衔接,不误生产呢?大家又想到苗安安接班的经验。老苗每次接班,都是提前半个小时上岗,这里看看,那里摸摸,非把所有生产情况都问清不可。他常说:"情况不明,心里不踏实。"他们班里的人也这样,有时上一班少了一件工具,就不接班,一直把工具找回来为止。大家都认为这是一条好经验,就根据他们的做法制定了八不交接的"交接班制度"。

后来,大家还吸取了 1 号泵断连杆的教训,由工程师李斌和大班司机曾汝勤一起,根据设备使用规程和实践经验制定了"设备维修保养制度"。除各小班对设备的正常检查之外,设备连续运转到一定时间后就要停下来,进行检查保养。同时,针对过去注水水质化验分析数据有时不全不准的情况,制定了"质量负责制"。

宋振明表扬了北二注水站的做法,对他们总结形成的 5 项制度给予了充分肯定,同时也指出了一些存在的问题,要求大家做到"人人有专责、事事有人管,人人生活在制度之中""要从大量的、常见的、细小的具体工作抓起,全面管好生产,事事达到规格化标准"。

北二注水站党支部立即召开扩大会议,对 5 项制度进行了修改完善。宋振明又把油田其他单位总结出来的"岗位练兵制""安全生产制""班组经济核算制"和北二注水站制定的五大制度归纳在一起,统称"岗位责任制"。

建立并形成岗位责任制的过程对北二注水站的工作也是一个很大的促进,让大家干劲倍增。岗位责任制的执行理顺了原来杂乱无章的情况,尤其是设备强制保养制度改变了过去"驴子不死不换套,机器不坏不检修"的状况。比如,3 号泵正在保养,2 号泵也到保养时间了,按过去,生产很紧张,设备没大毛病,就让它继续运转下去;现在,即使生产紧张,也要停下检查,只是要突击抢修、及时投产。班与班之间、岗与岗之间还相互严格检查,坚持设备缺一条螺丝不启动、压力表不准不启动、缺一点黄油不启动。管理有了抓手,立刻见到了成效,设备完好率由 25% 一跃提高到 100%,注水工作越来越顺手。

岗位责任制一经推出，立即在油田引起了强烈反响。会战工委在北二注水站召开了各二级单位领导参加的现场会。会上，北二注水站介绍了岗位责任制的内容和建立岗位责任制的具体做法。宋振明号召全油田各单位都要普遍推行岗位责任制，他提出，在建立岗位责任制过程中，要从本单位、本岗位的实际出发，从群众中来，到群众中去，要由下而上，不要由上边包办代替。要让群众自己教育自己，这样岗位责任制才会有生命力，才能促进生产发展，才能收到最好效果。他还强调："要执行好岗位责任制，必须提高大家的认识，把思想工作做到生产的各个环节和全过程中去，提高大家的岗位责任心，只要大家有了高度的岗位责任心，岗位责任制才能落到实处。"

现场会后，岗位责任制在全油田迅速推广。各单位都结合自己的行业和生产特点，在摸清情况的基础上划清了岗位，发动群众总结以往经验，研究确定岗位人员和岗位职责，最后形成有自己特点的岗位责任制。通过划分岗位，干部职工对自己的职责，所管辖范围的工具、配件等都有了数，不再"眼前一摸黑"。通过岗位责任制的建立，实现了事事有人管、物物有人管、人人有专职，机械设备维护保养得到加强，设备完好率普遍提高。岗位责任制的建立让人人都有了管生产的科学方法，促进了岗位练兵的自觉性，使技术工作、安全工作更易于落实、易于改进，五好评比也更加具体化了。

在岗位责任制推行过程中，油田还先后建立了政治工作责任制、干部岗位责任制。通过岗位责任制把油田的千万件事和千万个人有机结合起来，把全部生产任务和管理工作具体落实到每个岗位和每个人身上，做到事事有人管、人人有专责，办事有标准，工作有检查，逐步发展成为一套具有广泛科学性、群众性、实践性的基层管理制度。

岗位责任制大检查

岗位责任制在油田推广后，落实起来贵在坚持，关键在严格执行。康世恩指出，对岗位责任制的执行情况进行检查和评比，必须风雨无阻，一丝不苟，还要和开展"五好"竞赛、安全生产、设备完好挂起钩来，作为评选先进和奖励的重要条件，形成一个人人执行、天天教育、月月检查的局面。从1962年7月起到1963年年底，全油田范围内的岗位责任制大检查就有17次，一直到1966年油田的岗位责任制大检查从未间断，有效增强了职工执行岗位责任制的自觉性。

1962年7月20日，会战总指挥部第一次在全油田范围内开展了岗位责任制度和"五定""五包"制度检查评比活动。活动中，会战总指挥部生产办公室统一组织了从各路指挥、总工程师，到各指挥部、大队（矿）、厂、井队（车间）干部和技术人员，以及工人代表共400余人的检查评比团，深入95个基层单位进行了认真检查评比。检查评比结果是一类单位31个，占33%；二类单位58个，占50%；三类单位16个，占17%。

检查评比严格按照关于岗位责任制和关于"五定""五包"的7条标准进行。通过检查评比发现,各单位普遍加强了以责任制为中心的生产管理,工程质量与工作效率有了很大提高。钻井指挥部所属取芯井队自 7 月 1 日至 20 日共取芯 260 次,岩芯收获率平均达到 92.5%,比上半年提高 7.6%。其中 1201 钻井队取芯 25 次,平均收获率达到 94.1%;1275 和 1247 钻井队取芯收获率也都在 90% 以上。原始技术资料的录取和整理工作有了明显改进,无论钻井队的地质观察记录、钻具记录还是采油井组的电测图、井身结构图、采油(气)或注水曲线图和综合数据表,都能认真填写,没有缺漏现象。运输指挥部通过建立岗位责任制和定期、定机保养等制度后,7 月份车辆出勤率平均达到 85%~89%,并提前 17 天完成了第二战役运输任务。水厂的打井质量明显提高,他们在第一战役里打的水井中约有半数不合格,而第二战役里打的 7 口水井不仅口口合格,还多数达到了优质井标准。

通过检查,职工面貌与生产秩序都有了很大改进。生产管理工作中许多常见的、大量的、细小的工作都有人管了起来,工作做得更加扎实细致。职工反映,通过各级岗检,现在工作有了次序、有了头绪,掌握了主动权,顺手了,心里有数了。采油二矿黄如福井组过去对清蜡防喷管上的盘根螺丝不知该紧到什么程度才合适,通过建立岗位责任制和检查督促,现在全井组每个人都熟知盘根螺丝有 28 个丝扣,清蜡时余下 6 扣左右,就能顺利起下操作。井长黄如福说:"过去责任不明确,操作起来提心吊胆;现在责任明确,工作好做了,也放心了。"

通过检查,促进了设备维修保养工作的普遍加强。对钻井指挥部中型钻机,共检查 143 个黄油嘴,仅有 5 个漏油,占 3.5%,比 7 月初的检查下降了 3.3%。检查设备螺丝时,未发现一个丢损现象。各单位普遍清查了设备、工具与配件,普遍建立了工具卡片、设备档案、运转记录、出车记录等资料。采油机修厂把设备保养工作用图表标出,挂在墙上,指导职工按图定期保养。总机厂建立了"工具牌"编号的工具借用制度,手续简便明了,工人很满意。运输一区队材料工冯平松管理材料井井有条,"家底"心中有数,提出全队全年可以不领一个水箱,不领一个打气泵,也不领发电机。

在基本建设战线,"五定""五包"制度效果良好。油建四大队二中队根据"五定""五包"的内容和要求,把任务具体落实到班组和个人,在下达任务时尽量把定额数量单位具体化,如原来砌墙以立方米计算下达任务,现在把立方折合成砌墙的长度、高度和宽度,使职工们容易懂,干起活来心中有数,有利于提高工效。过去砌墙只能完成定额的 60%~70%,现在一般都达到或超过定额。全中队提前 19 天完成第二战役任务,推动了施工,保证了质量。

1962 年 8 月 15 日,油田又进行了第三次岗位责任制大检查。在 5 天的时间内,由各指挥部组织的检查分团共深入一线 1 700 多人次,先后抽查了 356 个基层单位。随后,又严格按照规定的 7 条标准认真评比。评比结果是一类单位 125 个,占 35%;二类单位 176 个,占 49%;三类单位 55 个,占 16%。

第三次检查评比,无论是参加检查的人员还是被检查的范围,都比以往更广泛,不仅检查了主要的生产和基建单位,检查了主要的生产设施,连分散在各指挥部的零星车辆也被抽查。参加检查的人员严格认真、一丝不苟,如在蒋三大井组碰到资料上 0.4 的误差时都引起了认真的争论。检查团的工作方法也比以往有了改进,像在水厂检查中,采取了检查—蹲点,再检查—再蹲点的方法。发现先进单位时蹲点去总结经验,发现后进单位时蹲点去找原因,使检查过程变成了帮助基层总结经验和改进工作的过程。

随着岗位责任制大检查的持续深入,会战总指挥部还结合生产实际,适时开展专项检查。

1962 年 11 月 2 日,采油指挥部根据会战总指挥部生产办公室统一部署,组织了第五次岗位责任制大检查。这次检查以冬防保温和安全防火为主要内容,以实际操作为重点,检查范围包括所有开井生产的油井、注水井、泵站、管线,以及试注、试油、维修等各作业队的设备,一处不漏,逐个检查,连职工和家属宿舍的每个火墙、火嘴也不放过,一一验收。参加检查的人员除了各级领导干部外,还广泛吸收了老工人、井长、技术员和工程师参加,共计 600 余人。

对于检查中发现的问题,采取边检查、边解决的办法,及时处理,不留隐患。凡不能马上解决的问题,按问题的性质和轻重缓急排好队,分别落实到各单位,由专人负责,限时完成。在四矿六队王玉井组检查时,发现井场盘管加热炉的烟囱砌得不直,也不够高,灰抹得不严实,难以过冬。检查组发现,恰好附近有石棉管,就决定立即用石棉管做烟囱,保证炉子冬季能把温度烧上去。

这次检查中看和问相结合,特别重视职工的实际操作。无论井组、泵站或车组的职工,除值夜班的以外,都要到现场去操作表演,如油井的清蜡、量油、测气操作,泵站上的起泵、停泵等,以便从实际操作中发现问题。同时,还在检查中提出一些预想的复杂情况或故障,如刮蜡片卡住、井场地面管线冻结等,让职工现场解答如何排除解决。例如,一个检查组在井组检查时,提出"井场热风吹炉子起火了,风向采油树,怎样处理?"采油工的正确回答应该是"立即关掉气管线总闸门"。

在这次大检查期间,还组织了岗位责任制现场参观活动。会战总指挥部统一组织各条战线代表,集中到先进单位参观,学习落实岗位责任制的做法,互相交流经验、取长补短、共同提高。采油指挥部 120 多名代表参观运输汽车修理厂底盘工段后,一致认为他们利用废料在工段设立一个废料小仓库,并将废料配成套,既方便了修理工作,也节约了材料,应该大力提倡。引擎工段工艺流程组织得很严格,钻修车间的工具管理得好,都值得学习。钻井指挥部工程师、队长、技术员和班组长共 170 多人参观了电站、总机厂、氧气厂、汽修厂和油库,总机厂热处理车间每个加工零件都登记得清清楚楚,从未产生过废品,让大家印象十分深刻。运销、供电、运输等系统也分别按照自己选定的单位前去参观,虚心学习先进经验,切实改进自己的工作。

这次参观学习活动中,采油四矿黄孟民井组成为最受瞩目的参观点。他们执行岗位责任制不走样,管理的油井井场整洁美观,"地宫"资料准确、全面。管井的职工老老实实、严细认真、刻苦钻研,管地面,管井眼,一直管到地下,无一处不显示出油井主人良好的精神面貌、创造性的劳动和他们对油田、油井的深情热爱。

岗位责任制推行后,在上下监督、天天坚持、日夜检查的基础上,全油田每月进行一次全面的检查评比成为常态。每次检查都由各级主要领导干部亲自牵头,组织有基层干部、技术人员和老工人等各层面人员参加的、人数不等的检查队伍,参检人数和受检单位不断扩大。检查团分别深入现场,问情况,听汇报,跟班劳动,亲自摸底,细致观察,严格要求;既白天检查,也夜间检查,既面对面检查,也有意识地抽查,既发现问题,也解决问题。会战总指挥部还结合实际,把岗位责任制的全面检查评比,与"五好"设备、"五好"油井、"五好"单位和"五好"个人的总结评比结合在一起进行,推动了岗位责任制和管理实际的深度融合,促进了油田各项工作管理水平的全面提高。

通过持续不断的检查,执行岗位责任制较好的单位越来越多,执行较差的单位不断减少。1963 年 6 月,第 11 次岗位责任制大检查评比结果显示,在 1 741 个基层生产单位中,执行岗位责任制经常、认真、全面的一类单位占 57%,基本执行好的二类单位占 38.2%,执行差的三类单位只占 4.8%。1963 年 7 月,第 12 次岗位责任制大检查时,一类单位已达 69.2%,比上次检查时增长了 11.8%;二类单位占 26.5%,减少了 11.5%;三类单位仅有 4.3%。而在第一次岗位责任制大检查时,一类单位仅占 33%,表明基层管理水平得到明显提高。

持续开展岗位责任制大检查,促进了基层管理水平不断提高。到 1963 年年底,"五好"油(水)井已占开井总井数的 74.9%,实现了井场无油污,井下无落物,设备器材摆放规格化;台台设备完好,"五好"设备已占 84.8%;管线焊接一次合格率达到 99.99%;钻井岩芯收获率达到了 95.3%,各类事故大幅减少;基本功合格职工达 96.5%,先进党支部和"五好"基层单位达 30%,油田管理呈现出崭新的面貌。

岗位责任制的灵魂是岗位责任心

岗位责任制是一项系统的基层管理制度。作为岗位责任制核心内容的岗位专责制,就是通过定岗位、定工作、定人员、定责任,把日常生产管理上的千万件事与千万名岗位工人联系起来,做到人人有专责,事事、物物有人管,使职工的生产积极性有了落脚点。岗位责任制的落实贵在广大干部职工的行动自觉和坚持不懈,关键要看岗位工人的责任心和主人翁意识,而不是"制度上上墙,执行一阵风"。

岗位责任制是一项深受基层单位和广大职工普遍欢迎的好制度,但好制度不等于能长期坚持好,全面执行好。1962 年 10 月,在第四次岗位责任制大检查中发现,有 300多个基层小队执行制度处于时好时坏的"打摆子"状态,有的纯粹是走走过场而已。最典型的就是西油库锅炉队,有一个班在 8 小时内虽然检查了 12 次锅炉水位计,却没有一个人发现这个水位计的控制闸门是关着的,巡回检查制就挂在墙上,根本就是形同虚设。

制度之所以不能坚持下来,根本原因就在于干部职工缺乏责任心和对自己的严格要求,结果在执行制度上往往是"一紧、二松、三垮台、四重来"。在岗位责任制大检查中,特别是在实行岗位责任制的初期,个别领导干部存在"一阵风"现象,有些职工习惯于凭自己的老经验办事,不愿意接受严格的科学的管理制度约束,认为岗位责任制太死板、太机械,过去没有这套制度,工作也都干了,致使有些单位好一阵坏一阵,白天好些,晚上差些;干部来了好些,走了差些;检查的时候好些,过后又松下来;甚至个别班组为了临时应付检查,还弄虚作假。

会战总指挥部意识到,类似问题长期存在,必然会使岗位责任制流于形式。日常工作中一些缺乏科学性的老毛病和坏作风是坚持执行岗位责任制的主要阻力,而得过且过的小农经济意识则是形成和保护这些老毛病和坏作风的主要根源。会战总指挥部通过深入调查,把日常工作中大量存在的老毛病和坏作风归纳为7种主要表现,并把这些表现生动地概括为"一粗、二松、三不狠;马虎、凑合、不在乎"。同时明确提出,坚持岗位责任制就要狠反老毛病、坏作风,就要严格要求,常抓不懈,养成习惯,形成作风。

为了把这个总要求落到实处,会战总指挥部雷厉风行,说干就干。在岗位责任制大检查中,对一些违反制度规定的人和事,一经发现就采取果断措施,大力进行整顿,不达目的决不罢休。例如,按照设备维修保养制度,各类设备应定期进行维修保养。但少数单位和职工借口会战任务紧张,对设备只管使用,不管维修保养,以致出现骑驴的"驴不死不下驴"的怪现象。针对这个问题,会战总指挥部要求,对已超过检修期限的设备一律贴上封条,发现一台查封一台,直到整改合格后才可以揭封启用。有的钻井队井已打到700多米,因为钻机超过检修期而被贴上了封条;有的油井正在生产,由于跑、冒、滴、漏严重,也被贴上了封条;路上跑的汽车,包括领导干部坐的小车,只要发现超期服役,也照样被贴上封条。在第14次岗位责任制大检查中,仅设备就查封了700多台,狠狠地整治了"设备不坏不检修"的老毛病,明显提高了设备管理水平。

岗位责任制的灵魂是岗位责任心。水厂老工人马登嵩说:"执行岗位责任制,必须先有岗位责任心。工人当家作主管生产,如果不把油田看作自己的,没有强烈的责任心,没有认真负责的态度,怎么也搞不好责任制。"这句话道破了问题的实质:建立和实行岗位责任制的过程实际上就是培养、提高广大职工主人翁责任感的过程,实行岗位责任制大检查,就是与没有责任心和不负责任现象做斗争的过程。

在岗位责任制大检查过程中,执行岗位责任制好的单位首先都是职工责任心强,主人翁意识好的单位。例如,采油二矿一队65号井组井长李天照一年多来,不管是自己值班还是休班,每天夜间都坚持上井检查一次工作,每班的报表都要亲自审查签字,从没有间断过。在他的影响下,全井组职工养成了严肃认真、一丝不苟的好作风。采油工胡玉双有一天正在井口清蜡,突然来了暴风雨,全身都淋湿了,本来可以到值班房暂避一下,但是他仍然坚守岗位,直到清蜡完毕。对这样的事,没有高度的岗位责任心是办不到的。

执行岗位责任制较差的单位都是一些职工责任心较差的单位。这类单位转变的过程也是职工不断提高岗位责任心,树立主人翁意识的过程。采油五矿五队 5 号井组原来是个"老三类",全井组 6 名职工中,包括原井组长,有 3 个人不想当采油工,2 个人得过且过,只有 1 个人关心井上的事情。由于没有严细工作的主观意识,执行岗位责任制松松垮垮,交接班马马虎虎,资料不全不准,还出过 2 次事故,归根结底是责任心不强,根本没有认真负责的态度。经过思想引导和传统教育,职工的思想转变了,觉悟提高了,主动反思了自己的错误思想,岗位责任心和主人翁意识明显增强,工作态度也发生了转变,管好油井的劲头增大了,对岗位责任制的认识也改变了,开始逐渐明白"按制度办事就出不了问题,出了问题也好解决"。贯彻执行岗位责任制越来越好,后来还连续 2 次被评为一类单位。

贯彻执行岗位责任制的过程也是基层干部增强管理能力、提高技术水平的过程。通过长期岗位责任制大检查和狠抓狠管,职工的岗位责任心和管理意识明显加强,无论做什么事都有了规则,各项操作、管理基本达到岗位责任制的要求,都能自觉地、严格地按制度办事。这样一来,对生产、技术、质量等管理者也提出了更高的要求。基层的领导工作和技术管理上有什么缺点,都能很快被岗位责任制对照暴露出来,"马大哈"型的领导和技术人员遇到了负责任的职工们的直接挑战。最明显的是领导在布置任务、安排工作时,要清楚明确,措施具体落实,不能口号式地谈问题。任何马马虎虎、凑凑合合在职工那里都行不通了。技术工作要跟得上,要做到现场。设备部件、配件要供应及时,要合乎标准,按制度维修。任何不符合岗位责任制要求,可能造成生产、安全和质量隐患的现象、情况,都会无法推进、无法执行。领导干部硬当外行不行了,技术干部不通晓业务更不行了,那种高高在上、脱离群众、脱离实际、道听途说、指手画脚的办法,岗位职工根本不答应。

职工们说:"实行岗位责任制,该我们办的,我们样样都好好办,领导和职能部门,也得遵守这个制度,锣鼓才能打在一块。"领导和技术人员只有跟上这个要求,才能把岗位责任制坚持下去,不断巩固提高,才能推动全油田形成上下监督、同心协力,共同贯彻落实岗位责任制的良好局面。

在从严整治的同时,会战总指挥部坚持深入抓好基层典型,发扬优良传统,推广先进经验,逐步培养职工队伍的自觉从严作风。采油三矿四队和李天照井组就是在群众性岗位责任制活动中涌现出来的 2 个好典型。采油三矿四队队长辛玉和以身作则,执行制度严细认真,对一盘 1 500 米长的清蜡钢丝硬是坚持用放大镜一寸一寸地进行检查,直到符合要求才让下井使用。在他的带动下,全队职工干工作严细成风,交接班时生产报表涂改一个字或工具摆放不整齐,都不算合格而不能交班。最后提炼形成了著名的"三老四严",即执行制度干工作要当老实人、说老实话、做老实事;要有严肃的态度、严格的要求、严密的组织、严明的纪律。李天照井组在野外工作执行制度"四个一样",即黑夜和白天干工作一个样,坏天气和好天气干工作一个样,没有人检查和有人检查干工作一个样,领导不在场和领导在场干工作一个样,井组的管理水平也因此大大提高。

"三老四严""四个一样"正是广大基层干部职工强烈责任心和主人翁意识的具体体现。这些先进典型和优良作风不仅极大地推动了岗位责任制的有效实施,而且作为大庆油田的重要精神财富,代代相传,直到今天,仍然闪烁着大庆精神的灿烂光辉,仍然推动着岗位责任制向更新、更高的层次发展。

从 1962 年 6 月开始,全油田 1 471 个基层生产单位普遍建立、健全了岗位责任制。执行岗位责任制仅 1 年,就已有 1 397 个单位(占 95%)经过全面检查和不断评比,实现了逐步充实提高,做到了人人职责分明,事事都有人管,各个环节、各个岗位紧密协同配合,上下左右都工作、生活在严格的制度之中。

经过岗位责任制的坚持执行,干部职工越来越体会到它的好处。以前管生产,成天处于忙乱、应付状态,哪里出了问题,就到哪里去补漏洞,效果是有的,但总是事倍功半。现在抓好岗位责任制,等于一下子把千千万万件事都抓了起来,比零打碎敲好得太多了。钻井指挥部李云形象地说:"以前好像 2 只手抓鸡蛋,一次抓不了几个,现在有了岗位责任制,就像把鸡蛋装在篮子里,一次就可以提走了。"许多工人也反映,有了岗位责任制,干活有了门路,工作有了条理,标准有章可循,再也不忙乱了。

1962 年,《人民日报》曾经就岗位责任制发表社论说:没有个人的岗位责任制,也没有集体的岗位责任制,责任制一定要落实到每一个人,划清每一个人的职责。只有每一个人都按照责任制的要求负起责任来,一个车间、一个工段,以至整个企业的生产,才能如列宁所说的那样,"像钟表一样准确地工作"。

岗位责任制的贯彻落实彻底抓住了人和岗位 2 个关键的管理要素。岗位责任制的实行激活了岗位职工的主人翁意识和岗位责任感,把油田生产管理中的千万个点、千万条线都理顺到一套制度之中,把千万个岗位和千万项工作都统一到具体的人身上,把纷繁复杂的管理简单化,把零散细小的工作具体化,成为管好油田生产的一项根本制度,是我国石油工业史上从未有过的重大创举。

第十三章

独立自主攀高峰
自力更生争一流

　　大庆石油会战中，广大职工独立自主、自力更生、敢闯敢超，勇于向世界先进开发水平发出挑战，高速度、高水平开发建设了世界级的陆相砂岩油田。会战工委通过组织开展各种形式的"比、学、赶、帮、超"劳动竞赛，引导职工扎实开展技术革新和科技创新，在石油地质、钻探工程、采油工艺、地面建设、装备设备等方面取得了许多突出的成绩和成果，探索形成了早期注水、小层动态研究、分层开采等一整套办法，使大庆油田的开发技术达到一个崭新的水平，实现了"群众运动轰轰烈烈、地下资料扎扎实实、地面工程通通顺顺、油层情况清清楚楚"，创造了当时世界油田勘探开发史上的奇迹，为在艰苦条件下油田的稳定开发和大庆石油会战的最终胜利奠定了坚实的基础。这不仅是对石油工业科学技术的重要贡献，对于大庆油田后来的长期高产稳产也具有重要而深远的意义。

⚙ 自力更生保会战

　　1960年，石油会战刚刚开始，油田各方面的条件都很差。会战工委提出，要以找油、采油为中心，全面开展大搞技术革命、大表演、大竞赛、大评比、大检查、大学毛主席著作"六大运动"，积极推动群众性的技术革新和技术革命。广大干部职工勇于实践、大胆尝试，迎来了油田技术进步和技术创新的高潮，促进了石油会战的高速度、高水平进行。

　　会战一开始，会战队伍白手起家，土洋结合，苦干、实干、巧干，用滚杠、撬杠拆运钻机，挖坑积水保障开钻等土办法、穷办法发挥了重要的作用。但有的人觉得，这些简单的办法算不上什么技术革新。可会战工委认为，不应该忽视广大职工的冲天干劲和思想创造,在当时艰苦的条件下,这些简单而实用的办法不但保证了会战的顺利进行,在队伍之间也发挥了重要的促进作用。

钻机自走是油田井架搬迁方式的一次重要飞跃。在钻井施工中,钻机搬家是最浪费时间的工序,当时打一口井最多只需要3～4天时间,而一次搬家就需要7～8天,严重制约了会战的整体进程。1960年5月4日,1247钻井队在萨15井上成功实现钻机自走100米。他们的钻机自走方案和当时国内之前其他油田所试验的钻机整体搬家有根本的不同。钻机整体搬家是要靠几台甚至十几台拖拉机牵动,在大规模钻井工程和牵引设备不足的情况下就无法全面实现。而1247钻井队所创造的新方案是利用钻机本身设备的动力,加上简单的工具和器材,就可以自行移动,很少受到物质条件的限制,只要是平原地区就可以办到。

1247钻井队是从四川来到大庆参加石油会战的,队长段兴枝,指导员陈懋汉。在试验过程中,1247钻井队遇到了很多思想上的阻力和技术上的困难,党支部发动群众,组织工程技术人员和干部职工一起设计。没有器材,就自力更生,自己动手,他们以土代洋,自己创造,终于让钢铁钻机生出了腾飞的双翼。同时,他们还提出了"五化十不要"的目标,即机械化、半机械化、自动化、半自动化、新技术化,搬家不要拖拉机、固井不要水泥车、机器小修不要机修厂、钻井不要换钻头、照明不要发电机、电测放炮不要电缆、钻具整理不要钻具队、木工活不要木工、处理泥浆不要泥浆站、供水不要水罐车,促进了钻井井场的工厂化,大大提高了钻井各项辅助工作和特种作业的能力,为高速度、高水平钻井开辟了新的道路。

冰上钻井开创了钻井施工能力的新高峰。今天,大庆被称作"百湖之城",油田内沼泽湖泡星罗棋布。会战初期,由于受技术条件的限制,钻机无法在湖泊沼泽中作业,严重影响了勘探开发。为了更好地利用油田面积合理布井,会战总指挥部决定尝试利用冬季在冰上试验钻井。工程技术室、钻井技术研究室、设计院等单位大胆探索,确定了在冰上打基桩承负钻机设备的思路,搞出了一套冰上钻井和原油集输工艺设计。

1963年2月4日,冰上试验井正式开钻。会战总指挥部副指挥、生产办公室主任宋振明,钻井指挥部指挥李敬、总工程师杨录等亲临现场指挥。在施工安装中,职工们克服了物质条件差、资料不足、没有经验等重重困难,在严寒的气候里坚持施工。技术员吉世海等12人,为了打好基桩冰窟,春节期间带上干粮,在狂风怒吼的冰层上连续工作了4天。装建大队为了及时安装,保证开钻,工程师韩谭贻亲临现场技术指导,仅用一天时间就把全部设备运到现场,及时完成了安装任务。水厂、设计院等单位也参加了基桩施工,设计院分担6个水泥基桩完成了7个,质量全部合乎要求。直接负责生产的钻井指挥部动员所属各单位人力、物力全力以赴,钻井二大队抽调80余名工人组成4个加强班,在铁人王进喜的带领下,冒着霜晨雪夜,坚持冰上作业。他们发扬"有也上,无也上"作风,拌水泥没有热水就自己烧,人力不足就一人顶三人干。钻进中为了确保质量,技师李致明带着行李住在现场,并拟定了冰上打井的防斜措施,克服了冻结的威胁,加强了泥浆的管理和化验工作。为了加强生产管理,干部坚持驻井,亲自扶刹把,严格执行岗位责任制度,认真贯彻质量标准,保证了钻井施工顺利推进。

冰上试验井经过周密准备和严细施工,从施工设计、现场安装到钻进结束,仅用 1 个月零 3 天的时间,其中钻井周期仅为 11 天 5 小时 20 分,纯钻进时间仅占施工时间的 13.4%。

这口冰上试验井的顺利完钻为继续在冰上钻井提供了第一手资料和宝贵的经验,为合理布井,更好地开发油田,完善开发方案中的井网布置,拿下水泡下地层的原油创造了条件。

钻机自走和冰上钻井的创举实现了钻机安装和钻井施工能力的革命性变化,标志着油田的钻井技术进入了一个崭新阶段。

中一注水站的一场大火不但催生了岗位责任制的诞生,还引发了一场注水设备的技术革命。中一注水站投产时,使用的是苏式 Y8-3 型双缸双作用往复泥浆泵作为注水增压泵。这种泵是以大马力柴油机作为驱动动力,不但能耗高、噪声大、故障率高,维修保养非常复杂,泵效特别低,而且运行时柴油机排气管的温度高得惊人,甚至喷出火星,也正是因此才引发了火灾事故。

工程师贾身乾是大庆油田最早的注水站设计者之一。他从中一注水站的大火中看到了注水设备落后带来的巨大危害,决心首先从换掉柴油机入手改变水泵动力,彻底解决作为注水站心脏的注水泵问题。早在 1961 年,第一台采用电动机做动力的 Y8-3 往复泵就在北一注水站试验投产,首次实现了以电动机做动力。中一注水站的大火后,电动往复泵在油田迅速普及。1962 年,北二注水站、中一心注水站、南一注水站、中三注水站、新中二注水站都采用了这种电动往复泵。以电动机代替柴油机做动力,占地面积小、维修保养简单,柴油机运行的隆隆噪声和滚滚黑烟都不见了,注水站面貌一新,环境更加整洁,运行效率和安全生产得到更好的保障。

但贾身乾心中还有更高的目标,那就是要让注水站使用高压大排量的离心泵。对比电动往复泵,离心泵效率更高,而且运行平稳,故障率低,更适合油田分层注水开采。但愿望离现实还有巨大的差距,当时,国内油田还没有注水站使用离心泵注水的先例,国内也没有适合油田注水使用的高扬程多级离心泵。

1962 年下半年,贾身乾把全部精力都放在了筛查寻找可代用的离心泵上。他翻遍了国内能查找到的离心泵样本,跑遍了大大小小无数个离心泵制造厂,最终选定了一种为大型火力发电厂锅炉供水系统设计的高压离心泵,各项指标基本符合油田注水所需的技术性能,立即申请购买了一台做试验。

1963 年,这台离心泵被安装到新中二注水站。经过试验,运转良好,压力高、排量大、噪声低、运行平稳,连续高负荷运转也没有发生故障。但它有一个致命的缺点,就是对供电要求非常高。当时,国家电网还没有覆盖大庆油田,为油田承担主要供电任务的列车电站功率有限,而离心泵配套的大型电动机启动电流是额定工作电流的 6 倍,相当于直接消耗了一列燃机电站所能输出的全部电量,是名副其实的"电老虎",根据当时的情况,油田根本无法大面积使用。

没办法,贾身乾再次踏上征程,去寻找更加高效节能的产品。他跑遍了能够制造大型高压离心泵的所有厂家,考察了数不清的离心泵产品,结果还是一无所获,当时国内根本没有符合要求的产品。

剩下的就只有一条路——自主设计、研发、制造。但在计划经济的体制下,就连动用一个小小的铁钉都要按程序审批,另外投资研发前途未卜的新产品,对离心泵制造厂家来说又谈何容易。执着的贾身乾没有放弃,他拿着会战总指挥部的介绍信,一家一家苦口婆心地陈述利害,终于有一个厂家答应按照他的设计指标试制一台。产品试制成功后,首先在中三注水站进行了试验。电源启动后,1 000千瓦的电动机立即满负荷运转,启动电流下降了2/3,压力表指针稳定指示在120公斤/厘米³,流量达到160米³/时,完全达到了设计指标,并且通过了72小时的连续运转和严格测试,试验取得圆满成功。

会战总指挥部立即与生产厂家签订了批量订货协议。随着一台台全新高压离心泵运到油田,一座座注水站陆续都更换了高效节能的新"心脏",为油田开发试验区建设和后来的"146开发方案"提供了强有力的支撑,开创了注水开发技术的新局面。

在配套装备上,创新成果同样显著。油田自己设计、自己制造、自己安装的第一个卡箍式采油树经水试试压206个大气压,达到了设计标准。卡箍式采油树主要是用卡箍代替了法兰盘,既节约了大量钢材,又符合生产实际需要,轻便耐压。自制并已定型使用的高效率刮刀钻头平均进尺达822米,比普通刮刀钻头提高2倍多,很多钻头突破千米,使中深井平均钻机月速度提高了17.4%。地质指挥所流体力学研究室先后研制成功水力积分仪、电模拟等新型科学研究设备,大大提高了试验效率。

油田建设施工技术成龙配套,水平大大提高。土方施工已配成了一整套的机械化流水作业线,整个土方机械化程度提高到83.8%,创造了从挖沟到回填日敷管线10.5公里的最高纪录。新建的管道预制厂全部实现了机械化,提高工效2～3倍。

在会战总指挥部的积极倡导下,会战开始的头几个月,全战区就提出技术革新和创新建议8 000多条,其中1 500多条被综合利用。以后,油田每年都开展几千项群众性的技术革新和一些重大项目,这些成果很好地解决了制约生产的关键问题,有力促进了各项生产任务优质高效完成,为会战的整体推进提供了良好的技术支持和保证。

⚙ 1202 勇超"功勋"

钻井是油田勘探开发的火车头。会战初期,在1205及1202等标杆钻井队的带领下,钻井系统各支队伍八仙过海、各显其能,从"三开三完"到"五开五完",不断创造钻井速度、钻井质量、钻井成本等方面的一系列新纪录,成为推动石油会战最重要的力量之一。同时,他们凭借着尖刀般的锐气和钢铁般的意志,勇敢地向世界先进水平发出了挑战。

1960 年 12 月 31 日晚,"二号院"会议室喜气洋洋、笑语连连。会战已经进行了几个月,参加石油会战的各路大军代表难得一见地欢聚一堂,共同畅谈会战以来的经验和体会,一起分享艰苦奋战取得的突出成果,共同辞旧迎新憧憬新的会战。

余秋里也参加了迎新会。他笑容满面地坐在 1202 钻井队指导员杨春文和队长王天琪中间,乐呵呵地问:"今天食堂是管饱,你们可别给我客气啊!过了这一村就没那个店了!"会场上立刻爆发出一阵欢快的笑声。余秋里让秘书李晔招了招手说:"新年到了,我没啥可送你们的,这副对联算我给你们队的一份礼物。"送给杨春文一副对联:保质量重安全,永葆全国标杆;创奇迹超"功勋",争夺世界冠军。

会场又响起了热烈的掌声。余秋里站起身来,大声地说:"同志们哪!最近我看到一个消息嘞。北边的苏联有个格林尼亚钻井队,今年他们在第二巴库油田上用 11 个月时间打井 31 341 米,创造了苏联最高纪录了不起哇!苏共中央和他们的部长会议专门做出决定,授予这个钻井队'功勋钻井队'称号呢!""怎么样?你们有没有决心跟苏联的'功勋队'比一比,争取超过他们?当一个表率,把世界冠军夺过来!"

"有!"军人出身的王天琪站起来挺腰立正,向余秋里敬了一个军礼。余秋里满意地笑了:"好!新的一年里,我们要继续开好'生产运动会',要创造我们的钻井世界冠军!全战区要创造找油田的世界冠军!同志们有没有这个决心?""有!""决心大不大啊?""大!"大家一边高声回答,一边激动地鼓起掌来。

余秋里还勉励在场的其他钻井队:为了甩掉石油落后的帽子,部党组和会战工委希望各个钻井队在新的一年里,继续大学"两论",继续发扬艰苦奋斗的革命传统,争取都超过苏联那个所谓的"功勋钻井队",为国争光!

勇气可嘉,困难重重。超"功勋",意味着年钻井进尺要超过 30 000 米。我国近代有钻井史以来,全国钻井总进尺也不过就是 70 000 米,1202 钻井队建队 5 年,累计钻井进尺还不到 30 000 米。用 20 世纪 40 年代的旧钻机、老设备,要打出 20 年后的世界最先进水平谈何容易。

除夕之夜,康世恩在电话会形式的春节联欢会上,再次向 1202 钻井队老队长马德仁发出了超越"功勋"的号召。除夕当晚,1202 钻井队两任老队长张云清、马德仁带着 2 位部长的勉励和嘱托,回到 1202 钻井队,很多已经离队到其他岗位的老英雄、老同志们也都回来参加职工大会。三代钻井人个个摩拳擦掌,斗志昂扬,发誓一定要把钻井世界冠军夺过来,长咱中国石油人的志气。张云清鼓励大家说:"当年,我们人民解放军靠小米加步枪打败了国民党 800 万军队,现在这点困难算什么?不外乎就是少睡几宿觉,多流一点汗,掉几斤肉,多受点累。前面没有枪林弹雨,饿点肚子怕什么?大家拿出点劲头来,一定要把这个'功勋'甩到身后去!"马德仁斩钉截铁地说:"中国人死都不怕,还怕困难吗?咱们搞钻井的,超不过那些外国人,还算什么钻井工人!"已经担任大队长的铁人王进喜也参加了会议,他心情无比激动,用一首通俗易懂的诗表达了全体钻井工人的心声:"大地回春练兵忙,整好刀枪整好装,只待战令一声下,跃马扬鞭上战场;庄稼喜雨花朝阳,会战全靠共产党,中华民族站起来,世界冠军咱要当!"

1961年2月28日,这天是正月十四,传统的元宵佳节还没过,1202钻井队新年的第一口井就正式开钻了。当天的最低气温达到了零下32摄氏度,井场上没有保温锅炉,柴油机发动不起来,大家就用废汽油桶烧开水给柴油机加温,让柴油机在严寒中运转起来。钻"鼠洞"时,冻土像钢板一样冲不动、刺不开,大家就用人力推动钻杆,钻过了2米多厚的冻土层。钻工王茂顺在忙碌时滑进泥浆池,全身都浸泡在结满薄冰的泥浆中,大家把他拉上来后,全身衣服都结了冰,冻得硬邦邦的,可他连衣服都顾不上换,继续和大家一起大干。钻工吴全清为了保证钻井超"功勋",2次错过了家里安排的相亲,回绝了哥哥让他回山东老家娶妻生子、过安稳日子的想法。他给家人讲国外势力用石油卡我们脖子的道理,讲国家缺油造成的巨大困难以及早日拿下大油田的重大意义,取得了家人的理解和支持,解除了后顾之忧,安心在井队挨饿受冻,立志打好井立新功。

严冬过后,钻井生产正是好日子。可好景不长,雨季很快就到了,几场大雨下来,正在下套管的1202钻井队的井场就变成了一片汪洋。一天凌晨2点,雨势更猛,洪水已经冲毁了井队筑起的几道堤坝,泥浆池和井架底座的最后一道防线眼看就要被突破。危急关头,指导员杨春文和队长王天琪一面组织职工保护防洪堤坝,一面登上钻台指挥生产。司钻屈清华沉着应战,带领大家冒雨继续抢下套管。头上暴雨劈头盖脸,地上洪水深至过膝,大家不但没有退缩,还坚持保证质量,王天琪亲自检查每一个丝扣,每一根套管。职工们在洪水和雨水中连续奋战,坚持下完了100多根套管。

套管下完了,固井又成了难题。井场水位不断上涨,滔滔洪水严重威胁着油井安全,必须立即固井。可6辆固井水泥车乘风破浪、左冲右突,几经周折也开不进洪水围困的井场,只能停在100米开外的地方,必须实行远距离固井。这需要铺接5条临时管线,扛进来100多袋水泥。如果在平时,这点任务根本算不上困难,可当时四处水深过膝,水底凹凸难料,空手走一趟都危险重重,再扛上沉重的钢管、水泥,简直是寸步难行。

创纪录,超"功勋",天上下刀子也不能停。铁人王进喜带着1205钻井队的职工们赶来了,钻井指挥部指挥和书记带领机关干部们赶来了,炊事员冒雨蹚水把热腾腾的姜汤送上井来了。大家凭着一股永不服输的勇气,像冲锋的尖刀一样奋勇争先,与大自然肆虐的风雨展开了一场殊死搏斗,经过3个多小时的艰苦奋战,一口合格的油井终于固好了。

1961年8月,1202钻井队当年累计进尺已经超过20 000米,正在向最后的目标稳步前进。一口新井钻到800多米时,一号柴油机突然发生了故障。大家怎么修也修不好,只好去找机械技术员李自新。李自新刚刚脚趾受了伤,膝盖以下肿得像大腿一样粗,只能躺着养伤。他听说柴油机出毛病熄火了,不容分说奋力而起,找了一双特大号水靴,把红肿的脚勉强塞进去,拄着拐棍,咬牙忍着疼痛,一瘸一拐来到井场。毛病很快找到了,机器很快修好了,钻机又重新轰鸣起来。

冬去春来,草长莺飞,夏逝秋至,芦花放白。时间悄悄地流逝,草原迎来了又一个冬天。进入 11 月,萨尔图已是寒风刺骨、滴水成冰。1202 钻井队已经完成钻井进尺 3 万米,交井 27 口。但干部职工们不怕寒冷、不惧风霜,提出:要再打一口井,坚决赶超"功勋",立志为国争光。

11 月 12 日,1202 钻井队迎来了他们超越"功勋"的最后一口井。这一天,寒流提前到来了,凛冽的暴风雪直扑高耸的井架,让井架都禁不住摇晃起来。吊卡、大钳都被冻住,拉也拉不开,要用榔头敲去表面的冻冰层才能使用。到了夜晚,气温更低,给泥浆池供水的管线经受不住刺骨的寒风和超低的温度,冻成了"实心香肠"。队干部都来到了井场,围着冻得硬邦邦的水管线想办法,震击、捂热都不奏效。黑夜漫漫、雪片纷飞、朔风猎猎,泥浆池需要补充水,一刻也不能等啊。经过研究,大家一致决定,要像铁人王进喜和 1205 钻井队那样,破冰端水也要保证钻进。队长王天琪找到一个邻近的水泡子,大家砸开冰层,用水桶、脸盆从冰窟窿里取水,再一桶桶、一盆盆运上井场。

天黑路滑,风雪呼啸。寒夜里忙碌的职工们身上都挂满了冰霜,头发、眉毛、胡子也都全白了,可大家的心是热的——跌倒了爬起来,水洒了再去端。副队长李继良摔倒了好几次,最后一次跌进了雪沟里,脚扭伤了,水泼了一身,工服马上被冻成了"铠甲",可他瘸着腿,坚持继续端水。经过连续奋战,泥浆池终于灌足了水,钻机又开始隆隆钻进了。

1961 年 11 月 29 日,这是一个普通的日子,但对 1202 钻井队来说,这是一个值得永远铭记的日子。当晚 22 时,超"功勋"的最后一口井顺利完钻,全队当年交井 28 口,钻井总进尺达到了 31 746 米。1202 钻井队仅用 9 个月零 15 天时间就超过了苏联格林尼亚"功勋钻井队"年钻井进尺 31 341 米的最高纪录,成为当之无愧的"功勋"和世界冠军。

面对荣誉,钻井人没有停步不前。超越"功勋钻井队"以后,1202 和 1205 钻井队提出了年钻井 5 万米的更高目标,誓将苏联"功勋钻井队"和当时同样声名显赫的美国"王牌钻井队"彻底甩在身后。后来,他们不但很快实现了这一目标,而且还更进一步,双双突破年钻井 10 万米大关,成为世界钻井史上的标杆。

探索深层奥秘的松基六井

1962 年,大庆长垣已经基本探明,各项油田开发部署紧锣密鼓全面展开,外围勘探也在有序推进。石油工业部决定,安排钻探一口超过 4 000 米的超深井,目的是钻穿主力油层下部的侏罗系地层,了解底部地层分布和地质情况,进一步探索松辽盆地深处的奥秘。1963 年,部署在萨尔图构造顶部的大庆油田第一口深探井——松基六井正式开钻。

对于超深井钻探，随着井深的增加，对钻井设备和钻井技术的要求呈几何级增长。打松基六井，不仅是一场思想仗、作风仗，更是一场装备仗、技术仗。1962 年 10 月，会战总指挥部工程技术室、地质指挥所与钻井指挥部一起，参考国内外资料，结合实际反复研究，完成了松基六井的施工设计。钻井指挥部经过仔细斟酌筛选，把钻探任务交给了32139 钻井队。

32139 钻井队 1952 年在玉门油田组建，是一支有着光荣传统和辉煌业绩的英雄钻井队。这支钻井队曾参加过川中会战，1959 年派代表出席过全国工交群英会，1960 年 3 月来大庆参加石油大会战。到大庆后开钻的第一口井萨 56 井就创造了取芯收获率93％的优异成绩，还创造过日进尺 941 米的钻井纪录，为探明大庆长垣做出了突出贡献。但接到钻探松基六井的任务后，久经战阵的队长赵建荣和指导员许凤智也不免暗暗心惊：谁都没有打过 3 000 米以下的深井，用 3 200 米钻井能力的乌德钻机钻 4 000 米以下的超深井，更是从来没有过的尝试。

重任当前，岂能退缩。赵建荣和许凤智立即召开职工大会，为职工加油鼓劲：虽然没有打过这么深的井，但我们走南闯北这么多年，什么大仗没见过？领导把这么重要的任务交给我们，就是看中了我们人员素质过硬、思想作风过硬，这是我们的光荣，我们可不能让困难惊掉了舌头。困难咋了，想办法克服嘛，老铁（"铁人"王进喜）说"有条件要上，没有条件创造条件也要上"，咱们就创造一下条件，活人不能让尿憋死，这个活儿咱们接定了，非干出个样来不可！

1962 年 12 月，32139 钻井队就位松基六井，开始钻前准备。钻井指挥部总工程师杨录牵头，探井大队工程师蒋希文带领的钻机改造小组立即住进了井队，和 32139 队干部职工一起，一边积极改造设备，一边进行技术培训。苏制乌德钻机提升钻具的能力只有130 吨，这对 4 000 以下的超深井来说根本不够用。改造小组首先在钻机"心脏"上动手术，将作为乌德钻机动力设备的 5 台 300 马力柴油机更换为 3 台输出功率为 570 千瓦的电动机，并对底座、井架、绞车、天车、游动滑车等进行了系统加固，使钻机的提升能力达到 200 吨。

其他相关部门也在紧锣密鼓地研究攻关，使整个钻井系统都能适应 4 000 米以下超深井的钻井需求。随着钻井深度的增加，井下温度会越来越高，常规钻井液在超过 100 摄氏度的环境下就会失效。钻井液实验组经过 1 万多次室内实验，取得了 7 万多个数据，研制成功能耐 150 摄氏度高温的聚丙烯腈深井钻井液。钻具研究组优选改进可能用到的各种钻头，对钻杆、钻铤以及所有下井工具进行金属性分析，优化钻具组合。固井研究组针对井下温度高、深度大的难点，专门研究固井水泥浆的配比和施工工艺，为松基六井固井提前做好准备。

1963 年 3 月 31 日 4 时 30 分，部署在萨尔图构造南一区中部（今萨大路立交桥附近）的松基六井正式开钻。在全油田和整个石油系统的关注期待下，32139 钻井队干部职工团结协作、勇敢拼搏，只用 5 个月时间就打到了 3 000 米井深。1963 年 9 月，"强化版"

的乌德钻机开始向从未探索过的 4 000 米地层深处挺进。

钻过 3 000 米后,从来没有遇到过的坚硬地层出现了。钻头"咬碎"岩石的能力变得越来越差,有时一天只能打进几米深。到 1964 年 4 月,松基六井开钻一整年,钻井进尺还停留在 3 300 米。也就是说,进入 3 000 米地层后,全队半年的时间才打了 300 米,憋足了干劲的职工们开始急躁起来。

32139 队党支部结合实际因势利导,不以猛打猛冲为目的,而是把职工的冲天干劲和奋斗精神引向科学管理,引向岗位责任制,引向基础工作中每一件具体的事情上。司钻魏光荣有操作冒失的毛病,队长赵建荣不但叫停了打钻,还一边亲自示范一边教育他说:"司钻可不光是打钻扶刹把,手里还掌握着操作人员、钻机设备和钻井井眼'三条命'。像你这样野蛮操作,这口井非葬送在你手里不可。决心、干劲要落实到基本操作上,一猛二蛮可不行啊!"这次"叫停"让老魏如梦初醒,从此他苦练基本功,细心琢磨各种情况,每次上钻台都要细致检查井上、井下、井口、机房、仪表、信号等各方面情况,不光扶刹把,还眼观六路、耳听八方,不仅操作稳健,还能从微小的异响中判断出可能出故障的位置,真正成为一名标杆司钻。在他的带领下,全队逐步形成了"八个过得硬",即司钻操作过得硬、内外钳工操作过得硬、架工操作过得硬、钻具管理过得硬、泥浆管理过得硬、岗位责任制过得硬、人人出手过得硬。

钻具是向地层进军的"利剑"。为了搞好深井施工中钻具管理,32139 队把钻杆、钻头、钻具一一编号,登记"花名册"。以此为基础制定钻具"运行表",坚持执行钻杆每使用 200 小时探伤一次,每使用 300 小时试压一次,每起下钻 3 次就倒换一次钻具。由于坚持严格、科学的管理方法,在一年半的时间里,32139 钻井队在地面检查出 100 多根带伤的钻杆,避免了不合格钻具下井,消除了事故隐患。

1964 年 9 月 4 日,松基六井成功钻过了 4 000 米井深。当时,新疆地区的深探井最深为 3 714 米,华北地区为 3 701 米,四川地区为 3 863 米。4 000 米,是中国钻井行业的全新深度,是从未有过的全国纪录。32139 钻井队凭借顽强意志和科学管理,不但成功用 3 200 米钻机打进了这一全新的深度,还形成了一整套打深探井的技术方法、操作规程和管理经验。在 2 000 米以下井段取芯 4 次,平均岩芯收获率高达 88.5%,4 000 米内井斜不超过 2 度,录取了 240 091 个地质数据,获得了完整成套、齐全准确的第一手资料。

9 月 7 日,石油工业部发来贺电,祝贺 32139 钻井队胜利钻达 4 000 米。贺电肯定了 32139 钻井队艰苦奋斗、自力更生的革命精神,高度赞扬了他们把高度的革命精神和严格的科学态度紧密结合,创造了一套深井钻井的技术和管理经验,树立了安全、优质钻井的好榜样。贺电还勉励大家,要继续发扬革命精神,再接再厉,继续钻进,为深井钻探做出更大贡献。

9 月 10 日,会战工委隆重召开祝捷誓师暨向 32139 硬骨头钻井队学习大会。会上,32139 钻井队接受了石油工业部和会战工委授予的锦旗,康世恩宣读了石油工业部贺电和会战工委贺信,会战工委领导宣读了《关于授予 32139 钻井队"硬骨头钻井队"光荣称号的决定》，还将一块镶有"硬骨头钻井队"字样的奖牌授予 32139 钻井队。会后，康世恩来到松基六井，慰问井队干部职工，并出席在井场上举行的庆功大会。他赞扬了松基六井为中国石油工业创造的新成就，勉励他们戒骄戒躁、再接再厉，继续向 5 000 米目标进军。

5 000 米是当时世界钻井史上的高峰，能钻深到 5 000 米的国家不超过 10 个。松辽盆地深处的地层极其坚硬，每一只球齿钻头磨秃了也只能钻进不足 2 米的深度，牙轮钻头也超不过 5 米。没有优质的钻头，干劲再大也见不到成效，超深井的钻进不仅要靠人们征服自然、探索地层的决心和意志，还要考验科学技术和钻井工艺水平。司钻罗仁是一个善于琢磨的"革新迷"，他提出了在钻头上镶焊钨钢块的建议，新钻头下井试验后，取得了连续进尺 11 米的喜人成绩。随后，钻井指挥部职工、技术干部和科研单位"三结合"攻关小组又研制出反螺旋堆焊西瓜皮钻头，这种钻头对付坚硬的砾岩层效率更高。

1965 年年底，松基六井已经钻达 4 524.75 米井深。此时最大井斜仍然保持在 3 度以内，4 000 米以下井段的钻井取芯收获率仍然达到了 86%。在 4 444 米井深以后，井眼尺寸越来越小，只能被迫甩掉高强度的钻铤，直接用直径不足 90 毫米的钻杆携带小钻头向下钻进。1966 年夏天，松基六井已经钻进到 4 700 米井深。此时的钻进更加艰难，在地面刚性十足的钻杆在深深的井下柔弱得像一条麻绳，坚硬的地层使每只钻头的平均进尺只有 2.32 米。

1966 年 9 月，尽管钻工们始终谨慎操作，强度不足的小钻杆还是发生了断裂。32139 钻井队历时近 3 个月，多次尝试打捞或者磨铣落井钻具都没有成功。此时，"文化大革命"运动的干扰已经打乱了油田正常的生产秩序，在混乱的局面下，32139 钻井队遗憾地放弃了进军 5 000 米的愿望。1966 年 12 月 3 日，松基六井于井深 4 718.77 米处完钻。

松基六井的钻探在石油地质学家的眼前打开了一扇窗。这次钻探发现深部的生油层主要在登娄库组二段，地化指标较好，同时还发现盆地深部地层中存在着巨厚的储层，虽然岩性致密，不利于储油，但可以储气。钻探还对松辽盆地深层的温度、压力有了直接的了解，随着深度的增加，地层温度和压力逐步增高，在 4 500 米处深度时，压力高达 400 多个大气压，温度达到 150 摄氏度，使液态烃难以存在，但可以在深层寻找天然气，为以后开展深层勘探提供了重要参考。

松基六井的钻探第一次揭示了松辽盆地深层的奥秘。这些直观的地质认识为深入了解松辽盆地，综合认识盆地深部地层提供了重要依据，为后来大庆油田在徐家围子实现深层天然气勘探重大发现提供了坚实的基础。

萨尔图油田的开发水平是超过苏联的

大庆油田是在国家经济困难的特殊时期和特定的历史条件下，采取大会战这样一种特殊的组织形式,独立自主勘探开发的特大型油田。广大会战职工坚持"全党办地质、人人办地质",在勘探开发过程中讲求科学、依靠实践、尊重客观规律,突破了贫油论束缚,高速度、高水平拿下了大油田,勘探开发效果和油田建成速度均优于国外同类油田。

大庆油田开发建设初期,世界主要产油国美国和苏联早已度过现代石油工业的初创阶段,开始走上了石油强国之路。

美国是世界上最早进行现代石油勘探开发的国家。1859 年 8 月,德雷克在宾夕法尼亚州的泰特斯维尔打出了近代第一口工业油井。1860 年,洛克菲勒在克利夫兰开办了一家当时最大的炼油厂;1870 年 1 月 10 日,洛克菲勒成立标准石油公司,生产销售质量更高、没有烟尘的照明煤油——"美孚"石油,并开始把"美孚"石油向包括中国在内的全世界倾销。20 世纪初,标准石油公司成为美国最大的原油生产商,垄断了美国 95% 的炼油能力、90% 的输油能力、25% 的原油产量,并将对美国石油工业的垄断持续到 1911 年,洛克菲勒也因其在石油领域让人无法企及的地位被誉为"世界石油大王"。

到 20 世纪 60 年代,美国一直是世界第一大产油国。全球原油产量的一半来自美国,当时被称作"石油七姊妹"的世界七大石油公司中,英国石油公司属于英国,壳牌石油公司为英国、荷兰共有,其他五大石油公司——埃克森公司、海湾公司、德士古公司、美孚公司、雪佛龙公司均属于美国。

20 世纪初,随着巴库油田的开发,苏联石油工业迎来高速发展。1940 年,巴库油田石油生产达到高峰,其产量占当时苏联原油总产量的 71.5%。20 世纪 50 年代,第二巴库油田(伏尔加—乌拉尔地区,包括罗马什金、杜伊玛兹、新叶尔霍夫等油田)开始进入高产期。1955 年,苏联石油总产量为 7 079 万吨,其中第二巴库油田所在的伏尔加—乌拉尔地区产油高达 4 250 万吨,在苏联石油产量中占比已经超过 60%。

1960 年 9 月,中东地区 4 个主要产油国伊拉克、伊朗、沙特阿拉伯和科威特,以及拉丁美洲产油国委内瑞拉 5 个国家的石油部长在伊拉克巴格达宣布成立石油输出国组织,简称欧佩克(OPEC)。欧佩克成立的主要目的就是要从"石油七姊妹"手中夺取对世界石油市场的控制权。

1960 年当年,世界石油产量超过 10 亿吨,达到 10.8 亿吨。石油在一次能源中的比重达到 50% 以上,超过煤炭成为第一能源。而当时的中国石油工业基础薄弱,石油产量低。1960 年,加上刚刚发现的大庆油田生产的 97 万吨原油,全国石油产量也只有 521.3 万吨。

大庆油田发现后,中苏由"蜜月"走向决裂。1960 年 6 月 16 日,苏联驻华大使契尔年科向中国政府递交外交照会,决定召回所有在华专家。7 月 16 日,苏联单方面终止了所有援华项目,撕毁了与我国签订的 600 个合作合同。

面对日益恶化的中苏关系,毛泽东多次提出要坚持走独立自主的发展之路。他强调,我们是不是可以把苏联走过的弯路避开,比苏联搞得速度更快一点,比苏联的质量更好一点,应当争取这个可能。余秋里暗下决心,必须抛开"洋拐棍",打破"洋框框",独立自主开发建设这个刚发现的大油田,一定要让萨尔图油田的开发水平超过苏联,超过国外。

在会战工委和会战总指挥部带领下,广大会战职工敢于打破"旧藩篱",探索新模式,不但成功走出了一条独立自主开发大油田的新路,而且使大庆油田的开发水平、效果和建设速度都超过了国外的同类油田。

当时世界上与大庆油田规模相近的同类油田主要是美国的东得克萨斯油田、苏联的杜依玛兹油田和罗马什金油田。

东得克萨斯油田位于美国东得克萨斯盆地东部的塞宾隆起侧翼,含油面积 534 平方公里。油田 1930 年 10 月发现,原始地质储量为 10.26 亿吨,不但曾是美国最大的油田,就是在世界范围内也是屈指可数的大油田。它与大庆油田一样,同属于世界级别的大型非均质多层高含水砂岩油田,也采用了早期水驱开发技术,开发措施和开发过程有很大共性。

杜伊玛兹油田 1940 年发现,可采储量 2.85 亿吨,是最早采用边外注水保持地层压力方法开发的油田之一。罗马什金油田 1948 年发现,1952 年投入工业性开发,是一个典型的陆台型多油层油田,含油面积 4 300 平方公里,其中油水过渡带的面积占 70%,该油田独创了世界首个大规模注水开采石油工艺。

大庆油田广大职工在石油会战中不断实践,勇于创新,首先在勘探时间上超过了国外油田。美国拿下东得克萨斯油田用了 9 年时间,苏联探明罗马什金油田用了 3 年多时间。而大庆油田从 1959 年 9 月第一口井松基三井喷油,到 1960 年年底探明大庆长垣面积,只用了 1 年零 3 个月的时间。杜依玛兹油田投入开发后,油田产量和油层压力下降都很快,直到 1949 年才开始注水,1956 年注水井才全部打完。大庆油田从勘探到全面开发,调动了几万人用集中优势兵力打歼灭战方法,仅用 3 年多的时间就基本建成了一个大油田,这在美国和苏联是不可能的,办不到的。

大庆油田和罗马什金油田都是大型的非均质油田,但在对待非均质问题上,大庆油田的开发措施更加有针对性。大庆油田通过小层对比分析,以及对油砂体的描述,强化了对地下油层的地质认识,把油层搞得细、深、透,地质资料齐、全、准,油层从下到上层次清晰,抓住了开发设计的关键问题,这对以后的分层注水、分层开采提供了重要地质保证。

而当时苏联石油地质专家认为,油田只能分大层,不能分小层。杜依玛兹油田 II_1、II_2 两大层还分不清,更不承认有必要分小层,1950 年后发现有几十个地方连通,连通水就窜,给开发工作带来很大被动。罗马什金油田 II_1 油层分 5 个大层,每层中都有小层,由于没有力量和能力把它搞清,只能当成大层开采。注水无法分注,只能采取笼统注水,渗透率小的地层只能注进计划的 $1/4 \sim 1/3$,注水效果很差。

大庆油田设计开发方案都经过实际的现场试验。无论是萨尔图开发试验区,还是后来的"146 开发方案",设计思路清晰,开发效果良好。

杜依玛兹油田的初步开发方案是根据 16 口探井资料做出的，而亚历山大罗夫卡油田的渗透率由 24 口探井求得，孔隙度由 19 口探井求得，饱和压力、有效厚度等数据也是通过这 20 多口井得到的，由于不能分小层，只能取大平均。由于对油层情况根本没有搞清，开发效果很不理想。

罗马什金油田见油后，开发方案一直定不下来。它的开发方案专门由研究所制定，二三十个人根据几十口井的资料搞开发方案，其他人不能插手。由于没有一整套资料，在缺乏边内注水经验，对油田的地质结构研究程度很低的情况下，编制了一套很不科学的开发方案，存在很多原则性的失误。它把油田切割为若干宽阔的多期开发系统，这就不得不在开发早期就关闭一些采油井，改变注水前缘。而且在油藏内，油井和注水井间井距很大且分布不均匀，在非常稀的井网基础上，采油单元划得过大，这就无法让所有的原油储量得到有效开发，根本不能保证达到设计的原油采收率。同时，由于开发方案没有很好地结合开发层系的非均质性，注水对油层波及范围小，只能达到 52%，只有 30%～70% 的射开层位见到注水效果。从方案实施开始，只保留了主要的开发原则——边内注水。

1957 年，苏联石油部油田开发委员会批准罗马什金油田 II_1 层提高注水线压力至 185 个大气压，超过原始油层压力 10 个大气压。1959 年到 1960 年，再次批准把注水线压力提高到 200 个大气压。但是，多油层非均质油藏在合注条件下，仅仅靠提高注水压力并不能使全部油层都吸水。经过实践证明，罗马什金油田把井口注水压力从 100～120 个大气压提高到 200 个甚至 250 个大气压，吸水层数和吸水厚度也只能达到射开层数和射开厚度的 75%～80%，波及面积和驱油效果更差。

大庆油田的开发管理坚持一切从实际出发，一切经过实践检验，从开采方式、注水方式、井网规划，都反复研究对比，经过现场试验，对油田的动态分析甚至细化到了每口井、每个小层。而苏联油田的动态分析不在现场，都是在大城市的研究所里完成，研究人员平时很少下现场，每年只在好的季节 7—8 月份下去看一下就回来，他们的动态分析也不可能组织更多的人力，所以设计与生产脱节，油田开发存在很多问题，造成了油田产量的迅速下降，开发效果很差，巴库、杜伊玛兹、罗马什金油田均是如此。大庆油田岩芯收获率达到 95.6%，而在苏联油田岩芯收获率能达到 40%～50% 就是很高的标准，实际比这还要低，如 1960 年杜依玛兹油田的岩芯收获率只有 30.5%。

在油田管理和采油工艺技术上，大庆油田也优于苏联。大庆油田的采油工都会采油、量油、测气、测压、清蜡、维修、保温，直到地下情况的分析，个个都是"全能选手"。而苏联是分几个队，如修井队、试井队等，管井的工人一个人跑七八口油井，拿个扳手、抹布，到井上简单地擦、摸、听，看是否出油，有问题就报告给修井队，量油、测气由技术员一个月进行 3～4 次；现场管理也很凌乱，井场连油带水，车进不去，人进去还得穿靴子，更谈不上规格化、标准化。

大庆油田的开发建设是高度的革命精神和严格的科学态度相结合的成果。不仅有

"宁肯少活二十年,拼命也要拿下大油田"的无私奉献,也有 20 项资料 72 个数据的质量标准,还有岗位责任制这样优秀的管理制度。大庆油田开发水平超过苏联的同类油田,真正体现了在党的领导下独立自主进行经济建设的成功,成为自力更生建设国有企业的典范。

第六篇

培育形成大庆精神和优良传统

第十四章

思想政治做引领
贯穿生产全过程

　　大庆石油会战能在困难的时间、困难的地点、困难的条件下顺利推进,并最终取得决定性胜利,很重要的一条就是加强党的领导,结合实际开展好思想政治工作。从会战之初会战工委就意识到,思想政治工作是党的优势、军队的优势,也是搞社会主义企业的优势,必须继承好的做法,发挥这个优势。因此,在石油大会战开始还不到一个月,会战工委就召开第一次政治工作会,并提出:思想政治工作的任务就是以解决会战中的生产关键为目的,以技术革新和技术革命为中心,通过竞赛评比、技术表演、检查总结、技术革新、技术革命和学习毛主席著作6项活动,把思想政治工作做实、做细、做深、做透。

抓生产从思想入手,抓思想从生产出发

　　要办好一个社会主义现代化企业,首先必须要做好人的工作。而抓人的工作,必须首先抓人的思想,有针对性地开展思想政治工作。做思想政治工作必须从生产实际出发,把思想政治和经济、生产、技术等紧密结合起来,把思想政治工作做到生产过程中去,做到科学试验中去,做到日常生活中去,才能更好地发挥好人的主观作用,把精神力量转化为物质力量,发挥思想政治工作对生产的巨大推动作用。

　　石油大会战一开始,会战工委就树立"一切工作为了生产的观点"。余秋里提出:全体会战职工的共同任务就是迅速探明大油田,开发建设好大油田,为祖国多生产石油;各个部门、各个单位、各级干部都要围绕这个中心开展工作;各项工作,包括党的工作、

政治工作、工会工作、团的工作、妇女工作、生活工作,都要为这个中心服务,离开这个中心,各项工作就没有了目标,就失去了意义。石油工业部党组通过组织干部职工大学"两论"统一思想,结合实际开展思想政治工作,解决生产中遇到的各种困难和思想问题,坚持把会战打了上去。

1960年4月10日,为了打好思想基础,推动大会战,石油工业部机关党委做出了《关于学习毛泽东同志所著〈实践论〉和〈矛盾论〉的决定》,并发出了关于政治工作的通知。通知要求,围绕当前生产关键,要迅速掀起一个以技术革新和技术革命为中心的"六大"运动,各级党政领导机关要切实做好3项工作:一是必须坚持政治挂帅,大力加强政治思想领导;二是大搞以机械化、半机械化、自动化、半自动化为中心的技术革新和技术革命的群众运动;三是加强会战期间党的领导,提高领导水平,改进工作作风。

通知指出,只有思想上革命,才能有技术上和工作上的革命,才能有高速度、高水平。只有政治挂帅、解放思想,才能发挥广大职工群众、工程技术人员和领导干部的无穷智慧,才能调动会战职工的积极性。要提倡人人做政治思想工作,事事从政治出发的风气,善于发现先进的、哪怕暂时的还是微小的东西,并认识它、总结它、发扬它。要大搞宣传,使人人认清会战的形势和任务,在全体职工中掀起一个学习毛主席著作的高潮,以毛主席的思想为指导,以当前的大会战为实践,理论密切结合实际,边读、边议、边做,通过学习,掌握马列主义的理论武器,认识油田规律,使我们的生产实践具有更大的自觉性。

1960年5月25—28日,石油大会战正式拉开序幕还不到1个月,战区召开了石油大会战第一次政治工作会议。大会由李荆和致开幕辞,唐克作6月份技术革新和技术革命任务部署,雷震作《关于党的组织工作报告》,吴星峰作《关于战区政治工作的体会和今后政治工作的任务》的报告。总指挥部机关各部门和各探区的党委书记,各井队及车间、科室的指导员和支部书记参加了会议。

会议交流了前一阶段工作中的重大成就,并总结推广了优秀基层单位的思想政治工作经验。1262钻井队(即1205钻井队)指导员孙永臣介绍了围绕当前会战生产做细致思想政治工作的经验,装卸大队介绍了七中队一分队人人做政治工作、事事做政治工作的经验,孙玉庭钻井队、葡2井等单位介绍了本单位学习毛主席著作,理论联系实际取得生产发展新气象的情况。

通过广泛交流,大家一致认识到,做好当前政治思想工作的关键是"大"和"细"的结合问题。"大"就是大胆放手彻底发动群众,要大规模持续搞群众运动,只有这样,才能充分发挥群众的积极性和创造性,冲击一切事物的落后面。第三探区党委副书记李云介绍了探区机修厂通过发动群众开展大检查,广泛揭露矛盾,并由群众动手,具体解决矛盾,由落后一跃而为先进的生动事实,使与会者认识到群众运动的影响力越大,取得成效就越快越大。同时,只有把思想政治工作做得深入细致,做到人的心坎上,做到每一件事情的关键上,不放过一个新事物,不漏掉一个好时机,人人做、事事做,政治工作才有活力。装卸大队七中队在每一件事情中都"借东风",鼓舞教育群众,群众的思想觉悟不断提高,革命英雄主义精神不断高涨,第三探区党委授予该分队"钢铁分队"的光荣称号。"大"和"细"很好地结合起来,就能使群众运动既轰轰烈烈又踏踏实实,既有声势又有效果。通过大家的共同努力,一定能把政治工作推进到一个新阶段,把群众运动提高到更高的水平,使勘探、基建和各项生产工作提前超额完成第一战役任务,并为第二战役做好准备。大家一致认为:通过会议,看到了工作成绩,也看到了存在的问题,找出了工作中的矛盾和解决办法。今后要更好地深入群众中去,把政治工作做得实、细、深、透,把群众运动推向一个更新的高潮,动员广大群众奋力战胜雨季,克服一切困难,胜利完成任务,夺取大会战的更大胜利。

　　1961年1月30日—2月2日,在第一次冬季整训中,为了认真总结大会战开始以来党支部工作的经验,提高支部工作水平,充分发挥党支部的战斗堡垒作用,石油工业部机关党委又召开了全战区党支部书记会议。

　　参加这次会议的有各单位党委书记、组织部部长、宣传部部长、党支部书记等共700多人。在工作经验交流中,采油二矿二队党支部"领导好生产必须从思想工作入手,思想工作必须从实际工作出发"的体会,油建二大队二中队党支部"运用抓生产从思想入手,抓思想从生产出发,树立以搞油为业、以油田为家的长期会战的思想"的经验,1203钻井队党支部"运用钻前会、班前会、班后会制度,使思想政治工作和日常生产工作紧密结合起来"的做法和经验等,都是基层党支部在工作实际中总结出来的思想政治工作的成功做法。正是通过这些有针对性的做法,基层党组织正确处理了政治工作与经济工作的关系,把对广大职工群众的集中教育和日常生产工作中一人一事的思想政治工作结合起来,把思想工作做到生产过程中去,做到科学研究过程中去,做到家属中去,使思想政治工作与生产实践相结合,与克服和战胜会战中的各种困难相结合,真正发挥了为大会战保驾护航的作用。

　　在开展思想政治工作过程中,会战工委按照"抓生产从思想入手,抓思想从生产出发"的工作原则,结合各工种生产特点和不同的生产周期、生产阶段,提出了思想政治工作在生产过程中有共同规律的3个环节:生产准备阶段,要从生产实际出发吃透两头,从思想入手,做好产前形势分析、物资技术准备和思想鼓舞动员;生产过程中,要抓好生产的具体环节,通过劳动竞赛等形式,教育引导职工重视工期、安全、质量、节约;生产过程中和生产任务完成后或者告一段落后,要及时总结经验教训,表扬先进,帮助后进,克服缺点,发扬成绩,为完成下一个任务做好准备。同时,思想政治工作方法也应结合实际,不能千篇一律,不能搞一个模子、一个套子。

　　1961年6月10日,根据中共中央、东北局关于在工矿企业成立政治部的指示,并经黑龙江省委同意,石油工业部党组决定在战区成立大会战政治部。政治部的任务是在政治思想上和组织上,保证上级党委和上级行政领导机关的决议贯彻执行,受上级政治机关和同级党委的领导,对下级政治机关是垂直领导的关系,下级党委必须执行上级政治机关的决定,以便进一步加强会战党的政治思想工作,更好地为石油大会战提供坚强的政治思想保证。

石油工业部党组明确提出政治机关的具体任务是:宣传马克思列宁主义、毛泽东思想,向党员、团员和全体职工群众进行时事政策教育和文化、技术教育;加强党的建设,领导支部工作,巩固党在企业中的绝对领导;统一管理和培训干部,巩固职工队伍;加强党群之间、干群之间、新老工人之间、工人与工程技术人员之间、上级与下级之间的团结,巩固工农联盟;组织社会主义劳动竞赛,关心职工的物质、精神生活,接待职工来访来信;培养优良作风,认真贯彻党政干部"三大纪律八项注意"等。

大会战政治部于1961年6月11日开始办公。同时,勘探、钻井、采油3个指挥部设立政治部,直属机关、油建、工程、建筑、机电安装、供应、运输、地质指挥所、设计院、运销处、红砖厂、机厂、电厂、水厂、采油矿场、探区及个别大队级单位设政治处,各政治部(处)于6月15日开始办公。钻井队、采油队、施工队、运输队、作业队设政治指导员,由支部书记担任。车间设专职支部书记,机关设兼职支部书记,分队及班、组设政治干事,由不脱产的党小组长担任。

政治部的成立进一步加强了党的领导,推动了大庆石油会战中的思想政治工作。后来为了工作的需要,战区还成立了家属政治部,由会战政治部一名副主任兼任主任,从而形成了一整套完整的政治工作机构。

1964年12月,中共中央东北局第一书记宋任穷率东北局经委到大庆油田,专门就油田的思想政治工作进行了调研总结,并撰写出版了《大庆油田政治工作经验》一书。书中强调:企业政治工作必须在加深人的思想革命化的基础上,从各个时期的生产出发,为保证完成国家的生产任务服务。企业的政治工作必须在重视做好经常性政治工作和集中思想教育的基础上,结合生产特点,加强生产过程中的思想政治工作。思想政治工作如果离开了生产,就会脱离实际、脱离群众,就一定不能做好思想政治工作,衡量思想政治工作的好坏,要以是否能够促进和推动生产作为重要标志,充分肯定了大庆油田"抓生产从思想入手,抓思想从生产出发"的政治工作经验。

人人做思想工作,事事从政治出发

石油大会战开始后,加强党的建设、加强思想政治工作的目的和任务就是要在会战实践中,建设和培养一支又红又专,不为名、不为利、不怕苦、不怕死,一心为会战的革命化队伍,保证大会战的顺利进行。会战工委提出,要认清会战的形势和任务,紧紧围绕这一核心任务,广泛有效地开展思想政治工作,总结发扬先进,鼓舞队伍士气,迅速掀起会战高潮。

大会战伊始,面临的不仅是生产上的困难和生活上的艰苦,更重要的是人的思想统一问题。各路人马齐聚萨尔图,来自东南西北中,人分党政军学工,如何才能使整个会战队伍有共同的目标、统一的思想、一致的步调,把七股八杈的力量拧成一股绳,汇聚成最强大的力量,这是大会战能够取得胜利的关键。

余秋里指出,队伍统一的意志、一致的行动、共同的理想,单靠行政命令和其他手段是统一不起来的。不是锣齐鼓不齐,就是荷叶包钉子,个个想出头。从我们党和军队几十年的革命历程来看,我们怕的不是艰难困苦的环境和条件,怕的不是装备优势和人数众多的敌人,怕的是自己方向不对头,路子走得不正,自己内部思想认识不一致,不团结,组织纪律涣散。如何解决这些问题,靠的就是党的领导和坚强有力的政治思想工作。

1960年4月10日,石油工业部机关党委发出政治工作通知,提出了"人人做政治思想工作,事事从政治出发"的倡议,指出,为了做好一切准备工作,逐步展开大会战,必须首先做好思想政治工作和宣传动员。号召要抓两头带中间,围绕生产开展思想工作,引导和带领广大会战职工集中突破"六关",即包括搬家、安装、钻井、固井在内的快速优质钻井关,保证20项资料又全又准的高速优质试油试采关,高速优质取芯取样关,迅速攻破缺水关,迅速展开关键基建工程关,迅速保证工程的供应和运输关;推进"十化",即手工劳动机械化、钻井搬家固井取芯自动化、井场工厂化、试油采油电气仪表化、供水工程多样化、供应运输及时成套化、设计施工快速化、生产协作成龙化、内部三结合经常化、宣传鼓动群众化;积极推动"六大"运动。

在石油工业部机关党委号召下,各单位积极行动,迅速掀起了群众性思想政治工作的高潮。第三探区的思想政治工作形式多样,丰富多彩,号召力强,影响力大。他们把思想教育文艺化,用诗歌、快板等适应群众需要的形式,向群众宣传党的方针政策、会战的形势任务,表扬好人好事,传播好的经验。这些做法不仅使思想政治工作效果好,还活跃了职工的文化生活,作用突出,效果显著。

1284钻井队在第三探区党委提出的"备战争分秒,六大掀高潮,个个赛'铁人',标杆树得高"劳动竞赛中旗开得胜,创造大会战钻井生产开门红。1284钻井队指导员冯友堂、队长王润才为了创记录、夺标杆,在开钻前就积极做好各项准备,特别是坚持政治先行,经过反复的思想动员,把群众的积极性、创造性都充分调动起来,个个开动脑筋研究办法,制定详细技术措施,一举创造了日进尺496.3米的大会战最新纪录。

第一探区党委在龙49井召开政治工作现场会,全面总结群众性政治思想工作经验。大家一致认为,在党支部的带领下,发动群众,大搞政治思想工作,群众精神饱满,干劲冲天,集体主义精神和共产主义风格全面发扬,生产、工作日新月异。各支部政治思想工作的共同特点是紧紧抓住了2个环节:一是大搞群众性的宣传活动,群众在党支部带领下,自己搞宣传,声势浩大、形式多样、广泛深入。这是群众自己做自己的政治工作,自己教育自己的好方法。二是结合当前生产需要,从职工思想实际出发,开展深入细致的思想教育,及时解决了思想问题的萌芽,让职工群众始终保持一心为会战的饱满情绪和坚决克服困难的顽强精神。

第二探区摆成绩，找矛盾，查思想，推动了会战迅速发展。探区党委以部机关党委扩大会和战区第一次政治工作会精神为指导，以摆成绩、树标兵为抓手，找矛盾、查思想、攻关键，积极推动"六大"运动。活动一开始就形成了高潮，全探区 16 个单位都通过不同形式提出合理化建议，表扬好人好事，并对个别不利于大会战的思想和行为进行了批评教育。探区党委根据群众建议，在钻井班设政治副班长，加强思想政治工作，测井队按照群众意见，及时调整了气测队任务，并成立了学习和技术革新与技术革命的中心小组，订出了学习计划和革新项目。

第二探区群众性的大评比、大总结同时进行。探区党委组织召开各级评比会、专业座谈会、现场会，评出探区"红五月"先进单位 6 个，红旗手 114 名，极大地鼓舞了干部职工的会战士气。探区还结合实际，掀起了一个自力更生，开荒种地，大建简易房屋的热潮。到 1960 年 5 月底，全探区共开荒种菜 2 000 余亩，"干打垒"建房 1 960 平方米，打好房框 5 592 平方米。不论是在副业生产还是建房中，探区领导干部处处带头，和职工群众一起扛锄下地、抬土打夯，为职工群众树立了榜样。在探区机关干部和部分井队职工的共同努力下，仅在 5 月 31 日一天，探区就种地 800 余亩。

供应运输指挥部放手发动群众，采取各种形式加强思想政治教育，大抓典型。他们把活动分成 2 个阶段，首先在深入进行思想动员的基础上，统一思想认识，广泛揭发矛盾，扫清思想障碍，明确主攻方向；然后趁热打铁，以表演赛、一条龙赛为主要形式，抓住关键问题，组织关键战役，突破薄弱环节，为保障会战做出了突出贡献。在器材供应上，开展了"两条龙"大竞赛。以快速钻井为中心，配发、装运、送货一条龙，以仓库管理为中心，搬运、验收、结算一条龙，提高供应工作效率。在仓库管理员周学生倡议下，大搞仓储"三化"，把仓库管理得像"中药铺"和"百货商店"，摆放有条不紊，物资伸手就拿。

汽车队和修保厂连续开展技术表演赛，形成了人人表演、处处表演，在表演中工作、在工作中表演的氛围。通过开展学、赶、超竞赛，涌现出大量新人新事，彻底改变了过去"弄得好一天跑一趟，弄不好一趟也不跑"的局面，尽管道路翻浆，也达到了每车每天运行一趟半，祝三元、张振华等司机达到日往返 3 次以上。

装卸大队大力改善劳动组织和操作方法，为加快运输效率创造条件。通过不懈努力，他们装一车 24 根 4 吋半钻杆只用 3 分钟，比原来的装车效率快 10 倍，而且节省了 1/3 的劳动力。

在职工的思想教育中，会战工委一直坚持以基层党支部为核心，注重发挥基层干部的作用。以生产班组长和模范人物为骨干，把党员、团员、职工甚至家属都组织起来，做到思想政治工作经常化，任何时候、任何情况下都不放松，人人、事事常抓不懈。

1960 年 6 月，薛国邦已经担任了采油一大队大队长，他不仅在生产管理上是能手，在思想工作上也做出了出色的成绩。一大队有一批 3 月份来的采油工，他们干劲很大，可其中有一位青年工人却不是这样，不是怕宿舍太冷，就是嫌喝不到水而发牢骚。薛国邦就给他讲自己过去的亲身经历，讲大会战的大好形势、油田的光明前途，同时通过新旧社会的对比对他进行教育。有一次,这个青年工人生病不能起床,薛国邦不但嘘寒问暖地安慰他,还亲自给他端饭,为他烧开水,到人民公社给他请医生看病。这让这名青年工人深受感动,病还没有完全好就要求上班。薛国邦一边劝他多休息几天,一边趁热打铁,对他过去的错误思想和行为提出批评教育,让这名青年工人发生了彻底转变。他一改过去的落后情况,早上4点就起床给大家烧开水,上班后干劲大、责任心强,下班后也不休息,经常加班加点,得到了大家的一致好评。

职工中存在思想问题,往往与存在的实际困难和职工的切身利益有关系。特别是在会战初期的艰苦岁月里,不仅人人要抓思想政治工作,把思想政治工作做到每一件事情中也同样重要。当时的劳保用品不够用,发放的时候,根本不可能1人1套。有的小队为了省事,就叫大家通过"抓阄"决定谁领谁不领,结果,劳动强度大、劳保工服已经破烂不堪而急需更换的人没有领到,处于后线或工作相对轻松的人却抓到了。一次还可以对付,2次就有矛盾了,越抓问题越多,困难越大。会战总指挥部发现了这种现象,及时严肃地给予了纠正,要求在发劳保用品时也要进行思想政治工作,既不能搞平均主义,也不能让职工自己"碰运气",而是要讲清形势和困难,引导职工主动克服困难,把有限的物资真正用在刀刃上,给最需要的人。

一次,采油指挥部南一站发劳保用品,也是几个人才摊一套。指导员把大家集合起来,讲战区目前的困难:会战上得快,没有布票、没有棉花,一下子怎么也做不出几万套工服来;我们工人阶级就是要讲主人翁责任感,讲阶级友爱,讲团结讲风格;这些工服也要讲个轻重缓急,谁最需要就先给谁。结果几十号人你推我让,十几套工服居然没发下去。一个工人的棉衣已经穿了5年,大大小小的补丁补了30多块,大家都让他领1套,他却坚决不要,非说旧棉衣缝缝补补还能再穿1年。

人人做政治思想工作,事事从政治出发,形成了"思想政治工作一条龙"的群众性网络。把思想工作的大道理同具体的生产生活实际结合,把思想政治工作贯穿于会战全过程,渗透于生产、生活、学习等各个环节,把思想教育做到职工群众的心坎上,真正发挥了推动大会战、保障大会战的巨大作用。

⚙ 典型选树和总结评功

搞群众运动,要有明确的目标。只要工作扎实可靠,成绩货真价实,锣鼓打到点子上,就越打越有劲;如果搞形式主义,一阵风、走过场,成绩是假的,那锣鼓就越打越心虚,越打越脱离群众。大庆油田从实际工作的需要出发,以搞好生产为目的,大张旗鼓地宣传典型,开展群众性的总结评功,充分调动职工群众的积极因素,运动的声势大、气势壮,锣鼓打得响,不仅树立的典型实实在在,还得到了广大干部职工的普遍欢迎。

1960年会战一开始,几万人来到萨尔图,不但生产、生活上面临着各种困难,职工中也存在着这样那样的思想问题，特别需要典型模范人物的带动和引领。正是在这时，战区发现了王进喜奋不顾身艰苦创业的模范事迹，"铁人"就成了带动大家不怕苦、不怕累，不怕困难，不怕牺牲，发奋努力坚持会战的第一个典型。余秋里在油田第一次技术座谈会上作总结讲话时指出，我们必须具有雷厉风行、严肃负责、扎扎实实的工作作风，有吃苦耐劳、艰苦奋斗、顽强克服困难的精神和把困难留给自己、把方便让给别人的共产主义风格。玉门来的王进喜队长，来到这里四五十个小时不睡觉，用人力把钻机抬了上去。为了工作，他自己买了一辆摩托车来回跑配件，这是工人阶级的高度觉悟。井队所在地区人民称他为"铁人"，这是一个非常光荣的称号。还有孙德福、张云清、景春海等许多同志也是这样。他还发出号召：我们全体职工都要向"铁人"王进喜学习，学习他的高度觉悟和共产主义风格，人人都做"铁人"。

万人誓师大会上，会战总指挥部又隆重表扬了"铁人"王进喜。按照康世恩的要求，给"铁人"王进喜等模范人物披红戴花，骑上高头大马，由书记牵马，从当地请来鼓乐班子，吹吹打打送到会场，拥上主席台，让大家都了解他们的英雄事迹，还鼓励大家比、大家学、大家挑战，鼓舞得人们劲头足足的。

1960 年 7 月 28 日，石油工业部机关党委发出《关于开展学习"王、马、段、薛、朱"运动的决定》，号召全战区的单位和个人结合自己的工作特点，认真向先进典型学习，争取会战的更大胜利。

"铁人"王进喜的模范事迹在职工中树立了鲜明的旗帜。学"铁人"活动开始后，油田从表彰先进、带动群体的角度出发，又组织开展了红旗单位、红旗手评选活动。在1960 年 4 月 29 日举行的万人誓师大会上，战区隆重表彰了首次评出的 17 个红旗单位和 223 名红旗手。6 月 1 日，在"红五月"报捷献礼大会上，再次表彰了一批红旗单位和红旗手，其中"一级红旗"单位 28 个，包括连续获得"一级红旗"的单位 10 个，第一次获得"一级红旗"的单位 18 个。同时，还表彰了红旗手 336 名。

为了充分发挥示范作用，表扬先进、带动后进，鼓舞和激励全体职工，会战总指挥部像宣传"铁人"一样，给这些先进人物授红旗、戴红花，让他们光荣地上台接受表彰。另外，还让红旗单位接受其他单位的挑战书，让红旗手发出共同进步的倡议书，形成了"比、学、赶、帮、超"的良好局面。

1961 年年初，战区党支部书记会议做出了《关于开展五好支部活动的决定》，决定在全战区范围内，开展"五好支部"评比活动。"五好支部"评选和红旗单位、红旗手评选一脉相承，评比条件是：完成生产任务好，学习毛主席著作好，职工生活安排好，执行政策好，以党支部委员会为核心的集体领导好。具体的评比办法是采取自下而上和自上而下相结合的党委领导下的群众路线方法，根据"五好"条件，定期进行讨论、检查、评比，并要求各支部委员会每月抽出一天时间进行一次检查，各单位总支部委员会、党委会 2 月召开一次全体委员会进行评比，部机关党委每季度或在一个战役结束之后检查一次。

1961 年 6 月 7 日，部机关党委做出《关于全战区开展红旗队和五好红旗手活动的决定》，进一步明确了"五好"标准。"五好红旗"单位条件是思想好、生产好、技术好、管理好、作风好，原则上以小队、车间为主，总比例为 25%。"五好红旗手"条件是思想好、生产好、学习好、纪律好、风格好，其中一级红旗手占比不超 5%，二级红旗手占比不超10%。1962 年，会战工委提出"加强基层工作，开展五好红旗活动，大力改进作风，全面管好生产"的全年工作方针。1963 年 3 月 21 日，会战工委又做出《关于五好单位和五好工人标准的决定》。大庆油田以选树典型、总结评比为载体，以"五好"为目标，以先进为榜样的比、学、赶、帮劳动竞赛日趋完善。

在 1961 年年底到 1962 年年初的冬季整训中，会战工委组织开展了总结评功活动。在研究冬训怎么搞的时候，会战工委认为，在当前生产、生活条件十分艰苦的条件下，广大职工以惊人的毅力战胜困难，顽强地坚持会战，即便有些问题，也是少数人的个别问题，主流是好的，应该学习解放军战役后开展总结评功的办法，从大表扬入手，大张旗鼓地总结成绩，发扬每个人的优点和长处，调动积极因素，消除不利影响。

总结评功的核心是大讲大摆。大讲大摆就是通过"评功摆好"和"评功送好"等形式挖掘个人和单位的成绩，大会上讲、小会上摆，个人自己讲、群众互相摆，干部讲工人、师傅给徒弟摆，班组相互讲、先进帮后进摆，把每个职工的一点一滴的成绩都摆出来。老工人李子正是制作汽车轴瓦的能手，大家都叫他"瓦片李"。大家给他摆功：第一，三年做了 50 000 多块轴瓦；第二，轴瓦质量优良，汽车司机都喜欢用；第三，在技术上有 9 项革新；第四，培养了 10 个学徒，现在还带着几个新徒弟；第五，政治上进步，最近还入了党。这一番总结让他十分感动。他说："一年一度的评功实在好。如果你是个泥人，是个木头人，也能够被感动。我的成绩，是党培养的结果，就是我把骨头埋在大庆，也报答不了党的恩情。我决心要为人民做一辈子老黄牛，宁愿死在为人民服务的岗位上，也不愿死在小家庭的病床上。"

总结评功中，不仅先进人物的成绩漏不掉，普通人和后进人物的点滴成绩、微小进步也都被挖掘出来，充分调动了大多数人的积极性。工人老高爱讲怪话，人家叫他"怪话大王"。评功评到他了，他说："年年评功，我老高次次落后，领导上把那些好的捧得像个洋柿子一样红，把咱老高总是抛在一边。你们都讲我落后，说我是怪话大王，但我也有一条成绩。这几年在这里参加会战，没有功劳，还有苦劳，起码没有开小差。"话音刚落，另一个职工接着讲："你老高不错，你在会战中坚持下来了，这是一条成绩。还有一天，你在挖管沟的时候，一句怪话都没有讲，这是第二条成绩。"另一个人又站起来讲："你老高还有一条，你有一点关节炎，挖管沟那一天没有旷工。"还有一个人讲："你老高去年请了25 天假回家找对象，准时回来了，这也是一条。"这样你一言他一语，讲了他好几条优点。他高兴极了，问指导员还有什么意见，指导员说："我送你一本书，就是毛主席的《反对自由主义》。"让他好好学习这本书。后来，他自己就说："我这个老高，这几年忘了本啦，没有好好地为国家工作，丢了工人阶级的脸，今后我坚决按照《反对自由主义》这一本书，重新做人，请大家监督。"第二天早上 5 点，天还没亮，他就起床挖管沟去了。

工程技术干部评功从技术成就评起,越评劲头越大。油田地质研究室的技术干部在总结评功会议上,摆出了他们研究室在会战中起到了参谋部、尖刀连、研究室、情报网、气象站、资料队、宣传队、研究中心、小熔炉、大学校十大作用。他们边摆成绩,边总结经验,边和自己的实际工作对照,特别是把一些重大成就和国外对比,比出了自己的水平,比出了自己的信心,越比决心越足,越摆干劲越大。大家纷纷表示,一定要继续突破油田勘探开发上还存在的科学技术难关,早日高速度、高水平地拿下大油田。

总结评功不仅在职工中热火朝天,在家属中也开展得有声有色,许多家属通过评功变了样。油库职工家属高素花一向比较落后,来油田后一直不参加集体劳动。在家属评功中,大家给她评了 4 条功:一是家务处理得好,关心爱人;二是花钱有计划;三是吃粮有算计;四是能把自己的饼干票让给别人。高素花想不到大家会给她评出 4 条功来,越听越坐不住,站起来说:"人家也是人,我也是个人,1964 年一定要好好干一场,争取当个模范家属。"从此以后,她积极上进,家属夜晚开会,撵她也不走,还主动教家属唱歌、编快板。为了准备参加集体生产,从评功那天起,一连 5 天积了 700 多斤肥。

为了能把总结评功和红旗评比、"五好"运动更好地结合,大庆油田注重循序渐进,把总结评功分为 3 个阶段:第一阶段是由上而下进行"五摆"。一摆形势,认清主流;二摆成绩,人人有份;三摆经验,提高水平;四摆进步,增强信心;五摆前途,无限光明。第二阶段是"四提",即提问题、提意见、提困难、提办法,在讲摆的基础上,启发人们讨论对比,总结思考,搞清楚成绩、经验从哪里来,正确对待眼前的困难,把思想认识提高一步。第三阶段是解决问题,针对总结评功中暴露出的弱点、问题,开展有针对性的思想教育和技术练兵,制订比、学、赶、帮计划,共同实现"五好"目标。

总结评功和大讲大摆使大家看到了成绩,感到了进步。从大多数人的需要出发,从积极的方面入手,总结经验,提高认识,表扬先进,帮助后进,发扬成绩,鼓舞干劲,通过群众性的大讲大摆和大找原因,分析讨论,特别是通过成千上万的真人真事、活人活事,调动积极因素,发扬革命精神,使总结评功成为会战时期教育鼓舞职工的一项重要思想措施。

认真做好一人一事的思想工作

思想政治工作中最大量、最经常、最生动、最具体的工作就是认真及时解决一人一事的思想问题,这是思想政治工作的基本功。会战时期,各种困难大量存在,职工思想纷繁复杂,光靠集中教育远远不够,必须在生产、工作中随时随地解决。广大思想政治工作者坚持"一把钥匙开一把锁",针对具体情况,创造出了很多灵活多样的工作方式和方法,因人施教,有的放矢,很好地解决了会战中出现的各种思想问题。

在会战中,会战工委一直坚持"四个结合四个为主"的思想政治工作原则:把提高职工的思想觉悟与解决实际问题相结合，以提高思想为主；表扬与批评相结合，以表扬为主；耐心地正面说服教育与执行必要的纪律相结合，以正面说服教育为主；自上而下进行教育与群众性的自我教育相结合，以群众性的自我教育和相互教育为主。特别强调，思想政治工作要了解人、关心人、爱护人，要充分相信大多数，对犯了错的同志，也要惩前毖后、治病救人，不要动辄采取斗争、处分、调动工作等粗暴的方法。

刘安全是采油三矿一队队长，干劲大，责任心强，工作上能和职工一起大干，生活上能和群众同甘共苦。可就是这样一个人，队里的职工对他怨言却很大。原来，队里青年工人多，参加工作时间短，技术素质还不过关，经常发生掉刮蜡片等事故。刘安全管理方法粗糙，发生了事故后，只是简单采取体罚、示众等方式惩戒职工，造成职工负面情绪很大，干群关系十分紧张。党支部会上，支委们批评他，他还有怨言："都说我不好！我简单，我粗暴，只会整人。可生产不稳定，总掉刮蜡片，不整能行吗？我治治他们，就是想让他们争点气！"

康世恩听到刘安全的事情后，觉得很有典型性，决定要亲自抓一抓这个典型。他向采油指挥部的领导指出，像王进喜、刘安全这样从旧社会过来的老工人，他们忠于党的事业，敢于承担责任，特别想尽快改变国家贫穷、石油工业落后的局面。刘安全处处打头阵，干工作能几天几夜不离井场，连最不喜欢他的人都承认他干劲大得很。他认真负责，敢于严格要求的可贵品质，应该加以保护，可他训人、整人的坏风气伤了工人的心，也绝对不能姑息。

一次开基层干部大会，快要结束的时候，康世恩突然大声问："刘安全同志来了没有？也请上台来……"刘安全早就听说康部长很厉害，突然听到他点自己的名，一下子愣住了，在别人的提醒下，磨磨蹭蹭地上了主席台。

康世恩看他上了台，对他说："你这个刘安全呀，为了早出油、多出油，干工作不要命，这一点是好的，可是作为采油队长，作为党的基层干部，你的作风坏透了！"散会后，康世恩特意叫住了采油指挥部指挥宋振明。他说刘安全是一个优点突出、缺点也突出的队长，让宋振明晚上找他谈一谈；后天上午8点半，再把他送到我办公室，我再和他谈一谈。

第三天早上，刘安全忐忑地来到了总指挥部。康世恩的秘书把他迎进了办公室，一进屋，康世恩就站起来，亲切地握住了刘安全的手，招呼他快坐下。刘安全哪敢坐，紧张得说话都有点结巴了："首长，宋……宋书记找我谈过了，我……我错了，我明白了。"

康世恩拉刘安全坐下来，随和地唠起了家常。从老家在什么地方，哪年参军，哪个部队，参加过哪些战斗谈起，唠得越来越热乎。这时，电话铃响了，康世恩接完电话让刘安全在这多待一会儿，他有急事，一会儿就回来。临走时，康世恩又嘱咐了秘书几句话。康世恩走后，刘安全问秘书："康部长找我来是什么事情？"秘书说："没什么事，他说要找你谈谈，了解一下队上的生产和工作情况。你别紧张，他其实很喜欢你。""喜欢我？"刘安全一头雾水。"是啊！""那天大会上他还说我作风坏透了！""可是他还表扬你以身作则，干劲很大啊!"唠了一会儿,秘书又对刘安全说:"刘队长,康部长还交给你一项任务要请你完成,你跟我来。"

"康部长亲自交代的任务,那得是啥任务呢!"刘安全疑惑地跟着秘书来到隔壁,粗木板钉成的饭桌上已经摆好了一碗红烧肉、一碗白米饭。秘书拉着刘安全说:"快坐下,趁热吃了它!这红烧肉是康部长亲自嘱咐特意给你做的。""这是康部长安排给你的任务,快吃吧!"

看着热腾腾的红烧肉,刘安全一下愣住了。这就是康部长亲自给他一个基层队长的任务,在1960年吃顿饱饭都困难,对于"三月不知肉滋味"的会战职工来说,这红烧肉和白米饭简直就是珍馐美味,就是最珍贵的礼物。刘安全这条倔强、刚直的硬汉子怔怔地看着饭桌,竟然控制不住自己的感情,热泪涌出眼眶,失声痛哭起来。

秘书见刘安全这么激动,忙安慰说:"刘队长,别这样。康部长说,刘安全他们这些基层队长最辛苦,平时粗粮都吃不饱,今天给他弄点肉吃。"刘安全呆呆地站了一会儿,毅然抬起头对秘书说:"这肉我不能吃!请你转告康部长,我刘安全一定改正缺点和错误,认认真真干好工作!"说完,他擦把眼泪,冲出食堂,一口气向他的采油队跑去。

刘安全回到队里就找指导员,要求开支部大会,跟职工们做检讨。他流着泪向大家讲了和康部长见面的经过,动情地说:"康部长指挥千军万马搞会战,够劳累的啦,而我刘安全就知道蛮干瞎整,让他操这么大的心,我枉受党教育这么多年,心里有愧啊!以后我一定改正自己的缺点,请大家一起监督。"

从此,刘安全像变了一个人。他把行李搬进最恨他的工人的宿舍里,真诚地向他们道歉,和他们谈心,教他们技术,带他们一起进步。工人们看到刘安全的转变,不仅原谅了他,也都随着他一起大干,整个队伍又活跃起来,生产和各项工作也很快赶了上来,不久就夺回了"红旗采油队"的称号。

对于一些矛盾突出的问题,会战工委也强调,一定要思想政治工作先行,决不能简单地采用压服硬上的办法。会战前期,参加会战的干部职工都是自带工资搞会战,工资由原单位发放。但时间一长,矛盾就来了,因为大部分会战职工是从青海、新疆等边远地区来参加会战的,那里的工资标准比黑龙江高很多,四川、北京等不同地区工资差异也很大,大家现在在一个地区工作,不能长期同工不同酬,要统一改成按黑龙江地区的工资标准发放。这一下子就产生了巨大的矛盾,因为这一改,就有66%的工人和48%的干部要降低工资,有的要降低十几元甚至几十元,由于涉及个人利益,会战队伍中产生思想波动甚至负面情绪在所难免。

针对这种情况,会战工委从扎实的思想政治工作入手,有针对性地疏通思想,化解矛盾。由于事先就进行了从上到下、耐心细致的思想工作,深入开展人生观、世界观、价值观教育,讲清了道理,说明了情况,不但没有产生不同的意见,反而有许多老工人、老干部三番五次地主动请求降低自己的工资标准。有些干部职工已经群众评定、组织批准提了工资级别,却一连几个月说什么也不领提级多发的工资。

会战初期生产、生活条件艰苦，职工思想波动很大，有人甚至开了小差、当了逃兵。会战工委明确树立"生产观点、群众观点、革命化观点"，注重从关系职工生活的小事入手，关心爱护职工，感化感动职工。干部进食堂，书记抓生活，每天深夜，还要到集体宿舍中去"查铺盖被"，为职工添柴取暖，看一看职工睡得怎么样。很多干部还能从职工吃饭、睡觉的情况中发现职工的困难和问题，帮助他们解除工作和思想上的后顾之忧，坚定他们的会战信心。

1960 年的冬天特别冷，青年工人张海青每天工作都无精打采，经常哈欠连天。原来一场暴风雪后，气温骤然下降了 10 多摄氏度，小张的被子又薄又脏，还没有来得及拆洗，没有添絮新棉，晚上冷得睡不好觉。党支部书记李安政"查铺盖被"时，发现了这个情况。他趁工人们上班，悄悄把张海青的被子抱回家，让自己的爱人拆洗得干干净净，又把自家的一床被拆开，扯出一半棉花，絮到张海青的被子里。张海青发现他的被子变得既干净又厚实，到处查问是谁干的，李安政一声没吭。后来小张了解了实情后，感动得掉下了眼泪。

1202 钻井队技术员李自新的爱人去世了，遗下 2 个年幼的孩子。孩子怎么带？一个大男人犯了愁，觉也睡不着，饭也吃不下。在党支部号召下，队里十几户家属争着把孩子抱到自己家里看养，她们说："孩子没妈了，我们就是她俩的妈。"前任队长王天琪的爱人李友英天天把奶喂给李自新一岁的女儿小英，却让自己正在吃奶的孩子喝稀饭。有人为这件事写了一份材料给钻井指挥部党委书记李云，李云把这份材料转给李自新，同时含着眼泪给李自新写了一封意味深长的信："等 2 个孩子长大了，告诉她们：在新社会里，在革命大家庭里，人们是怎样关怀她们、养育她们长大成人的。叫她们永远记住，任何时候都要听党的话，跟着党走。"

一人一事的思想工作是最有针对性的思想工作，也是最能触动思想深处的工作。一把钥匙开一把锁，更容易抓住思想苗头，把握问题导向，有利于客观实际地分析问题，实事求是地解决问题，能让领导心里装着工人，工人心里装着企业，最大限度地提高思想政治工作效率，减少思想政治工作的"后遗症"和盲目性。

第十五章

强化基层打基础
严细成风见实功

在大庆石油会战中，上千平方公里的油田需要开发，几万名职工的思想要统一，成千上万个岗位纵横交织、相互联系。怎么去管理？根基在哪里？"上面千条线，下面一根针"，众多的基层钻井队、采油队、作业队、施工队等基层单位不仅是落实党的政策、贯彻会战部署的基本单位，也是广大职工参加生产、生活，接受管理教育的基本单元。枝繁才能叶茂，树大必须根深，会战总指挥部以贯彻执行岗位责任制为抓手，加强基层建设、基础工作、基本功训练这"三基"工作，促进了基层管理水平的不断提高，形成了一大批油田基层管理的典型和经验，成为大庆精神和大庆会战传统的重要组成部分。

"三基"工作强基础

基层单位就好像解放军的连队一样，是最基本的前线作战单位。"基础不牢，地动山摇"，基层单位不仅是直接实现生产计划的单位，也是职工群众生产、生活和学习的基本单位。油田的一切工作都要面向基层、扎根基层，都要靠基层来实现、来落实。因此，只有不断加强基层管理，才能把工作做到工地中、钻台旁、井口上，才能把基础打牢，保证基层稳定，更好地完成不同阶段的会战任务。

石油大会战中，会战工委一直强调，要高速度、高水平开发建设大油田，必须做好6项基础工作：一是时刻注意掌握油层动态，地下油层在生产过程中起什么变化，必须搞得清清楚楚，生产才能主动，计划才能准确，生产措施才有依据；二是基本建设的工程质量必须是最优的、头等的；三是搞好技术练兵，从生产实际出发，学用一致，做什么就学什么,缺什么就补什么,以实效促进生产;四是把设备搞好,设备是油田的物质基础,是生产中不可替代的手段,要定期、定人、定岗位,实行强制保养;五是建立和坚持执行各项生产岗位责任制;六是加强基层建设。

要做好这些工作,基层是关键。油田的生产管理、组织工作、政治工作都要集中依靠基层。基层单位强,就能够打胜仗,就能把生产全面管理好。基层单位弱,再全的制度也落实不了,再好的措施也贯彻不下去。以党支部建设为核心的基层建设、以岗位责任制为中心的基础工作、以岗位练兵为主要内容的基本功训练这"三基"工作就是油田加强基层管理的重要途径。

加强基层建设的核心是加强基层党支部建设。基层党支部是党的工作和战斗力的基础,党的声音要靠基层党支部来传递,企业部署要靠基层党支部来实施,组织温暖要靠基层党支部来体现,员工力量要靠基层党支部来凝聚,发挥好基层党支部战斗堡垒作用和广大党员的先锋模范作用是加强基层建设的关键。

支部建在连上,是石油工业部1958年组织川中会战时形成的优良传统。余秋里认为,一个独立作战的钻井队必须像解放军那样,把支部建在连上,加强党的领导。他强调,宁愿少建几个钻井队,也要把基层党支部书记配齐。大庆石油会战中,石油工业部党组又进一步规定,不但要做到"队队有支部,班班有党员",还要配强配齐基层领导班子。把既是劳动模范又是生产能手的人提拔起来当队长,负责指挥生产,承担生产管理的全部责任;选党性强、作风正,能团结同志并熟悉生产、支持队长工作的人担任政治指导员,负责思想政治工作;选经过锻炼的大、中专毕业生担任技术员,全面负责技术工作。

政治指导员在基层工作中发挥着重要的作用。无论是生产组织、技术实施还是质量安全保障,指导员和队长、技术员协调配合,才能更好地推动基层各项工作的平稳运行。尤其是在会战刚开始的时候,时间紧,任务重,有时生产到了紧急关头,出了点问题时,队长容易上火发脾气,指导员就会跟进做好解释工作,保证了队伍情绪稳定,保证了战斗力。

1206钻井队队长段兴枝是"五面红旗"之一。他是一条敢打敢拼的硬汉,哪怕是三九天,只要生产上吃紧了,他衣服一甩就上钻台,带领工人一起大干。但他也是个急性子,工作方法有时候欠妥。而这个队的指导员陈懋汉性格温和,耐心细致,善于做思想工作,很会带动和团结群众。有一次,1206钻井队和1205、1202等先进钻井队展开了劳动竞赛,段兴枝带领井队苦干3天3夜,眼睛都熬红了,最后还是比最快的井队慢了4个小时。他这一输,看啥都不顺眼,看谁都不对劲,见了钻杆、钻头就踢上一脚,见了指导员"摔一下",见了工人就发脾气。这怎么能行呢!陈懋汉看在眼里,急在心里,他想了个法子把段兴枝劝回队部去睡觉,自己又转回井场开职工大会。会上,他耐心地和工人们一起分析队长输了比赛是什么样的心情,队长的"急"是因为他高度的荣誉感,是因为他心里憋着一股劲。他还带领大家分析3天恶战付出了什么样的辛苦,取得了什么样的成绩,与大家一起研究为什么输了4个小时,下次能不能赢回来。这样一来,受了委屈的工人也不觉得冤枉了,队长的威信反而提高了,队伍也更加团结,士气不但没受影响,反而更高了,后来很快就夺回了钻井冠军。

基础工作的核心是岗位责任制,最主要的内容是生产管理,是一个单位战斗力和管理能力的直接体现。基础工作的好坏直接关系到生产任务的推进落实,关系到设备完好、施工质量、安全生产等方方面面。加强基础工作就是要及时掌握生产动态,推动生产施工,保证工程质量;就是要精心管理设备,做到台台设备完好;就是要认真执行岗位责任制,事事有人管,人人有专责。

采油指挥部工程车二队 8 号水泥车司机侯祖耀坚持抓好设备的维修保养,靠加强基础管理实现了设备的完好运行。侯祖耀 1960 年 3 月从部队转业到大庆参加石油大会战,从 1960 年 9 月接开 8 号水泥车,到 1961 年 7 月离开这部车,在近 1 年的时间里,他始终"像爱护自己的生命一样爱护车辆",坚持"紧固、润滑、清洗、调正"8 字要求保养车辆。他常说:"经常保养车辆,做好基础工作,尤其是在条件比较差、出勤比较多的情况下,更要不怕麻烦、不怕艰苦。如果不好好保养,一旦出了事故,就会带来更多的麻烦,甚至完不成任务。"在车辆检查保养中,他始终一丝不苟,有一次 8 号车需参加油田一次重要的试验工作,当时气温达到了零下 38 摄氏度,他不怕寒冷,照样把柴油滤过 2 遍再用,连续几昼夜完成任务返回后,不怕辛苦劳累,先把车辆检查得清清楚楚,擦拭得干干净净才去休息。在他的带动下,车组职工不但做到了勤检查、勤保养、勤紧固、勤润滑,还把工作经验总结成"四勤、三查、三不交、四自保"和"一时、一日、一周、一及时"的一套完整的保养制度,以及"稳、让、站"的 3 字平稳操作原则。由于侯祖耀和车组职工们爱机器、勤保养,8 号水泥车从未掉过一个螺丝,未发生过任何大小事故,未影响过一次正常生产,实现了车辆完好率、出勤率、完成任务和安全生产 4 个百分之百。

基本功训练的主要内容是岗位练兵。做什么就学什么,缺什么就练什么,目的是通过抓好技术学习、岗位实践,练好真本领、硬功夫,确保人人都做到"几知几会几过硬",人人都熟悉操作规程、质量标准、安全规定,能判断、预防和处理应对各种复杂情况。

1962 年 4 月,地质指挥所为了加强技术工作,对工作质量进行了一次检查。结果发现好多单位和个人有或大或小的差错,仅统计孔隙度的 38 826 个数据中就纠错 118 个。但对比室王正鉴计算的几十万个数据却无一差错。

会战开始时,科研工作的条件同样艰苦。别说电脑,就是普通的电算器也极少,大量的计算工作全靠古老而又原始的计算工具——算盘,王正鉴也不例外。当时他正参与大庆油田的储量计算工作,深知计算准确性对油田储量计算的重大影响,数据算不准会给国家带来巨大的损失。

为了提高计算能力,王正鉴决心苦练计算基本功。他先后学习了《实用简单算法》《算盘定位速记法》等有关书籍,然后痛下苦功,把常用数据的乘积都牢牢记下来,做到一看就能说出来,既省时又准确。简便算法记熟了,他又苦练指法,在算盘上练,离开了算盘也练,手指无时无刻不在动。指法练熟了,他又觉得右手打算盘还需要不断停下来记录不方便,为了提高效率,他又练习左手打算盘,最后又练习双手打算盘,左右开弓,计算效率显著提高。

苦练出真功。1962 年,在一次储量计算任务中,几个同事苦干了 3 天 3 夜,只完成了任务的 3/4。王正鉴算完自己的任务后,对大家说:"你们休息一下,剩下的部分我包了。"他只用了一个晚上就计算了 1 万多个数据,不仅完成了剩余的计算任务,还把大家计算的数据核对了一遍,出手的数据没有一个差错。从此,王正鉴成为享誉全油田的"铁算盘"和"质量标兵"。

政治工作是加强"三基"的基础,主要内容是落实好 7 项制度:一是党支部生活制度,即定期召开支部大会、支委会、党小组会和按时上党课的制度;二是共青团支部生活制度;三是群众政治生活制度(工会生活制度);四是政治学习制度;五是干部参加劳动制度;六是个别谈话制度,包括谈心、家访、座谈会、问寒问暖;七是伙委会制度,包括设立伙委会,定食谱,食堂账目日清月结,公布盈亏等。这 7 项制度基本包含了基层经常性思想政治工作的主要内容。

"三基"工作是党的优良传统和人民解放军的宝贵经验,是在油田开发生产实践中继承发扬的创举。它不仅是大庆石油会战一整套成功经验和行之有效做法的重要组成部分,也是夯实油田管理基础,解决石油大会战面临的各种艰难困苦的重要途径,更是实现高速度、高水平拿下大油田的最直接保证。广大会战职工在不断加强"三基"的过程中既有科学理论作指导,又尊重首创精神,不仅建立和完善了以岗位责任制为主要内容的优秀管理制度,还逐步形成和发展了会战系列优良传统和作风。"三基"工作成为大庆精神的重要组成部分,成为传承至今的宝贵财富。

岗位练兵"四过硬"

会战初期事故多发,除领导和职工思想作风问题外,职工技术水平不高也是其中的重要原因。1962 年年初,对 15 个工种的调查显示,油田 5 年以上工龄的工人仅占 17%,其余都是新转业军人和少量技校毕业生,遇到问题时不能单独处理,常常是骨干忙得团团转,大多数人插不上手。1962 年 1 月 28 日,会战工委发出《关于开展冬季练兵运动的决定》,掀起了"苦练真本领、硬功夫"为中心的练兵高潮。

在练兵初期,不少单位由于没有经验,走了很多弯路。按照传统习惯,一般的技术培训都是采取夜校、技校的形式,比如钻井射孔中队一开始是上大课,第一课就是地质学。不少职工反映:上课前欢天喜地,进课堂愁眉苦脸,地质学跟装炮射孔不沾边,累得够呛而记不住,书本一放全忘了,对工作也没有促进。

采油二矿四队在制订练兵方案时也遇到了这种情况。一开始有人提出要脱产轮训,练兵时就专门搞练兵,但职工们不认同,生产上也不允许。后来决定按照教科书集中学习,结果同样脱离生产操作,教科书开始就是讲大地构造、石油生成,职工们兴趣索然,136 人的队伍中,第一课到课仅有 56 人,第二课又减少到 36 人。

发现问题后,会战总指挥部及时引导。1962 年 1 月 28 日,会战工委发出《关于开展冬季练兵运动的决定》,指出,当前,我们的一项重要任务就是在总结评功运动胜利的基础上,迅速开展一次以技术训练为中心的冬季练兵运动。根据部党组的指示精神,会战工委决定,在 2 月和 3 月份内,各级党委的工作必须以练兵为中心,并要抓紧准备,做好动员,迅速掀起练兵高潮。开展练兵运动的目的就是在取得 2 年会战经验和今年总结评功运动的基础上,根据生产的需要,以练技术为主要内容,既练思想,又练技术,还练作风。

按照会战工委要求,岗位练兵以练技术为主,同时加强政治教育,培育过硬作风,以"三练"达到"四过硬"。一练责任心。进行岗位责任制、井队责任制、线路责任制、站长责任制的责任教育,培养严格认真的好作风。二练技术。根据本单位生产任务的要求,使每个职工熟练地掌握本工种几套应会的本事,达到普遍提高,技术配套。三练硬功夫。主要是通过训练达到在 4 个方面过得硬:一是在机器上过得硬,既懂得机器的结构、性能、用途,更重要的是操作熟练,又能排除机器的故障;二是在质量上过得硬,既要树立牢固的质量第一的思想,又要懂得和掌握保证质量的具体办法;三是应对复杂情况过得硬,在大练兵中,对生产上的各种复杂情况做出各种假设处理,使工人在复杂情况下也能很好地完成各种任务;四是排除故障、预防事故过得硬,既能解除生产中发生的故障,又能找出预防事故的办法。

为了让岗位练兵扎实推进,保证效果,会战工委要求:练兵运动中,一是紧密结合生产实践,从实际出发,做到学用一致。干什么就学什么,缺什么就补什么,边干边学,并适当地照顾系统性。同时,练兵要力求与机修相结合,与生产准备相结合。二是练兵必须贯彻"少而精"的方针。宁肯学少一点,也要学好一点,一学就要学成。"少而精"不是要少学,而是要提高学习质量,做到学一个会一个,会一个用一个。学习内容应该是一专多能,以专为主,要知要会,以会为主,力争在短时间内见到明显实效。三是必须理论联系实际,又学又练,以练为主。坚持学习理论与总结经验相结合,特别是充分运用标杆队、标兵的经验。工人以岗位练兵和实际操作为主,结合必要的理论讲解。四是坚决贯彻练兵中的群众路线。工作要细,要扎实,学习解放军"官教兵,兵教官,兵教兵"的群众路线方法,提倡能者为师,人人当先生,人人当学生,互教互学,共同提高。同时,要把职工代表大会的作用充分发挥起来,特别应当注意组织发动老工人与技术干部,充分发挥他们在练兵运动中的积极性。

在会战总指挥部的带领下,全油田的岗位练兵活动全面展开,练兵效果也开始逐步显现。四队党支部经过研究并广泛征求大家意见,最后决定打破框框,形成了地面流程、清蜡、量油测气取资料"七全七准"、地质知识、油井分析、防火保温这样依次进行的 6 个单元,并结合工作实际把每个单元的练兵内容具体化。比如在清蜡单元,提出了 5 项内容和标准：一是清蜡设备的熟练操作和维护保养；二是清蜡达到一类井；三是挂蜡片不变形，尺寸合格，好起好下，清蜡前后产量、压力、油气比稳定；四是天气再冷，风雨再大，也必须进行清蜡；五是不卡、不顶，能预防、判断和排除事故。在此基础上，发动群众提问题，总结大家在清蜡工作中的疑难问题以及不过硬的操作。按照大家提出的315个问题，党支部最后归纳形成了"油井清蜡的100个为什么"，并把这100个问题进行分类，其中个人练习可以解决的28个，井组讨论研究可以解决的54个，需要队上解答示范的18个。理清问题后，正式开始组织练兵：需要个人解决的问题，个人结合岗位练；需要井组共同练兵的问题，井组统一组织安排；需要全队练兵的问题，全员共同参与，共同提高。七井组有口井，很多职工清蜡操作困难，面对实际情况，井组通过讨论研究查找原因，进行集中攻关，职工连续4天练兵清蜡25次，终于掌握了操作要领。原来起下一次需要2个多小时，现在最短只要50分钟，刮蜡片直径也有了扩大，清蜡后压力波动稳定性也进一步提高。

为了更好地发挥老工人的作用，推动师带徒，进一步提高岗位练兵水平，1962年2月25—26日，会战总指挥部分别组织召开了老工人座谈会、优秀徒工座谈会。老工人座谈会邀请了机电安装七级工宋显忠、"瓦片李"李子正、建筑七级泥工邱兰芝、工程七级司机沈喜瑞、油建七级电工肖济汉、建筑七级瓦工马日升等28名老工人代表参加。会后，参加座谈会的老师傅们还向全战区的老工人发出倡议，请老工人们献出绝招，拿出技术，毫不保留地交给党，交给人民，从政治上、技术上帮助年轻人，全心全意教好徒弟，为油田培养新生力量。优秀徒工座谈会上，来自13个指挥部不同工种的28名优秀徒工畅谈了学习心得，交流了练兵经验，表达了尊敬师傅、发奋苦学、迅速提高本领，为大会战做出更大贡献的决心。

1962年3月9日，会战工委又组织召开敬师大会，进一步推动练兵活动。敬师大会由会战总指挥部和各指挥部分别举行，全战区2 000余名老师傅被推选出来，披红戴花，由单位敲锣打鼓欢送到大会现场。他们都是各战线中最优秀的老工人代表，大都是标兵、红旗手。在"二号院"主会场参加活动的老师傅们受到了会战总指挥部领导的热烈欢迎。

敬师会上首先宣读了会战工委给参加敬师会的老工人代表和全战区老工人的一封信。信中指出，石油大会战以来，全战区的老工人们在党的领导下，和全体职工一道，发扬了艰苦奋斗的革命精神，在完成各项生产和工作任务中发挥了骨干作用，为大会战立下了大功。在当前的岗位练兵运动中，他们又积极响应党的号召，成为练兵运动的骨干。他们以自己在旧社会学习技术的困难经历，对新工人进行了深刻的思想教育，激发了他们的学习积极性。在技术上，他们又毫无保留地把自己的熟练技术和多年来在生产中积累的丰富经验教给新工人，用自己在以往工作中养成的一套优良作风来影响新工人，成为练兵中主要的师资力量，使大批的新工人在他们的教育和帮助下，在政治和技术上都有明显提高。在即将开始的1962年会战中，我们的任务更加繁重而光荣。希望他们不断提高自己的政治和技术水平,继续发扬工人阶级的优良传统,通过自己的骨干作用,在完成各项生产和工作任务的同时,坚持岗位练兵的方法,带好徒弟,做到教学相长,为培养一支有觉悟、技术高、干劲大的石油工业队伍,为胜利完成 1962 年的会战任务而奋斗。

随后,张文彬代表会战工委讲话。他指出,会战以来,会战总指挥部十分重视老工人和工程技术人员的作用。党的决议和会战部署的贯彻实施离不开老工人和工程技术人员的作用,特别是依靠老工人的经验和技术,带领新工人,去具体实现。

就发挥好老工人作用加强练兵,他指出,首先,要把师徒关系固定下来,形成一个正常工作中的师徒关系,让老工人把新工人从思想、技术、作风上全面地带出来;其次,徒工学技术一定要从基本功练起,打好基础,从熟中生巧,决不能图省事,走捷径;最后,老工人带徒弟是应尽的职责,要对徒弟的进步进行定期测验,以检查教得怎样、学得怎样,并列为月终"五好"评比的一项内容,把练兵坚持到大会战中去。战区的老工人中,有不少是从十三四岁开始学艺,积累了二三十年的经验,像"瓦片李"浇瓦 37 年,李井田一家三代瓦工等,他们都掌握了高超的技术,为会战做出了贡献。特别是在练兵中,老师傅不辞辛苦,教徒授艺,为会战培养技术队伍,这是符合党和我国石油事业发展需要的。但是,我们的油田发展很快,技术力量的培养还跟不上发展的速度,这就需要我们自力更生,依靠老工人去培养和壮大我们的技术队伍。强师门下出高徒,我们每一位老师傅都应该把自己的徒弟培养成像自己一样,甚至胜过自己的,有觉悟、有技术、有优良作风的接班人。

在会战工委和会战总指挥部的积极推动下,岗位练兵逐步形成了一项提高技术水平、促进生产操作的成熟制度。从各工种"应知应会"入手,通过有组织、有计划地带动工人练岗位技术和操作技能,学习业务知识,熟悉岗位责任,为加强职工的全员培训创造了有效载体和方便条件,并逐步发展成为系统完整的群众性职工教育活动。

李天照井组首创"四个一样"

石油大会战拉开帷幕后,不到一年时间,油田建设已初具规模,开始投入油田开发生产的第二战役。1961 年 7 月,采油二矿五队成立了 5-65 井组,因为只有李天照和杨正培 2 名党员,组织上就让李天照当井长,杨正培为副井长,全井组 11 名职工管理 5-64、5-65、5-67 这 3 口自喷井,值班中心岗设在 5-65 井。正是这个井组,培育形成了享誉油田并一直影响至今的"四个一样"优良传统。

5-65 井组组建时,除李天照外,大家都是石油战线的新兵。李天照 1956 年从技校毕业,是有 5 年工作经验的石油老大哥;杨正培摸枪杆子出身,是从部队复员来的;刘玉智持锄杆子出身,是从山东老家招工来的;张学玉捏笔杆子出身,是从佳木斯分配来的。

接到管理油井的任务后，大家的心里都是沉甸甸的，感到这副担子既艰巨又光荣。

火车跑得快，全靠车头带，李天照发挥自己的工作经验，带领井组职工逐步熟悉了采油工作。一个严冬的夜晚，李天照从矿上开完会回来已是9点多钟了。他看着窗外的冒烟雪，想到井上只有2个人值班，井场周围三五里路没人烟，担心井上出事，就穿上老羊皮袄，一头扎进风雪中。当他走到5-67井时，不太熟悉采油工作的学徒工刘庆廉连冻带急，眼泪都快要掉下来了。原来，5-67井水套炉被大风吹灭，小刘用了一盒火柴也没点着，管线内的油温在急剧下降，再点不着火，管线内的原油就要全部凝固"灌香肠"了。李天照毫不犹豫地跳进水套炉地槽里，打开水套炉炉口，掏出里面的原油，脱下身上的老羊皮袄挡在炉口上，让刘庆廉点火。这回一下子就点着了，为了使炉火稳定下来，李天照蹲到炉口边上举着皮袄挡风，冻得牙关直打战，直到炉温恢复上来，他才披上皮袄又到别的井上去了。第二天，李天照就得了重感冒。

1962年战区推行岗位责任制以后，大家都不知道怎么搞。李天照带领大家制定了井组的岗位责任制，并鼓励大家说：执行岗位责任制的关键是责任心，只要树立起主人翁责任感，就能自觉地执行岗位责任制，就能管好油井。

在李天照的带领下，井组职工工作干劲越来越足，执行岗位责任制的标准也越来越高。1963年5月15日夜晚，队长白荣岗和杨正培到5-65井组检查夜班工人的交接班情况。漆黑的夜里，两人深一脚浅一脚地来到井场，正赶上半夜零点交接班的2名职工在逐项逐点地检查井口设备，他们在分离器房停下来，接班的职工李润纪用手摸摸量油玻璃管，摇摇头说："不行，上边有油渍，你擦干净了我才能接班。"交班职工二话没说，找出一片毛毡把玻璃管擦得干干净净才交了班。

第二天安全讲话会上，白荣岗队长表扬了5-65井组的做法。杨正培回井组后对李润纪说："白队长昨天查你们，今天还表扬了你们。"李润纪笑笑说："查也不怕。咱干活，夜班和白班一个样，一点都不马虎。"杨正培高兴地说："好，你们这样做真棒，把这一条也写到工作记录上，作为咱们井组的一条纪律吧。"

1963年7月的一天下午，天气突变，瓢泼大雨倾盆而下。1小时1次的检查时间到了，雨还是下个不停，上下午4点班的学徒工刘玉智从值班房探出头来，望了望西边露出一线亮光的天，回过身去对李天照说："井长，这雨下不长，等它住一住，咱再去检查吧！"李天照望了望值班室外，大风把豆粒大的雨点吹得斜成一线砸下来，激起一片片水花，这么大的风雨，水套炉能不能呛风倒烟呢？他斩钉截铁地说了一声"不行！"，便操起工具，三步并作两步，冒雨冲出了值班房。他按巡回检查路线逐项逐点地检查了采油树、分离器，最后沿着干线堤去检查加热炉。雨大路滑，他几次跌倒又爬起来，走到跟前一看，加热炉底部已经进水了，火苗挟着黑烟呼呼地从炉口往外喷，眼看就要呛灭了，他拿起铁锹，挖了3条小沟，排出积水，重新调好合封，又顶着风雨站在旁边观察，直到加热炉燃烧正常后才松了一口气。等他回到值班室，浑身上下早已经湿透了，雨水顺着头发、袖口和裤脚直往下淌。他一面脱下上衣来拧干，一面对刘玉智说："小刘啊，越是坏天气，越是容易出问题,以后可得要注意。"从此,无论坏天气还是好天气,干工作都要一样的标准,成为井组一条铁的纪律。

1963年的一个晚上,天上正下着蒙蒙细雨,李天照和杨正培冒雨来到井场检查。快到井场了,李天照看了看手表,时针指向7点57分,距离检查时间的8点只差3分钟,值班的张加祥该出来巡回检查了,可井场上怎么还是一片漆黑呢?正在纳闷的时候,门"吱呀"一声响,一道手电筒光"哗"就照亮了井场,值班房里走出一个熟悉的身影,正是当班的张加祥。他拿着一把管钳,大步走进井口房,仔细地检查起采油树的闸门来。

"是他,真是跟钟表一样准时。"李天照高兴地说,两人暗地里看着张加祥按顺序检查完井口设备,又嚓嚓地踩着泥泞,沿着管线向前检查去了。巡回检查后,张加祥跟着忽明忽暗的手电筒光,在闪亮的雨丝里又回到值班房。

李天照跟进值班房,对张加祥说:"老张,你今天检查得挺细呀。"张加祥没想到井长冒雨上井,心里热乎乎的,答道:"井长,你不用操心,认真检查是应该的,领导在不在,干活都一样,这一条也定为咱们井组的一条纪律吧。"

按照岗位责任制,5-65井组的每一台设备都严格执行挂牌制度。凡是起动的设备、开着的闸门都挂上一个"开"字牌,停运的设备、关闭的闸门就挂上一个"关"字牌,使任何人在任何情况下,通过挂着的牌就能掌握设备的运行情况。

一天零点刚过,李天照悄悄上井,把套管闸门上的"开"字牌换上了"关"字牌就走了。第二天一大早,他又到井上去检查,看到夜班工作记录本上写着这么一条:接班时,套管闸门开着,挂"开"字牌。夜一点检查时,套管闸门开着,却挂错了牌,不知何人把"开"字牌挂成了"关"字牌。李天照看完就笑了,夜班工人于贵业一见他笑了,心里就猜着八九分,就问道:"井长,可是你动了我们的牌子?"李天照笑了笑说:"对了,我就是考验考验你们哩!"于贵业严肃地说:"那还有啥含糊的,查不查俺都是一样干工作。"李天照井长听完这句话,沉思了一会,就把"查不查都是一样干工作"这一条也记入井组的纪律中。

凭着高度的革命自觉,5-65井组从大量的、细小的、常见的工作入手,兢兢业业地干好井上的每一项工作。井组职工都做到"十能",油井管理达到"十过硬",其中主要几条是:安全生产过得硬,安全生产2 000多天没有发生任何大小事故;资料"八全八准"过得硬,累计录取2万多个地质数据无一差错;设备配件定期维修保养过得硬,油井各种设备上的863道焊口、156个大小闸门没有一处漏油跑气,全井组1 860个设备部件保持不渗、不漏、不松、不锈;规格化上过得硬,井场清洁平整,油井管理得井井有条,3口井始终保持标杆井水平;原油生产过得硬,油井天天超产,月月超产,管理水平在全油田首屈一指,年年获油田"标杆井组"的光荣称号。李天照井长年年被会战工委评为"五好红旗标兵"。

更为重要的是,井组始终坚持执行岗位责任制不走样。自井组建立以来,历经上级领导3 000多次的明察暗访和20多次的大检查,职工没有一次脱岗、串岗、睡岗,始终坚持做到"黑天和白天一个样，坏天气和好天气一个样，领导不在场和领导在场一个样，没有人检查和有人检查一个样"，得到了各级领导的一致赞誉，会战工委多次到井组召开现场经验交流会。

1963年8月15日，油田召开了岗位责任制推行一周年总结大会。会上，会战总指挥部结合第12次岗位责任制大检查，通报表彰了20个模范执行岗位责任制的基层单位，5-65井组名列榜首，被授予"首创四个一样的李天照井组"荣誉称号。

获得荣誉后，全井组自觉从严，以井为家，拧成一股劲，更加自觉地践行"四个一样"的好作风。有一次，新职工张学玉操作不小心，把千分尺上的一个小螺丝弄丢了。他从下午找到傍晚也没有找到，立即报告井长并作了检讨，第二天天刚亮，他又到井场上找，还是没找到。他想：我们井组自成立以来，管理和使用的几十件工具、仪表及生产设备至今件件完好，没有丢过一个螺丝，如今自己弄丢了一颗小螺丝事小，破坏了老师傅们辛辛苦苦养成的好作风，这可是大事。

小螺丝找不到，张学玉决定自己配一个。他请了半天假，赶到萨尔图，问遍了所有的自行车修理部、钟表和收音机修理店，想买一颗小螺丝配上，结果不是没有，就是规格不合适，都未如愿。张学玉想来想去，最后想到了生产厂家。他工工整整地给厂家写了一封信，说明情况，并请技术员根据形状画了一张草图，标明尺寸，并附上一元钱，寄给了厂家，请求工厂破例卖给井组一颗小螺丝。厂家被张学玉这种对工作高度的责任心所感动，免费送给他一颗小螺丝，他们扣除寄信用的两角钱邮费，把剩下的钱附在一封信里用挂号邮回来，信上写道："你们自觉地爱护工具设备，在自己的岗位上严细认真、一丝不苟，这种精神值得我们学习。"

1964年年初，新华社记者袁木、冯健到5-65井组采访，采写了长篇通讯《在岗位上——大庆油田李天照采油井组纪事》。文章详细介绍了5-65井组严细认真执行岗位责任制，坚持做到"四个一样"的生动事迹和优良作风，并刊登在《人民日报》上，"四个一样"很快就传遍了全国。

⚙ "三老四严"的三矿四队

1962年8月，为了适应石油大会战的需要，会战工委决定，把当时的采油钢铁四队分为3个采油队。任命辛玉和为队长，带领12人新组建三矿四队。油田不断发展壮大，大家都很激动，一致表示：要把钢铁四队的红旗留下，将钢铁队的传统带走，把新队伍也建设成叫得响、过得硬的标杆队。

万事开头难。大家来到新区，只带了2块床板和1把菜刀，在老三矿的一间破烂不堪的废旧库房里安下了家。当时，在方圆几平方公里的荒野上，钻机还没有全部撤走，留下来的都是"光屁股"井——采油树还都没有刷漆，井场周围高低不平，杂草丛生，油污遍地。面对艰苦的条件，大家响亮地提出了"天塌我们顶，地陷我们填，钢铁意志英雄胆，不创标杆非好汉"的豪迈誓言。辛玉和将 12 个人中仅有的 3 名党员组成一个临时党小组，分头做开井的准备工作，有的负责给采油树喷漆刷漆，有的负责挖土油池，有的负责领工具、接新来的同志，大家白天怀揣野菜团子上井大干，晚上在煤油灯下坚持学习"两论"。

1 个多月后，新井投产准备工作做完了，全队的职工也陆续到齐了。这时，战区要求全油田大搞规格化。三矿四队积极响应号召，投产一口井，就搞一口井。经过 60 多天的日夜奋战，终于使 12 口油井全部投产，每口井都达到标准化、规格化。

投产后的一天，队长辛玉和到西 6-2 号井去检查。途中，发现新来的徒工小孙手里拎着一个崭新的刮蜡片急匆匆地上井去了。辛玉和很纳闷：小孙井上的那个刮蜡片刚领没几天，怎么又坏了？于是，他返身回到材料库去问材料员。材料员拿出一个变了形的刮蜡片说："小孙今早清完蜡，也没有注意检查刮蜡片是不是起到井口就去关清蜡闸门，结果，把刮蜡片挤扁了。还让我替他保密呢！"

面对挤扁的刮蜡片，辛玉和心里很不平静。从钢铁四队分出来的时候，大家下决心要把好作风带到新战场。可今天小孙却隐瞒事故，不仅丢掉了好传统、好作风，更缺乏一个石油工人起码的老实态度。"小洞不补，大洞尺五"，这样下去怎么行呢？想到这，他加快脚步，迎着寒风直奔西 6-2 井。

一走进值班房，只见小孙刚换完刮蜡片。辛玉和开门见山地问："小孙，你刚才为啥又领了个新刮蜡片？"小孙不由得脸上一红，支支吾吾地说："原来那个刮蜡片不好用，就换掉了。"辛玉和耐心地启发说："小孙哪，要干好工作，没有一个老实态度是不行的，对任何事情，钉是钉、铆是铆，对就是对、错就是错，对待革命事业要忠诚老实啊！"小孙低下头，诚恳地说："辛队长，我错了，说了假话，办了错事。"接着，他详细地汇报了刮蜡片挤变形的经过并检讨说："当时自己想，反正刮蜡片没掉到井里，换一个算了，别人也不知道。以后在工作中注意一点就行了，没想到这种说假话的行为欺骗了组织，欺骗了领导。"

为了用这件事教育全队职工，党支部决定第二天在小孙管的那口井上召开"事故分析现场会"。党支部书记李忠和重点讲了事故原因及对待事故的态度问题，他说："采油工人的工作特点是单兵作战，没有老老实实的态度、严格的要求，是管不好油井的。"小孙越听越坐不住，当即站起来，眼含热泪，激动地表示，要把那个变了形的刮蜡片挂在自己管的油井上，要时刻不忘这个教训。看到小孙真诚的态度，辛玉和动情地说："干部是带队伍的人，我们怎么带，队伍就怎么走。我们不能严格要求自己和别人，队伍就不可能具有高度的革命自觉性。事故出自小孙，可根子在我身上，我这个队长只埋头抓生产，放松了职工的思想工作。"最后，大家一致表示，应该把那只变形的刮蜡片挂在队上，让全队的人天天看到，时时想到，让小孙的教训成为大家的教训。要说老实话、办老实事、做老实人，始终严格要求自己，对每一件事都要有严肃的态度，这样才能管好油井。

当天夜里，队党支部专门召开会议，支部成员在寒夜中翻开《矛盾论》边学边议。大家认为，前一阵子工作千头万绪，我们当干部的"眉毛胡子一把抓"，结果出现了小孙的事。当前许多矛盾，究竟什么是主要矛盾？怎样把它抓住并加以解决呢？共产党员的先锋模范作用十分重要，队伍作风过硬首先要解决干部以身作则的问题。第二天，党支部定出了"干部上岗，工人监督，要求工人做到干部首先要做到"的制度，得到了全队职工的一致拥护。

没过几天，赶上辛玉和上下午4点班。那天，他刚从矿上开完会赶到队部，一看表，离接班时间只有10分钟了。从队里到油井要走15分钟才能到，怎么办？不能因为开会就上班迟到。于是，他一路小跑，赶到井上一看表，还提前了2分钟。值班工人王化琪一看队长跑得气喘吁吁、满头大汗，零下30摄氏度的天气，热得连皮帽子都没戴，便诧异地问："队长，你上班为啥这么慌？"辛玉和照实说了。老王心疼地说："开会迟到几分钟有什么关系？"辛玉和严肃地说："战场上晚1分钟就要付出血的代价，搞社会主义建设也要有战争年代那种铁的纪律啊！"

不久，在党支部的带领下，全队开展了一个"当老实人、办老实事、说老实话，严格要求、严明纪律"的活动。干部带头，工人紧跟，大大提高了全队职工的思想觉悟，"三老两严"在全队逐渐形成了风气。

1962年年底，三矿四队发动全队职工对所管的油水井、站进行了详细认真的检查。技术员傅孝余逐井逐站认真细致地检查验收，除夕那天的晚上，他检查到最后一口油井时，发现套管法兰缺一个螺丝。这时已是夜里9点了，他为了装上这个螺丝，从这个井排找到那个井排，从材料库找到维修队，终于找到一个适用的螺丝，然后回到井上把它配好。此时，正是万家灯火、阖家团聚的时刻，而三矿四队的5名干部和队上的班井长都上井顶岗，没有一人回家过年，整夜巡回在14口油井和泵站上。

老工人李广志在西7-3井检查闸门池的设备时，发现回压闸门下面有颗亮晶晶的油珠。"这油珠是从哪里来的呢？"他反复检查了各个闸门，并无渗漏，也不像是外面沾上的。"会不会是管线穿孔出现的渗漏？"晚上，他把情况向井长作了汇报。

第二天，两人一起来到井场，顺着油痕的地方，一段一段挖出管线，接着又擦干净，逐段检查。经过4个小时的紧张奋战，终于查出了油珠的来历，原来是干线穿孔渗漏出来的，及时消除了事故隐患。

有一次，职工小尹家来了客人，喝了2盅酒。接班时，被19岁的徒工小李闻出来了。小李不准他接班，叫他在井场上铲草，等酒味没有了再来接班。小尹无可奈何，只好拿起锄头铲了2个小时的草，而小李也踏踏实实地替他值了2个小时的班。

渐渐地，严细成风成了全队干工作的基本标准。为了保证安全，全队职工对每盘长达1 500米的清蜡钢丝都要用放大镜一寸一寸地检查，确认合格后才准使用。在交接班时，发现刮蜡片直径差0.2毫米，生产报表涂改一个字，灭火器上有一点灰尘，开关闸门差半圈或工具摆得稍微不整齐，都要交班人一一改正，才能接班。

严细源于自觉,源于老实的态度。一天夜晚,一场特大风雪席卷油田。辛玉和迎着呼啸的北风和漫天飞舞的大雪,到离队最远的油井去检查。当他来到井场时,油井干线炉的火苗被风吹得时大时小,他想找块毛毡挡在火口前面,可是找遍井场一块也没有。忽然又一阵狂风刮来,险些把火吹灭,他连忙把身上的棉衣脱下来挡在干线炉前面。这时有一个人朝这里跑来,正是值班的小孙。辛玉和一看表,还有30多分钟才到检查时间呢,就问他为什么来得这么早,他说:"风雪天不放心,担心加热炉火被吹灭。"辛玉和发现他没穿棉大衣,就问他:"为啥不穿棉大衣?"他说:"有一口井分气包的放空闸门在外面,这么冷的天气容易冻,我就用棉大衣包上了。"辛玉和被感动得眼含热泪,连忙跑步返回队里,扛了一捆毛毡,按岗位分发下去,然后又冒着风雪连夜包扎易冻部位。

雪越下越大,平地上的积雪已经有一尺多厚。上零点班的工人李纯忠背着工具,走到西6-1井时,发现蒸汽注水快把闸门放空头淹没了,他马上拿了桶去淘,鞋和裤角都湿透了。从井口房一出来,鞋和裤子就冻成了冰块,走起路来"哗哗"乱响,每走几步就摔一个跟头,他一次次地从雪地上爬起来,艰难地继续巡查。

当他穿过公路时,脚底一滑,一下摔进了路边的深沟里,手里的马蹄表也摔出老远。他一连爬了几次都没爬起来,手冻僵了,脚也失去了知觉。他担心大风雪埋没了马蹄表,就一点一点地朝马蹄表方向爬去。正巧这时有一辆汽车经过,司机发现路旁沟里有个人,就停下车,把他扶起来说:"这么冷的天,你冻成这样子,我送你回家吧!"李纯忠认真地说:"谢谢您,我是油井的值班工人,还有2口井没有检查呢。"说着,又迎着风雪朝远处的一口油井艰难地走去。那位司机很受感动,又怕他出危险,就开车到队部报告了情况。辛玉和听说后,立即赶到井上,可李纯忠已经检查完油井返回去了。

由于严格执行制度,坚持严细作风,三矿四队工作扎实,确保了油井的安全生产。建队3年录取的3万多个数据无一差错,油水井资料分别达到"八全八准"和"六全六准",在用设备台台完好,井井站站均达一类,管理水平在全油田名列前茅,连续被评为油田标杆单位。

1962年10月9日,《战报》刊登《认真贯彻"三老""四严"和"四个一样"的作风》。1964年2月,会战工委做出了《关于开展向采油三矿四队学习的决定》,并召开了向三矿四队学习现场会,在全油田掀起了"学三矿四队、赶三矿四队、超三矿四队"的群众运动。5月,在石油工业部召开的第一次政治工作会议上,三矿四队在实践中摸索并创造的经验被概括为"三老四严"的革命作风,即对待革命事业,要当老实人、说老实话、办老实事,干革命工作,要有严格的要求、严密的组织、严肃的态度、严明的纪律,三矿四队被授予"高度觉悟,严细成风"荣誉称号。

第十六章

优良作风成传统
创业精神永不丢

大庆石油会战是一场自强不息、不为名利的志气之战,也是一场艰苦创业、为国争光的精神之战,更是一场科学严谨、敬业求实的作风之战。在大庆石油会战以及开发建设的过程中,大庆石油人在困难的时间、困难的地点和困难的条件下,发扬"三要""十不"精神和"有条件要上,没有条件创造条件也要上"的豪迈气概,自力更生,艰苦奋斗,干群一心坚持会战,探索形成了很多切合实际的工作方法,逐步培育了一系列传承至今的优良传统和作风,成为在艰苦年代白手起家、奋发图强建设社会主义企业的璀璨亮点,成为大庆石油人爱国、创业、求实、奉献的真实写照,成为大庆石油会战中最宝贵的精神财富。

⚙ "三要""十不"的革命精神

大庆石油会战之初,很多人对会战的认识并不是完全一致的。如果那时候有一点动摇,会战就可能垮下来、上不去,整个油田的勘探和建设可能就要推迟几年时间。以余秋里、康世恩为首的会战领导者一开始就意识到这是一场苦战、恶战。会战工委一面组织会战生产,一面抓好生活保障,更重要的是及时抓紧了思想动员和作风建设,激励和鼓舞广大会战职工克服困难、艰苦奋斗,坚定地践行了"三要""十不"的豪迈誓言。

会战之初,面对艰苦条件和复杂形势,广大会战职工始终坚持"四不一为",即不为名、不为利、不怕苦、不怕死,一心为会战,自力更生克服困难,坚持把会战打了上去。

1960年5月28日,战区召开首届政治思想工作会议。吴星峰在政治工作报告中,肯定了战区学习王"铁人"的群众运动,赞扬了广大职工"四不一为""十不三要"的革命精神。"十不",即不计报酬,不讲物质利益;不计较劳动时间,不分白天黑夜;不顾生活条件困难,风餐露宿,天寒地冻,在所不惧;不顾生产条件是否具备,自力更生,快摆硬上;不分什么工种,相互支持,有活就干;不分职务高低,深入工地,深入井边;不分你我,一到工地就服从指挥;不管有无命令,一下车就立即上;不分天南地北,"只要为了会战,刀山也要上";不分男女老少,积极支援会战。"三要",即要改变我国"一穷二白"面貌,摘掉石油工业落后的帽子;要高速度、高水平拿下大油田;要在大会战中,坚持革命的集体荣誉。他还强调指出,"有也上,无也上""只准前进不准后退"不但表明了广大会战职工坚持会战的决心,也是广大会战职工一心为会战的实际行动,是"四不一为"和"十不三要"精神面貌的具体体现。

1963 年 12 月 28 日,余秋里在中央机关 17 级以上干部大会上的报告中,把会战职工这种"四不一为"和"十不三要"的革命精神具体总结为"三要""十不"。"三要":一要甩掉石油工业的落后帽子;二要高速度、高水平拿下大油田;三要在会战中夺世界冠军,争取集体荣誉。"十不":第一,不讲条件,有条件上,没有条件也创造条件上;第二,不讲时间,特别是工作紧张时,大家都不分白天黑夜地干;第三,不讲报酬,广大干部职工是为革命,而不是为个人物质报酬劳动;第四,不分级别,有工作大家一起干;第五,不讲职务高低,不管是局长、队长都一齐来;第六,不分你我,互相支援;第七,不分南北东西,不分玉门来的、四川来的、新疆来的,为了会战,大家一齐上;第八,不管有无命令,只要是该干的活抢着就干;第九,不分部门,大家同心协力干;第十,不分男女老少,能干就干,什么需要就干什么,就像打仗一样,到了时候,不管卫生队、担架队,伙夫都要上。

余秋里还强调指出,这十条,没有革命精神办不到,没有高度觉悟办不到,没有总路线的指引办不到,没有毛泽东思想的指引办不到。人们有了这种革命精神,在生产斗争中就会坚强有力,在科学试验中就能勇往直前;人们有了这种革命精神,就会斗志昂扬、精神焕发、干劲冲天,就能在困难面前看清主流,敢于同前进道路上的一切困难做斗争,越是困难,干劲越足,越是困难,越要胜利;人们有了这种革命精神,就会有气吞山河、翻天覆地、压倒一切的革命气概,就会有天不怕、地不怕的大无畏精神,就会不怕鬼、不信邪,任何艰巨任务都能完成;人们有了这种革命精神,就会团结一致、亲密无间、勇于实践、敢于创造,企业的生命力就强,生产、建设事业就会蓬勃发展。如果没有这种革命精神,会战队伍在大庆就很难站住脚,即使站住脚,要想在 3 年多的时间里把大庆油田建成现在的规模,也是不可能的;如果不讲革命精神,大庆油田做的许多事情,都是难以理解的。正是由于革命精神大发扬,会战队伍的精神面貌起了大变化,才形成高涨的会战热潮。

"三要""十不"代表的是几万人的革命精神、革命思想、革命干劲和高度的革命英雄气概。广大会战职工之所以能够形成"四不一为"和"三要""十不"的革命精神,是因为他们热爱党,热爱国家,热爱社会主义,热爱石油事业成风;是因为他们艰苦奋斗,不怕困难,抢挑重担子成风;是因为他们珍惜国家财产,勤俭节约成风;是因为他们团结互助,阶级友爱成风;是因为他们争当"五好",不甘落后成风;是因为他们人人坚守岗位,埋头苦干,严肃认真成风。

第一,热爱党,热爱国家,热爱社会主义,热爱石油事业成风。广大工人经常说:"党是我的妈,油井是我家;我听妈的话,管好我的家。"他们把对党和国家的热爱化成艰苦创业的革命精神,化成对石油事业高度负责的奉献精神,努力克服困难,换来了石油基本自给。一个队伍有了这种热爱,有了这种精神,这个队伍就能信得过,敢交给他们办事情,办出的事情也靠得住。

第二,艰苦奋斗,不怕困难,奋不顾身,抢挑重担子成风。1962年10月,油田有一口井发生了井喷。油气喷到几十米高,40来米高的井架已经倾斜,眼看就要倒下来。危急时刻,井架安装工人姜发金、彭志德、李顺田、赵福兴、陈伯生5位同志抱着敢于牺牲的决心,硬是冒着冲天的油气爬上井架,把钢丝绳拴在井架上,用拖拉机把井架拉直,抢救了钻机和油井。运输车队每年冬天都要到深山老林去拉运"困山材",数九严冬,要经过"万人愁""狼牙路",任务十分艰巨。但每年任务下来,大家都争先恐后写"决心书"请战,非要把最艰苦的任务抢到手。

第三,珍惜国家财产,勤俭节约成风。1963年,油田开展了"反浪费、找差距"活动,进一步激发了职工的主人翁责任感,爱护国家财产,勤俭办企业的好人好事越来越多。泥瓦工人牛广俊同志在一天夜间下大雨时,被大雨惊醒,想起有一袋水泥放在工地上,没有保护好,硬是半夜里冒雨跑了2公里,把水泥抱回来。油田家属缝补厂有200多人,厂房是一个牛棚子,又没有什么设备,可是每年都缝补完成上万套棉工服,既节省了国家的财产,又及时解决了职工过冬问题。

第四,团结互助,阶级友爱成风。干部爱护工人,工人尊重干部,形成了一个亲密无间的革命大家庭。采油三矿四队补充了新工人,房子不够住,床铺也不够用,指导员李忠和队长辛玉和就把床铺让出来给工人,自己睡地铺,一睡就是一个多月。1963年雨季,钻井指挥部党委副书记王英炯带领几十个机关干部,帮助家属修补了80多间房子。家属感动地说:"在旧社会,从来都是工人伺候当官的,现在是干部帮我们修房子,心里实在过意不去。"家属有这种心情,工人的干劲也就越来越大。女电焊工张桂荣生产上是能手,生活上一直关心别人。她利用休息时间,坚持义务给本队职工拆洗缝补,3年多的时间共拆洗缝补衣服780多件,大家都亲切地叫她"张大姐"。

第五,争当"五好",不甘落后成风。人人想上进,人人都要好,打井好,采油好,基建好。不论做什么,都是不甘落后,力求上进。工作安排上有时难免计划不周,有很多想不到的东西,但一搞"五好",你提两三条,他给你想十几条,总是好上加好。没有觉悟,没有不甘落后、力争上游的精神,这是办不到的。

第六,人人坚守岗位,埋头苦干,严肃认真成风。自从建立岗位责任制以来,从干部到工人,大家都养成了习惯,人人坚守自己的岗位,埋头苦干,做事不马虎,不凑合,严细认真。除了李天照井组等先进站队外，普通单位和职工一样严细成风。有一天，采油工人胡玉双正在清蜡，暴风雨来了，本来可以到值班房内躲避一下，但他硬是守在岗位上，在倾盆大雨下一连干了2个小时，直到把蜡清完才下来。

"三要""十不"体现了广大会战职工为国争光的爱国主义精神和勇攀高峰的进取意识，反映了他们无私奉献的崇高品格和艰苦奋斗的创业精神，是夺取会战胜利的强大精神动力。在这种强大精神力量的感召下，革命风气得到普遍发扬，广大会战职工不怕困难，以艰苦创业为荣，以贪图安逸为耻，说干就干，干就干好，干就干到底，事情做不好就吃不下饭，睡不着觉，埋头做"笨"事、做"傻"事，靠坚持和勇气战胜艰难险阻，只用3年多的时间就高速度、高水平建成了大庆油田。

1964年2月5日，中共中央批转《石油工业部关于大庆石油会战情况的报告》。报告中指出，人就是要有一股气，对一个国家来讲，就要有民气；对一个队伍来讲，就要有士气；对一个人来讲，就要有志气。

民气，就是民族的自尊心和自强心。一个国家有了民气，就能傲视和排除各种困难，不屈服于来自各方面的压力，自力更生，奋发图强，屹立于世界民族之林。士气，就是群体的斗志和信念。一个队伍有了士气，就能在极其险恶的条件下完成艰巨的任务，成为拖不烂、打不垮的坚强集体。志气，就是一个人的理想、意志和奋斗精神。一个人有了志气，就能发挥出极大的主动性、创造性。

大庆石油会战中，最宝贵的就是有这么三股气。这三股气结合起来，就会形成强大的力量，无论是搞革命还是搞建设，就会干劲冲天，不怕困难，不怕牺牲，有信心完成党和国家交给的伟大任务。这三股气正是大庆石油人爱国创业的动力和底气，正是大庆油田优良传统和作风的精神基础。

艰苦创业"六个传家宝"

大庆石油会战开始后，在近5 000平方公里的荒原上，几万名职工无论是衣食住行还是生产施工，都面临着重重困难。广大会战职工坚持奋发图强，艰苦奋斗。井队搬迁没有机械设备就人拉肩扛；没有房子就挖地窨子，建"干打垒"；吃饭缺粮就"五两粮食保三餐"，自己开荒种地；发扬勤俭节约的艰苦朴素精神，办缝补厂，回收利用废旧物资，形成了自力更生、白手起家，勤俭节约、艰苦创业的优良传统和作风。

1960年会战刚开始，运输车辆和起重设备严重缺乏，装卸钻机、安装井架难度特别大。以王进喜带领的1205钻井队为代表，广大会战职工坚持"有条件要上，没有条件创造条件也要上"，凭借人拉肩扛和顽强意志，用大绳拉、木方垫、撬杠撬，靠人力装好了钻机，立起了井架，打下了第一批油井。

当时，4万多人的石油会战队伍一下子集中到荒无人烟的大草原，会战职工只能住在牛棚、马厩和帐篷、活动板房甚至是地窖子里。面对困难,会战工委决定发动群众,人人动手盖"干打垒",仅用半年时间就突击建成 30 多万平方米的"干打垒"住房,在艰苦的环境下站稳了脚跟,度过了大庆石油会战的第一个冬天。

石油会战初期,我国国民经济正处于严重困难时期,又赶上全国严重的自然灾害,粮食大幅减产,会战职工粮食定量不断缩减,甚至连"五两粮食保三餐"都难以为继。薛桂芳、王秀敏、杨学春、丛桂荣、吕以莲 5 名家属响应号召,率先和职工一起走出家门开荒种地,带领家属们参加农业生产。"五把铁锹闹革命"带动和鼓舞职工家属走上了"自己动手,丰衣足食"的自给自足之路,为国家和油田减轻了负担。

1960 年 12 月,正是会战最为艰难的时候。为了早日拿下大油田,会战职工不顾风雪严寒,没日没夜地奋战在荒原上。新工服、新手套供应不上,衣服破了来不及补,手套露出了手指头,还在冰天雪地里大干。看到钻井工人在零下 30 多摄氏度的严寒中还光着手扶刹把打钻,领导们心疼啊!于是,会战工委抽调 23 岁的转业战士、共产党员鄢长松,带领其他 2 名转业战士和曾阳春等 5 名家属成立了缝补组,为职工缝补工服手套。

缝补组成立了,可除了 8 个人,全部都要靠白手起家。没有厂房,大家就找到了 2 间满是枯草、积雪的破牛棚;没有工具,家属大嫂从自己家里拿来针线剪刀,用废钢丝磨成锥子。为了拆洗旧工服,他们在牛棚里架起 2 口大锅,用喂牛的槽子当洗衣盆,挖碱土熬土碱当肥皂,开始为一线职工拆洗缝补工服手套。数九寒冬,在几乎露天的厂房里工作,大家的手都被冻得裂出了一道道血口子,可一想到前线在寒风里坚持会战的职工能穿戴上拆洗过的更保暖的工服手套,大家心里就热乎乎的。

冬去春来,天气变暖,缝补拆洗更加方便了,大家的干劲也更足了。单位小,成效大,缝补组成立一年就为一线职工拆洗缝补了上万件工服。缝补组还经常组成缝补小分队轮流上前线,一面为职工们现场缝补衣服,一面回收不能穿的油工作服,放到 2 口大锅里用碱水煮,拆洗干净后缝制成手套,再发给职工们使用。

随着生产的发展,缝补组也不断发展壮大。1963 年,会战工委决定把缝补组扩建为缝补厂,任命鄢长松为厂长兼党支部书记,在厂里工作的职工家属也增加到 200 多人。鄢长松把职工们分为收旧、拆洗、缝补几个组,又捡来废砖头,盖起简易的锅炉房,设成洗衣车间,把破旧的厂房改造成了流水线作业。收旧组的职工和家属每天都奔波在千里油区,到井站和工地给一线职工们现场缝补衣服手套,同时回收不能再穿的破旧工服。拆洗组的同志把回收的旧衣服、旧手套拆开洗净。这个活儿看起来容易,做起来特别难。一件棉上衣,新领的时候才几斤重,工人们穿着干一冬天的活,泥糊油浸,收回时足有 10 多斤,一摸一手油,一抖一阵灰,衣服一下水,锅里就浮上一层油泥。为了结实耐穿,每件棉衣缝都缝了 48 道杠,拆起来特别费劲,一不小心就撕破了。每到这时,鄢长松就和家属大嫂们一样,坐在地上一针一线地拆衣服,守在大锅边有条不紊地煮衣服,待水稍凉,他就跳进锅里,手脚并用,连搓带揉地洗起旧工服。

人员增多了,缝补厂的生产能力也不断加强。大家从原来简单地缝缝补补,发展到翻新补旧,并开始制作新工服、新手套。为了最大限度地满足前线职工的需要,缝补厂发明了"两旧一新"的棉工服,即用比较结实耐磨的新布做衣面,用拆洗干净的旧布拼接成衣里,把收回的旧棉花弹一遍,再加点新棉花絮上,做成一套外新里旧,不影响保暖的新工服。一件棉衣里子一般要用 40 多块碎布拼成,拆 100 套旧工服,最多能拼成 90 套工服里子,对于实在不能拼用的布条,也攒起来送给前线的职工们擦机器。在当时物资紧张的岁月里,这种办法为保障前线职工们穿好穿暖发挥了巨大作用。职工们再也不用在寒冬腊月里光着手干活了,最艰苦的钻井和作业工人还能有 2 套棉衣替换着穿,再也不用穿着湿工服上井了。

为了能更好地服务一线职工,会战工委还专门从外地调来 10 多名专业裁缝师傅。在大家的共同努力下,缝补厂开始为油田职工们生产工服、手套、工帽、工靴、垫肩等各种劳保用品。为了方便高空作业的职工,他们还专门制作了皮大衣、皮背心、皮裤、皮护膝、猴式皮帽等。缝补厂能制作的劳保用品种类达到 17 种,更好地满足了各条战线上不同工种职工的需要,使油田工人的劳保用品基本达到了自给。

20 世纪 60 年代中后期,缝补厂划归油田物资供应指挥部管理。后来厂房扩大了,设备增加了,财富创造多了,但缝补厂仍然坚持勤俭办厂,坚持为国家节约每一寸布、每一两棉花、每一个纽扣。他们做的棉衣依然只有面子是新的,里子用拆下来的旧布拼成,棉花也是新旧参半。

1966 年 5 月 4 日,周恩来总理到缝补厂视察,高度肯定了这种"缝补精神"。当他看到用 160 多块碎布拼成的棉衣里子时,激动地对厂里的职工说:"好、好,你们要永远保持这种艰苦奋斗的精神。"截至 1977 年年底,缝补厂共制作、拆旧、翻新工服等各种劳保用品 40 万件,累计节约棉布 92 万多米、棉花 46 万多公斤、纽扣 200 万多个,折合人民币 350 多万元,被石油工业部誉为"勤俭办厂模范"。

勤俭节约的不仅仅是缝补厂。从石油会战开始,广大职工就坚持艰苦奋斗、勤俭建国的方针,利用业余时间回收散失在油田各处的废旧物资。"文化大革命"开始后,废旧物资回收工作一度停止。1969 年,"铁人"王进喜提议并组织起油田第一个废旧物资回收队——钻井指挥部"铁人回收队"。王进喜带领回收队职工到各个施工场地回收废旧器材,连一颗螺丝钉、一块废钢铁都不放过,足迹踏遍油田。有些人对此不理解,说"搞回收没出息,不光彩"。王进喜对大家说:"艰苦奋斗的传统不能丢,把散失的材料捡回来,重新用来建设社会主义,意义大得很!"在"铁人回收队"的带动下,油田许多单位相继建立起回收队,开展废旧物资回收利用活动。自 1961 年至 1983 年,平均每年回收废旧物资 550 吨。仅"铁人回收队",10 年就回收上缴钢铁 1.73 万吨、管材 19 万多米。用回收的旧料装配大型钻机井架 5 部,自制和修复了大量的设备和零部件。回收队不仅为国家节约了大量的物资,而且解决了生产建设中的急需,有力保障了油田生产。

石油会战时期,大庆石油人在抓好废旧物资回收的同时,还十分注重废旧物资和器材的修复利用工作。随着油田生产规模的日益扩大,器材和设备的消耗量逐年增加,每年都有很多废旧器材要报废处理。为了挖掘企业内部潜力,做到物尽其用,1963年,供应指挥部率先成立了修旧队,利用废旧材料修建简易厂棚,修复台钳、手钳、焊机等工具,承揽修复那些生产急需而供应又短缺的物料,满足生产建设的需要。1970年以后,各生产单位普遍建立了修旧利废车间、修旧小组、修旧队等,大搞清仓查库、修旧利废,力求做到小材大用、短材长用、优材精用、缺材代用、一物多用,"吃干榨尽"。钻井指挥部修旧队仅水龙头组装机一项,就提高工效几十倍,一年可修复水龙带300根,价值达150万元。当时汽车修理厂的"修旧大院"就是由一个修复组逐步发展起来的,在这里,修旧队自制各种土设备20多台,建立了以焊、补、喷、镀、铆、镶、配、改、校、粘为主体的修复作业线,担负起各种汽车配件修复工作。仅1970年至1976年,就修复汽车配件94种、23万多件,节约资金价值520万元,汽缸体、水箱、工字梁、方向盘、瓦片等20多种配件实现了10年不领新料,满足了生产需要。直到今天,回收修旧依然是油田物资管理工作的一项重要任务。

在大庆石油会战以及油田的开发建设过程中,广大会战职工发扬爱国主义精神,以"有条件要上,没有条件创造条件也要上"的英雄气概,不畏困难,自力更生,艰苦奋斗,逐步培育形成了"人拉肩扛精神""干打垒精神""五把铁锹闹革命精神""缝补厂精神""回收队精神""修旧利废精神"。这6种精神是大庆艰苦创业传统的重要内容,被誉为大庆油田艰苦创业的"六个传家宝"。

一切为了基层,一切为了生产,一切为了会战

大庆石油会战刚开始的时候,人多、事多、任务多,很多工作还没有理顺。战场上力量怎样布置?需要解决什么问题?会战重点在哪里?这些问题如果不是各级干部亲临前线,谁都搞不清楚。会战工委十分注重领导干部和指挥机关的作风建设,形成了很多面向生产、服务基层,加强作风建设的优良传统,保障了石油大会战的顺利进行。

余秋里曾经说过,搞社会主义不下苦功夫,不细致是不行的;我们应该从群众中来,到群众中去,扎扎实实、埋头苦干、高度负责、严肃认真,各级干部必须亲临前线,及时了解情况,发现问题,同群众、同基层共同研究问题、解决问题;不能光给下面交任务,不能光守在家里听汇报。

会战初期,井打得少,地下情况还不完全掌握。大家只知道这个油田很大,但对于储量究竟有多少、哪里产量高还不那么清楚,重点应放在哪里谁也拿不准。会战一上手,余秋里、康世恩就亲临前线,亲自组织队伍,配备力量,选择重点,突破难关,坚定把会战重点放在萨尔图油田,放在萨中生产试验区,迅速掀起了会战高潮。在他们的直接指挥下,各级干部认真进行调查研究,及时发现、总结、树立先进典型,推广先进经验。尤其是针对会战伊始职工思想不统一、基础工作不牢固等薄弱环节,会战工委及时总结宣传"铁

人"王进喜的先进事迹,推动大学"两论"、狠抓第一性资料等群众性活动,点面结合,统筹全局,很快把会战引向正轨。

在前线遇到困难时,干部挺身而出,与群众共同战斗,一起解决困难,对职工的带动和鼓舞力量就更大。全油田组织"干打垒"会战时,上至部长、教授,下至普通干部,全都加入建房队伍行列。开荒种地时,余秋里空着一只袖管,单手无法使用其他农具,就带头到东油库拉犁种地。松辽石油勘探局副局长王云午也只有一个胳膊,也和群众一起拉犁。大家感动地说:"一个胳膊的部长、局长,还和我们一起拉犁开荒,那我算老几,非干不行!"战区各级干部深入基层带头大干,很好地带动了整个队伍的会战士气。

为了更好地了解情况,推动会战,会战工委还引导广大干部逐步形成了"三三制""九热一冷"等适合会战需要的工作机制和作风。

"三三制",即机关工作人员三分之一在机关办公,三分之一跑面了解情况,三分之一在基层蹲点调查。三分之一的人在机关办公,承担另外三分之二的工作量,使机关工作既有压力又有责任,进而能紧张有序地工作,促进机关工作效率的提高;三分之一的人跑面,使面上的情况能够被领导机关及时掌握,加强对基层工作的指导、协调,以便更好地了解会战情况,更好地管理生产、服务基层;三分之一的人在基层蹲点,住在小队、班组,调查研究,参加劳动,总结典型,协助工作,把领导机关抓重点、抓"两头"的做法具体化。

"九热一冷"也是会战初期非常适合会战形势的工作方法。会战一开始,油田各级干部坚持"冷""热"结合、"虚""实"结合、"动""静"结合,每逢十日,领导干部再忙,也要坐在一起开务虚会,学习上级指示,分析形势,总结经验,从而把感性认识提高到理性认识上来,创立了"月初紧,月中狠,月末冷"的工作方法。这种工作方法即月初开大会,大动员、大造声势,绝大多数干部上前线,安排会战部署;月中组织大检查、大突击,推动工作落实,使全月工作任务"立于不败之地";月末自下而上地分析形势、总结经验、表彰先进,布置下月任务。后来把一旬作为一个小单元,每一旬中,有九天"热"、一天"冷",最终形成了"九热一冷"的工作方法,把冲天干劲和科学态度结合起来,把实践、学习、总结结合起来,推动了会战的顺利进行。

"蹲点包队"是油田生产中形成的一项优良传统。各级领导坚持"蹲点包队",亲临前线,和群众同甘共苦,直接倾听群众的意见,这就能够更好地了解群众在干什么、想什么、担心什么、要求什么,能更直接地向群众学习,吸取群众的智慧变为领导的意图,又把领导的思想变为群众的行动,做到从群众中来,到群众中去。"蹲点包队"可以全面了解基层生产动态,掌握第一手材料,这样就能及时发现问题、解决问题,解决不了的问题也能够及时反映到上级解决,减少了推诿扯皮的中间环节。"蹲点包队"便于掌握基层生产管理、队伍状况、精神面貌、党的建设、职工生活等方面的情况和问题,有利于开展有针对性的思想政治工作,把会战工委的决策、安排、要求进一步落实到基层。"蹲点包队"能够及时发现和总结基层经验、典型,更好地帮助后进,做到"先进经验不总结出来不出队，后进面貌不改变不出队，中间队不带起来不出队"。"蹲点包队"能使机关干部及时了解和把握会战的总体进程，尤其是工作中的不足、差距和工作失误，为调整制定政策、工作计划提供大量而准确的信息和科学依据，增强会战部署的预见性和科学性。

大庆石油会战中，机关干部、基层干部参加劳动是经常的，已经形成风气。从会战开始，无论是基层生产管理干部还是政工干部，都坚持住队轮流值班，一天 24 小时管生产，和工人们一起参加生产劳动，真正做到了"工人三班倒，班班见领导""工人身上有多少土，干部身上就有多少泥"。1963 年，会战工委还总结出干部跟班劳动的 7 种形式：一是跟班劳动，跟班写实，进行调查研究；二是带上问题，跟班劳动，找解决问题的办法；三是住在落后班组，跟班劳动，改造落后；四是在最困难、最艰苦的时候，跟班劳动；五是在最紧要、最关键的地方，跟班劳动；六是生产上遇到复杂情况的时候，跟班劳动；七是人少打突击的时候，跟班劳动。由此逐步形成了 4 个方面的制度：一是坚持指挥靠前，对重大的生产中遇到的紧急情况设立前线指挥部，由主要领导亲自指挥；二是坚持调查研究，局级领导干部每年到基层的时间大体占三分之一，处级领导干部大体占一半；三是坚持现场办公；四是坚持干部"三同"和建立基层联系点制度。会战时期，各级机关干部中经常参加劳动的达到 91.5%，其中绝大多数干部每月平均参加劳动 6 天以上，有的劳动 10 天以上。

为了更好地指导基层工作，油田还在为基层服务的过程中总结形成了"三个面向，五到现场"的优良作风。"三个面向"即面向生产、面向基层、面向群众。1960 年年初，会战刚刚开始，会战工委便强调各级领导干部要亲临生产第一线指挥生产，机关工作要面向油田生产。1962 年 5 月 10 日，在全油田党员干部大会上，针对当时基层建设工作不巩固，机关工作不深入、不细致，缺乏扎扎实实作风的问题，会战工委提出："各级领导干部必须深入生产第一线，扎扎实实领导生产。对基层工作，要实行面对面的领导。各级领导机关应当明确主要的任务是把基层建设好，把基层建设好了，就完成了领导工作的基本任务。"接着，《战报》发表了题为《大力改进作风是加强基层工作的关键》的社论，提出"领导机关要面向基层，一切工作要从加强基层工作出发，把生产全面管好"。经过不断实践、不断总结，到 1964 年就形成了"面向生产、面向基层、面向群众"的工作指导思想。

同时，油田建立了以生产调度为中心的整套机关工作制度。机关的一切工作都围绕生产动态来运行，充分发挥机关作用，真正做到面向基层、面向生产，生产一线干什么、需要什么，机关就干什么。积极为基层创造方便条件，为生产需要服务。不管是计划部门、财务部门、劳动部门还是物资供应部门、生活管理部门等，都必须和基层广大职工一起艰苦奋斗，为基层服务，为生产服务，送人到现场，送工资到手，送饭到工地，送料上门，具体做到"五到现场"。

"五到现场"，即生产指挥到现场、政治工作到现场、材料供应到现场、科研设计到现场、生活服务到现场。生产指挥到现场，就是指挥调度人员实行现场调度，计划人员到现场落实计划,进行综合平衡;凡是有 2 个以上施工单位协同作战的施工地区,就需要组织前线指挥机构,实行面对面领导。政治工作到现场,就是政治工作部门的干部除有三分之一的人在机关办公,三分之一的人坚持常年蹲点外,还有三分之一的人坚持深入现场了解情况,发现典型,总结经验,并做好现场的宣传鼓动工作。材料供应到现场,就是物资供应部门按照设计和施工预算去组织材料供应,实行"大配套""小配套""货郎担",送料到现场,设备维修人员也"身背三袋"到现场服务。科研设计到现场,就是科研设计工作紧密结合生产实践,有效地解决生产中的问题;由研究设计人员组成工作组,深入生产一线,进行现场调查,组成试验队到现场,边参加生产,边进行试验;研究设计人员与生产部门联合组成攻关队,攻克关键技术;进行技术交底,交意义、交目的、交原理、交方法、交技术要求,放手发动群众参加科研设计工作。生活服务到现场,就是后勤和商业等部门组织理发、缝补和日用百货小组到现场,更好地为前线服务。

"三个面向""五到现场"的指导思想切实转变了机关工作作风。各级机关都积极为基层着想,千方百计把麻烦和问题揽上来,想方设法把方便和服务送下去,密切了干群关系,充分调动了各方面,尤其是机关和生产服务单位的积极性,提高了工作和生产效率。从此,"三个面向""五到现场"成为大庆油田各级机关始终坚持的指导思想。

⚙ "二号院"——大庆石油人的精神圣地

在大庆油田,"二号院"是一个无人不知的地方,是一个无人不晓的名字。这里是大庆走向辉煌的"起点",是波澜壮阔的石油大会战的最高指挥机关。作为大庆石油会战的领导者,余秋里、康世恩在这里运筹帷幄、呕心沥血,谋划了大庆油田的发展和未来。党和国家领导人周恩来、刘少奇、邓小平等都亲临并视察过这里。

"二号院"的名字是沿用会战总指挥部在安达驻地的名称。1960 年 3 月底,在哈尔滨开完第二次大庆石油会战筹备会,余秋里来到安达,被安排到专门为部领导准备的安达县财政局的一栋二层小楼里。他发现,这栋小楼条件很好,还有人在他的房间里摆了一对沙发。他大发脾气,指出,艰苦奋斗,首先要领导干部做出表率。前线工人那么苦,领导干部怎么能坐沙发?!

余秋里搬出了那栋小楼,和康世恩等领导一道,带头住进了当时会战总指挥部驻地所在的"二号院"。平息了怒气后,他语重心长地对大家说,由俭入奢易,由奢入俭难。艰苦奋斗的道理大家都懂,但是做起来却很难。最重要的就是要有榜样、有旗帜、有机制、有制度、有措施,首先就要树立起鲜明、活生生的典型,让大家看得见、摸得着,能学能做,然后开展革命竞赛,掀起"比、学、赶、帮、超"的热潮,才能形成风气,养成习惯。只有这样,队伍才能不怕困难,不畏艰险,殚精竭虑,决战决胜。余秋里、康世恩 2 位石油工业部的正副部长住进"二号院",让"二号院"成为名副其实的会战指挥中心。

　　类似的事情还发生在第一次技术座谈会上。1960年4月11日，总结会的会场布置得朴素大方。主席台上摆了一排桌子，桌子铺上了毛毯，每位领导座位上都摆着名签，为营造气氛，桌子上还放了2瓶纸做的花，一切似乎都很正常。可谁也没料到，余秋里一进会场，就大发起火来。他用仅有的一条胳膊一下把主席台的桌子掀翻，生气地吼起来："前线的职工在冰天雪地里会战，没吃没住的，我们开个总结会，还讲什么排场？摆什么花？摆什么名签？我是会战的一员，是指挥战斗的，用不着摆什么谱！"

　　会战刚开始，管理难度大，头绪特别多。余秋里、康世恩虽说住进了安达"二号院"，但大多数时间还是在萨尔图办公。在萨尔图，他们住的地方是一座破牛棚。当时的条件艰苦，尤其是住房条件差，几万名会战职工居无定所，作为会战最高领导者的余秋里、康世恩率先垂范，首先为广大会战职工做出了榜样。当年余秋里部长50岁，康世恩副部长45岁，他们和总指挥部的干部职工们一起，和那些二三十岁的年轻人一样，住破牛棚，吃高粱米，喝白菜汤。在艰苦的年代里，2位经历过战争洗礼的领导者就在这座破牛棚里指挥千军万马，指挥这场气壮山河的石油大会战。这座破旧的牛棚临时指挥部甚至都无法遮风挡雨，却指明了大庆石油会战的方向。

　　1960年，为了战胜严寒，度过大庆石油会战的第一个严冬，全油田掀起了一个人人动手盖"干打垒"的热潮。在会战工委号召下，广大会战职工自力更生，就地取材，在极短的时间内就建起了30多万平方米的"干打垒"住房。也就是在这个时候，会战总指挥部机关在萨尔图的驻地也选定了，它位于萨尔图油田的正中心。1960年10月，在萨尔图火车站对面，万人广场的北侧，一座四合院悄无声息地竣工了，这就是大庆油田的"二号院"。

　　10月20日，石油大会战领导机关由安达迁往萨尔图，之前住在牛棚里的余秋里、康世恩也搬进了"二号院"。虽然没有什么乔迁仪式，也没有喜庆的鞭炮，"二号院"却不可阻挡地一下子热闹了起来。而作为余秋里、康世恩临时指挥部的牛棚所在的地方后来改为了大庆缝补厂。

　　"二号院"就是石油大会战总指挥部机关驻地，但没人管它叫指挥部，大家还是习惯叫它"二号院"。它由一座砖柱土坯结构的四合院式平房群体建筑组成，正上房叫"一栋"，是会战工委和会战总指挥部领导的办公室。"一栋"后面（北侧）为"副一栋"，是会战领导的宿舍。西厢房叫"二栋"，是油田生产指挥中心，生产调度室、通讯站、地下作战室都设在这里。东厢房叫"三栋"，是油田政治部机关所在地。"二号院"大门朝南，正对着萨尔图火车站。门前有6排油井，井排的后面盖着一片"干打垒"，这里主要是家属区。还有"三号院"，是生活办公室的机关驻地。"二号院"的东边紧挨着的是"四号院"，是政治部和生活办公室的附属单位，像《战报》社、广播站、托儿所、小学校、理发店、修鞋店、作坊、小卖店等单位，都聚集在这里。"二号院"的西边紧挨着的是"五号院""六号院"，是机关各处室，如劳资处、财务处、开发处等单位的办公室和住宿地。"二号院"和萨尔图火车站之间是召开过万人誓师大会的万人广场，后来建起了油田第一所完全中学——松辽石油勘探局农垦总场职工子弟中学,也就是现在的大庆第一中学。

这个四合院附近唯独缺少最开头的"一号院"。实际上在安达驻地,不但有"一号院",而且"一号院"还是当时条件最好的一栋小楼,也就是余秋里部长发脾气搬出来的地方。"一号院"本来就是给石油工业部领导准备的,但余秋里不搞特殊化,硬是住进了指挥部机关的"二号院",把"一号院"让给了搞科学研究的石油地质专家,把这个最尊贵的代号留给了为石油会战提供技术支持的科研单位——地质指挥所。地质指挥所是由石油科学研究院松辽研究站与松辽石油勘探局研究大队(地质室)整合成立的,作为油田勘探开发的参谋部和智囊团,赋予他们"1"的代号,还有权威和保密的意思。后来,地质指挥所迁往大庆战区后,在让胡路地区新建了办公场所,也就是今天的油田勘探开发研究院。所以,这个四合院里自始至终就没有"一号院"。

"二号院"见证了大庆石油会战的胜利,也见证了大庆油田的成长。余秋里、康世恩等老一辈创业者在这里度过了无数个不眠之夜,做出过数不清的重大决策。他们指挥着几万会战大军在青天一顶、荒原一片上自力更生、白手起家,战胜了雨季、饥荒、严寒,攻克了找油关、注水关、集输关,开辟了试验区,打响了"歼灭战",建立了岗位责任制,仅用3年多的时间就取得了大庆石油会战的胜利,实现了石油自给,把贫油落后的帽子一举"甩到了太平洋里"。

"二号院"也见证了中共中央对大庆油田的亲切关怀。1961年8月7日,刘少奇来到萨尔图油田视察,在"二号院"参观了地质图表,听取了油田情况汇报,并召开了座谈会,对大庆油田的原油生产、炼油、矿区建设等问题做出了重要指示。1962年6月21日,周恩来第一次视察大庆,在"二号院"查看了岩芯,还接见了大庆石油会战的负责干部和工程技术人员。1966年5月3日,周恩来第三次来大庆,就住在"二号院"。当晚,在"二号院"召开座谈会,观看生产模型、技术革新产品和油田建设图表,听取油田建设规划汇报,一直工作到5月4日凌晨3点。1978年9月14日,邓小平视察大庆期间来到"二号院",受到800多名机关干部和工人、家属的热烈欢迎。在"二号院",他瞻仰了周总理曾经住过的三号房间,做出了"要把大庆建成美丽的油田"的重要指示。

"二号院"还承载着很多大庆石油人艰苦创业的美好记忆。1961年的年三十,"二号院"里召开了一场别开生面的春节联欢会。当天晚上,会战总指挥部把各指挥部的书记、指挥和部分标兵模范请到了"二号院",一起开联欢会、吃年夜饭。这个联欢会别开生面地采取了电话会的形式,吃饭时,大庆和北京的电话接通了,康世恩在北京的电话会议室里向大家祝福,一祝发现了大庆油田,二祝大家新年好。康世恩把大家一个个叫到麦克风前祝酒,他和王进喜、马德仁都通了话,问他们有没有决心超过苏联9个月打井31 000多米的格林尼亚"功勋钻井队",大家一致表示要超过他们。就在1961年,1202钻井队打井31 746米,胜利实现了超越"功勋钻井队"的目标。

"二号院"是石油人心中的圣地,是大庆精神和大庆经验的象征。我国的石油工业正是从"二号院"发端,一路乘风破浪前行。继大庆石油会战胜利后,石油工业部乘胜追击,以大会战的形式和大庆经验,又先后部署了华北、辽河、江汉、陕甘宁等系列会战,让全国石油产量迅速从12万吨增长到1亿吨。很多新开发的油田也把领导机关所在地称为"二号院",在工业学大庆的热潮中,甚至有的城市乡镇领导机关也称为"二号院"。

2005年1月,"二号院"被评定为黑龙江省文物保护单位。为了更好地保护这块精神圣地,大庆油田党委决定在"二号院"建设一座原址性工业纪念馆。2006年9月26日,在大庆油田发现纪念日,大庆油田历史陈列馆建成开馆,"二号院"开始成为展示大庆油田历史、弘扬大庆精神的重要载体和窗口,成为大庆石油人的"精神宅院"。

第七篇

建成我国最大石油生产基地

第十七章

成龙配套齐头进
建成石油新基地

1960 年石油大会战开始后,探明程度不断提高,油田面积不断扩大。如何尽快拿下这个大油田,尽快生产国家急需的原油呢? 为了迅速推动会战进程,石油工业部党组确定了边勘探、边建设、边开采的"三边并举"方针。随着地下地质情况的逐步落实,尤其是生产试验区的开辟,大规模的勘探、开发和油田地面建设同时展开,一望无际、一无所有的萨尔图草原成为广大会战职工加快建设石油新基地的主战场。会战总指挥部在资金紧张、任务繁重的情况下,按照地面服从地下的原则,优先保障重点工程,以"集中兵力打歼灭战"的形式,把有限的人力、物力和财力集中用于确保以原油生产为中心的配套建设上,为大庆油田迅速投入开发提供了坚实的基础。

⚙ "三边并举"

大庆石油会战初期,石油工业部党组确定了边勘探、边建设、边开采的"三边并举"建设方针,石油勘探、油田基本建设和油田开发同步进行。在扩大勘探的同时,提前在萨尔图油田中部开辟生产试验区进行开采试验。在生产组织上,把勘探、开发和油田建设有机联系起来,协调推进,这也成为大庆石油会战高速度、高水平的直接体现。

一个油田的开发建设一般要经历 3 个主要阶段:先勘探,后建设,再开采生产。这 3 个阶段彼此联系,先后有序,各有重点。按照常规程序,都是顺次进行,完成了上一阶段,再进行下一阶段。但大庆石油会战是在特殊时期组织开展的特殊战役,如果按部就班遵照程序,会战时间就要拖很久,拿下大油田的时间会更长,在当时,没有足够的时间和财力、物力来打这样一场持久战、消耗战。

石油工业部在研究部署大庆石油会战的时候就开始考虑边勘探、边建设、边开采，加快推进油田勘探开发的问题。1960年2月13日，石油工业部党组在向中共中央、国务院呈送的《关于在东北松辽地区石油勘探情况和今后工作部署问题的报告》中提出：要用最快的速度、最高的工作水平，精确地解决油田中的主要技术问题，做到边勘探、边设计、边采油，从而闯出一套我国自己的石油勘探和开发办法。

1960年4月26日，余秋里在各探区、各单位领导干部会上指出，现在这个行动是历史上打破常规的做法，就是要初探与工业勘探并举、勘探与开发试验并举、扩大范围钻探与重点突出并举，这是教科书上没有过的做法。余秋里提出，要打破常规，采用"两条腿"走路，边勘探、边建设、边开采"三边并举"，3个阶段同时部署，交叉进行。要下定决心，敢想敢干，只有这样，才能高速度、高水平地拿下大油田。

"三边并举"，勘探开发和油田建设同步推进，在当时资金紧张的情况下，难度是巨大的。石油大会战涉及方方面面、大大小小项目几百个，按照定额计算，当时的施工力量和建设资金缺口都很大。在时间紧、任务重，人力、物力、财力都不足的情况下，如果像过去那样按部就班，分兵把口，逐项推进，资金和力量就会分散，很难完成当时的攻坚任务。

既要抢上快上，保证油田建设与勘探、开发同步推进，还要确保以勘探、开发为中心，这给油田基本建设系统带来了巨大压力。为了解决这个矛盾，会战总指挥部决定按照"集中兵力打歼灭战"的方针，在工程建设项目的总体部署上，按照轻重缓急严格排队，然后分期分批、集中力量保障重点工程，一个项目一个项目地"歼灭"。排队的原则是以生产试验区为中心，以原油生产为重点，先上对全局有决定意义的工程，后上对局部有影响的工程；先上当前生产急需的工程，后上为今后生产做准备的工程；先上保证性的收尾工程和系统配套工程，后上新开工程。先油后水、先主后次、有取有舍、分批突击，开工一项，竣工一项，投产一项，确保"立竿见影"，务必使有限的资金发挥最大的效用，尽快见到生产效益和工程成果。

按照会战部署，"集中兵力打歼灭战"首先就是要打下一块生产试验区。会战总指挥部在万人誓师大会上就发出了决战萨中生产试验区的动员令，在保证重点探井的基础上，组织了全战区大部分的钻井队进行开发井钻井，集中力量猛攻试验区，很快打下第一批油井，保证了勘探、开发两不误，在不影响勘探进程的前提下突出了生产试验区这一开发重点。为了全力保障试验区的原油生产和科学试验，尽快配套试验区的辅助工程，会战总指挥部又组织8 000多人和大量物资、器材、设备，集中攻坚试验区的基础设施保障和临时集输工程，仅用一个月时间，就在1960年6月1日向外运出了大庆油田的首车原油。

"三边并举"的方针有效推动了大庆石油会战的进程。会战开始后，油田陆续组织开展了地下情况大调查、"干打垒"会战、冬防保温会战等集中战役。到1960年9月底，干部职工自己动手,迅速建成了 30 多万平方米的"干打垒"房屋。全战区钻井 240 口,其中探井 78 口、生产井 162 口,钻井总进尺达到 29.8 万米。生产试验区建设有序推进,原油日产超过 5 000 吨,累计生产原油 39 万吨,铁路外运原油 22 万吨。取得这些突出的成绩,距离大庆石油会战开始仅仅半年时间。

1960 年 10 月,气温骤降,寒冬临近,会战总指挥部又组织了冬季施工"扫荡战",重点对冬防保温、安全防火等工程进行扫尾验收,实现了人进屋、菜进窖、车进库、油进罐,保证会战队伍在一片荒原上站住了脚,战胜了石油大会战的第一个严冬。

在"三边并举"方针指引下,到 1960 年年底,油田只用了 1 年多一点的时间就探明了 860 多平方公里的含油面积,当年生产原油 97 万吨。

从 1961 年开始,油田每年都组织 2～3 个重点战役,每个战役都有结合实际的重点。1962 年秋天,为了确保原油生产规模达到 350 万吨,确保 146 平方公里开发区的系统配套,尽快实现油田的规模开发,各路队伍集中猛上。但当时的运输车辆严重不足,如果正常运输,势必会造成停工待料,贻误工期。会战总指挥部结合形势,及时抽调各路各单位的运输卡车 100 余台,组织了一次声势浩大的"百车会战",只用 108 天时间,就出动运输车辆 18 000 台次,一举把 7 万多吨的物资材料运到了各个施工现场,而且做到了砖瓦点数、砂石成方、设备配套、器材齐全,解决了油田建设急需,确保了工程项目在封冻之前速战速决,全部竣工。

水、电、路、讯是开发试验区必不可少的基础保障。西水源是大庆石油会战时期油田建设最早、规模最大的水源。1960 年 2 月,在石油大会战尚未正式开始的时候,西水源的前身西水站已经开始建设。职工们开动脑筋土法上马,用只能钻 $7\frac{6}{8}$ 时的小钻机和小钻头成功钻出了 $12\frac{6}{8}$ 时的水井井眼,成功打出了第一口水井。西水站初期设计规模为日产水 1.2 万吨,采用 100 米左右的深水井,从第四纪下部含水层和新近纪泰康组含水层用深井泵取水。4 月 26 日,西水站建成投产。6 月,随着喇—萨输水管线(即"八一"输水管线)的建成,西水站开始规模供水。同时,在黑龙江省水利部门的帮助下,会战总指挥部组织劳力,选定线路,开始着手筹备松嫩干渠的开挖工作,为引入嫩江、松花江水,更大规模地利用地面天然水做好准备。

1960 年 6 月,水电部 4 部列车电站陆续开始为油田发电。列车电站解决了会战初期用电的燃眉之急,但供电能力远远不能满足生产建设需求。会战开始后,油田积极筹备,应急建设喇嘛甸发电厂,缓解战区的供电压力。1961 年 1 月 15 日,大庆第一个火力发电厂——喇嘛甸发电厂部分机组正式发电。电厂以原油为燃料,装机容量 1 500 千瓦。1961 年 7 月,为了适应会战发展需要,又开始建设更大规模的安达热电厂。安达热电厂隶属于黑龙江省电力工业局,是我国第一座自行设计、制造、安装的中温中压燃油热电厂,后改为龙凤热电厂。

1960 年,因为没有像样的公路,会战生产保障遇到了巨大困难。虽然年初黑龙江省交通厅就抢修了一条 48.7 公里的土质公路,但这条公路位于油田南部的葡萄花地区。

由于会战重点转移,油田北部的萨尔图地区成为会战的主战场,当年又迎来了百年不遇的连绵雨季,道路成为生产保障的"拦路虎"。为解决交通运输难题,从 1961 年开始,油田在黑龙江省帮助下,专门从外部调运沙石等筑路材料,集中力量修建可以保证雨天通行的沙石公路,以保证会战需要。到 1963 年,油田建成内部路网总里程 117.8 公里。从 1964 年开始,油田开始修建通行状况更好的黑色油渣路面公路,当年完成 48.3 公里。

会战开始后,油田在邮电部门和黑龙江省支援下,建起了简单的内部通信网,但对外通信联络主要靠地方邮电部门。由于线路能力小,保障能力差,随着生产发展,地方电信已经远远不能满足生产需要。余秋里多次到小小的邮电局视察,发现通信设备破旧落后,当即决定,由石油部门投资,为邮电局购置了中天 100 门、50 门落地式磁石交换机。随后,油田开始建设自己独立的通信保障系统,陆续建成了中区、西区、南区、北区等电话站,逐步形成了由总机、单机、电话会议机和明线电缆组成的油田通信网,基本满足了油田生产和管理需要。

到 1963 年末,在大庆油田 146 平方公里开发区,已经建成了集油、输油、储油、注水、供电、机修、通信、道路八大系统工程。建成了输油、输气、输水管线几百公里,建成了东油库、西油库 2 座油库,像宿舍、厂房、机修、集油、输油、储油等工程也都初具规模,保证了油田正常生产开发。

在"三边并举"方针下,大庆油田的开发建设真正实现了高速度、高水平。从 1959 年 9 月松基三井喷油到基本探明大庆长垣含油面积,只用了 1 年零 3 个月的时间;从 1960 年 3 月组织开展大庆石油会战到大庆油田基本建成,只用了 3 年多的时间。1963 年年底,已经建成年产 600 万吨规模的石油基地,3 年累计生产原油 1 166.2 万吨,大庆油田开始进入全面开发建设阶段。

抢建重点储运工程

油料供应和原油储运是大庆石油会战顺利进行的重要保证。当时我国正处于经济困难时期,各种物资异常紧缺,如果没有燃料油,钻机和各种车辆设备都开不起来,将会严重影响石油大会战的进程。会战总指挥部在下大力气保障重点项目的同时,抢抓炼油厂和油库等储存、外运关键配套工程,葡萄花炼油厂、东油库、西油库等陆续建成投产,为油田的大面积开发打下了坚实的基础。

1960 年初,葡 7 井、葡 4 井、葡 20 井等"葡字号"探井相继喷出工业油流,葡萄花地区成为大庆长垣上第一个初步探明的勘探有利区。石油大会战即将展开,会战队伍都集中在长垣南部的大同镇和葡萄花地区,几十部大型钻机和数不清的机动设备也都部署在这一地区。当时物资保障跟不上,勘探队伍使用的油品都是由松辽石油勘探局自己炼制的。葡萄花大队干部职工用 20 多个旧汽油桶,上面装上蒸馏管,制成简易的蒸馏罐,建成了一个土炼油厂,把从松基三井、葡7井等运来的原油用土法炼制加工,制成汽油、柴油等成品油,解决了早期机动设备、车辆的燃料油供应问题。

土法炼油解决了生产急需,但远不能满足整个石油大会战的需要。在哈尔滨召开的第一次会战筹备会以上,会战领导小组决定,要以最快的速度在葡萄花地区突击建设一座小型炼油厂,将采出的原油就地炼制,以解决会战的用油问题,这就是大庆油田的第一座炼油厂——葡萄花炼油厂。

葡萄花炼油厂由石油工业部北京设计院负责设计,抚顺石油七厂基建三公司承担建设安装任务,兰州炼油厂负责生产和运行管理。1960年3月27日,兰州炼油厂47名干部、技术人员和工人从兰州出发,奔赴大庆油田。3月29日,葡萄花炼油厂破土动工。按照边设计、边施工、边生产的方针,抚顺基建三公司和兰州炼油厂的职工们克服施工前期的天寒地冻和后期的连绵雨季,克服人力不足和原材料供应不及时,以及水源、电源保障不力等困难,迅速完成了分馏塔、蒸发塔、减压塔等装置的安装,并开始进行调试和试运炼油。

1960年7月27日,年加工能力为3.6万吨的蒸馏裂化装置建成投产,标志着葡萄花炼油厂正式建成。炼油厂投产后,可以生产汽油、煤油、柴油等多种油品,在职工们的共同努力下,炼油厂平稳运行,安全生产,装置运行达到"七好、六防、五不漏"标准。处理能力逐步提高,炼油工作突飞猛进,第一个"五天"生产就超过原计划的130%,成品汽油量超过指标的111%。

葡萄花炼油厂不仅是大庆油田最早建设的炼油厂,也是石油大会战的重要"动力站"。虽然该炼油厂产量不高,但这些油品像涓涓细流一样,源源不断地供应到会战前线,对解决会战初期的燃油困难问题起到了极为重要的作用,有力支援了大庆石油大会战。

大庆炼油厂建成后,葡萄花炼油厂于1965年停产拆除,设备调往青海冷湖炼油厂。

石油大会战的重要产品就是原油,而原油的储存、外运离不开大型油库。会战总指挥部决定,由陈李中带领的石油工业部第一工程局、欧阳义带领的玉门油田建设公司以及抚顺石油七厂的机电安装公司共同负责修建东油库及配套的原油集输储运工程。其中,第一工程局一分公司负责井口安装和泵房、锅炉房等施工安装任务,二分公司负责东油库非金属油罐(土油罐)、临时栈桥和相应工艺管线施工,三分公司负责喇—萨输水管线施工。

当时正逢雨季,职工们下苇塘、清淤泥、刨冻土、挖基础。简易的道路泥泞不堪,工地又处于沼泽低洼地带,建材和器材设备无法搬运到现场。面对考验,职工们把"铁人"王进喜提出的"有条件要上,没有条件创造条件也要上"的誓言变成自己的行动,在没有吊车、汽车,甚至连马车都没有的情况下,到车站用扁担挑、大筐抬,靠人力向工地上搬红砖、砂石,抬水泥、钢管,运机具、配件,白天夜晚连轴转,不到10天就提前完成了在萨尔图南岗地区安装5口油井和集输管线任务,用15天时间完成了100多米临时栈桥以及装油鹤管的安装和工艺配套任务。

最难的是库区内 4 座 2 000 立方米长方形非金属油池的砌筑工程。油池高 2.2 米，基础深、任务重，近 6 000 立方米的土方全要靠人工开挖运走，劳动强度非常大。施工队全体总动员，干部工人齐上阵，按班组划分区域，组织展开劳动竞赛，挖运速度大大提高。三工段方荣久小组由最初的日挖 4 立方米，一直提高到 23 立方米，及时啃下了土方攻坚任务。基础砌筑完成后，上盖板又遇到了新的难题，水泥预制盖板的单块重量就超过了 1 吨，没有吊车，甚至没有倒链等简易的起重工具，最后职工们开动脑筋，用"两木搭"加滑轮的土办法把盖板吊起挪动，完成了封盖任务。

会战时期建设的第一条大型集输管线是中 7 排西部到东油库的输油管线。这条管线长 8.7 公里，由玉门油建公司 99 人的先遣队承担施工任务。会战总指挥部要求输油管线 23 天完成，最后的竣工日期为 5 月 21 日，以确保 6 月 1 日外运第一车原油。先遣队立即派人现场勘查路线，落实钢管和其他器材，领取施工工具。

摆钢管是施工队遇到的第一个难题。铺设管线所用的厚皮钢管都堆在萨尔图火车站附近，堆放地点距离东油库超过 2 公里，距离管线起点处超过 5 公里。没有运输设备，大家领到的工具也只有扁担、麻绳和铁锹，这就意味着这些钢管全部要靠人力摆到施工线路上。接到任务的当天下午，施工队就开始组织人力抬钢管。2 人一根扁担，4 人一条麻绳，12 个人抬一根钢管。荒原上没有路，地面上满是泥潭和沼泽，连空手走路都一跐一滑，何况还要抬上沉重的钢管。12 个人喊着号子慢慢前行，一个人滑倒或深陷泥潭，全队都要跟着滑倒遭殃。经过 5 天 5 夜苦干，抬断了 100 多根扁担，所有人都磨破了肩膀，很多人腰腿受伤，可还有大量钢管没有摆完。

可任务不能停，工期不能等。先遣队向玉门油建公司求援，玉门油建公司立即派大队长刘万宝带领一个大队 200 多人日夜兼程从玉门赶来增援。他们一下火车就进入工地，换下先遣队的受伤职工，让他们去焊接管线。会战总指挥部也派来抚顺石油技校 300 多名师生和一队解放军战士协助开挖管沟。在大家的共同努力下，终于提前一天建成了这条通往东油库的输油主干线。

同时抢建的还有西水站到东油库的喇—萨输水管线。这条管线也是解放军支援开挖的，仅用 5 天就完成了原定 10 天的土方工作量，为铺设管线赢得了时间。管线焊接任务由第一工程局三公司承担，300 多名职工各负其责，每天工作超过 14 个小时，有的人连续 20 多天没有脱衣服睡过觉，最后提前 5 天完成全线焊接任务。但通水试压时发现管线有一处焊口漏水，当时，既不能停泵、泄压、放水、补焊，更不能长时间停水放空而影响工期。施工队队长朱洪昌临危不惧，决定带水带压补焊。他用双手捂住焊口，让焊工在他手指边焊接。焊弧灼烧着他的双手，连工友们为他挡焊花的铝饭盒都被刺穿了很多窟窿，但他咬牙坚持，不叫苦、不喊疼，直至焊完。焊口堵住了，管线合格了，他的双手却被多处烧伤。

1960 年 5 月 26 日，东油库储油池等主体工程顺利竣工，开始进油。31 日，整个原油集输外运工程系统试运成功,外运油罐列车全部装油完毕。6月1日,第一列车原油胜利开出了萨尔图火车站。

1961年3月31日,当年会战刚起步,会战总指挥部就部署了完善东油库储运设施和建设西油库等8项重点工程。一是北区注水和水源工程,由油建指挥部施工,工地主任张家麒,要求9月底全部完工;二是中区维修和完善注水系统工程,由工程指挥部和油建指挥部分别施工,工地主任崔海天,要求除注水井外,其余工程9月底全部完工;三是中区改造完善原油集输工程,由工程指挥部、油建指挥部分别施工,工期也是9月份;四是东区原油集输工程,由工程指挥部施工,其中东1号、东2号2个转油站9月15日前完工;五是西区原油集输工程,由机电安装指挥部施工,工期为10月份,其中转油站和输油管线计划在10月15日完工;六是相关输变电工程,由机电安装指挥部施工,除高低压线路外,其余设施9月份以前完工;七是西油库工程,包括储罐、栈桥,相应的工艺管线和有关设施,由机电安装指挥部施工,工期为8月至10月;八是汽车站和暖库工程,由建筑指挥部施工,8月份完成修保库及配件库,10月份前完成汽车站及暖车库。任务下达后,各指挥部和各路指挥带领施工队伍迅速进场,展开了一场原油集输和储运工程大会战。

1961年7月11日,设计库容总量为10万立方米的西油库工程基本竣工。库区460多米工艺管线、1500多道焊口无一渗漏,4个5000立方米储油大罐及油泵房、栈桥等设施完全符合质量标准。7月16日,西油库开始进油试运,经过7天的单体运行、冷水试运、热水试运和加油试运,整体运转稳定、运行良好。

7月20日,当年原油集输储运的重点工程——通往西油库的356毫米大型输油管线工程胜利竣工。经反复检查,所有焊口不渗不漏,管线抗拉力和弯曲度、防腐绝缘工程等均符合设计要求,经试压,包括配套的枢纽阀井、预留阀井等设施在内,工程全部符合质量标准。7月20日12时40分,全线正式向西油库通油。

1961年7月26日,战区在西油库隆重召开油库建成祝捷大会。会上,由康世恩剪彩,外运出了西油库的第一列车原油。

外围勘探"再上一层楼"

1958年,石油工业勘探战略东移,发现大庆油田成为最大的成果。但当时勘探队伍挺进松辽,着眼的是整个东北地区。发现大庆油田后,石油工业部松辽石油勘探局,地质部第二石油普查大队、长春物探大队等单位协同作战,继续在松辽盆地大庆长垣以外的广大地区开展石油地质普查,石油勘探取得了丰硕的成果。

在勘探开发大庆油田的同时,石油工业部加快了对整个松辽盆地的石油普查。1960年会战开始后,石油工业部一方面猛攻萨尔图开发试验区,一方面积极部署勘探力量,开始在大庆长垣外围地区开展全面的石油地质普查。北起黑龙江省的讷河、克山、明水一线,经吉林省前郭尔罗斯蒙古族自治旗的二莫、土木街,南到内蒙古自治区开鲁一带,西从黑龙江省泰来大兴,东到肇东宋站以及吉林省扶余一带,勘探范围一直扩大到包括东北三省和内蒙古自治区的广大地区,重点在林甸、一心、龙虎泡、李家围子、升平、宋站、四克吉和扶余3号等10个构造上进行勘探详查,安排部署了13口探井。

地质部长春物探大队在升平、龙虎泡、大安、乾安、伏龙泉等地进行地震普查和详查,第二石油普查大队在松辽盆地东南隆起、四克吉和大庆等地开展地质浅钻。

在经过地震测线落实构造后,外围钻探首先在龙虎泡重力高带和升平重力高带展开。1960年5月7日,部署在龙虎泡构造高点上的龙1井开钻,6月17日完钻,完钻井深1 676.96米,钻遇地层剖面特点与杏树岗地区相似。6月19日对萨尔图、葡萄花油层射孔,射孔后抽汲诱喷,日产油1.473吨,日产水0.615立方米,获得工业油流。

1960年5月24日,部署在升平镇以南背斜构造高点上的升1井开钻。该井8月30日完钻,完钻井深1 620.22米,钻遇地层剖面特点与葡萄花地区相似。9月11日,对葡萄花油层的3个小层进行射孔,射孔后抽汲诱喷,初期间歇自喷,日产油约12.4吨,后改用深井泵抽汲,日产油19.1吨,日产水1.0立方米,获得工业油流。

在松花江以南地区,地质部第二石油普查大队浅钻普查也取得了新发现。1960年5月1日,部署在前郭旗新庙车站附近四克吉构造(波拉台构造)北部的吉13井开钻,6月7日完钻,完钻井深457.00米,井底钻达白垩系嫩江组第二段地层,在嫩江组四段和三段见到良好油气显示,筛管完井后测试日产油1.532立方米,首次在嫩江组三段获得工业油流。

1960年11月,石油工业部在北京召开全国油气分布规律成果报告会。部党组提出,要在大庆石油会战取得初步胜利的基础上,继续加强外围勘探,乘胜追击,扩大战果。会议还决定,大庆油田要成立勘探指挥部,以承担松辽盆地进一步扩大勘探的重任,为大庆油田的高速度、高水平开发提供充足的储量基础。

1961年1月15日,大庆油田勘探指挥部成立,指挥部机关和综合研究大队设在杜尔伯特蒙古族自治县泰康镇,下设4个勘探处。

1961年,长垣西部也取得了勘探突破。部署在杜尔伯特蒙古族自治县一心乡附近一心构造顶部的杜1井首先取得开门红,该井1960年12月28日开钻,1961年3月4日完钻,完钻井深1 679.00米,井底钻达白垩系泉头组第三段地层,钻遇剖面与大庆长垣北部地区相似,但各段地层厚度均明显变薄。第一次对扶余油层射孔测试,日产油1.175吨,日产水5.25立方米,获得工业油流,发现一心含油构造。第二次对高台子到萨尔图油层射孔测试,油气产量未能达到工业标准。

1961年3月17日,部署在杜尔伯特蒙古族自治县白音诺勒乡附近他拉红鼻状构造根部的杜4井开钻。该井4月3日完钻,完钻井深1 357.70米,井底钻达白垩系泉头组第三段地层,钻遇剖面与杜1井极为相似,只是厚度更薄。第一次射开高台子油层,测试日产油0.707吨,日产水59立方米,并产少量天然气,未能达到工业油流标准。第二次射开萨尔图一组油层,提捞求产,日产油 1.17 吨,日产水 0.16 立方米,达到工业油流标准,发现他拉红含油区。

1961 年 3 月 16 日,部署在阿拉新构造顶部的杜 6 井开钻。该井位于平齐铁路线大兴站东南约 6 公里,4 月 3 日完钻,完钻井深 1 128.98 米,已钻达基底,钻遇剖面特点与杜 4 井相似,地层厚度进一步减薄。4 月 9 日,对萨尔图二组油层射孔后发生强烈井喷,呼啸声一直传到五六公里以外。闻讯后,康世恩亲临现场,经过 2 天奋勇抢险,11 日控制了井喷开始测试,最高日产气 37.3 万立方米,发现了阿拉新含气构造。

1961 年 4 月,会战总指挥部在泰康镇召开勘探技术座谈会。会议由康世恩主持,北京研究院院长张俊、副院长翁文波、总工程师王纲道,以及石油系统杨文彬、许士杰、田在艺、胡朝元等领导和专家参加了会议。会议分析了当时的勘探形势,认为经过一年勘探工作的细致研究,已经初步认识了松辽盆地的基本情况:盆地有中央和哈尔滨(三肇) 2 个深凹陷区,有利生油。油藏类型上,有构造型、地层型和混合型 3 种类型,初步估算,总资源量可达 80 亿～100 亿吨。有萨尔图、葡萄花、高台子,扶余和嫩江组(伏龙泉组) 三、四段 3 套油层,勘探方向上,萨尔图、葡萄花、高台子油层在盆地中向北、西、南 3 个方向变好,扶余油层向东、西储量物性较好,嫩江组三、四段在吉林地区较好。外围勘探的突出成果已经初步证实了松辽盆地广阔的勘探前景。会议还对松辽盆地的整体勘探进行了部署,提出了下步勘探的 4 个有利区:一是长垣南北较大的二级构造,如克山—依龙、三兴,大安—红岗子及黑帝庙—乾安构造群;二是西部斜坡区齐齐哈尔、泰康、安广 3 个鼻状隆起;三是明水、宋站、扶余、华字井一带;四是哈尔滨(三肇)凹陷。

会议对 1961 年的勘探方向进行了部署。考虑到勘探力量不足,鉴于当时长垣西部地区的勘探成果,确定 1961 年的勘探工作仍以西部斜坡为中心,以泰康隆起为重点,以大井距对泰康地区整体解剖,较密的井位对阿拉新构造进行评估钻探。同时,撒大网甩开钻探,在北部依龙、三兴地区,东部明水斜坡和南部的黑帝庙构造部署基准井或参数井,积极进行战略侦察,通过扩大勘探继续寻找更多的含油区,争取用 4～5 年时间在松辽盆地再探明 20 亿吨储量,实现"油田成对,储量加番"的目标。

按照会议部署,勘探指挥部迅速摆开战场。1961 年 7 月 20 日,位于富拉尔基市区附近的富 1 井开钻。该井是在西部斜坡钻探的基础上,从泰康构造向西追索地层和油层变化而部署的。钻探中,在与杜 6 井产气层相当的萨尔图油层二组见到良好的油气显示,岩屑录井和井壁取芯都见到了含油饱满的油砂,但该井只产了少量油。随后,又在附近地层抬高部位部署钻探了富 7 井,在萨尔图油层二组、三组地层测试获得工业油流,新发现了富拉尔基含油区。

1961 年,除了西部斜坡泰康地区外,勘探指挥部还对长垣北部倾没带、西部斜坡安广地区进行了重点侦察。其中,部署在吉林省大安县腰长发屯附近红岗子构造轴部上的红 1 井在钻进至萨尔图和葡萄花油层时岩屑录井见到明显含油显示,井壁取芯获得 36 颗含油和油浸砂岩,测试日产油 6.13 吨。该井从 1961 年 9 月至 1962 年 4 月采用深井泵抽汲试采,平均日产油 4.9～5.9 吨。

1962 年,外围勘探继续扩大,捷报频传。1962 年 4 月,用于侦察长垣南部长岭凹陷,在黑帝庙构造顶部部署的黑 1 井,对嫩江组四段地层测试,日产油 3.832 吨。因为首次在此层位获得工业油流,从而将嫩江组三、四段发育的油层定名为黑帝庙油层。1962 年 10 月,部署在三肇凹陷朝阳沟构造高点上的重点井——朝 1 井获得工业油流,发现了朝阳沟含油构造。1962 年,勘探指挥部仅完钻了 10 口井,就发现了 2 处新的工业油流区。

从 1963 年开始,外围勘探陆续在英台、古龙地区,敖包塔、四克吉地区,长岭阶地以及登娄库深层进行了钻探,并实现新的突破。1963 年 5 月,部署在古龙凹陷的古 1 井对套管以下 1 830.71～2 494.73 米裸眼井段进行测试,日产油 1.59～2.39 吨,日产气 300～500 立方米。10 月,又在葡萄花油层获日产油 3.386 吨,日产气 5 028 立方米。该井所产原油 20 摄氏度时相对密度仅为 0.794 4,50 摄氏度时黏度为 3.16 毫帕·秒,是高成熟生油岩生成的轻质原油,这也是松辽盆地第一次发现这样的轻质原油,为加深盆地石油地质认识提供了新的参考。随后,在古龙凹陷西坡部署了英 3 井,在古龙凹陷西侧大安构造部署了大 4 井、英 4 井等井,英 3 井同样产轻质油,但未达到工业油流。大 4 井在葡萄花、高台子 2 个油层均获得工业油流,展示了这一地区良好的含油前景。

1963 年 9 月,大庆油田召开勘探技术座谈会,对松辽盆地石油勘探进行了系统总结。3 年来,在松辽盆地共钻探井 120 多口,明确了从盆地基底顶面到浅层的构造形态,将全盆地划分为 6 个一级构造分区、31 个二级构造单元,共发现 115 个局部构造;建立了盆地完整的地层层序,划分了从上到下黑帝庙、萨尔图、葡萄花、高台子、扶余、杨大城子六层含油层系;发现了升平、龙虎泡、四克吉、一心、他拉红、阿拉新、富拉尔基、红岗子、朝阳沟、黑帝庙、葡西(古龙、英台地区)、大安共 12 个大庆和扶余以外的工业油流区,松辽盆地石油普查工作全面结束。

大庆石油会战时期的勘探工作让大庆石油会战更上一层楼。松辽盆地大庆长垣以外的巨大发现为大庆油田、吉林油田的长期发展奠定了良好的资源基础。同时,勘探队伍也得到了锻炼和实践,为以后大庆勘探队伍转战华北等地的新战场做好了充分准备。

⚙ 炼油厂一期工程"四个一次成功"

在大庆石油会战如火如荼开展的同时,大庆炼油厂的建设也在同步展开。1960 年 5 月,黑龙江省和石油工业部根据中共中央关于加快炼油厂建设的指示要求,成立黑龙江炼油厂筹建处,着手开始论证、勘查和选址,积极推动筹建工作。1963 年 11 月,大庆炼油厂一期工程顺利建成投产,成为我国第一座自主设计、自己施工的大型现代化炼油厂。

1960 年年初,大庆油田的勘探形势初现曙光,中共中央十分关注炼油厂的建设问题。1960年3月，国务院副总理、国家经委主任薄一波主持召开东北区协作区会议，研究部署支援大庆石油会战问题时专门传达了周恩来总理关于建设炼油厂的指示要求：建设大型炼油厂是石油大会战的重要组成部分，炼油厂的建设要按照300万吨规模来考虑，炼油厂领导班子由黑龙江省委负责组建。

1960年5月10日，黑龙江省委根据会议要求，决定组建以曲绍铮为首的黑龙江炼油厂筹建处。筹建处成立后，在黑龙江省石油局领导下，首先开始组建班子和职工队伍，开展选址规划等工作。1960年11月23日，石油局呈报了《关于黑龙江炼油厂改建在安达龙凤的请示》，将炼油厂厂址由原定的齐齐哈尔市昂昂溪改至靠近油田的龙凤地区。龙凤地区紧邻滨洲铁路线，交通便利，距离油田主体的萨尔图只有11公里，原油可以就近充分供应，而且依托油田，炼油厂的建设速度能够更快一些。12月，国家计委批准了黑龙江炼油厂建设项目规划，建厂一期工程规模为100万吨。

1961年4月17日，黑龙江省委取消筹建处，正式成立"黑龙江炼油厂"建制。省委任命哈尔滨电机厂厂长邢子陶为厂长，任命富拉尔基重型机械厂党委书记周宇博为党委书记，原筹建处主任曲绍铮任副厂长。1961年7月15日，又正式成立了中共黑龙江炼油厂委员会。因为当时全国的经济形势困难，资金、材料、施工力量等都很难到位，施工图纸也未能按期交付，1961年炼油厂只进行了修路、挖常减压塔基础坑等土方工程，建设进程缓慢。

1962年3月26日，为了加快炼油厂建设，国家经委〔62〕经企饶字第178号文件决定，将黑龙江炼油厂划归大庆石油会战指挥部，更名为大庆炼油厂，由石油工业部直接领导。石油工业部成立了由兰州炼油厂党委书记徐今强牵头、总工程师敖明模为总指挥的建厂指挥部，成员包括石油工业部供应制造局总工程师邹明、厂长邢子陶、北京设计院朱康福、项目总设计师夏汝均、第一副厂长黄伟等。为加强施工力量，除原有的建筑工程部工程第六局3个工程处和1个安装公司外，石油工业部专门调来兰州炼油厂安装队，大庆石油会战总指挥部派出机电安装大队700人的专业建设队伍，同时还从油田抽调大量队伍，分配了近千名转业官兵，整个施工队伍达到7 000多人。

人到位了，钱从哪里来？按照国家计委批准的建厂计划，一期工程包括常减压、热裂化2套大型装置，几十个大罐储油区，几百公里的原油、成品油和输气、输水管线及供电线路，配套的实验室、办公楼、生活区，以及1座大型重油发电站，是一个技术密集型的系统工程，建设难度和资金需求都很大。按照石油工业部副部长李人俊测算，建设大庆炼油厂至少还有5 000万元的资金缺口。

1962年，由于自然灾害的影响和国际、国内形势的发展，全国经济形势发生了急剧变化，各项建设投资都十分困难。但1961年大庆油田原油产量已经达到270多万吨，大庆炼油厂的建设迫在眉睫。为了加快推进建厂，石油工业部向中共中央和国务院递交了《关于炼油厂一期工程继续增加投资的报告》，申请增加建设资金。报告上报到国务院后，邓小平在国家许多建设项目纷纷被迫下马的情况下很快做出批示。"不就是5 000

万嘛!"他说:"全国都在下马,该下的确实是要下的。你们这个石油工业很有来头。化纤塑料,该上的还是要上的,5 000 万就 5 000 万吧!"在全国极其困难的经济形势下,邓小平一笔批下 5 000 万元,体现了中共中央、国务院对大庆石油会战、对炼油工业的高度关怀和重视。

1962 年 4 月 1 日,建厂指挥部召开会战动员大会,大庆炼油厂一期工程正式开工。龙凤草原上的工地现场红旗招展,锣鼓喧天。除了参加炼油厂建设的施工队伍外,全厂机关、后勤人员都来到工地参加劳动。石油会战总指挥部也派领导和机关干部赶来支援,30 多辆汽车满载油田各单位支援的钢材、器材、设备等生产资料和生活物资,浩浩荡荡地来到工地。

建厂指挥部当场宣布,1963 年年底,要确保建成一期工程。按照计划,1962 年当年,大庆炼油厂要完成 4 个战役,而最近的目标就是要在 5 月 31 日前,在目前荒芜一片的龙凤草原上立起炼油厂的第一座炼塔。为了能将重达 300 多吨,超高、超宽、超重、超长的常减压塔按时运到现场,铁路部门在沿线拆除了 128 座信号灯和 43 组道岔。卸车后,会战职工发扬"人拉肩扛"精神,奋战 2 天 2 夜,用人力一分一寸地把这个"庞然大物"从车站运到工地。随后,又采取"四两拨千斤"的办法,自制 2 根大桅杆,统一指挥,用 8 台卷扬机联合作业,一寸一寸地把几十米高的常减压塔吊装起来。

5 月 29 日,龙凤草原上喜气洋洋,欢声雷动。经过广大职工的艰苦努力,炼油厂第一座高耸的炼塔成功地在炼厂工地上竖立起来,提前实现了建厂会战部署的第一个目标。

常减压塔顺利安装成功,极大增强了炼油厂建设的信心。职工们热情高涨,大搞施工革新,采用地面卧式安装,然后整体组合吊装的办法,代替大型吊塔安装的"洋办法",仅用 3 天半的时间就整体安装成功另一座高塔,速度提高了 3 倍以上。

在加快建设炼油厂,全力安装炼化装置的过程中,指挥部始终把施工质量放在第一位。由全国 50 多位炼油技术专家组成的大庆炼油厂投资验收队用查设计、对施工记录、检视实物的办法,对设备、机泵、管线、油罐、锅炉、仪表、法兰、螺丝、电路等逐件、逐台、逐段进行检查,严格按照施工质量要求落实,发现不合格的地方,立即推倒重来。

1963 年 10 月,炼油厂一期工程建设完工。工程验收中,对 29 项重点土建工程,评定了 28 项,其中优良 20 项、合格 8 项;对 20 项重点安装单项工程,评定 20 项,全部为优良。经过验收,一期工程质量总评为优级。与当时苏联援建、全国最大最先进的兰州炼油厂相比,建设工期缩短一半。兰州炼油厂是由苏联设计、苏联提供成套设备、苏联专家指挥施工的,而大庆炼油厂由北京石油设计院设计,除部分设备外,大部分装置、仪器、仪表等均由我国自行设计制造,整个建设工程也全部自主组织施工,用工总量、工作效率等各项指标均好于兰州炼油厂,充分体现了艰苦创业、多快好省,体现了独立自主、自力更生,为我国的炼油工业争了光,为中国人民争了一口气。

在大力推进炼油厂建设的同时,职工的岗位培训工作也紧锣密鼓地展开。1962 年,指挥部先后安排 1 000 多名职工到各地老炼油厂进行岗前培训。培训归来的职工在大庆炼油厂建设的同时,就开始严格的产前岗位练兵,提前介入炼油厂实际操作,确定岗位、熟悉工艺、熟练操作技术,最后经过现场逐项考试,合格后发给操作合格证,没有合格证的,不能单独进行现场操作。

1963 年,大庆石油会战已经取得了阶段性胜利。会战总指挥部要求,大庆炼油厂一期工程必须在年底前运行投产一次成功,彻底改变过去新装置开工时开开停停,边开边整改,浪费大、事故多,长期不能正常投入生产的情况。

1963 年 5 月,为了确保大庆炼油厂顺利投产,石油工业部从兰州炼油厂调来 350 名技术骨干,到大庆炼油厂筹备投产工作。炼油厂针对人员年轻、设备新、工艺复杂的特殊情况,要求职工"从难从严"精心模拟实际操作,合理应对各种假设的变化和突发情况。工程投产前期,又组织了 4 次联合大练兵、大演习,确保顺利投产运行。8 月 19 日,会战工委在大庆炼油厂召开现场工作会。康世恩提出,炼油厂投产准备要精心组织、严格要求,要狠抓岗位责任制和岗位练兵,保证思想过硬、作风过硬,坚决杜绝马虎、凑合、不在乎的作风,确保实现试车一次成功、投产一次成功、产品质量一次合格。

1963 年 10 月底,大庆炼油厂经过全面检查、单机试运、联合运转后,正式开始投料试车。10 月 29 日,常减压装置首先开始试车。进料后,按照稳扎稳打的方针,在油温升到 100 摄氏度时,停下来进行一次全面检查,紧固螺栓,在温度到 200 摄氏度时,再停下来进行第二次热紧。之后开始继续升温,在温度 250 摄氏度执行检查后,于 11 月 1 日下午顺利将温度升到 370 摄氏度,生产出了合格的汽油、煤油、柴油等成品油,油品质量完全符合国家标准,投料试车一次成功。之后,热裂化装置于 11 月 19 日正式进油,21 日开始试车,在 23 日生产出了合格产品。

11 月 25 日,大庆炼油厂专门向会战总指挥部报捷,庆祝炼油厂新装置试运行一次成功、投产一次成功、产品质量一次合格、油品收率一次达到设计要求的"四个一次成功"。黑龙江省委和省人委、建筑工程部党组、石油工业部党组专门发来贺电,祝贺大庆炼油厂"四个一次成功"。12 月 6 日,炼油厂在龙凤车站外运了首车自己生产的合格成品油。

1963 年,大庆炼油厂投产成功后,顺利实现了装置的连续高效运行。炼油厂利用当年仅剩的一个多月时间,完成原油加工 10.67 万吨,实现工业产值 1 229.1 万元,上缴利税 256 万元,同时创出了生产上的大量新纪录,一举改变了饱受国外嘲笑的"小茶壶"式的炼油方式,成为我国依靠自己的力量发展炼油工业的成功缩影。

第十八章

工农城乡相结合
新型矿区显雏形

大庆石油会战开始后,矿区建设一直是一个十分重要的问题。几万人的队伍一下子集中起来搞会战,再加上投亲的家属子女,短期内可以"天当房、地当床",可以靠艰苦奋斗站住脚、扎下根,可长期来看,职工需要吃穿住用行,矿区需要工农医学商,不但要会战创业建油田,还要白手起家建家园。石油工业部党组认识到,矿区建设是石油会战的必要保障和重要组成部分,只有逐步完善生活设施,逐步发展城市功能,建设符合实际的油田矿区,才能更好地服务广大职工家属的生产生活,才能更好地稳定会战职工队伍,才能坚持不懈地把石油大会战推进下去。

⚙ 亦工亦农,工农结合

1960 年年底到 1961 年年初,会战工委面临 2 个最棘手的问题:一个是如何战胜饥荒的问题,另一个是如何安置上万名来矿家属的问题。这 2 个问题解决不好,将直接影响职工队伍的士气、战斗力,影响职工队伍的稳定。大庆油田把家属组织起来从事农副业生产,不仅成功缓解了上述两大难题,还成为大庆石油会战时期的一条重要经验。

据记载,从 1958 年开始,全国范围内连年发生严重的旱灾。1959 年,全国 20 多个省份灾情严重,黑龙江省旱情尤甚,连松花江都濒于干涸。1960 年,旱情持续扩大,以北方为主的特大旱灾波及了我国大部分地区。全国主要产粮区河南、山东、四川、安徽、湖北、湖南、黑龙江等省受旱情影响严重,农作物产量大幅降低,粮、油、蔬菜和副食品等极度缺乏,严重危害了人民群众的生命健康,许多地方的城乡居民出现了浮肿病。

灾害同样影响到了大庆油田。1960年10月，黑龙江省全省告急，粮食储备已经严重低于"危险线"，全省工农群众粮食定量大幅缩减，即便如此，还有很多地区出现了断粮情况。油田职工"五两粮食保三餐"，同时要承担繁重的会战任务，健康状况受到了严重威胁。1960年年底到1961年年初，油田已经有几千名职工得了浮肿病。同时，因为全国性的灾情不断扩大蔓延和持续加重，很多职工家属在家乡也无法维持生计，甚至沦落到要讨饭度日，只好来油田投亲，这更加剧了大庆油田的严峻形势。

怎么办？余秋里认为，与其苦熬，不如苦干。只有发扬南泥湾精神，在坚持会战、搞好工业生产的同时，自己动手开荒种地，大搞农副业生产，亦工亦农，工农结合，积极自救，才能渡过难关。石油工业部党组还研究决定，全国石油企事业单位，凡有条件的，都要搞农副业生产，自产一部分粮食、副食品，改善职工生活，减轻国家负担。部党组专门安排李人俊分管这项工作，重点抓好玉门、敦煌、兰州、四川、大庆5个石油局厂的农副业基地，余秋里、康世恩直接抓大庆油田的农副业生产。

既要坚持会战生产原油，又要开荒种地战胜饥荒，首先要解决的就是劳动力问题。在动员和号召干部职工积极参加农业生产的同时，会战工委因势利导，把职工家属组织起来参加农副业生产，在薛桂芳等"五把铁锹"的带领下，广大家属逐步成为矿区农业生产的主力军。

1961年，家属投亲人数增多。为了稳定队伍保障会战，油田在黑龙江省支持下，开始有计划地陆续接收职工家属，并为他们落户口、粮食关系，解决生活问题。有些家在重灾区，或是重灾户的家属，老家的田地基本上颗粒未收，房屋倒塌无力修建，家庭无依无靠，有的临近产期，或患有重病，因为这些特殊情况来油田的，即使没有落户的，也可以暂时不走，在口粮上有困难的，可酌情给予补助；衣被单薄，确实不能过冬的，可适当给予补助救济。对职工家属中其他的特殊困难，不管家属已来矿还是要求来矿，来矿已落户还是未落户，经过批准还是未经批准来矿，都实事求是地帮助解决他们的困难。

1961年8月，刘少奇来大庆油田视察。他十分关注油田的矿区建设、农业生产和家属安置问题，指出，大庆这个地方最近几年要增加到几十万人，怎么建设，要规划一下。反正要盖房子，家属来了可以组织他们自己搞，公家帮助，采取自建公助的办法，房子可以稍微盖得好一点。而且职工家属来了，可以增加一批劳动力，一定要组织他们进行农副业生产，积极发展农业。他特别指示，家属要很好地组织，多少户可以组成一个合作社或者生产队，又盖房子，又开地，又种菜，否则这么多人吃饭全部依靠从外地调入问题很大。他建议以10来户为一个单位，公家先用拖拉机把地开好，交给他们去种，每10户贷给2头牲畜，贷给一些锄头、犁耙等，再贷点款，好好种地。在工业发展的时候，就要把农业组织起来，这样工业和农业结合起来了，就不怕家属来。现在发动群众利用业余时间种地，但也总要占一些工作时间，一个工人一个月拿几十块钱的工资，叫工人种地不划算。不如叫家属盖点房子、种点地，贷给他们些钱，和企业划分开，实行独立核算。家属愈来愈多，要很好地把他们组织起来。

到 1963 年年底,来矿的职工家属已经达到 16 000 多户,47 000 多人,其中已落户口、粮食关系的有 12 697 户,42 151 人。家属来矿后,住房原则上由油田按计划供给材料,发动职工和家属按照统一规划,自己动手修建。对于有劳动能力的家属,由油田各单位组织起来,统一参加农副业生产,逐步自食其力,为油田建设增加力量。

为了把职工家属组织好,油田专门成立了家属政治部。通过制定家属劳动生产规划,做到定组织、定地、定人、定任务、定质量要求"五定",通过参加生产队等形式,把家属组织起来进行农副业生产和社会服务工作,取得了很大成绩。1963 年,全战区职工家属组织起来进行农业生产的已达 7 890 户,种地 1 万多亩,收获粮食 240 万斤,蔬菜 230 万斤。另外,参加生活基地搞副业生产的家属还有 2 000 户,家属参加农副业生产的人数在有劳动能力的家属总人数中的占比超过 90%。

对于参加生产劳动的家属,油田还把她们纳入总结评功范围。通过总结评功活动,宣传表彰家属中的好人好事,特别是参加生产劳动的模范,从正面进行劳动光荣教育、集体主义教育、勤俭持家教育。

经过集体生产生活的锻炼和各级党组织的培养教育,广大家属的精神面貌焕然一新。她们从单纯的消费者变为生产者,在参加矿区建设、工农业生产方面顶起了"半边天",顶替了大批男劳力,承担了很多油田的生活服务工作,生产了大量粮菜。更重要的是,广大家属通过农副业生产实践锻炼和集体生活教育,已经逐步形成一支有觉悟、有组织、有纪律、有一定文化和生产技能的矿区建设的重要力量。

劳动力有了,紧接着就是土地问题。黑龙江省为了支援会战,创造条件让职工家属利用油田周边荒地开展农副业生产。1962 年,省人委决定"牛给油让路",以农范字第 1629 号文件,将在油区范围内的国营红色草原牧场的春雷、红卫星、星火、工农团结、五星 5 个场和三发、让胡路 2 个人民公社内的可垦荒地共 63 675 亩划拨给油田作为副食品生产用地。

除了批准在油田战区就近开荒种地外,黑龙江省还专门在北安划拨大量土地给油田,用于开展农业生产,辟建生活基地。

1961 年 1 月初,油田派农业处处长刘金炼带队组成勘察小组,赴北安选地垦荒,辟建生活基地(即北安农场)。严冬的北国千里冰封、白雪皑皑。1 月 9 日,勘察小组一行来到德都县团结乡卧虎山下。他们借住在当地老乡家里,每天靠马爬犁外出赶路,蹚着没膝深的积雪勘察地形,在荒无人烟、野兽出没的旷野里考察场址、丈量土地。有时候中午回不来,就在野外啃几口干粮,吃几口积雪充饥。经过 1 个多月的艰苦工作,勘察小组选定了农场场址,并初步丈量了 6 万亩土地。

德都县地处小兴安岭南麓的丘陵地带,平均海拔 450 米,属寒温带大陆性气候。该地区年平均气温 0.8 摄氏度,年平均无霜期为 110 天左右,春末到秋初气温高,空气湿润,降水多而集中,年降水量 500 毫米左右;土质为淋浴性黑钙土,非常适合大豆、小麦等农作物生长,对发展农业十分有利。消息汇报到油田后,康世恩十分高兴,要求立即向黑龙江省人委写报告请示批地。1961 年 3 月 8 日,经省人委第 84 号文件批准,同意大庆油田在德都县第一期开垦荒地 2 万亩,以后根据情况再继续扩大。

1961 年刚开春,一批来自大庆油田的拓荒者来到了这片未经开垦的处女地。他们自己动手在茫茫雪原上搭起了第一座帐篷,成立了农场,并设立了 3 个分厂。4 月,野外的积雪基本融化,大家开始分头开荒,靠人力拉犁开出了第一片荒地。后来,会战总指挥部专门从井队调来了 15 台旧的东方红拖拉机支援垦荒队伍,使开荒速度大大提高。当年,北安农场开荒 1 万亩,播种 6 000 亩。但由于开荒误了农时,加上第一年种地缺乏经验,收成不是很理想。

第二年,农场早计划、早动手,播种面积扩大到 1 万亩。从春播开始,始终坚持加强田间管理,庄稼长势十分喜人。当年农作物获得了大丰收,收获粮食 200 多万斤,贴补了会战职工的粮食供应,有力支援了石油大会战。同时,还给石油系统的四川、玉门、青海等油田和兰州炼油厂调去了很多粮食,帮助兄弟单位渡过难关。

1962 年 10 月,省人委又批准农场在格球山下再垦荒 1.5 万亩。1963 年,农场产量增加到 600 多万斤。以后又经过几次扩大耕种面积,使农场耕地面积达到 10 万亩,最高产量达到 9 000 多万斤,真正成为支撑大庆油田发展的后方生活基地。

亦工亦农,工农结合,在建设一个现代化石油基地的同时,还建设了一个现代化的新型农村。职工上班保油田建设,家属种地搞农业生产,大庆油田逐步探索形成了“城乡结合、工农结合、有利生产、方便生活”的新型矿区建设思路,走出了一条符合大庆油田实际情况的崭新的矿区建设道路。

会战打到哪里,学校就办到哪里

1961 年春天,会战已经整整进行了一年。大批职工家属和子女陆续来到油田,职工子女上学成为一个急需解决的问题。当时,全战区没有现成的学校,会战工委积极创造条件,因地制宜地办起了大庆一中、文化村小学、解放村小学等一批“帐篷学校”“车厢学校”“地窝子学校”和“露天学校”,解决了职工家属的燃眉之急。

大庆油田是从一片荒原上白手起家建立起来的。会战开始后,几万名职工齐聚萨尔图,职工家属和子女也陆续来到油田,要想解决子女上学的问题,必须自力更生,从无到有、从小到大逐步发展教育事业。会战之初,会战工委就提出,会战打到哪里,学校就办到哪里,油田需要什么样的人才,学校就培养什么样的人才,始终把办好教育作为企业责无旁贷的义务和责任。

1961 年 6 月,“铁人”王进喜担任大队长的钻井指挥部二大队搬到了解放村。看到一个个活蹦乱跳的孩子没有地方上学,都在附近的荒草甸子上玩耍,整天一身土一身泥,王进喜和职工家属们心急如焚,都想尽快办起一所学校,让孩子们走进课堂,学习科学文化知识。王进喜说："旧社会,咱们没办法,上不了学,大会战条件再差,也不能耽误孩子们的健康成长。"

在一次钻井二大队党总支扩大会上,王进喜提出了大队办学校的设想,得到了大多数人的赞同。但也有人提出,现在会战任务这么重,没时间、没精力去办学校,再说一无教室,二无老师,也不具备办学校的条件。

钻井二大队要办学校的消息一传出来,立即得到了会战工委和钻井指挥部党委的肯定,也得到了广大职工家属的热烈拥护。大家的心声更加激励了王进喜,办学有困难,那干啥没困难呢,有条件要办学,没有条件创造条件也得办学。王进喜亲自带领大队机关的同志们,在离大队部不远的地方搭起一顶帐篷,又在帐篷里挖了一个5平方米的土窝窝,垒起3个土台子,搭上木板当课桌,学生自己带板凳。在钻井指挥部的帮助下,抽调文化程度较高的职工陈可日当教师,用识字课本当教材,钻井二大队的这所"帐篷小学"就算开课了。为了管好学校,王进喜自任校长,并为入学的8个孩子上了第一节课。

1962年,上学的孩子越来越多,小小的"帐篷小学"已经无法满足需要。谁家的孩子都想上学,学校容纳不下怎么办?职工家属们都热切地盼望着"王校长"尽快解决问题。王进喜不等不靠,在钻井指挥部党委支持下,组织全校师生和大队机关干部,起早贪黑和泥脱土坯,自己动手盖起了一栋砖柱土坯房作为新教室。孩子多了,老师也不够,王进喜又向钻井指挥部党委求援,挑选了陈忠伦、申芙兰、查爱英等几名高中以上文化程度的职工担任教师。没有教材,他就发动大家到哈尔滨、北京等地去买,课本不够就发动教师自己动手刻印。后来发现教室光线不足,怕影响孩子们的视力,王进喜就亲自带人为教室开天窗;发现孩子们横穿公路上厕所不安全、不方便,他又组织井队职工们给学校建厕所;发现老师没有办公桌,他就把自己的办公桌搬到学校;为了让学校师生能听到新闻广播,他把钻井二大队的一台收音机送给了学校。

由于王进喜的不懈努力,钻井二大队小学一直坚持办了下来。在各级党委的关怀下,学校从小到大,学生从少到多,教师队伍日益壮大,教学质量不断提高。1965年,这所学校改名为"解放村小学";1969年,王进喜病逝后,大庆党委为了纪念他,将这所由他一手创办的学校改名为"铁人学校"。学校每逢新生入学,都组织学生回顾老校长"铁人"王进喜艰苦创业办学校的历史,成为继承发扬大庆精神铁人精神的新课堂。

"小孩子"上学了,"大孩子"怎么办? 1961年8月,为了解决职工们的后顾之忧,会战工委决定创办油田第一所完全中学——松辽石油勘探局农垦总场职工子弟中学,也就是后来的大庆第一中学。

1961年8月,石油大会战正是最关键的时期。为了办好这第一所中学,会战工委特意派松辽石油勘探局副局长宋世宽担任子弟中学的党委书记兼校长,成立教育科负责学校的选点、筹建和招生工作,还专门从师范院校招收了第一批20多名师范毕业生到学校担任教师。9月,学校首批招收了135名初一学生。

学生招来了,困难也接踵而至。这么多学生,没有桌椅板凳、没有文教用品都能克服,但没有像样的教室,到哪里去上课呢?学校领导四处联系找房子,后来,在安达石油技工学校借到2间"干打垒"教室,学校安排金贵新、孙登霄、陈铁城、赵山明、周武等老师带领106名学生去安达开办2个初一班,师生全部住宿舍。剩下的29名学生,由于加成、孙升、于勇、李洪才、孙建国、李秀兰等老师带领,在油建借来的一间"干打垒"里办起了另外一个初一班。在当时艰苦的条件下,办学的困难可想而知:没有桌椅,师生自己动手垒土坯加上木板当桌椅;没有黑板,就用油毡纸当黑板;没有床就搭起木板放铺盖;没有教学资料,就到处去借、去买。

1961年冬天是子弟学校师生最难熬的一个冬天。安达借用的教室和宿舍都是闲置不用的失修房屋,屋角和墙壁遍布缝洞,被称作窗户的地方只是开了几个粗糙的方孔。为了应对漫长的严冬,师生们提前动手和泥,对房屋进行了修整,墙缝、门窗四周、房檐下都用泥抹了一遍,封好了窗户,脱土坯搭起了炉子。本来想着准备已经很充分了,可以温暖过冬了,可事与愿违,首先是生炉子问题。安达的班级烧煤,可孩子们烧惯了原油,哪会烧煤?老师点着了炉子,学生们经常烧来烧去就烧灭了,还弄得满屋是烟,开门放烟,又冷得不行。严冬到来后,最低气温达到了零下40摄氏度,补好的墙缝又被冻开,外面一下雪,屋里雪花飘,晚上能从屋里看见天上的星星。冬天无法取土,师生们就砸碎土坯和泥堵墙缝。寒冷的天气让屋里四壁都长满白霜,上课、睡觉都需要穿着棉衣,戴着狗皮帽子,连墨水都冻成了冰坨子。

另一个困难就是粮食问题。1961年,全油田都面临着饥荒,粮食定量缩减,子弟学校也不例外。可孩子们都是十四五岁,正是长身体的时候,吃不饱怎么行?学校一方面坚持节约用粮、计划用粮,另一方面鼓励大家相互支援,老师带头节约粮食给学生,饭量小的支援饭量大的,女同学支援男同学,有的老师自己都得了浮肿病,还坚持把粮食定量节约下来给学生,师生共同努力终于挨过了难关。

1962年春天,学校迎来了一个最振奋人心的消息——会战工委决定在萨尔图万人广场为学校建设新校舍。7月,安达2个初中班撤回大庆,和新招收的高一学生在新校点的工棚里上课,油田内部又在供应、钻井、工程和采油等单位的小学里办起了4个初一班。因为教学点分散,老师们就每天步行跑点上课,即使刮风下雨也从不耽误。12月,新建设的3栋校舍陆续竣工,教室、宿舍、食堂成龙配套,各点的学生陆续都撤回到新校点集中上课。当年,学校还响应会战工委号召,开荒种地30多亩,在当时缺少粮食的情况下,缓解了师生们的吃饭难问题。到1962年年底,学校共开设初高中7个班,学生350人,教职工人数也增加到70多人。

1963年1月,学校在新校舍举行了第一个开学典礼。开学典礼上,明确了"把学校办成全国一流的石油职工子弟学校"的奋斗目标,提出了"超安达、赶八一(沈阳八一中学)、进北京(北京育才中学)"的口号。此后,学校全面贯彻落实党的教育方针,坚持为油田服务的办学方向,开齐开满中学阶段各科课程,逐步建立起各项规章制度,学校的建设和管理逐步走上了专业化、正规化,并逐步发展成为黑龙江省首屈一指的示范中学。

为了培养更多油田需要的人才,会战工委积极筹划开办高等教育。1960 年 5 月,会战总指挥部抽调 30 多名转业军官和会战职工,成立了安达石油学院建院筹备组,朱国兴任组长。8 月,石油工业部正式成立筹建处,由陈骥负责。

1961 年 5 月 7 日,由石油工业部副部长周文龙主持,在安达召开办公会。会议决定,将筹建中的安达石油学院和黑龙江石油学院合并,定名为东北石油学院,校址设在安达,为石油工业部直属重点院校,学院党政工作由松辽会战工委直接领导。同时明确了学院的领导人员,学院院长由焦力人兼任,唐海、陈骥为副院长。9 月,又成立了学院党委,杨继清为党委书记,杨继清、陈国润、唐海、黎岚、李镇靖为党委常委。

1961 年 7 月,东北石油学院正式开学。当时全院教职工 300 多人,其中教师 100 多人,大部分为新分配来的青年教师。学生近 800 人,其中包括黑龙江石油学院转来的 59 级、60 级学生 325 人,当年新招生 450 人。1962 年,石油工业部又决定将原抚顺石油学院一、二、三年级的学生 400 余人合并到东北石油学院,学院在校生规模达到了 1 200 人。

建校初期,学院分为大学和中专(代管石油学校)2 个部分。大学部分设有石油勘探、油田开发、石油机械和石油炼制 4 个系,分为石油地质、钻井、采油、油建、机械、炼油 6 个专业,学制 5 年。师生们从开荒、捡粮和自己动手盖"干打垒"起家,自己制作、寻找模型零件当教具,利用马棚、车棚、洗脸间、厕所等做临时实验室,坚定地把教学任务坚持了下来。

到 1962 年上半年,学院由原来的 4 个系 6 个专业发展为 8 个专业,学生已有 27 个专业班,学院成立了 16 个教研室,开设了 29 门课程,不但应开课程都按照教学计划及时开出,还完成了大纲要求的 80% ～ 90% 的实验课。到 1963 年,全院共开出 41 门课、22 门实验课,完全走上了正规的教学轨道,学院也逐步成为国内著名的石油院校之一。

建立高标准职工医院

1960 年,会战一开始,几万人来到油田,对医疗的需求十分迫切。会战总指挥部从实际情况出发,在部队转业官兵中挑选一些医务人员,成立了油田最初的医疗机构——三探区医务所。当时医护人员共有 19 人,所址设在一间用土坯盖的畜殖室内,只有 6 张床位。对于几万名会战职工来说,显然无法满足需求。

1960 年 10 月 13 日,三探区医务所更名为农垦总场职工医院。第一任院长由徐学海兼任,副院长由三探区卫生科副科长王藻代理。医院刚成立,正逢中区 6-20 井发生一起重大火灾,数千职工奋勇抢险救火,先后有 30 多人烧伤,有的当即昏倒,他们立即被转送到附近大牛棚内的行政服务处办公室进行紧急抢救。后来行政服务处搬迁,这座牛棚就变成了医院病房。因此,人们常常把建院初期的职工医院叫作"牛棚"医院。

医院搬到牛棚,面积扩大了,床位也增加到 23 张,但医疗设施和医护人员并没有多大的改变。为了能尽量开展医疗工作,医院也像广大会战职工一样"有条件要上,没有条件创造条件也要上"。没有做手术的地方,医务人员就冒着零下二三十摄氏度的严寒,到 80 里以外的红砖厂去捡废砖、砖头,自己动手,在门诊房边修建起了手术室。1960 年12 月 31 日晚,还在这个手术室完成了全油田第一例急性阑尾炎手术。

由于当时设备简陋,技术力量不足,医院只能担负矿区职工的急救处理和常见病的防治工作。看病诊断只能依靠听诊器、血压计、体温计"老三样";药品,尤其是抗生素严重缺乏;对重急病号不可能进行有效治疗和手术,采取的办法是转送病人到齐齐哈尔、哈尔滨或者长春、北京等地进行治疗。医院专门成立了转送小组,当时不但没有救护车,连一般车辆也没有,转送小组成员每次护送都是把病人背到车站,扶上火车,再护送到大城市医院,被人们亲切地称为"运输大队"。转院后,挂号、办住院手续,甚至动手术签名都由护送人员办理。

1961 年年初,油田发生了大面积的浮肿病,病人却无法在医院得到及时治疗和康复。会战领导意识到,必须提高标准,加强医院建设,保证职工身体健康,才能确保高速度、高水平地完成大会战任务。

1961 年 2 月 20 日,为了加强医疗卫生工作,更好地满足职工们看病就医的需要,会战总指挥部将萨尔图农垦总场职工医院改名为松辽石油勘探局萨尔图职工医院,并向石油工业部党组提交了增加医务人员、扩大医院规模的申请。1961 年 4 月 12 日,石油工业部党组向中共中央递交了《关于在萨尔图地区建立松辽油田职工医院的报告》,申请在大庆油田建设一所高标准的职工医院。4 月 23 日,在刘少奇的直接关怀下,中共中央批准了申请,并向东北局和石油工业部发出了《关于建立松辽油田职工医院的通知》,通知指出,为了适应大庆油田建设发展的需要,保证职工身体健康,石油工业部党组提议为这个油田建立一所数百张病床的职工医院,石油工业部建议这个医院所需的医务工作人员,应尽快抽调配备,中央同意上述意见。

按照中央通知精神,会战总指挥部立即成立医院筹建办公室,全面开展建院工作。东北局决定,从黑龙江和辽宁两省抽调 236 名医疗专家和医疗技术人员、管理人员,其中辽宁省抽调 138 名,黑龙江省抽调 98 名。1961 年 9 月,两省支援的医护人员陆续到位。到 1961 年年底,全院已有职工 356 名,其中医护人员增加到 217 人,行政管理人员 67 人,工勤人员 70 人。病床床位由原来的 23 张增加到 94 张,机构设置也相应增加,共设立党群科室 4 个,行政科室 4 个。医疗科室分住院和门诊 2 个部分,住院处有内儿科、外妇科、五官科,门诊有内科、外科、五官科、针灸室、理疗室、妇产科、儿科、中医科、皮肤科、注射室;医技科室有化验室、药房、供应室、手术室、放射科。当时,医院直属 4 个卫生所,即会战总部卫生所、二号院卫生所、地质卫生所和设计院卫生所。职工医院已经初步搭起架子,形成规模,改变了转送病号为主的状况,成为大庆油田的第一家正规医院。

1961 年 6 月,根据中共中央通知精神,石油工业部党组决定建设 10 000 平方米的四层医院大楼。由于经济困难,当时严禁盖楼堂馆所,油田的厂房、职工住宅都是"干打垒"

或平房,连石油工业部领导办公室都是"干打垒",为医院建设大楼,这在当时绝无仅有。

医院大楼的建设由黑龙江省建筑三公司承建。由于各方面高度重视,各单位、各部门积极配合、支援,建设工程进展迅速,实现了当年设计、当年开工。供应指挥部及时组织人员采购材料和开库清料,为快速施工奠定了物质基础,水电部门保证了按时供水供电。省建三公司党委为按期完工,制定了详细的施工计划。担负医院施工的该公司四号工地充实了干部,集中了劳力,进行了组织调整。他们把参加建设的工人分成 4 个瓦工队、4 个木工组、2 个钢筋混凝土工作组,这些施工单位分工明确,互相配合,实施流水作业。为了保证施工进度和质量,还在队与队之间、小组与小组之间、个人与个人之间开展了"比、学、赶、帮、超"劳动竞赛。全国建筑战线上的先进瓦工队——郝家祥瓦工队在 1 小时零 9 分钟的时间内砌砖 7 096 块,9 名瓦工平均每人砌砖 788 块。为了加快砌砖速度,工人们事先完成各项准备工作,担砖队提前半小时就上好了够瓦工砌 1 小时的砖。在紧张的会战中,公司领导以身作则,住在工地直接指挥,发现问题及时解决,哪里有困难,干部就出现在哪里。"支援石油大会战,给石油工人兄弟建起医院作纪念",大家表示,能为石油工人建医院是自己的光荣,一定要按时把医院修建好。

1962 年 8 月,医院大楼胜利竣工,成为大庆油田矿区的第一座楼房,被人们亲切地誉为"大庆第一楼"。大楼的前楼最早交付使用:一楼是门诊部;二楼为住院病房,共有上百张床位,设内科、外科、小儿科、五官科和皮肤科 5 个病房,但基本上什么病人都收;三楼是办公室,还有一部分家属和单身职工也住在这层楼上;四楼原设计是一间大会议室,在房子不够用的情况下,实际把它用作招待所,变成了"旅店"。

1962 年年底,医院规模进一步扩大。由于医院大楼的建成,在原有人力、物力的基础上,病房由 2 个组扩大到 6 个组,床位增加到 250 张,使更多患者能够及时得到住院治疗,并专门开设了儿科、产科、婴儿室等病房,逐步建立健全了医疗科室,成龙配套。

在会战工委的关怀下,医院的医疗设备和救治能力也不断加强。在医院大楼建成的同时,门诊部、药库、食堂、杂品库、汽车库、作坊、托儿所、家属住宅等配套建筑也相继建设起来。医院大楼建成后,还安装了 X 光机等诊疗设备,病房床位、护理人员成几倍、十几倍增加,中高级医疗技术人员增加了 200 余人,技术力量不断加强,门诊和住院各科基本齐全,急重病人得以就地治疗,医院每日门诊量达到 1 000 人左右,彻底改变了原来医护人员少,力量薄弱,只能诊治一些常见病、多发病,急重病人都往外转的落后局面。与此同时,通过临床实践和业务交流,还为各兄弟医院培养输送许多管理人员和技术骨干,为基层卫生所、保健站培养了大批技术人员。在建院的过程中,积极加强医院的科学管理,逐步积累和形成了领导查房、总值班、入院出院、病案管理等各种制度。这些制度为后来医院的建设和成长积累了经验,创造了条件,为医院发展成一所大型的综合性医院打下了坚实的基础。

1963 年 8 月 12 日,会战工委决定将总指挥部卫生处与职工医院合并。这一决定进一步加强了卫生系统的领导,统一了机构,减少了层次,便于更好地开展工作,使卫生防疫与医疗预防得到全面合理的安排。与此同时，院党委根据会战工委关于"从面向生产、方便病人出发，做到生产打到哪里、生活基地建到哪里，医疗点就跟到哪里"的要求，在原来"划区医疗"的基础上，重新按居民点分布情况，设立更多卫生所和保健站，形成了方便合理的医疗网络。1963 年，职工医院所属卫生所已经达到 22 个，所属保健站达到 42 个，医务系统干部职工人数达到 1 200 余人，职工医院开始发挥更加巨大的作用。后来，为解决医疗卫生人员不足的问题，经上级批准，医院还开办了油田第一所卫生学校，培养专科医师和中专护理专业人员。

如今，这所医院更名为大庆油田总医院，已经发展成为集医疗、教学、科研和预防保健于一体的，黑龙江省西部地区规模最大的三甲医院。

会战初期，油田还有另外一所医疗机构——松辽石油勘探局机关卫生所。该所1960 年 3 月 25 日在安达县成立，有医务人员 3 人。10 月，改名为松辽石油勘探局安达职工医院，设有门诊部和住院部，设有病床 30 张。1963 年 7 月，医院改为工人疗养所，设治疗床位 90 张，疗养床位 100 张。1965 年 11 月，医院迁至杜尔伯特蒙古族自治县泰康镇，改名为松辽石油勘探局泰康农垦工人疗养院。1969 年 12 月，由泰康迁回大庆，后更名为大庆第二医院，成为大庆地区唯一一所专业的传染病医院。

⚙ 新型矿区显雏形

对于大庆油田要建设什么样的矿区，会战刚开始的时候就有很多不同的意见。石油工业部党组认为，国家正处于经济困难时期，大庆油田的矿区建设既要结合油田的发展实际，又要符合国家的经济形势。在周恩来总理的支持下，大庆油田坚持走自己的路，坚持以生产为主，兼顾生活，逐步建成了"工农结合、城乡结合、有利生产、方便生活"的新型石油矿区。

大庆油田的矿区建设一直是各级组织十分关心的问题。会战初期，就有很多热心人提出各种意见和建议，有的甚至提出要提前为大庆油田做矿区规划蓝图。他们的设想是在安达附近建设一座新的石油城，在那里统一安排职工住宅和生活设施，职工上下班用汽车接送，或者乘火车往返。

这种意见反映到石油工业部以后，石油工业部党组并没有同意。当时，大庆油田正处于勘探初期，油田规模到底有多大还没有搞清楚，此时就忙着去规划石油城、建生活基地，显然并不符合实际情况。国外油田的建设就有过这样的实例，开一矿就建一城，一旦找不到油，人都离开了，城市就会败落，设施就会荒废，造成极大损失。我国也曾有过类似的经验教训，如 20 世纪 50 年代初期，中苏合作开发新疆独山子油矿，在没有探明油田有多大、储量有多少、能开采多少年的情况下，当时的中苏石油公司就使用大量投资盖起了很多楼房，建成了正规的生活区。但后来经过勘探，发现油田规模很小，产量很低,油田建设的计划落了空,生活设施也闲置起来。而且当时国家的经济形势严峻,石油工业部一缺资金,二缺材料,三无施工力量,对资金和物资的使用原则是首先用于油田勘探开发,矿区建设只能在会战过程中结合实际慢慢摸索,根据需要逐步进行。

1960年,大庆油田通过自建"干打垒",迈出了矿区建设的第一步。为了尽快拿下大油田,会战中,除了重点保障钻井、采油、储运等油田基本建设外,主要将有限的资金、物资和施工队伍用于建设站库、管线、厂房等重要的生产配套设施。在这种情况下,为了能站住脚跟、度过严冬,会战职工自力更生、就地取材,因陋就简地在站场和生产设施附近,分点分片地盖起了30多万平方米的"干打垒"住房。这种建设周期短、节省资金材料的无奈之举却给矿区建设带来了新的思路。因为住房都集中在生产区附近,不但职工就近上下班和昼夜倒班方便,而且职工和家属可以在周边开荒种地,既有利于生产,也方便了生活,对于大庆这样一个纵横百里的大油田来说,这是集中建设生活区所不具有的优势。

到1962年,经过2年建设,油田当时的生产框架已经基本确定,围绕采油队、油水泵站等生产单位建设起来的职工住宅区也基本固定成型。会战工委因势利导,把相近的居民点逐步连接发展成中心村或卫星村,对流动生产的钻井队、井下作业队和基本建设单位,就在油田边缘地区集中建设居民点和住宅区,作为职工的后方生活基地。家属们除了在房前屋后开小荒种菜地以外,还由会战工委组织起来,成立家属生产队,到居民点外围开荒种地,从事农副业生产,分担国家压力,支援石油会战,初步形成了工农结合、城乡结合的矿区建设格局。

会战初期,红卫星地区是一片荒原,野草丛生,沼泽遍布。1960年,油建系统的干部职工白手起家,开始在这里盖起了第一栋"干打垒"。在1 000多名职工和1 300多名家属的辛勤努力下,经过2年多坚持不懈地建设,共建成"干打垒"房屋300多栋,建筑面积达到28 000多平方米,形成1个中心村和4个居民点,职工家属们都搬进了自己亲手建设的新居。会战工委还在红卫星成立了基地管理委员会,成立第六家属生产队,办起了拥有5台"铁牛"拖拉机的机耕站,耕地耕种能力达到12 000亩,开荒种地超过10 000亩。在生活福利设施方面,陆续建起了浴室和理发室,建起了设立有20张简易病床的卫生所,开办了粮店、蔬菜供应站和日用品商店,还建起了一所容纳8个班,可供300名儿童上学的小学,以及一所半工半读的职业中学,办起了能照管300名幼儿的托儿站。在基地内通了电灯,设置了电话、取水站等设施,并有交通车通往其他生活基地。

"工农结合建设石油基地,城乡一体创造人世桃源"。在红卫星基地,上万亩绿意茵茵、茂密无边的农田围绕在整齐的工业区和繁荣的居住区周围,既像城市又像乡村,既有城市的生活条件,又有农村的劳动环境,衣、食、住、行不用操心,各项保障后顾无忧。男职工就近上班,家属们就近种地,男工女农,亦工亦农,既有利于生产,又方便生活,成为新型石油基地的样板。

大庆油田的矿区建设也得到了中共中央的关心和肯定。1961年7月,邓小平视察大庆,他很关心职工生活和矿区建设,询问了"干打垒"建设、投资和造价等情况,还指示要成立专业队,抓好农副业生产。1961年8月,刘少奇到萨尔图视察时,肯定了油田分散建设居民点的做法,还对矿区建设规划、组织家属劳动、工业农业相结合等问题做出指示。1962年6月,周恩来到油田视察。他对大庆油田矿区建设思路十分赞赏,根据大庆油田当时的实际情况,指示要建设"工农结合、城乡结合、有利生产、方便生活"的新型矿区,还要求伊春等没有其他工业的地区向大庆油田学习工农结合、城乡结合的矿区建设方针,不搞大城市,缩小城乡差别。

1963年5月,石油工业部党组专门讨论了大庆油田的矿区建设问题。按照周恩来总理肯定的十六字方针和自力更生、勤俭办企业的原则,正式决定不走国外集中建设石油城的路子,而是按照当前的思路,分散建设居民村和公共设施,因地制宜,因陋就简,建设有大庆油田特色的石油矿区。

到1963年年底,大庆油田的矿区雏形基本形成。建设上实行城乡一体,生产、生活设施成龙配套,管理上实行生产、生活、社会管理三结合的政企合一管理形式。当时的一级居民中心有3个,即萨尔图、让胡路和龙凤3个居民镇。萨尔图镇作为整个油田的党政指挥中心,除了油田的领导机关外,还集中了职工医院、商业、粮食、邮电、银行等较大的服务部门,镇区内还有接待站、职工子弟中学(大庆一中)和萨尔图火车站(大庆站)。1963年年底,萨尔图镇人口已经有10 000多人,初具城市中心规模。让胡路镇是油田的科研中心,研究院、设计院、油田建设生产部门和单位都集中在这里,有配套的商业、粮食、电信等服务设施,镇区内有让胡路火车站。龙凤镇紧邻龙凤火车站,是大庆炼油厂驻地,是油田的石油化工中心,因为炼油厂二期工程刚刚开始建设,还有一些相关的施工单位也驻在这里,建设标准比较高。这3个中心镇都有全面配套的生活设施,都有中小学校、医疗机构,具备完善的城市服务功能。

二级居民点是围绕油田主要生产工作区建立起来的团结村、铁人村、文化村、群英村、登峰村、红卫星等17个中心村。每个中心村都是各指挥部机关驻地或这一区域的生产指挥中心,同时设有商店、粮店、菜店、邮局、储蓄所、小学校、托儿所、照相、浴池、理发、修理部等便民生活服务设施。为了加强对家属的领导管理,中心村还设有农副业管理站(家属管理站),并有附属的机耕站、副业队、粮油作坊等农副业生产单位和配套设施。围绕中心村,当时还建有争游村、建设村等24个三级居民点,也都设有基本的生活设施,有的还设有家属生产队,周围一般都有农田或牧场。分散的居民点建设都是围绕油田的生产设施分布,一方面方便职工就近上下班,方便家属就地参加农副业生产,另一方面可以直接利用生产区的水、电、路资源,为生活设施配套提供了便利,真正做到了工农结合、城乡结合、有利生产、方便生活。

据统计,从1960年到1963年,大庆油田共建设住宅和生产办公用房107万平方米,其中住宅、办公用房多为"干打垒"房屋,总面积50多万平方米;砖木结构平房57万平方米,多为生产和设备用房。非生产性的矿区建设投资在油田生产建设总投资中的占比仅为7.1%,其中用于办公用房、住宅建设的资金仅占总投资的3.3%,真正把有限的资金集中用在了油田勘探开发和生产建设上,保证了生产的高速发展和会战的顺利进行。同时,也尽可能地满足了会战职工的生产生活需要,并随着油田的发展,不断改善生活保障和服务设施。

1976年,大庆油田原油年产量攀升到5 000万吨。随着全国政治经济形势的好转,人们对美好生活的向往也更加迫切起来。

1978年,邓小平第三次来大庆油田视察。他看到大庆油田为国家创造了巨大的贡献,可职工生活仍然很艰苦,居住条件还很差,就郑重地提出"要把大庆建设成美丽的油田"。国家有关部门和石油工业部党组结合全国的经济形势及大庆油田的发展状况,也提出,建"干打垒"是当时会战条件下的特殊需要,随着油田的不断发展,现在已经完成了历史使命。今后,在发展生产的基础上,要盖一批楼房,要逐步加强生活设施建设,不断提高职工的物质文化生活水平。

从此以后,大庆油田开始发生翻天覆地的变化。一座座井站星罗棋布,一条条街道四通八达,一座座楼房拔地而起,一个个家庭乔迁新居,职工生活明显改善,油田面貌焕然一新。在保持原油持续高产稳产的同时,大庆油田逐步发展成为一颗璀璨的北方明珠,真正成为一个"美丽的油田"。

第八篇

甩掉贫油落后帽子

第十九章

石油会战传捷报
"洋油"时代不复返

经过 3 年多的艰苦会战,到 1963 年年底,大庆石油会战取得了决定性胜利。1963 年当年,全国原油产量已达到 647.8 万吨,我国石油工业发生了重大的转折。其中,大庆油田生产的原油就达 439.3 万吨,占全国总产量的 67.8%,这标志着大庆油田结束试验性开采,进入全面开发建设阶段。1963 年 11 月 17 日,第二届全国人民代表大会第四次会议在北京举行。会上,李富春副总理在代表国务院所作的政府工作报告中正式宣布了大庆石油会战取得的巨大成就,并指出,这一成就是在我国自力更生、奋发图强的方针指引下取得的。1963 年 12 月 4 日,《人民日报》刊载的第二届全国人民代表大会第四次会议的新闻公报中宣布:我国需要的石油,过去绝大部分依靠进口,现在已经可以基本自给了。1963 年 12 月 26 日,《人民日报》又发表消息:"中国人民使用'洋油'的时代,即将一去不复返了。"

⚙ 大庆石油会战的全面胜利

大庆石油会战是一场艰苦卓绝的会战。几万人一下涌进"头上青天一顶,脚下荒原一片"的萨尔图草原,面对雨季、严寒、物资器材不足,甚至缺衣少食等重重困难,到底是打上去,还是退下来?是坚持攻坚啃硬,还是被困难吓倒?广大会战职工坚持高度的革命精神和严格的科学态度相结合,自力更生、艰苦创业,为国争光、为民族争气,仅用 3 年多的时间就取得了大庆石油会战的决定性胜利。

1959 年 9 月 26 日,松基三井喷油,标志着大庆油田的发现。

1960 年 1 月 7 日,葡 7 井喷油。到 1 月底,大庆长垣南部的高台子、葡萄花、太平屯地区已经基本控制了超过 200 平方公里的油田面积,石油工业部开始筹划组织大庆石油会战。2 月 20 日,中共中央批转了石油工业部党组《关于东北松辽地区石油勘探情况和今后工作部署问题的报告》,正式批准大庆石油会战。

1960 年 4 月 29 日,万人誓师大会在萨尔图广场召开,大庆石油会战正式全面打响。6 月 1 日,油田首车原油外运。8 月,大庆油田原油日产量达到 3 500 吨水平,与当时玉门油田的日产量相当。9 月 24 日,大庆油田原油日产量达到 5 000 吨。

1961 年 11 月 30 日,大庆油田原油日产量突破万吨大关,达到 10 598 吨。

1962 年年初,大庆油田探明 965 平方公里的含油面积,计算石油地质储量为 22.68 亿吨。

1963 年 4 月,大庆油田"146 开发方案"通过石油工业部正式批准。

1963 年 12 月中旬,大庆油田各项建设都提前完成了计划任务。钻井完成全年计划的 100.8%,比 1962 年增长 3.8%,钻井质量稳步提升,完井质量口口合格,射孔合格率 100%。油田建设工程质量显著提高,供水、供电、供应、运输、机修、运销等单位紧密配合,为提前完成原油生产计划创造了条件。广大采油职工加强基层建设,贯彻岗位责任制,积极开展油田动态分析,改进井下作业工艺技术,使油井管理越来越好,"五好"井站越来越多,油田整体实现了井场无油污、井下无落物,生产管理井井有条、井然有序。12 月 15 日,大庆油田提前 16 天完成了国家年度计划的原油生产任务,原油产量比 1962 年增长 17.1%,达到 439.3 万吨,占全国原油产量的 67.8%。

1963 年年底,大庆油田基本建成。这标志着大庆油田结束试验性开采,开始进入全面开发阶段,标志着大庆石油会战取得了全面胜利。油田 3 年共打井 1 116 口,建成了集油、储运、供水、注水、供电、机修、通信、道路八大系统工程,建成了大庆炼油厂一期工程,建成年产能 600 万吨的石油基地,3 年累计生产原油 1 166.2 万吨,占同期全国原油产量的 51.3%,使我国一举甩掉了贫油落后的帽子,彻底扭转了我国石油工业的被动局面。

1963 年 11 月 17 日,第二届全国人民代表大会举行第四次会议,第一次正式宣布了大庆石油会战所取得的巨大成就。12 月底,中共中央书记处安排余秋里、康世恩分别在中央国家机关 17 级以上干部大会和北京市领导干部大会上作《关于大庆石油会战情况的报告》,公开向全国介绍大庆石油会战情况。

在余秋里和康世恩报告的基础上,石油工业部党组又就大庆石油会战的成果、经验等问题进行了认真讨论和系统总结,最终形成了《关于大庆石油会战情况的报告》。该报告指出,会战 3 年是艰苦奋斗、紧张战斗的 3 年,是无私拼搏、锻炼成长的 3 年,是打了一个政治仗、打了一个志气仗、打了一个科学技术仗;3 年艰苦会战取得了突出成就,为石油工业的腾飞发展做出了突出贡献。

该报告分为两部分,其中第一部分主要介绍了大庆石油会战取得的成绩。

第一，大庆石油会战拿下了一个大油田。这个油田是目前世界上特大油田之一，已经探明的储量基本可以适应我国石油工业当时发展的需要。从 1959 年 9 月第一口井见油，到 1960 年年底，只用了 1 年多一点的时间就探明了 860 多平方公里的油田面积，基本计算出了油田的储量。而苏联最大的、勘探速度最快的罗马什金油田从 1948 年第一口井见油，到 1951 年，3 年多时间才大致了解油田面积。会战 3 年多，打了 1 000 多口油井，都是 1 000 多米的深井。每台钻机平均每月打井的速度同 1958 和 1959 两年相比，要快 1 倍多；同 1957 年相比，要快 3 倍多。也就是说，现在一台钻机顶 1957 年的 4 台使用，一套人马完成了那时 4 套人马的工作量。这反映了打井速度，也体现了打井技术水平的提高。苏联部长会议正式命名的格林尼亚"功勋钻井队"1960 年用 11 个半月时间打井 31 300 米，而大庆油田 1202 钻井队 1961 年只用 9 个半月时间就打井 31 746 米，超过了苏联"功勋钻井队"。

第二，建成了年产原油 600 万吨的生产规模和大型炼油厂第一期工程，质量良好。3 年多来，在大庆油田开发区建成了集油、输油、储油、注水、供电、机修、通信、道路八大系统工程。油井合格率达到 99.6%，岩芯收获率达到 95.6%。已经建成验收的输油、输气、输水管线几百公里，有十几万个焊口，一次试压的结果中不漏油、不漏气、不漏水的达到 99.92%。1963 年建成 100 多项工程，由于在建设过程中严格保证质量，全部达到试车投产一次成功，建设速度、打井质量、工程质量都远好于国外油田。大庆炼油厂完全是自己设计、自己施工，只用一年半时间就建成了第一期工程，实现了工程质量最后总验收一次合格、一次投产成功、产品质量一次合格、油品收率一次达到设计要求"四个一次成功"，同苏联帮助建设的兰州炼油厂比较，时间缩短了一年多，装置布局比较合理，用材料少，工程质量更为良好，这是我国炼油厂建设的新水平。

第三，3 年多累计生产原油 1 000 多万吨，油田生产管理水平不断提高。3 年累计生产原油 1 166.2 万吨，占全国同期总产量的 51.3%。油田的生产井全部做到了井场无油污，井下无落物。油田生产建立起严格的正常的秩序，在勘探、钻井、采油、运输、供水、仓库和生活管理等各个方面，都建立了基层岗位责任制，油田生产管理上升到了一个新的水平，真正实现了"高速度、高水平地拿下大油田"的目标。国内五六百名专家到油田来鉴定，还专门组织了到苏联、罗马尼亚、美国、意大利留过学的人来检查，他们到大庆看到地质资料那么多、那么好，看到井场没有油污、不漏油、不漏气，就连声说了不起。这反映了油田建设水平和生产管理水平，也反映了掌握地下油层动态的水平。

第四，进行了大量的科学研究工作，解决了世界油田开发上的几个重大技术难题。在制订油田开发方案、开采多油层的油田、集中和输送"三高"原油等方面，依据资料比较充分，进行了大量的科学研究和现场试验，创造了科学实用、经济有效的方法，比较符合油田实际情况，效果很好，解决了油田开发建设过程中的重大技术难题。比如制订开发方案时，就有 85 口探井的资料，有 28 000 多块岩芯样品的分析数据。根据大庆油田多油层的特点创造了水力皮球式多级封隔器，使用起来很安全，可封隔五六个油层。有了这个工具,在井下就可以做到要封隔哪一层就封隔哪一层,注水想注哪一层就注哪一层。结合大庆原油含蜡多、凝固点高、黏度大的特点,创造了一个又科学、又简单、又经济、又安全的办法,不仅解决了输送"三高"原油的大难题,而且节省钢材 33%,节省投资 13.5%。

第五,经济效果好,国家投资已经全部收回,并开始为国家积累资金。1960 年到 1963 年,4 年共用国家投资 7.1 亿元;上缴利润 9.44 亿元,折旧 1.16 亿元,合计 10.6 亿元,投资回收率达到 149%。除全部投资回收外,还为国家积累资金 3.5 亿元。建设大庆油田,真正做到了又多、又快、又好、又省。

第六,锻炼培养出了一支有阶级觉悟,有一定技术素养,干劲大、作风好,有组织、有纪律,能吃苦耐劳,能打硬仗的石油工业队伍,并且取得了比较丰富的经验。大庆油田的勘探开发依靠的完全是我们自己的力量,证明我国完全能够自力更生,高速度、高水平地勘探大油田,开发大油田。

大庆石油会战的胜利是有数不尽的因素的,最重要的是中共中央的亲切关怀和直接领导,解放军、中央各部委和各省、自治区、直辖市的支援,特别是油田所在地区的东北局和黑龙江省委的大力支持。同时,大庆油田的发现是在地质部做了大量的普查勘探工作的基础上进行的,广大地质人员以辛勤劳动为大庆油田做出了宝贵的贡献。

大庆石油会战的胜利离不开广大会战职工的艰苦努力。余秋里曾经说过,人就是要有一股气,对一个国家来讲,就要有民气;对一个队伍来讲,就要有士气;对一个人来讲,就要有志气。这三股气结合起来,就会形成强大的力量。以"铁人"王进喜为代表的广大会战职工奋不顾身,英勇顽强,艰苦奋斗,响亮地喊出了"宁肯少活二十年,拼命也要拿下大油田"的豪言壮语,不怕困难,不怕牺牲,干劲冲天,坚定地完成了党和国家交给的伟大任务。

大庆石油会战还形成了许多成功的经验,包括加强基层建设的经验,加强政治工作的经验,加强干部和职工队伍建设的经验,总结评功的经验,岗位责任制的经验,加强地质工作的经验,加强质量、科技等各项工作的经验,形成了"三要十不""三老四严""四个一样""三个面向、五到现场"等一系列优良传统和作风,成为大庆艰苦创业的缩影,成为大庆精神的重要组成部分。

甩掉贫油落后帽子

我国是世界上最早发现和利用石油、天然气的国家之一。我国古代劳动人民在发现石油、认识石油和使用石油的过程中,创造了领先于世界的石油文明。近代以来,我国石油工业经历了艰难曲折的发展过程,逐渐落后于西方国家,还被扣上了"贫油"的帽子。大庆油田的发现真正让中国石油工业扬眉吐气,彻底扭转了石油工业的落后局面。

早在 2 000 多年前,中国古代劳动人民就发现并开始认识石油。《易经》中记载"泽中有火""上火下泽"。泽,指湖泊池沼,"泽中有火"是说水上有火燃烧。由于认知水平的限制,那时人们把石油奉为神物,把油气燃烧的火焰奉为圣火、天火,"泽中有火""上火下泽"实际上就是对石油或天然气在湖泊池沼上起火燃烧现象的描述。北宋著名科学家沈括在《梦溪笔谈》中使用了"石油"这一名称,他在书中写道"鄜延境内有石油,旧说高奴县出脂水,即此也",并预言"此物后必大行于世"。"石油"这个名称也从此沿用至今。

在与自然长期的斗争和实践中,人们对石油、天然气的了解和认识也在不断加深。我国古代劳动人民在今陕西、甘肃、新疆、四川等地发现了更多的油苗和气苗,观察到了更多石油和天然气燃烧的现象,并随着对石油和天然气性质的了解,开始开采和利用石油和天然气。在 1 000 多年前,古代劳动人民就在四川自流井地区开发了世界上第一个天然气田——自流井气田,创造了一套从地质勘探、凿井、开采、集输到天然气利用等领先于世界的工艺技术,并将石油和天然气应用于照明、煮盐、军事和其他工农业生产中。石油这一重要的矿产资源,逐渐开始"大行于世"。

近代以来,西方资本主义国家的石油工业迅速发展,开始以机器为动力,应用近代地质学原理和方法开采石油。而鸦片战争后,我国由于受到西方列强的侵略和掠夺,社会动荡,石油工业逐渐落后于美、英等西方资本主义国家,成为国际"洋油"倾销的市场。

从洋务运动开始,为解除内忧外患,实现"实业救国",一些"洋务派"官员大胆地在台湾、陕西、新疆等地进行了石油勘探开发尝试。1878 年,在福建巡抚丁日昌主持下,清政府在台湾苗栗出磺坑开钻了中国近代第一口工业油井——苗 1 井。1887 年,台湾首任巡抚刘铭传主持在台湾苗栗成立了中国第一个油矿管理机构——苗栗矿油局,建成了我国应用近代机器和油井钻凿技术进行工业开采的第一个油矿——苗栗油矿。1907 年,在陕西巡抚曹鸿勋倡导下,清政府创办延长石油官厂,并在陕西延长县西门外开钻了我国陆上第一口工业油井——延 1 井。同时,进口炼油釜炼制煤油,并将所产煤油装箱运往西安销售,"以延长煤油与外国煤油抗衡"。1909 年,新疆布政使王树楠等官员大力主张开办新疆石油矿,并从俄国购买挖油机(钻机)1 架,安装在独山子,雇请俄国工程师指挥打井;购进提油机(炼油设备)1 部,安装在乌鲁木齐工艺厂,开始开采炼制新疆独山子石油。但由于社会动荡和"顽固派"的阻挠,随着洋务运动的失败,苗栗油矿、延长油矿和独山子油矿陆续停产。

1911 年,辛亥革命爆发。1912 年 1 月 1 日,中华民国成立,延长油矿、独山子油矿都被国民政府收归国有。但在持续混乱的局势下,油田生产并没有得到明显的恢复和发展。石油工业的落后局面唤醒了大批有志之士,从 20 世纪 20 年代起,尤其是抗日战争爆发后,翁文灏、谢家荣、黄汲清、王竹泉、潘钟祥、孙健初、翁文波等一批胸怀崇高爱国精神和救国理想的石油地质专家引进科学的石油地质学理论,运用较为先进的油气勘探方法,对中国含油气远景做出了科学的评估,在辽阔的国土上进行了卓有成效的地质勘探工作。1936年5月,国民政府资源委员会筹建四川油矿勘探处。1937年10月开始,在潘钟祥、黄汲清、陈秉范等地质家的指导下,在巴县石油沟、隆昌圣灯山、江油海棠铺、威远臭水河等地开展钻探,并在巴1井、隆2井获得工业性天然气流。1938年6月,资源委员会在汉口成立甘肃油矿筹备处。1939年8月,在筹备处主任严爽、地质家孙健初等人的努力下,甘肃玉门老君庙1号井出油,由此发现了玉门油田,并一举成为当时全国最大的油田。

近代以来,我国石油工业发展缓慢,步履维艰。虽然有志之士和石油地质专家不畏艰难,勇敢开拓,但由于受到国内外反动势力的双重压迫和束缚,我国同世界上石油工业发达国家的差距越来越大,不仅石油产量低,炼油能力差,还被扣上了“贫油”的帽子。从1878年台湾苗栗油矿第一口工业油井出油,一直到1949年的70多年间,全国只有台湾苗栗、陕西延长、新疆独山子、四川和甘肃玉门等几处油气田投入开发。1949年,全国的石油产量只有12万多吨。

中华人民共和国成立后,中共中央和毛泽东、邓小平等党和国家领导人十分重视石油工业的发展。广大石油地质工作者在中国共产党领导下,开始用科学智慧和艰辛探索发展属于人民自己的石油事业。已有的油田和石油企业迅速恢复生产,并先后发现了克拉玛依、依奇克里克、冷湖等新油田,但石油工业的落后面貌并没有根本改变。

1953年,我国开始了发展国民经济的第一个五年计划。而在1952年,全国石油产量仅为43.56万吨,远远无法满足国防、工农业生产和经济建设的需求。石油工业部是“一五”计划中唯一没有完成计划任务的工业部门。到“一五”末的1957年,全国石油产量只有145万多吨,天然油和人造油“平分秋色”,石油工业的发展形势十分严峻,石油工业成为制约国民经济发展的薄弱环节。

经过10年艰苦奋斗,到1959年大庆油田发现以前,石油工业的落后面貌仍然没有得到彻底扭转。到1959年,全国探明的石油储量比1957年增长了77%,原油产量增长了一倍多。1959年当年,全国原油产量373万吨,全国石油产品销售量为504.9万吨,其中自产仅为205万吨,自给率为40.6%。为满足国内需要,不得不耗用大量的外汇进口原油和成品油。

贫油落后的帽子始终沉沉地压在中国石油人的心头。1959年10月,参加全国工交群英会的王进喜在北大红楼附近看到来来往往的公共汽车顶上都有一个鼓鼓囊囊的大包袱,又笨又难看,有些不解地问身边的一位同志:“那车顶上背的是个啥?”人家告诉他那是煤气包,国家缺油,汽车只好烧煤气。王进喜顿时愣住了,半晌说不出话来,心中宛如锥刺般难受。“自己是搞石油的钻井工人,还是劳模,可搞不出石油来,让好端端的汽车烧煤气、驮大包,自己没脸见人啊!”这位平素意志钢铁般坚强的西北汉子竟然蹲在街头的路边哭了起来!他抱着脑袋,喘着粗气,无法抑制心中陡然升起的耻辱感和内疚感。

勘探战略东移迎来了石油工业发展的曙光,大庆油田的发现和建成一举扭转了石油工业的被动局面。大庆油田储量大、产量高,处于东部经济和交通发达地区,距离抚顺等炼油厂的距离又很近,对于我国经济建设、国防建设和工农业现代化都具有十分重要的意义。

1963 年 11 月 17 日到 12 月 3 日,第二届全国人民代表大会第四次会议在北京召开。国务院副总理李富春向大会作关于 1963 年国民经济计划执行情况和 1964 年国民经济计划草案的报告,正式宣布了大庆石油会战所取得的巨大成就。11 月 19 日,大会特别安排半小时,让石油工业部部长余秋里向与会代表汇报大庆油田会战情况。

1963 年 12 月 4 日,《人民日报》刊登了第二届全国人民代表大会第四次会议新闻公报。公报指出,我国各族人民在中国共产党领导下,团结一致,艰苦奋斗,在社会主义革命和社会主义建设的各个战线上取得了辉煌的胜利。我国的国民经济,在以农业为基础、以工业为主导的总方针的指导下,在近年来的调整、巩固、充实、提高的工作中,取得了巨大的成就。工业规模和生产数量有了满意的增长,特别是产品的品种、质量方面有了跃进式的发展。我国已经初步建立起独立自主的巩固的工业基础。目前,已经能够自己设计许多大型的、现代化的工业企业,包括年产量在 100 万吨以上的钢铁厂、煤矿和炼油厂。原料、材料和燃料的品种有了很大增加,1962 年同 1957 年比较,我国生产的钢、钢材和有色金属的品种都分别增加了 1 倍以上,石油的品种增加了近 2 倍,我国需要的石油,过去绝大部分依靠进口,现在已经可以基本自给了。

大庆油田建成一举甩掉了我国贫油落后的帽子。自力更生、艰苦创业开发建设大油田的生动实践树立了在党的领导下独立自主建设社会主义工业企业的成功典范,大庆油田的发现和建成直接改变了中国石油工业的面貌,成为石油工业发展史上不可磨灭的闪光点。大庆油田从此成为中国工业战线的一面旗帜,一直在建设社会主义的征程上高高飘扬。

1999 年 11 月,中华世纪坛青铜甬道建成。“1963 年,大庆油田建成”被刻上青铜甬道,载入中华世纪坛青铜甬道铭文,成为让国人永远铭记的精彩瞬间。

⚙ 中国人民使用“洋油”的时代,即将一去不复返了

20 世纪 60 年代开始,随着大庆石油会战的胜利,中国石油工业实现了历史性的转折。石油工业部在石油产量迅速提高的同时,积极推动炼油工业发展,1963 年年底,油品自给率提高到 71.5%,实现了石油产品的基本自给。在 1963 年 11 月召开的第二届全国人民代表大会第四次会议上,中共中央向全国公开了大庆油田建成,石油产品基本自给的消息。中央媒体随后发出了“石油基本自给”的报道,人们奔走相告:“我国需要的石油,过去绝大部分依靠进口,现在已经可以基本自给了。”“中国人民使用‘洋油’的

时代,即将一去不复返了。"

我国近代石油工业的发展缓慢,不仅石油勘探和油田开发水平落后,炼油工业的发展也远远落后于西方国家。从 1863 年(清同治二年)第一次进口煤油开始,一直到 1949 年中华人民共和国成立前,我国原油产量低,炼油能力差,石油产品市场几乎全部为"洋油"所垄断。1949 年,全国原油加工能力只有 17 万吨,实际加工 11.6 万吨,生产汽油、柴油、煤油等 12 种产品 3.5 万吨,石油产品 90%以上依靠进口。

1957 年年底,经过 3 年恢复期和第一个五年计划期间的改造扩建,石油工业的基础得到了逐步恢复。1957 年,我国原油加工能力达到 245 万吨,实际加工 173.6 万吨,生产油品 140 种 108.9 万吨,对国民经济的发展起到了重要的促进作用,但当时油品自给率也只有 1/3 左右。

到 20 世纪 60 年代初期,虽然经过很长时间的恢复提高和艰苦努力,炼油工业的发展仍然大大滞后于原油产量的增长,炼油工艺和技术水平基本上还处于国外 20 世纪 30—40 年代的水平。当时,苏联援建的我国第一个大型炼油厂——兰州炼油厂基本建成,但大量石油产品仍然需要进口。1962 年,中国能够生产石油产品 416 种,还有 70 多种不能生产,特别是军用油品大部分依赖进口,自给率只能达到 63%。

20 世纪 60 年代初期,我国面临的国际形势风云变幻。西方资本主义国家对崭新的社会主义中国一直实行禁运政策,而中苏关系也日趋恶化,原来从苏联进口的油品,特别是军用油品数量锐减,甚至出现了全国性的石油产品供应紧张,炼油工业的落后局面已经严重影响了国防和国民经济建设。

1960 年年末到 1961 年年初,石油工业部党组多次专门讨论炼油发展方针和炼油厂建设布局问题,提出工作要抓两头:一头抓石油勘探开发,一头抓石油炼制。在全力勘探开发大庆油田的同时,要尽快解决炼油工业上的科研、设计、设备制造、建设施工、生产管理等方面的一系列问题,努力把大量原油加工成国防和国民经济建设需要的各种石油产品。

1961 年 4 月,石油工业部党组在大庆油田召开扩大会议。会议明确由副部长孙敬文、刘放负责炼油工作,制定了"先简后全,先易后难,先燃料系统后其他系统"的发展方针。会议还提出了炼油工业的 10 年发展目标:头 5 年,到 1965 年,首先解决国防用油、化工用气及润滑油、石蜡、石油焦和燃料油 4 种产品;后 5 年,到 1970 年,解决各方面的用油。1965 年,除黑龙江建一个大炼油厂外,石油二厂扩建为 150 万吨规模的天然油炼油厂,南京炼油厂先建设 50 万吨规模的加工装置,到 1970 年,再建设一些炼油厂。1965 年,大炼油厂的加工能力达到 1 200 万~1 420 万吨,与大庆油田将要达到的原油产量大体平衡。

随着大庆石油会战的推进,以及大庆油田产量的不断提升,锦西石油五厂、大连石油七厂和上海炼油厂等主要的炼油单位开始陆续试炼大庆油田原油。大庆原油含蜡量高,渣油量多,凝固点高,轻馏分少,在试炼过程中遇到了很多困难。如原油到厂后铁路槽车卸车难;常压蒸馏塔拔出率低,塔底重油增多,泵负荷超载,经常发生漏油着火事故;常压蒸馏塔拔出率低使减压蒸馏塔负荷增大,经常造成润滑油质量不合格;油品储运系统严重失衡,重油后路经常堵塞,而且焦化、沥青等加工重油装置能力小,很不配套。职工们经常埋怨:"大庆原油不好炼,不是着火就是凝管线。"

突破大庆原油炼制关,成为石油自给道路上急需解决的紧要问题。因为从当时的形势看,随着大庆油田的进一步开发,产量会不断提高,东北地区炼油厂以后将主要炼制大庆原油。大力发展炼油工业,把原油变成工业、农业、交通运输、建筑和国防事业所需的各种石油产品,成为石油工业发展的另一个工作重点。

1961年年初,石油工业部党组决定集中一部分领导和技术力量,成立大庆原油加工会战领导小组,集中精力解决大庆原油的炼制问题。会战领导小组组长由石油工业部生产技术司司长孙晓风担任,从兰州炼油厂、石油科学研究院等单位抽调70多名工程技术人员和生产骨干,首先在石油七厂展开会战。

经过50天的集中攻关,会战取得了初步胜利。通过对生产和技术加以改进,理顺了炼制流程,解决了炼制中出现的各种问题,用大庆原油生产出了合格的汽油、柴油、煤油和10号汽油机油、变压器油、锭子油、15号车用机油等产品。1961年8月,刘放在大连主持召开全国炼油厂会议,对大庆原油加工会战进行了系统总结,为其他炼油厂加工大庆原油提供了宝贵经验。

解决了炼制问题后,石油工业部开始着重对炼油厂进行改造扩建,提高原油加工能力。抚顺石油二厂原是一个油页岩干馏厂,本身没有加工设备。1962年开始,石油工业部开始对石油二厂进行大规模技术改造和扩建,一期工程主要是对原有的油页岩加工装置和公用系统进行技术改造和填平补齐,另外抢建一套年加工原油能力50万吨的常减压蒸馏装置和一套年处理量30万吨的热裂化装置。锦西石油五厂原来是全国唯一的一座煤低温干馏厂,有一套小型天然油蒸馏装置和一套小型天然油热裂化装置,1962年抢建了一套50万吨的常减压蒸馏装置,1963年开始又进行了大规模扩建,先后建成我国第一套年加工3万吨的尿素脱蜡装置、第二套新型常减压蒸馏装置和热裂化装置,以及一批润滑油生产装置,成为既能生产高级燃料油,又能生产高级润滑油的大型现代化炼油厂。

1963年对于我国炼油工业来说是值得永远铭记的一年。1月23日,石油工业部党组向中共中央和国务院上报了《关于石油产品立足于国内的两个方案的报告》,提出了"石油产品自给计划",明确了国内油品"三年基本过关、五年立足于国内"的奋斗目标。

1963年年底,大庆油田基本建成,大庆炼油厂一期工程也建成投入使用。1963年当年,全国加工原油604.9万吨,油品品种增加到440种,汽油、柴油、煤油和润滑油四大类油品产量达314.7万吨,油品自给率提高到71.5%。

1963年12月25日,新华社发布了"我国石油产品基本自给"的消息。12月26日,《人民日报》在头版头条也刊登了这一消息。消息中说:

我国石油工业今年又获丰收。到12月11日，全国原油产量已经超额完成今年国家计划；汽油、柴油、煤油和润滑油等主要油品的产量，早在11月26日就全面完成了国家计划。

今年石油工业给农业、轻工业和化学工业提供的一些产品：硫铵、炭黑、洗涤剂原料、石蜡、沥青等，也都提前1个多月完成了全年国家计划，产量比去年分别增长了18%～35%。

石油的品种也比过去增加了。现在全国已能生产好几百种石油产品，比1957年增加了2倍。过去依赖进口的许多高级石油产品，这几年都已试制成功和正式生产。油品合格率已达到99.98%，使用性能达到了国家规定的各项指标。

由于石油产量和品种迅速增加，现在我国需要的石油产品已经可以基本自给。我国过去一直是依靠国外进口"洋油"，现在随着我国石油工业的建立和迅速发展，中国人民使用"洋油"的时代，即将一去不复返了。

在大量增加石油生产的同时，今年石油工业的建设规模也大大超过往年。仅新建成的炼油装置总加工能力就比去年新建的增加了4倍多。这些工程质量都很好，经国家验收被评为优良级的占77.5%；很多重点工程都是一次试车投产成功。如已在今年建成由我国自己设计和建设的大型炼油厂，建设时间比过去建设的同类炼油厂缩短了将近1年，投资省，用材料少，并且充分采用了我国炼油工艺技术的最新成就，各项技术经济指标都比较先进，建筑安装质量全部达到了国家标准。

今年各地石油企业都广泛深入地开展了增产节约运动。因而，不但月月季季超额完成生产计划，各项主要技术经济指标也普遍提高。据前三季度的统计，全国钻井、采油、炼油等各项可比主要技术经济指标中，已有四分之三超过历史先进水平。

石油产品基本自给，给急需石油的社会主义中国带来了一支欢欣鼓舞的强心剂。郭沫若在《满江红·颂石油自给》中写道：

一滴煤油，一珠血，人都知道。旧时代，因循苟且，叩头乞讨。命运全凭天摆布，咽喉一任人捣倒。玉门关，锁匙也因人，堪愤恼！破迷信，碎镣铐！主奖励，抓领导。仅三年，地底潜龙飞跃。众志成城四第一，铁人如海全五好。颂今朝，解放地球军，强哉矫！

1964年，石油勘探重点转移到渤海湾盆地之后，先后发现了胜利油田和大港油田。中国石油工业继大庆油田之后，又取得了重要突破。1965年，我国原油产量达到1 131.5万吨，国内消费的原油以及石油产品真正达到了全部自给，实现了中国石油工业发展史上的一次新飞跃。

大会战组织形式的巨大成功

大庆石油会战最重要的经验就是大会战组织形式和集中兵力打歼灭战的经验。大庆石油会战胜利后，石油工业部采用大庆石油会战的组织形式，以集中兵力打歼灭战的方式,陆续组织开展了华北石油会战等系列会战,相继发现了胜利油田、大港油田等众多油田,推动了我国石油工业持续向前发展,并最终攀上了原油产量1亿吨的高峰。

石油工业大会战组织形式的探索始于川中会战。1958年3月中旬,四川接连传来振奋人心的好消息。3月10日,龙女寺2井喷油,日产油60多吨;3月12日,南充3井喷油,日产油300多吨;3月16日,蓬莱1井喷油,日产油100多吨。消息传来,石油工业部沸腾了:这3个构造相距200多公里,每个构造面积都上百平方公里,竟然相继喷出高产油流,足以证明,在物产丰富的天府之国终于发现了大油田,这可是抱了一个大"金娃娃"。

3月16日,余秋里主持召开部党组会,专门研究四川石油勘探形势及今后的工作安排。4月2日,余秋里、康世恩和勘探司司长唐克前往南充进行实地调查研究,决定以大会战形式集中勘探开发川中地区。

4月3日到21日,石油工业部在四川南充召开石油勘探现场会。康世恩在现场会上作了大战川中的动员报告,决定从玉门、新疆、青海等地抽调队伍,在这个地区摆开68部钻机进行集中勘探,在喷油的南充、蓬莱镇、龙女寺选定20口关键井作为主攻目标,展开川中石油会战。从小到大、由浅入深、土洋结合,以最快的方法,生产最多的石油。

随后,石油工业部迅速从全国各油田抽调人员队伍和物资装备进入四川。1958年6月,石油工业部将四川石油勘探局改名为四川石油管理局,下设川中、川南2个矿务局,四川石油管理局的钻井队增加至115个,石油职工人数达到36 837人,石油工业第一次大会战在川中全面打响。

会战开始后,结果却事与愿违。四川石油管理局艰苦奋战,共打井70口,其中5个构造上的23口井喷出了原油。原定的20口关键井中,钻完了19口,其中6口井在钻井过程中发生井喷,但喷油量相差悬殊。经过试油投产的一些井,投产前后产量大不相同,实际产量下降很快。原来喷油的几口井也都发生了变化,龙女寺2井、南充3井、蓬莱1井都先后停止了喷油。一直到1959年3月,石油工业部在四川地区钻探81口井,勘探效果很不理想,大批来自川中地层的第一手资料已经无可反驳地证实,川中油藏属于裂缝性油藏,川中属于大面积的贫矿油田。

1959年3月,在四川南充召开的石油工业部地质勘探和基本建设会议上,康世恩实事求是地总结了川中地区勘探工作,宣布了部党组的决定,结束了石油工业部组织的第一次会战——川中会战。经过1年的艰苦努力,石油工业部在四川找到了蓬莱、桂花等7个小油田,形成了年产10万吨的生产规模,结束了四川和大西南无油的历史。

由于地质和经验等原因,川中会战没有实现原定的目标任务。但在基层管理上,形成了"支部建在连上"的政治工作经验,开始在基层队伍中建立党支部,设立政治指导员。同时,川中会战锻炼了队伍,找到了一条集中优势兵力打歼灭战,用大会战方式勘探开发大油田的方法和途径,为随即展开的大庆石油会战积累了经验。

大庆油田的发现对于严重缺油的社会主义中国无疑是一个重大的喜讯。但当时东北地区石油勘探开发的基础十分薄弱,松辽石油勘探局加上石油工业部调集支援,也只有 20 多部钻机,不到 5 000 名职工,缺队伍、缺人才、缺物资、缺资金、缺经验,勘探开发大庆油田面临的形势之急、规模之大、困难之多在石油工业史上都是空前的。特别是当时我国国民经济正处于严重困难时期,国家拿不出足够的资金和设备,如果按部就班地去搞,不仅很难尽快改变石油工业落后的局面,还会拖国家建设的后腿。

石油工业部领导慎重考虑后,决定把集中优势兵力、变全局劣势为局部优势的军事原理应用到工业建设中来,贯彻集中优势兵力打歼灭战的战略思想,再次采取大会战的组织形式勘探开发大庆油田。

资源保障是大会战部署的关键一环。川中会战之所以没有达到目的,其根本原因在于地下资源不清,勘探方向不明。当时虽然已经取得了喜人的勘探发现,但归根到底是地下情况变化大,地层储量无保障,"巧妇难为无米之炊",再优势的兵力也无法取得决定性胜利。而石油工业部之所以在很短时间内决定再次组织大庆石油会战,是因为方向已经明确,形势已经明朗。会战之前就已经确认大庆长垣北起喇嘛甸、南至敖包塔是一个大型背斜构造,并探明了高台子到葡萄花一线 200 多平方公里的含油面积,重点井都经过了长期试采,已经证明,大庆油田不但是一个大油田,而且是一个活油田、好油田。

如何加快开发建设,尽快生产出石油,突击方向同样重要。甩开勘探"三点定乾坤",在萨尔图、喇嘛甸、杏树岗三个构造带取得突破之后,余秋里当机立断,迅速调整会战部署,挥师北上,把会战主攻重点放在了长垣北部地质条件更好,交通更加便利,更适合首先夺取的萨尔图。1960 年 4 月,会战工委又锁定萨尔图生产试验区作为主攻方向,集中全战区 90% 以上的人力和物力投入生产试验区,仅用 1 个多月时间,就于 1960 年 6 月 1 日运出了大庆石油会战的第一列车原油,取得了会战的初步胜利。

集中优势兵力打歼灭战是大会战组织的根本基础。为了集中优势兵力,在大庆石油会战筹备期间,石油工业部党组就对参加会战队伍的组织提出了具体要求。采取"拔萝卜""割韭菜""切西瓜"的形式,组织动员了石油工业部机关,全国 11 个省、自治区、直辖市的 37 个石油局、厂、院、校的职工和复员转业官兵共 13 路大军,迅速集结了 4 万多人的队伍。

在组织大会战的过程中,会战工委也十分注重优势兵力的集中使用。4 万多人的会战队伍和近 60 台钻机及其他器材设备主要集中在 30 平方公里的萨中生产试验区和一批重点工程上,分战役进行重点突击。在整体部署上,同样采用集中兵力打歼灭战的办法,坚持全面规划,分期分批建设,先上对整个生产有决定意义的工程,后上其他工程;先上当前生产急需的工程,后上为以后生产做准备的工程。在施工安排时,从主体到辅助工程,成龙配套,保证开一个,完一个,投产一个。通过集中优势兵力和优势资源,克服了会战面临的种种困难,解决了资金、物资和装备不足的矛盾,会战迅速取得突破,仅开始的当年就为国家生产了近百万吨原油。

各专业、各工种的协同配合是大会战成功的必由之路。大庆石油会战是一场多工种、大范围、群体性的大协作。大庆石油会战之初,会战工委先后组建了钻井、勘探、采油、基建、供水、供电、通信、供应、运输等 10 多个专业指挥部,会战中先是把钻井作为重点,将有限的物资、设备优先保证钻井,并把每一台钻机按钻井工序排出运行计划,每天一检查,10 天一分析,确保正点到达。随着油井数量的增加,又把工作重点转移到八大系统工程的配套建设上,总调度室组织"百车会战",把大宗物资送到现场,钻井、采油、基建等单位有序衔接,按期配套建成集油、输油、储油、注水、供电、机修、通信、道路八大系统工程。

强有力的思想政治工作是大会战顺利推进的力量源泉。石油大会战是特定历史时期特殊情况下的特殊组织形式,往往存在很多生产、生活困难,而且由于人员来自四面八方,思想、素质、能力并不完全一致,很容易出现这样或那样的思想问题。大庆石油会战一开始,几万人的会战队伍一下子涌进荒凉的萨尔图草原,"头上青天一顶,脚下荒原一片",生产、生活条件基本不具备,职工的思想作风和行动也不一致,轰轰烈烈的石油大会战也曾经出现了思想不统一、队伍不稳定、工作没标准、生产无秩序的情况。会战工委从组织职工学习《实践论》《矛盾论》入手,坚持"两论"起家,发挥思想政治工作优势,通过选树"铁人"王进喜等突出典型做引领,开展群众运动,把思想引领、作风建设和生产实践紧密结合,鼓舞广大会战职工在艰苦条件下"有条件要上,没有条件创造条件也要上",坚决把会战打了上去。

大庆石油会战是石油勘探开发史上的创举,是大会战组织形式的一次成功实践。石油工业部坚持一切从实际出发,抓住了石油工业发展的主要矛盾,通过大会战组织模式,集中整个石油系统的优势资源,在具有决定意义的重要地区组织开展歼灭战、攻坚战,在特定的条件下,通过这种集中和大协作的方式,正确把握全局与局部、优势与劣势、战略与战役、重点与一般、集中与分散的辩证关系,实现了首先创造局部优势,最终夺取全局胜利的巨大成功,迅速改变了我国石油工业的落后面貌,充分体现了社会主义制度下集中力量办大事的优越性。

大庆石油会战的胜利直接体现了大会战组织管理模式的巨大成功。继大庆石油会战胜利后,石油工业部乘胜追击,以大会战的形式和大庆经验,又先后部署了华北、辽河、江汉、陕甘宁等系列会战,取得了一次又一次的胜利,发现了一个又一个的油田,全国石油产量迅速从 1949 年的 12 万吨增长到 1978 年的 1 亿吨,迎来了石油工业蓬勃发展的新篇章。

第二十章

全国工业学大庆
大庆精神广传扬

1964年年初,毛泽东提出要"工业学大庆"。2月5日,中共中央下发了《中共中央关于传达石油工业部〈关于大庆石油会战情况的报告〉的通知》(中发64-78号),号召全国的工业企业学习大庆油田自力更生、艰苦奋斗的精神,全面推动社会主义建设事业。中央和全国各地媒体开始陆续宣传大庆石油会战的成就和经验,报道以王进喜为代表的广大会战职工,在"头上青天一顶,脚下荒原一片"的松辽平原上坚持"两论"起家,为国争光、为民族争气,独立自主、自力更生的艰苦创业精神和"宁肯少活二十年,拼命也要拿下大油田"的英雄事迹,推动了影响深远的"工业学大庆"运动,掀起了学习大庆经验、创建大庆式企业的热潮,大庆油田由此成为我国工业战线一面鲜艳的红旗。

毛主席号召"工业学大庆"

大庆石油会战轰轰烈烈地展开,很早就在石油系统内部广为传扬。但当时出于保密工作的需要,在其他行业,大庆油田和大庆石油会战一直鲜为人知。会战期间,会战总指挥部对外称"萨尔图农垦总场",下属单位称"农垦分场",职工们的工服都印着"农垦"字样,就连职工子弟学校、职工医院等也都以"农垦"冠名。1964年年初,中共中央提出"工业学大庆",大庆油田才开始逐渐为全国人民所熟知。

大庆石油会战的成功受到了东北局的高度关注。1963年7月,东北局决定认真总结大庆石油会战经验,并召开一次现场交流会。为了开好这次会议,7月2日,东北局专门派出由东北局计委,黑龙江省计委、经委等部门组成的联合工作组,到大庆油田进行了实地调查,调查认为,大庆石油会战的经验不仅适用于石油战线,而且具有普遍意义,这是东北地区工业交通战线出现的新事物,应该在全区推广。

1963 年 10 月下旬,国家经委和东北局经委在大庆油田召开"东北地区基层工业企业经验交流现场会"。参加会议的有辽宁、吉林、黑龙江三省和 15 个市的工交部门,东北地区 101 家厂矿企业的领导干部,以及国家经委、东北局经委的专家与负责人等共 200 多人。会议由国家经委第一副主任谷牧、东北局经委主任顾卓新主持。

按照会议安排,会议代表首先轮流参观了 20 个基层单位,包括钻井队、采油队、施工现场、集油站、家属缝补厂以及"地宫"、油库、新建的炼油厂等。然后由会战总指挥部副总指挥张文彬汇报 3 年石油会战进展情况,副总指挥陈李中汇报油田地面建设及集中优势兵力打歼灭战情况,副总指挥、生产办公室主任宋振明汇报坚持基层岗位责任制情况,副书记吴星峰汇报加强思想政治工作情况。通过这些参观考察与听取情况汇报,与会代表反响热烈,一致认为大庆石油会战是我国工业战线的一项创举,高度赞扬了大庆石油人的艰苦奋斗精神,以及在科研工作、生产管理上取得的成就与经验。会议结束的前一天,余秋里专程从北京赶来作了一个简短发言,他反复强调,大庆的经验归结到一点,就是"社会主义现代化企业必须革命化"。

在东北局第一书记宋任穷的直接推动下,东北局开始逐步总结推广大庆石油会战经验。"东北地区基层工业企业经验交流现场会"结束后,按照宋任穷的要求,东北局结合会议情况,向中共中央上报了《关于大庆油田现场会议的报告》。报告从大庆油田集中兵力打歼灭战、做大量细致艰苦基础工作、加强基层建设、大胆突破技术难关、搞好职工生活、建设好领导班子和做好政治思想工作等方面概括总结了大庆石油会战的基本经验。同时,决定广泛宣传大庆石油会战的事迹和经验,指定由康世恩作一个相关的报告。1963 年 11 月 6 日,康世恩在国家经委召开的全国工业交通工作会议上作了报告,反响十分热烈。

1964 年 1 月 3 日,东北局又发出了《关于切实推广松辽油田经验给各级党委的一封信》,要求全区的工业、交通、农业、财贸、科学、文教等部门要认真学习和运用大庆经验。信中说:

> 1963 年 10 月在松辽油田(即大庆油田)召开现场会,全面介绍了松辽油田经验。2 个多月来的事实证明,凡是认真学习了油田经验的企业,都开始收到很好的效果,工作和生产的面貌为之一新。为了进一步建设好社会主义工业和管理好社会主义企业,争取国民经济在调整、巩固、充实、提高的基础上以较快的速度向前发展,松辽油田的经验是具有普遍意义的,它的精神实质对于非工业部门也是适用的。

1964 年年初,大庆油田还组织报告团到沈阳,为东北局和辽宁省机关干部作了专题报告。报告会后,宋任穷特地会见了宋振明和"铁人"王进喜。

东北局上报《关于大庆油田现场会议的报告》后,中共中央也开始逐步宣传总结大庆石油会战经验。1963年11月19日,余秋里以之前康世恩的报告为基础,略加修改,在第二届全国人民代表大会第四次会议上向大会代表作了汇报。

12月24日,由中共中央政治局委员、书记处书记,北京市委第一书记、市长彭真主持,康世恩应邀向北京市1万多名干部作了大庆石油会战情况的报告。这是第一次公开进行的关于大庆石油会战情况的报告,康世恩系统总结了大庆石油会战的历程、成果、做法和经验。彭真高度赞扬了大庆石油会战,高度评价了大庆经验和大庆精神,并强调指出,如何来领导一个企业,如何来管理一个企业,解放十几年来,中央一直想找一个典型,石油工业部的大庆油田就是这样一个典型。

12月28日,由彭真主持,余秋里在人民大会堂向中央国家机关17级以上干部又作了大庆石油会战情况的汇报,让大庆石油会战在首都北京引起更大的轰动。

1964年1月22日,石油工业部党组正式向中共中央上报了《关于大庆石油会战情况的报告》。

毛泽东主席一直十分关注大庆石油会战的情况。1963年9月起,他多次在公开讲话中谈到石油工业部和大庆油田,充分肯定了大庆石油会战。

1964年1月7日,毛泽东在听取全国工业交通情况汇报时,表扬了石油工业部经验和大庆"铁人"王进喜,并指示报纸要写点新鲜事物,报道学习解放军、学习石油工业部。

1964年1月下旬的一天,余秋里接到通知,说毛泽东主席约他去中南海谈话。等余秋里到达中南海丰泽园的时候,周恩来、陈云、邓小平、李富春、李先念等领导人都已经到了。毛主席心情很好,笑着让余秋里给大家讲讲石油大会战。

余秋里没有想到毛主席要谈的是大庆石油会战,因为自己在第二届全国人民代表大会第四次会议上汇报石油工业发展情况的时候,这些都讲过,那时毛主席就坐在主席台上。在路上他自己还一直在盘算,毛主席是不是要听一听华北石油勘探的情况,因为在大庆石油会战胜利后,石油工业部已经做出了转战华北、进军渤海湾的决定,并向中共中央提出了组织华北石油会战的申请。

看到余秋里的疑惑,陈云鼓励他再讲讲大会战的情况。余秋里就开始向毛主席和在座的各位领导人汇报大庆石油会战的基本情况,虽然没有准备,但他亲身经历了这场战役,讲起来如数家珍,原定半小时的谈话,不知不觉就进行了2个半小时。

听过余秋里的汇报,毛主席很满意,他表扬了余秋里,指出,工业就要这个搞法,要向石油工业部学习,要学大庆。

1964年1月25日,《人民日报》以头版头条通栏刊出毛泽东的号召——"工业学大庆"。

1964年2月5日,中共中央以中发64-78号文件,下发了《中共中央关于传达石油工业部〈关于大庆石油会战情况的报告〉的通知》,号召全国各系统和工业企业都来学习大庆石油会战的成功经验。

1964年2月13日,在人民大会堂召开的春节座谈会上,毛泽东主席再次发出学大庆的号召。2月13日是农历正月初一,下午3点,毛主席主持在人民大会堂八厅召开座谈会,出席座谈会的有刘少奇、邓小平、彭真、陆定一、郭沫若、张劲夫、陈叔通等16人。毛主席和大家谈了很多国际、国内的问题,在谈到工作方法时,他特意提到了大庆油田,要求全国都要学解放军,学石油工业部大庆,因为最近石油工业部大庆油田出了400多万吨原油,建成了100万吨的炼油厂,只花了3年时间,7亿多元,投资少,时间短,效果大;每一个部都应该学石油工业部,学解放军,搞一套好经验。

1964年12月26日,毛泽东再次强调"工业学大庆"。这一天是毛主席71岁生日,这是他平生第一次,也是最后一次公开的生日宴会。那一天,他在人民大会堂的小宴会厅里安排了3桌酒席,用他自己的话说,是用自己的稿费请大家吃顿饭。他很重视这次宴请,就连哪位客人坐在哪个座位上,他都亲自列了单子。当时王进喜正在北京参加第三届全国人民代表大会第一次会议。散会时,他被通知不要走,同时接到通知的还有陈永贵、董加耕、邢燕子等人。不一会儿,周恩来总理把他们领到一间休息室,朱德委员长已等在那里,见面后聊了一会儿,大家来到一间小宴会厅,看到那里摆了好几张桌子,许多党和国家领导人早已等在那里。

没几分钟,毛主席来了,大家都站起来热烈鼓掌。王进喜被安排在主桌,大家围着毛主席依次落座:董加耕坐在毛主席左边,挨着董加耕的是王进喜,邢燕子在毛主席右边,他身边是陈永贵。王进喜的左边是余秋里,依次还有曾志、钱学森、彭真、罗瑞卿等。

大家坐定后,毛主席说:"今天既不是做生日,也不是祝寿,而是实行'三同'。我用我的稿费请大家吃顿饭,我的孩子没让来,他们不够资格。这里有工人、农民、解放军,不光吃饭,还要谈话嘛!"

这顿饭很简朴,总共12道菜,以蔬菜为主,也摆了红、白、黄3种酒。王进喜没喝酒,吃得也不多,很少说话,就是坐在那里看着毛主席,听毛主席讲话。对于几位劳模,毛主席一个一个地询问情况,谈到大庆时,毛主席说:"余秋里和石油工人们一起搞出个大庆来,很不错嘛!石油工人干得很凶,打得好!"又说:"铁人是工业带头人,要工业学大庆。"

毛主席还亲自指示,要宣传石油工业部,宣传大庆油田。在中共中央的要求和新闻媒体、文艺作品的广泛宣传下,工业学大庆运动在全国广泛开展起来。这也标志着,在大庆石油会战中孕育形成的大庆精神和铁人精神开始逐步走向全国,成为全国工业战线的一面旗帜。

中发64-78号文件

在大庆油田的历史上,有一个中央文件十分重要,这就是1964年2月5日中共中央下发的中发 64-78 号文件《中共中央关于传达石油工业部〈关于大庆石油会战情况的报告〉的通知》。这一文件系统总结了大庆石油会战的成果和经验，对于在全国范围内宣传大庆石油会战中的独立自主、自力更生和科学求实、艰苦创业的精神，学习发展大庆经验发挥了至关重要的作用。

1964 年 1 月 22 日，石油工业部党组向中共中央呈报《大庆石油会战情况的报告》后，中央很快以中发 64-78 号文件，向各中央局，各省、市、自治区党委，中央各部、委，国家机关和人民团体各党组，解放军总政治部下发了《中共中央关于传达石油工业部〈关于大庆石油会战情况的报告〉的通知》。通知指出：

> 石油工业部关于大庆石油会战情况的报告很好。中央一级机关和北京市的干部以及一些工厂企业的职工同志们听了这个报告以后，反映很好、很强烈，极大地推动了各方面的工作。现在，中央决定在全国工交、财贸、文教系统和各级机关、团体、部队中，普遍传达这个报告，一直传达到基层单位。

> 大庆油田的经验虽然有其特殊性，但是具有普遍意义。他们贯彻执行了党的社会主义建设总路线，坚持政治挂帅，坚持群众路线，系统地学习和运用解放军政治工作经验，把政治思想、革命干劲和科学管理紧密结合起来，把工作做活了，把事情做活了。它是一个多快好省的典型。它的一些主要经验，不仅在工业部门中适用，在交通、财贸、文教各部门，在党、政、军、群众团体的各级机关中也都适用，或者可做参考。

> 为了便于组织传达，除了发给你们若干份文件以外，并且把这个报告制成了录音。你们可以组织党内外干部先听录音，然后进行讨论。也可以同时向一般工作人员和全体职工放录音。具体办法，请你们规定。

> 讨论中各方面的反映，特别是工厂企业基层单位的反映，请你们最近即选一些报送中央。

石油工业部的报告主要分成 2 个部分，除在第一部分介绍石油会战的成就外，重点在第二部分总结了大庆石油会战创造的 9 条经验。

一是社会主义的现代化企业必须革命化。大庆石油会战是在比较困难的时候，比较困难的地方，比较困难的条件下打上去的，是采取革命的办法打上去的。革命化就是坚定不移地坚持正确的政治方向，用毛泽东思想武装广大职工的头脑，讲人的作用，讲工人阶级的革命精神、革命干劲和革命风格，以高度的革命精神，把工作做细致、做扎实，实事求是地调查研究，把步子走得更正、更好。

二是高度的革命精神与严格的科学精神相结合。把干部职工的革命干劲鼓到搞科学研究上去，鼓到搞第一性资料上去，鼓到掌握自然界的客观规律上去，鼓到扎扎实实的工作上去，鼓到生产上去。高度的革命精神、冲天的革命干劲与严格的科学精神结合在一起，才能发挥巨大的威力，才能使主观与客观一致，在生产上和科学技术上达到预期的效果，做出很好的成绩。

三是现代化企业要认真搞群众运动。大庆石油会战本身就是一个大规模的群众运动。在职工中树立鲜明的旗帜,积极开展"五好"运动和总结评功,涌现出以 1205 钻井队为代表的"五好"单位 212 个,以"铁人"王进喜为代表的"五好"红旗手 1 万多名。群众运动以搞好生产为目的,充分调动了职工群众的积极性。

四是认真做好基础工作,狠抓基层建设。要想办好一个企业,必须把根基打得扎扎实实、牢牢靠靠,生产秩序就会井井有条,生产就会稳定上升,队伍就能打硬仗,就可以有效地贯彻执行党的方针政策。油田通过加强基础工作,大搞技术练兵,建立基层生产岗位责任制,保证了油田生产平稳运行。

五是领导干部亲临前线,一切为了生产。从群众中来,到群众中去,和群众同甘共苦,向群众学习,汲取群众的智慧,克服和避免了官僚主义作风。

六是积极培养和大胆提拔年轻干部。打破"唯资格论""唯学历论"框框,大胆提拔 1 000 多名政治思想好、有能力的年轻干部,其中总工程师 8 名、主任工程师 63 名、工程师和地质师 307 名。这些年轻干部成为石油大会战的骨干,为会战胜利做出了重要贡献。

七是培养一个好作风。以解放军的"三八"作风为榜样,培养树立"三老四严""四个一样"优良作风,把革命精神和扎扎实实的工作态度具体化,成为人们日常行动的准则,有效克服"一粗、二松、三不狠"的老毛病。

八是全面关心职工生活。领导对职工越是关心,职工越是感到党对他们的关怀和温暖,就越是集中精力搞好生产。大庆油田一手抓生产,一手抓生活,积极解决职工的实际困难,保证了会战队伍的坚强有力。

九是认真地学习人民解放军的政治工作经验。高举毛泽东思想红旗,发扬革命精神,结合石油工业的特点,认真地学习人民解放军的政治工作经验,大搞岗位练兵,开展总结评功,坚持做好一人一事的活的思想工作等。

中共中央的文件下发后,"大庆"这个原来鲜为人知的名字开始迅速传遍全国各地。随中央文件下发的石油工业部的报告在全国引起了巨大轰动。在经历了重重困难和艰苦曲折之后,看到、听到这样一个长志气、提士气的生动报告,人们都感到无比的激动和振奋。人们赞颂大庆的创业精神,赞扬大庆的"铁人"王进喜,广播、报纸陆续开始宣传大庆石油会战,全国各地的信件开始从四面八方飞向大庆油田,大庆油田迅速成为全国人民关注的焦点。

1964 年上半年,王进喜应邀到北京作报告,在中央机关、北京市和社会各界引起强烈反响。年底,他被选为全国人大代表,到北京参加三届全国人大一次会议。会议期间,他还代表全国石油工人作了《为实现石油自给,艰苦奋斗不息》的大会发言。

为了做好这次发言,王进喜认真准备,康世恩还手把手教他怎么讲。可真正在金碧辉煌的人民大会堂面对上万名听众讲话时,王进喜还是有点紧张。为了不讲错,他用手指在讲稿上比着一行一行地讲。他以大庆石油会战为背景,以自己工作过的 1205 钻井队和钻井二大队为主线,汇报了大庆石油工人自力更生、迎难而上,与恶劣的自然环境斗,与各种困难条件斗,顽强拼搏,艰苦创业,终于取得了大庆石油会战的伟大胜利。他的发言内容真实,事迹生动,感染了现场的上万名听众,不时响起热烈的掌声。大家鼓掌时,王进喜也跟着鼓掌,但鼓过掌后一时找不到自己刚才讲到哪一行了。王进喜索性就脱开讲稿,按照自己准备的内容讲了起来。他念起自己的一首短诗:"石油工人一声吼,地球也要抖三抖。石油工人干劲大,天大的困难也不怕!"顿时,整个大会堂响起了经久不息的掌声。

大庆油田的发展凝聚着周恩来总理的心血。他不仅在石油大会战过程中始终关心关注大庆油田,先后3次到大庆油田视察,多次做出重要指示,还多次宣传总结大庆石油会战经验,号召学习大庆油田。

1964年12月21日,第三届全国人民代表大会第一次会议在北京召开,周恩来总理代表国务院作政府工作报告。在报告中,周总理列举了山西省昔阳县大寨大队、大庆油田的典型经验和我国第一颗原子弹的制成,具体说明我国自力更生进行经济建设和国防建设的成就,总结并肯定了大庆经验。他在报告中说:"第二个五年计划期间建设起来的大庆油田,是根据我国地质专家独创的石油地质理论进行勘探而发现的。它的全部开发工程,包括设计、钻探、采油以及现代化的炼油厂的建设,完全是依靠我们自己的力量进行的⋯⋯这个油田的勘探和开发速度是最快的,建设质量是优等的,采油技术和管理水平是很高的,有一些是世界第一流的。现在,由于大庆油田的开发和一些新炼油厂的建成,我国经济建设、国防建设和人民生活所需要的石油,不论在数量或者品种方面,基本上都实现自给了。"

周总理还指出,大庆油田的建设是"两论"起家,就是通过学习《实践论》和《矛盾论》,用辩证唯物主义的观点和方法,去分析解决建设工作中的一系列问题。这个油田的建设,也是学习解放军,具体运用解放军政治工作经验的典范。依靠党的领导,依靠群众,这是我们取得革命和建设胜利的最根本保证,石油工业部、大庆油田就是这方面的先进典型。各级领导机关、各种事业单位和广大干部要学习解放军,学习大庆的彻底革命化的精神和工作作风,使自己在革命化的道路上向前迈进。

1965年1月14日,中共中央将这个报告发给了党内县团级以上干部学习。

1964年开始,全国各地来大庆参观学习的人络绎不绝,油田每天都要接待来自北京和其他各地的干部职工。仅1964年5月到10月,就有1万多人到大庆油田参观学习。从1964年年初到8月,邓小平、朱德、董必武、彭真、李富春、薄一波、刘伯承、杨尚昆等党和国家领导人先后视察大庆油田,直接推动了工业学大庆的热潮。

⚙ 大庆精神　大庆人

"工业学大庆"号召发出后,全国开始公开宣传大庆石油会战的事迹和经验。新闻和文艺工作者纷纷来到大庆油田采访创作,一批新闻作品最先见诸报端,让大庆石油会战和大庆石油工人的形象鲜明地展现在全国人民面前。长篇通讯《大庆精神　大庆人》就是其中的突出代表，也是第一次对大庆油田的公开报道。

1964 年 1 月 15 日，由中共中央宣传部直接组织的新闻采访团来到大庆油田。采访团由人民日报社副总编辑王揖任团长，成员由新华社、人民日报社等新闻单位的 20 余人组成，《大庆精神　大庆人》的作者袁木和范荣康就在其中。采访团一到大庆，就立即投入工作，听汇报、看材料、下基层，很快就拿出了一个详细的报道计划，决定第一篇报道就采写关于大庆油田全面情况和成就经验的长篇通讯。至于怎样采写、从哪里入手，讨论会上，袁木和范荣康提出，来到大庆听了那么多振奋人心的感人故事，应当首先写人的活动、人的精神风貌，通过人和事来体现大庆的经验和精神成果。他们的建议得到了采访团团长王揖和石油工业部副部长、大庆会战工委书记徐今强的肯定，新闻采写任务就落实给了袁木和范荣康。

当时，袁木是新华社记者，范荣康是《人民日报》评论员。他们对大庆油田的一切都感到新鲜，对油田火热的生产场面产生了浓厚的兴趣，更被大庆石油人战天斗地的豪迈情怀深深打动。接受任务后，他们白天下基层采访，晚上看材料、整理笔记，连走路、吃饭都在琢磨怎么把这篇大文章做好，听到有人讲油田的人和事，总要刨根问底搞清楚。他们根据已掌握的线索，精心挑选了蔡升"万里测温"、谭学陵"万点调查"、方永华"捞岩芯"和"五毫米见精神"等典型故事，认真采访了每一位当事人，让石油大会战和大庆石油工人的形象鲜明生动、跃然纸上。他们按照"为了祖国和人民""科学求实""严细成风""爱岗敬业""甘于奉献"等创作了小标题，还精心设计了"又回到了延安"的开头和"冷一冷"的结尾，一共用了 2 个月的时间完成了这篇文章的创作。

《大庆精神　大庆人》最初的题目叫作《来到大庆，回到延安》。袁木、范荣康反复斟酌后，又改为《大庆人·大庆精神》，并加上了一个副标题"又到了一次延安——大庆油田纪行"。

审稿时，团长王揖提出副标题影响主标题的鲜明性和冲击力，主张删掉。但袁木、范荣康坚决不同意，他们认为，只有加上这个副标题才能点明文章的主题，才能写清大庆精神的实质和继承性。在双方各持己见时，女记者胡济邦提出建议，把副标题删掉，把开头写"又回到了延安"的内容加强，然后加个"延安革命精神发扬光大"的小标题，大家都觉得这样处理很好。

文章发表时，题目最终确定为更加简练醒目的《大庆精神　大庆人》。1964 年 4 月 19 日晚，中央人民广播电台全文播出了这一长篇通讯。4 月 20 日，《人民日报》在头版《学习大庆经验，把革命干劲和科学精神结合起来》的通栏标题下，全文刊登了这篇文章，并配发了题为《崇高的榜样》的编后语。编后语中说："大庆精神，就是无产阶级的革命精神。大庆人，是特种材料制成的人，就是用无产阶级革命精神武装起来的人。这种精神，这种人，正是我们学习的崇高榜样。"

《大庆精神　大庆人》是第一篇公开向全国报道大庆石油会战的新闻作品，并第一次提出了大庆精神的概念。4 月 20 日,《光明日报》等全国各大报纸都在头版头条刊登了这篇通讯。之后,新华社和《人民日报》又陆续发表了《永不卷刃的尖刀——记大庆油田一二〇二钻井队》《在岗位上——大庆油田李天照采油井组纪事》《在革命化的道路上——大庆油田工人座谈会记录》《他们是怎样看、怎样做思想政治工作的?——大庆油田基层政治工作人员座谈会记录》《康庄大道——大庆油田自力更生赞歌》等多篇关于大庆油田的报道,在全国引起强烈反响,使大庆石油人受到极大的鼓舞和鞭策,大庆油田也从此开始享誉全国。

按照中共中央要求,一大批文化艺术工作者也陆续来到大庆油田开展创作,通过美术、音乐、话剧、电影等不同的文艺形式,讴歌中国工人阶级在社会主义建设中的创造性劳动。纪录片《大庆战歌》、话剧《初升的太阳》、歌曲《我为祖国献石油》和《大庆家属闹革命》等便是这一时期产生的优秀作品。

《大庆战歌》是按照周恩来总理的指示拍摄的"艺术性纪录片",是我国第一部彩色艺术性纪录片,也可能是我国唯一一部真正意义上的艺术性纪录片。当时,上海电影制片厂准备由张骏祥、孙永平执导,拍摄一部反映大庆石油会战的故事片。周总理对此十分重视,他亲自找来导演张骏祥和孙永平,提出,不要拍摄故事片,要拍摄一部大型彩色艺术性纪录片,真实再现大庆石油会战的经典场面。

该片 1964 年年底开始拍摄。1966 年 6 月,正当《大庆战歌》摄制组加班加点赶拍的时候,"文化大革命"开始了,张骏祥被揪回上海接受审查批斗。副导演孙永平顶住压力,带领摄制组日夜奋战,赶制完成了剩余部分。1966 年 9 月,《大庆战歌》完成摄制并送审。因为当时"文化大革命"已经席卷全国,《大庆战歌》也被"四人帮"打入"冷宫"。

1976 年 10 月,粉碎"四人帮"之后,张骏祥重获自由,立即投入《大庆战歌》的重编工作。他和孙永平一起,把长达 2 个多小时的原片压缩到 1 个半小时,并将重编的影片再次送中央审查。1977 年 1 月,时隔 10 多年,《大庆战歌》获得中共中央批准,终于重见天日,在全国公开发行放映。

影片公映后,得到了全国人民的一致赞誉。该片以真人再现昔日场景的方式,展现了大庆石油会战和创业初期的大庆油田面貌,立体呈现了大会战中的石油工人和家属群体,尤其是对王进喜等石油工人的优秀代表进行了重点表现,通过人拉肩扛运钻机、端水打井保开钻、跳泥浆池制服井喷等经典场面,浓墨重彩赞扬讴歌了大庆石油会战中的独立自主和艰苦创业精神,成为艺术性纪录片的成功典范。而提出此片拍摄任务,并始终关怀支持这部影片的周恩来总理生前却未能看到《大庆战歌》的上映,成为该片的永久遗憾。

影片发行后,还被改编成《大庆战歌》连环画,由上海人民出版社出版,同样受到了社会各界的好评。

《我为祖国献石油》是一首 1964 年创作的优秀歌曲。1964 年 3 月,中国音乐家协会组织全国作曲家到大庆油田体验生活,准备集中创作一批反映石油工人的音乐作品。沈阳音乐学院院长李劫夫也接到了通知，要求他务必在 3 月 20 日到黑龙江省的萨尔图报到。由于身体原因，学院派年轻人秦咏诚陪同李劫夫前往。二人辗转到达大庆后，和其他音乐家一起同住在大庆石油会战总指挥部招待所。

从第二天开始，大庆油田为音乐家们安排介绍了有关石油方面的知识。从勘探、钻井到采油、炼油等，一连 10 天，一天一个内容。10 天后，油田又安排大家深入一线体验生活。李劫夫、秦咏诚和王莘被安排在"铁人"王进喜曾经担任队长的 1205 英雄钻井队，并在井队里和王进喜朝夕相处，一起生活了 3 天。王进喜和 1205 钻井队的事迹让秦咏诚对石油工人的认识得到了极大升华，情感上产生了强烈共鸣，"有条件要上，没有条件也要上"的大无畏精神和"石油工人一声吼，地球也要抖三抖"的革命英雄主义气概让他的心灵受到了强烈的震撼和巨大的冲击。

结束 3 天体验生活后，秦咏诚等回到招待所。会战工委为他们准备了一批反映大庆油田和石油工人工作生活内容的歌词，希望作曲家们谱曲。在老作曲家们挑选完后，秦咏诚也开始挑选，一首《我为祖国献石油》的歌词映入眼帘，让他心头一震。

《我为祖国献石油》的作者是大庆石油工人薛柱国。薛柱国 1957 年从部队转业，来到玉门石油文工团后，成为一名曲艺演员。1960 年，他参加大庆石油会战，做了一名外线电工。《我为祖国献石油》是他创作的一首诗歌，曾经在大庆石油会战总指挥部的一本宣传册上发表过。

《我为祖国献石油》歌词形象生动，人物鲜活，将石油工人豪迈、乐观的情绪和战天斗地的革命精神描绘得入木三分。秦咏诚越看越激动，在招待所食堂里，他用筷子敲着桌子打拍子，伴着鲜明跳动的节奏，仅用 20 分钟就完成了谱曲。回到学校后，他将作品唱给朋友和学生们听，听取并采纳大家的建议，将原来最后一句比较简洁的旋律改成了现在一气呵成的拖腔。

同年，时任中央音乐学院青年教师的刘秉义在一份音乐刊物上看到了《我为祖国献石油》的曲谱。他随口哼唱了几遍后，发现它节奏鲜明，振奋人心，演唱起来铿锵有力。刘秉义瞬间就被打动了，下决心一定要演唱好这首歌。那个年代本来就是"革命歌曲大家唱"，没有任何的版权概念，刘秉义在当年就录制了第一版唱片。

"文化大革命"期间，"四人帮"以"只见石油，不见路线"为由，禁止刘秉义演唱这首歌。消息传出，秦咏诚专程从沈阳来到北京与刘秉义商量对策。为了挽救这首歌，刘秉义想出了一个修改歌词的主意。他用了一个晚上的时间，将原先的歌词修改成"三面红旗迎彩霞，铁人精神传天下，毛泽东思想指引着我们，自力更生建设国家"。歌词改完，终于通过了审查。

"文化大革命"结束后，《我为祖国献石油》又恢复了本来的歌词，并一直传唱至今。1996 年，刘秉义凭借该曲获得了第一届中国金唱片奖。2019 年 6 月，该曲入选中宣部"庆祝中华人民共和国成立 70 周年优秀歌曲 100 首"，成为石油工人传唱不息的红色经典。

大庆精神广泛传播

大庆石油会战的成就和经验极大地鼓舞了全国人民和广大职工。工业学大庆,掀起了全国性的宣传大庆油田、学习大庆经验的热潮。尤其是各厂矿企业,在学习大庆油田的自力更生、艰苦奋斗精神的同时,纷纷以大庆为榜样,开展"比、学、赶、帮、超"和社会主义劳动竞赛,实行增产节约,像大庆人那样吃大苦、耐大劳,推动了工矿企业发展和社会主义建设。

大庆油田选树典型、靠典型引领的经验给第一汽车制造厂(简称一汽)很大启发。一汽各级领导干部亲自挂帅,深入基层,像大庆油田一样培养、总结自己的先进典型,还和基层干部一起,总结出了很多自己的"大庆式"经验。一汽所属的车身厂有一条车轮生产线,职工们坚持大搞技术革命,自己设计、自己制造,在这条生产线上搞出了60多项革新,实现了机械化、自动化,把职工们从每天搬运15吨零件的繁重体力劳动中解放出来,减轻了劳动强度,提高了生产效率,产量由53辆份一跃提高到120辆份,成为全厂学习的新典型。通过深入基层蹲点,一汽还总结出了发动机厂开展家属工作和加强集体宿舍思想政治工作的经验,热处理车间电气焊小组做后进职工工作、改造落后小组的经验,底盘厂大搞"三变样"的经验等,有力推进了学大庆的"比、学、赶、帮、超"运动。

锦州铁路局在学大庆过程中,更加注重总结典型和先进单位的普遍性经验。对照大庆油田,他们发现在之前组织开展的车辆满载、超轴和安全运行500公里的"满超五"运动中总结推广的孙福佑调车经验、袁成龙机车操纵经验、杨维学机车焚火经验等,尽管对提高生产效率发挥了重要作用,但由于都是一些技术领域的具体经验,局限性较大,只能在相关技术业务部门和个别工种推广,不具有普遍性,其他部门、工种很难学习。后来,锦州铁路局在总结孙家工区经验的时候,就没有单纯去总结他们的养路方法和怎样搬沙丘、治虫害、灭草荒,而是着重总结他们忠于党、忠于社会主义的革命精神和"愚公移山"的革命气概以及精益求精、一丝不苟的优良作风,并逐步推广到其他部门和单位。

攀枝花工业基地宝鼎煤矿学习大庆油田艰苦创业的精神,扎根三线,斗志高昂。煤矿工人在积水齐腰的井下巷道,用大铁钎打眼,用簸箕、手推车运煤,艰苦奋战28昼夜,保证了胜利出煤。他们以大庆油田为榜样,集中力量打歼灭战,完成了勘探设计、夺煤保电、夺煤保铁、夺煤保钢四大战役,保证了攀枝花工业基地的建设进程。

上海卫海铁工厂注重学习大庆石油人敢于迎着困难上的勇气和志气。这个厂的主要产品是钢板弹簧,他们把长春第一汽车制造厂作为追赶的对象,提出了"三老赶三新"的目标。职工们认为,大庆人头顶青天,脚踏草原,凭着一股革命志气,赶上了世界先进水平,建成了大油田;自己头上还有芦苇棚,脚下还有煤渣地,条件比大庆好,为什么赶不上长春?不怕生产上一穷二白,就怕思想上一穷二白。职工们克服困难,终于造出了能够提高钢板弹簧质量的喷丸机、卷耳机、淬火机,在全国钢板弹簧质量评比中,实现了追赶长春一汽的目标。

经过不断宣传推动,工业学大庆逐渐发展成为影响工业战线的一场轰轰烈烈的全国性运动。仅 1966 年 1 月到 4 月,《人民日报》就以社论、短评、新闻、编者按等形式发表了 10 余篇关于大庆的报道和有关学大庆的论述。

1966 年 1 月 27 日到 3 月 5 日,由国家经济委员会、中央工业交通政治部联合召开的全国工业交通工作会议和工业交通政治工作会议在北京召开。会议推荐出大庆油田、潞安矿务局石圪节煤矿、石景山钢铁公司炼铁厂、北京第二棉纺织厂、天津钢厂钢丝绳分厂等 70 个"大庆式"先进单位。会议认为,这 70 个单位是全国各地区、各行业先进单位的代表,是全国工业交通企业学习的榜样,推广这 70 个"大庆式"企业的经验,将会进一步促进工业交通战线学大庆运动的继续深入开展。

国家经委第一副主任陶鲁笳在会议报告中指出,大庆是学习运用毛泽东思想的典范,是学习和运用解放军政治工作的典范,是贯彻执行社会主义建设总路线的典范。大庆的道路就是按照毛泽东思想办企业的中国式道路。全国工业交通企业都要以大庆为榜样,更广泛、更深入地开展以"五好"为目标的"比、学、赶、帮、超"运动,我们的口号是"学大庆,超大庆,实现企业革命化"。

正当全国工业学大庆运动迅速发展时,"文化大革命"运动开始了。由于"文化大革命"的冲击和干扰,工业学大庆运动受到了严重影响和破坏。

粉碎"四人帮"后,全国又一次轰轰烈烈地兴起了工业学大庆运动。

由于受当时政治和思想文化领域中"左"的思潮影响,在工业学大庆运动过程中也出现了一些偏向。有的企业流于形式,停留在口号和空喊上,刮风走过场;有的企业不结合自己的实际情况,生搬硬套大庆的做法;有的企业不从本单位的实际出发,把"铁人"王进喜"有条件要上,没有条件创造条件也要上"的话随意乱用,不讲科学、蛮干硬干,在经济上造成了多方面的损失;有的企业也想像大庆那样,除生产外也搞农林牧副渔,根本未考虑自己的具体情况;等等。但从总体上看,初期的工业学大庆运动对于改进工业交通企业的领导方法,调动广大职工的劳动积极性,提高劳动和生产效率,推动工业企业的生产发展,提高企业管理水平都有重要的意义,尤其是对当时振奋全国人民自力更生、奋发图强的精神,推进社会主义建设事业,起到了非常重要的作用。

党的十一届三中全会前后,中国共产党人开始纠正"文化大革命"的混乱和错误,陆续开展了思想路线、政治路线、组织路线 3 个方面的拨乱反正。尤其是通过思想路线的拨乱反正,中国共产党冲破长期存在的教条主义和个人崇拜的严重束缚,重新确立了马克思主义的实事求是的思想路线。这时候,关于工业学大庆运动,全国也出现了很多不同的声音。

1980 年 9 月,黑龙江省委书记李力安给中共中央写了一封信。信中提出,对工业学大庆问题,要有一个明确的说法,应该客观公正地评价大庆油田的基本经验和历史功绩。中共中央要求中央书记处对信中提出的问题认真研究讨论。根据中央要求，石油工业部和国家经委经过调查研究，由国家经委党组形成了《关于工业学大庆问题的报告》，并上报中共中央书记处。

报告实事求是地总结了学大庆运动中的经验教训，客观地评价了大庆经验，认为对大庆基本经验应该肯定，工业学大庆运动主流是好的，对其历史作用也应该加以肯定，还对今后学习和宣传先进典型提出了意见。

报告第一次明确地把大庆精神的内涵总结为"爱国、创业、求实、献身"。在总结大庆油田的基本经验时，报告指出，大庆油田在生产建设实践中创造了许多好的经验，其中最可贵的是他们从油田的实际出发，认真学习和运用毛泽东思想，在实际斗争中培育出来的大庆精神，即大庆职工面对苏联霸权主义的封锁，那种奋发图强、自力更生、以实际行动为中国人民争气的爱国主义精神和民族自豪感；在严重困难面前，那种无所畏惧、勇挑重担、靠自己双手艰苦创业的革命精神；在生产建设中，那种一丝不苟、认真负责、讲究科学、"三老四严"、踏踏实实做好本职工作的求实精神；在处理国家和个人关系上，那种胸怀全局、忘我劳动、为国家分担困难、不计较个人得失的献身精神。这种精神是中国工人阶级优秀品质的表现，是需要大力提倡和发扬的。过去我们靠这种精神，甩掉了石油工业的落后帽子；今后还要靠这种精神，推进社会主义现代化建设。

1981年12月，中共中央以中发81-47号文件发出《中共中央转发国家经委党组〈关于工业学大庆问题的报告〉的通知》。通知指出，过去在长期"左"的思想影响下，把大庆的一切经验几乎都和阶级斗争、路线斗争联系起来，去总结，去拔高，总结一次，拔高一次，直至把有些经验绝对化、模式化，在宣传和推广中出现了这样或那样的问题，这是在特定的历史条件下造成的，主要责任在当时的党中央，在有关的上级领导。在指出这些问题的同时，必须肯定大庆的许多宝贵经验，仍然有着重要的现实意义。通知强调，在肃清"左"的思想影响中，批判"精神万能"的错误观点是完全必要的，但决不能因此否定革命精神对改造客观世界的能动作用。在改造客观世界的过程中，在大体相同的物质条件下，由于人们精神面貌的不同，必然会产生不同的结果。中央希望，全国工交战线的领导干部和广大职工都要从自己的实际情况出发，学习和发展包括大庆在内的一切先进典型的好经验，以改进领导作风，建设职工队伍，加强企业管理，推进"四化"建设。中央希望，大庆和整个石油战线的领导干部和广大职工要继承优良传统，发扬革命精神，务必谦虚谨慎，坚持"两分法"前进。

1982年，党的十二大胜利召开，提出要走自己的路，建设有中国特色的社会主义。在党的领导下，中国工业化道路又迈上了新台阶。大庆石油会战中孕育形成的大庆精神在改革开放和社会主义市场经济的大潮中发展完善，在建设中国特色社会主义道路上不断丰富其内涵，最终成为中国共产党人精神谱系的重要内容，成为中华民族的精神之魂。

参考文献

[1] 大庆日报社. 战报 [N]. 1960—1963.

[2] 大庆市政协资料研究委员会. 大庆文史资料　第一辑　大庆油田的发现 [M]. 哈尔滨:黑龙江人民出版社,1987.

[3] 李慧新,李国昌. 大庆创业之光 [M]. 哈尔滨:北方文艺出版社,1999.

[4] 大庆市政协资料研究委员会. 大庆文史资料　第四辑　创业年代 [M]. 哈尔滨:哈尔滨出版社,1998.

[5] 中共大庆市委党史研究室. 大庆石油会战纪略 [M]. 哈尔滨:黑龙江人民出版社,1997.

[6] 中共大庆市委党史研究室. 大庆石油会战史 [M]. 北京:中共党史出版社,2008.

[7] 中共大庆市委党史研究室. 大庆油田史 [M]. 北京:中共党史出版社,2009.

[8] 大庆油田有限责任公司. 大庆油田五十年文史资料汇编(第一卷) [M]. 北京:石油工业出版社,2009.

[9] 余秋里. 余秋里回忆录(下册) [M]. 北京:人民出版社,2011.

[10] 余秋里. 余秋里回忆录 [M]. 北京:解放军出版社,1996.

[11] 大庆油田有限责任公司《大脚印》编纂委员会. 大脚印——大庆油田勘探开发历程揭秘(上部) [M]. 北京:石油工业出版社,2014.

[12] 中共大庆市委党史研究室. 中国共产党大庆历史大事记述 [M]. 哈尔滨:黑龙江人民出版社,2003.

[13] 刘立范,张元强,张叔岩. 中国石油通史(卷二) [M]. 北京:中国石化出版社,2003.

[14] 曲福生. 松辽盆地石油和天然气勘查史(1949—1989) [M]. 北京:地质出版社,1992.

附　录
大庆石油会战大事记（1958—1963 年）

1958 年

2 月 11 日　第一届全国人民代表大会第五次会议通过余秋里为石油工业部部长的任命。

2 月 27—28 日　中共中央政治局常委、中央委员会总书记、国务院副总理邓小平在中南海居仁堂连续 2 个下午听取石油工业部汇报，做出石油勘探战略东移的重要决策。他指出，对松辽、华北、华东、四川、鄂尔多斯 5 个地区，要好好花一番精力，研究考虑一番；真正有希望的地方，如东北、苏北和四川这 3 块搞出来就很好。松辽盆地由此成为石油勘探主战场。

4 月 17 日　地质部松辽石油普查大队 501 队在位于吉林省前郭尔罗斯蒙古族自治县达里巴村附近的南 17 井钻探中首次发现油砂，证明松辽盆地生油。

4 月中旬　石油工业部在吉林省四平市公主岭镇成立松辽石油勘探大队，任命西安地质调查处副处长宋世宽为大队长。

4 月 29 日　中共中央批准余秋里任石油工业部党组书记。

5 月 16 日　石油工业部将松辽石油勘探大队扩编升格为松辽石油勘探处，办公地点设在吉林省长春市宽城区东二条街 22 号，宋世宽任处长。同时，抽调西安地质调查处部分队伍北上松辽，加强东北地区的勘探技术力量。

5 月 23 日　位于吉林省怀德县杨大城子的南 14 井开钻。从井深 300 米开始，陆续钻遇 20 多个含油层，总厚度达 60 多米。

6 月 25—26 日　新华社和《人民日报》先后报道《松辽平原有石油》消息。消息称"在这个地区找到油田的希望极大""松辽平原不久将成为我国重要的油区之一"。

6 月 26 日　石油工业部将松辽石油勘探处扩编为松辽石油勘探局，李荆和任局长兼党委书记，并先后从西安、玉门、青海等地调来 1 000 多名职工，加强松辽勘探力量。

7 月 9 日　位于今黑龙江省安达县原四平山乡卫星村赵家屯附近（现安达市任民镇东约 14 公里处）的松基一井开钻，由 32118 钻井队负责钻探。

7 月　松辽石油勘探局张文昭地质师和地质部靳毓贵地质师开始编制 1959 年松辽

盆地总体勘探部署规划。规划安排全年钻探 12 个构造，部署 8 口参数井，其中大同镇电法隆起上的参数井（即松基三井）排在第一位，计划进尺 3 200 米。

同月　松辽石油勘探局黑龙江石油勘探大队成立，党委书记关耀家，大队长马振华，大队机关设在哈尔滨。

8 月 6 日　位于吉林省前郭尔罗斯蒙古族自治县登娄库乡小地窝棚村附近的松基二井开钻，由 32115 钻井队负责钻探。

9 月 4 日　由张文昭、钟其权拟稿，松辽石油勘探局向石油工业部呈报松基三井井位意见书，同时呈报确定井位的五点依据。

11 月 11 日　松基一井于井深 1 879 米处遇到变质岩，经过专家和松辽石油勘探局技术人员研究分析后决定完钻，未见油。

11 月 14 日　由杨继良拟稿，松辽石油勘探局以松油勘地〔58〕字第 0345 号文件，呈报松基三井最新井位图。11 月 29 日，石油工业部以油第 333 号文件，批复同意松辽石油勘探局松基三井井位意见。

12 月 20—28 日　苏联石油地质专家布罗德在石油工业部勘探司副司长沈晨陪同下，到松辽盆地考察，确认松辽盆地是石油勘探最有利地区，很有希望找到大油田。

1959 年

2 月 8—10 日　石油工业部党组召开会议，专门听取主任地质师张文昭代表松辽石油勘探局关于 1959 年松辽盆地勘探工作总体部署的汇报，通过对松辽盆地勘探成果的基本评估和 1959 年勘探部署。

2 月 11 日　石油工业部和地质部召开两部协作会议，研究松辽石油勘探局 1959 年勘探工作的计划和部署，明确两部 1959 年松辽盆地勘探工作分工。

2 月 24 日　石油工业部、地质部联合批准 1959 年松辽盆地勘探总体规划。

4 月 11 日　位于黑龙江省肇州县大同镇高台子构造上的松基三井开钻，由 32118 钻井队负责钻探。

5 月 6 日　《人民日报》转发新华社《在东部工业区详探天然石油，数千勘探人员汇集松辽平原》的报道。报道中说："松辽平原石油勘探工作正在大力进行，经过三年勘查，已被确定是一个大有希望的含油地区。"

8 月 21 日　松基三井见到明显油气显示。8 月 27 日，再次见到明显油气显示。8 月 29 日，松基三井提前完钻固井。9 月 6 日，在高台子层进行射孔，开始试油。

9 月 13 日　松辽石油勘探局研究小组提出葡萄花构造预探总体设计，计划在葡萄花构造上部署 3 排 9 口探井，准备对这个构造进行全面勘探。

9 月 15 日　松基二井在井深 2 787.63 米处完钻，试油未获工业油流。

9 月 26 日　松基三井喷出工业油流，标志着大庆油田的发现。

9 月 28 日　石油工业部和地质部向松辽石油勘探局发来贺电，祝贺松基三井喷油和在东北松辽地区取得的重大勘探成果。

10月1日 葡萄花构造上的第一口基准井——葡1井开钻。

10月12日 黑龙江省委召开常委会,通过《关于大力开发石油资源、发展石油工业的决议》,决定以肇州县大同镇为中心成立大庆区,同时将大同镇更名为大庆镇。

10月20日 黑龙江省人民委员会做出《关于成立大庆区和将大同镇改为大庆镇的决定》,并决定在大同镇召开松基三井喷油及大庆区成立庆祝大会。

10月23日 黑龙江省委向中共中央上报《中共黑龙江省委关于大力开发石油资源发展石油工业的报告》,汇报松基三井石油勘探情况和黑龙江省对石油勘探的支援情况,提出需要中央帮助解决问题和困难,请求中央给予支援。

11月3日 黑龙江省人民委员会发出《关于开发我省石油基地抽调工人的通知》,决定从哈尔滨、松花江、合江、牡丹江等地区抽调1 608名各类工人,支援石油勘探开发工作。

11月8日 松基三井喷油及大庆区成立庆祝大会在大同镇召开。会上,黑龙江省委第一书记欧阳钦正式提出把大同镇改为大庆镇,把发现的油田命名为大庆油田,以庆祝新中国成立10周年。

11月 余秋里在石油工业部领导干部会议上提出"大战松辽"号召,要求石油系统做好"大战松辽、支援松辽"思想准备。

12月15—25日 东北协作区会议在哈尔滨召开。会议期间,余秋里和李人俊向周恩来总理汇报松辽石油勘探情况及组织石油大会战的设想。周总理指出,会战将是一场大仗、恶仗,要用毛泽东思想指导大会战,用辩证唯物主义的立场、观点和方法分析解决会战中可能遇到的各种问题。

12月22日 石油工业部派出由张俊、翁文波、李德生、童宪章等组成的工作组,指导松辽石油勘探局开展大同镇长垣的勘探工作。

12月26—29日 余秋里到大同镇视察,了解松基三井和葡萄花、高台子地区的勘探情况,决定甩开勘探,在萨尔图、杏树岗、喇嘛甸构造上各打1口探井。

12月31日 石油工业部以〔59〕办秘便字第162号发出公函,明确今后对大同镇的图幅名和构造命名,统一用大庆,不再使用大同名称。

1960年

1月7日 葡7井喷油,首次在葡萄花油层获得工业油流,这是葡萄花构造的第一口喷油井,也是大庆油田第二口喷油井。

同日 在上海召开的中央政治局扩大会议期间,余秋里向毛主席汇报松辽石油勘探情况,大庆石油会战的设想得到毛主席肯定。2月,在广州召开的中央军委扩大会议期间,毛泽东再次听取余秋里关于松辽地区勘探情况和工作部署的汇报。

1月15日 石油工业部副部长周文龙给解放军罗瑞卿总参谋长、张爱萍副总参谋长写信,提出调拨 3 万名转业退伍官兵的请求。

1 月底　大庆长垣南部的高台子、葡萄花、太平屯地区已经有 6 口井喷油,7 口在钻探井油气显示良好,基本控制了 200 平方公里的油田面积,初步估算可采储量在 1 亿吨以上。

2 月 12 日　石油工业部研究部署开展大庆石油会战,决定部党组亲临前线指挥,部机关以一半力量参加会战,各石油厂矿企业抽调人员参加会战。

2 月 13 日　石油工业部向中共中央和国务院呈报《关于东北松辽地区石油勘探情况和今后工作部署问题的报告》,正式提出大庆石油会战申请。

2 月 20 日　中共中央以中发〔60〕129 号中国共产党中央委员会（批示）转发石油工业部党组报告,同意石油工业部在松辽地区开展石油大会战,并要求各地予以支援。

2 月 21 日　大庆石油会战第一次筹备会议在哈尔滨召开。成立松辽石油会战（大庆石油会战）领导小组,康世恩任组长,唐克、吴星峰任副组长。会议安排了会战的具体组织和部署问题。

2 月 22 日　中共中央发文,同意“动员 3 万名退伍兵给石油工业部”,参加大庆油田的开发建设。从 3 月份起,3 万名转业战士、3 000 名退伍军官陆续来到大庆。

2 月 24 日　太平屯构造第一口探井——太 2 井喷油。

3 月 3 日　根据中共中央批示精神和中央书记处要求,国家计委、经委和建委组织有关部门、省市召开会议,部署支援松辽石油会战问题。

3 月 9 日　国务院副总理薄一波主持召开国务院有关部门负责人和东北协作区省、市长参加的会议,要求各省、市、部门大力支援松辽石油大会战。

3 月 10 日　按照黑龙江省委统一部署,中共安达市委组建成立,负责大庆油区的领导工作,并对外办公。

3 月 11 日　萨尔图构造第一口探井——萨 66 井（原名萨 1 井）喷出高产油流,证明油田的富油区在长垣的北部,并新发现萨尔图油层。

3 月 13—17 日　国家计委、经委、建委多次发出电报,督促有关单位迅速调拨钢材、汽车、水泥、拖拉机、机床、木材等设备物资,支援松辽地区的石油勘探和开发。

3 月 15 日　黑龙江省成立支援石油开发工作领导小组,确定“全力以赴,全力支援”方针。

同日　石油系统各单位第一批参加大庆石油会战的队伍 1 000 多人已经陆续到达松辽地区,同时运抵安达的设备、器材已有 247 个车皮,1 万余吨。

3 月 16 日　会战领导小组根据萨 66 井情况,客观分析长垣地下形势,决定参战队伍“挥师北上”,以长垣北部地质条件更好、交通便利的萨尔图地区为重点展开会战,并对整个会战部署进行调整。

3 月 17 日　部署在杏树岗构造上的第一口探井——杏 66 井（原名杏 1 井）开钻。4月 9 日喷油,成为杏树岗油田第一口出油井。

3月21日　国家经委向中央书记处和毛泽东主席写报告,汇报大庆石油会战部署和组织支援工作情况,建议给石油工业部增加投资2亿元、钢材3.8万吨。报告呈送到中央书记处,邓小平同意了这一报告。

3月25日　王进喜带领1262钻井队(即1205钻井队)从玉门来到萨尔图参加大庆石油会战。

同日　松辽石油勘探局机关卫生所在安达县成立。10月,改名为松辽石油勘探局安达职工医院。1965年11月迁至杜尔伯特蒙古族自治县泰康镇,1969年12月迁回大庆,后更名为大庆第二医院,成为大庆地区唯一一所专业的传染病医院。

3月25日　松辽石油会战第二次筹备会议在哈尔滨召开,余秋里、康世恩出席会议。会议宣布成立中共松辽石油会战地区临时工作委员会,余秋里兼任书记,康世恩、吴星峰为副书记,确定要集中力量拿下萨尔图油田。

3月28日　部署在喇嘛甸构造的第一口探井——喇72井(原名喇1井)开钻。4月25日,喇72井喷油,成为喇嘛甸油田第一口出油井。该井与萨66井、杏66井的出油标志着拿下了800平方公里油田面积,这3口井的发现被誉为"三点定乾坤"。

4月1日　松辽石油勘探局由长春市迁到安达县,会战领导小组在安达成立指挥中心,以松辽石油勘探局名义正式办公。

同日　王启民来到大庆油田实习,被分配到一探区试油队担任技术员。

同日　队长马德仁、党支部书记韩荣华带领1202钻井队从新疆克拉玛依到达萨尔图参加大庆石油会战。

4月8日　中共石油工业部机关党委发出通知,决定开始在安达县正式办公,并将石油工业部机关党委作为大庆石油会战临时党的办事机构,负责领导会战的政治工作。

4月9—11日　第一次油田技术座谈会在安达县铁路俱乐部召开,会议强调在油田地质工作上要做到"四全四准",取全取准20项资料72个数据。

4月10日　中共石油工业部机关党委发出《关于学习毛泽东同志所著〈实践论〉和〈矛盾论〉的决定》。

同日　石油工业部机关党委发出政治工作通知,提出"人人做政治思想工作,事事从政治出发"的倡议。

同日　松辽盆地敖包塔构造第一口探井——敖26井喷油。

4月13日　战区党的机关报——《战报》创刊。1968年5月31日,《战报》改为《大庆战报》,后来又改名为《大庆报》,1982年5月1日更名为《大庆日报》。

4月14日　1205钻井队到大庆打的第一口井——萨55井正式开钻。4月19日16时完钻,用时5天零4小时,一举创造了松辽地区当时快速完钻的最高纪录。

4月16日　为适应当前形势的发展,加强各探区的组织领导工作,会战领导小组对原来划定的战区进行调整部署,重新划分为3个探区,其中杏16井以北一线的北部地区为第三探区。

4 月 24 日　萨尔图油田生产试验区成立，主要任务是在萨尔图油田中部 22 平方公里试验区内进行油田开发试验。5 月，又把生产试验区扩大到 30 平方公里。8 月，生产试验区面积进一步扩大到 60 平方公里。

4 月 26 日　松辽石油会战领导小组扩大会议，确定了"勘探与开发并举"和边勘探、边开发、边建设的"三边并举"方针。

4 月 29 日　大庆石油会战万人誓师大会在萨尔图广场召开，黑龙江省委发来贺电。大会由张文彬主持，石油工业部部长余秋里作动员报告，副部长康世恩发布第一战役战斗令。会上，"铁人"王进喜被评为石油大会战的第一个先进典型。

同日　中共中央决定撤销安达县，成立安达市，批准曲常川任中共安达市委第一书记。5 月 26 日，国务院发文，正式撤销安达县，成立安达市。

4 月　大庆油田第一座水源——西水源建成，主要负责让胡路、喇嘛甸和萨尔图地区工业与民用水供应。

4 月　会战总指挥部就开始组织建设大庆的第一座油库——东油库。

5 月 4 日　1247 钻井队在萨 15 井试验钻机自走方案获得成功，实现钻机利用自身动力自走 100 米。

5 月 6 日　根据沈阳军区和黑龙江省委决定，中国人民解放军 9470 部队 3 015 名官兵抵达萨尔图。部队编为"八一"大队，下设红旗、红星、红色、红光、五星 5 个中队。

5 月 10 日　黑龙江炼油厂筹建处成立。

5 月 16 日　大庆油田第一口开发油井——中 7-11 井投产。

5 月 25—28 日　大庆油田召开第一次政治工作会议，提出"十不三要"具体要求。

6 月 1 日　8 时 30 分，油田第一列车原油从萨尔图车站运出发往锦西石油五厂。列车由 15 节油罐车组成，共装原油 600 吨。

6 月 6 日　会战领导小组决定，将解放军"八一"大队承修的喇—萨输水管线命名为"八一"管线。

6 月 19 日　部署在龙虎泡构造高点上的龙 1 井获得工业油流，标志着龙虎泡油田的发现。

6 月 21 日　油田召开第三次"五级三结合"技术座谈会，提出要"全党办地质、人人办地质"。

6 月 25 日　水电部支援大庆石油会战的第一座列车电站——34 号列车电站正式向油田输电。

7 月 1 日　油田召开庆祝中国共产党成立 39 周年和大会战第一战役总结大会。大会隆重表彰了王进喜、孙永臣带领的 1262 钻井队，马德仁、韩荣华带领的 1202 钻井队，段兴枝、陈懋汉带领的 1247 钻井队，薛国邦带领的采油队和朱洪昌带领的管线工段，称赞他们是全战区的"五面红旗"。

7 月 2 日　生产试验区指挥所成立。

7月6日　32144钻井队创造一只钻头钻进1069米的新纪录,这是战区的第一只钻进千米的钻头。

7月27日　大庆油田第一座炼油厂——葡萄花炼油厂建成,并生产出第一批合格油品,炼油厂年加工能力为3.6万吨。

7月28日　石油工业部机关党委发出《关于开展学习"王、马、段、薛、朱"运动的决定》。

7月　工程师谭学陵为首的五人小组开始了长达10个月的K值测试活动。

同月　黑龙江省委安排调拨给油田煤炭、木杆、棉衣等的过冬物资,全力保证大庆石油职工安全过冬。

8月2日　大庆油田第一个"地宫"——萨尔图生产试验区"地宫"正式开放。

8月14日　会战总调度室开始试行完井作业正点运行图,加强钻井工艺管理,钻井前线广泛开展大协作活动。

8月15日　"干打垒"促进检查团成立,石油工业部副部长孙敬文任团长。

8月21日　三探区二矿一队"地宫"正式开放,这是采油队办起的第一个"地宫"。

8月30日　1203钻井队钻完本月第五口生产井,夺得石油大会战以来"五开五完"第一名。

9月3日　黑龙江省委批准《关于解决安达石油地区过冬问题的报告》,要求把过冬问题列为当前的中心任务,务求抓紧抓狠抓实。

9月11日　部署在升平镇以南背斜构造高点上的升1井获得工业油流,标志着升平油田的发现。

9月15日　喇88井完钻。至此,大庆油田已打完探井74口,拿下含油面积860多平方公里,证明大庆油田是具有丰富地质储量的大油田。

9月16—18日　大庆油田召开首届青年积极分子代表大会。

9月18日　在萨尔图生产试验区召开第一次群众性油井分析会,采油二矿三队采油工姜岱冬夺得"油井分析冠军"。

9月24日　大庆油田原油日产量达到5000吨。

9月26日　大庆油田召开首届先进生产者代表大会。李人俊、康世恩、孙敬文出席并讲话。大会授予1262(即1205)、1202、1203、1247钻井队为"钢铁钻井队",命名一批采油、基建、运输、机修等战线上的标杆队。

9月底　历时3个多月时间,全油田完成30多万平方米"干打垒"房屋建筑。

10月7日　油田召开冬季攻势干部动员大会。10月19日,会战总指挥部又向全战区职工发出"紧急行动起来,打好过冬突击战"的冬季攻势突击动员令。

10月9日　大庆油田采油指挥部成立,宋振明任指挥兼党委书记。

10月10日　大庆油田成立蔬菜指挥部。

10月12日　中区6-20井发生重大火灾事故,经数千人奋勇抢救,至深夜12时将火扑灭。

10月18日　油田第一口注水井——中7-11井试验注水取得成功。

10月20日　石油会战领导机关由安达迁至萨尔图"二号院"。

10月21日　取消三探区及基建指挥部等中层领导机构,成立钻井、采油、油建、建筑、工程、水机电、器材供应、运输8个指挥部,由会战总指挥部直接领导。

11月1日　油田第一次设计工作会议在安达召开。

11月23日　黑龙江省石油局向省委呈报《关于黑龙江炼油厂改建在安达龙凤的请示》,将炼油厂厂址由原定的齐齐哈尔市昂昂溪改至靠近大庆油田的龙凤地区。

12月　油田成立由鄢长松等3名转业战士和曾阳春等5名家属组成的缝补组。1963年,会战工委把缝补组扩建为缝补厂。

1960年　中共中央书记处候补书记胡乔木到油田视察。

1960年年底　萨尔图生产试验区建设取得显著成果。当年试验区内累计完成钻井222口,其中生产井101口、注水井121口。

12月31日　大庆油田公布1960年各项主要指标的完成情况:发现构造8个,获得可采储量5亿吨,钻井进尺39万多米,采油97万多吨。

1961年

1月7日　会战领导小组发出《关于更好安排当前职工生活的紧急通知》。当时,会战职工因食品缺乏,很多职工患上浮肿病。

1月15日　大庆油田第一个火力发电厂——喇嘛甸发电厂部分机组开始发电。

同日　勘探指挥部成立。指挥部机关和综合研究大队设在杜尔伯特蒙古族自治县泰康镇,下设4个勘探处,负责大庆长垣外围地区的石油勘探工作。

1月17日　大庆石油会战总指挥部地质指挥所成立。

1月29日　会战总指挥部召开农副业生产会议,明确全战区1961年农副业生产的规划。1月,开始建设北安生活基地。

1月30日—2月2日　在第一次冬季整训中,部机关党委召开全战区党支部书记会议,总结大会战开始以来党支部工作的经验,提高党支部工作水平,充分发挥党支部的战斗堡垒作用。

2月4日　石油工业部机关党委制定颁发《关于开展"五好"支部活动的决定》,加强石油会战中的基层党支部工作。

2月22日　地质指挥所与测井大队协作,在中区7-4井进行第一次同位素测井。

2月　王德民推导出符合大庆油田实际情况的油井压力计算公式,被命名为"松辽一法"。

3月4日　部署在杜尔伯特蒙古族自治县一心乡附近一心构造顶部的杜1井完钻,试油获得工业油流,发现一心含油构造。

3月8日　黑龙江省人委以第84号文件批准同意大庆油田在德都县第一期开垦荒地2万亩。以后又几次批准扩大耕种面积,使农场耕地面积达到10万亩,真正成为支撑大庆油田发展的后方生活基地。

3月24日　大庆油田第一口见水排液井——中7-17井出水。

4月1日　黑龙江炼油厂筹建处更名为黑龙江炼油厂。

4月3日　部署在杜尔伯特蒙古族自治县白音诺勒乡附近他拉红鼻状构造根部的杜4井完钻,试油获得工业油流,发现他拉红含油区。

4月9日　部署在阿拉新构造顶部的杜6井射孔后发生强烈井喷,发现阿拉新含气构造。

4月13日　油田《基本建设技术管理暂行规定二十一条(试行稿)》颁布实施。

4月14日　油田召开地质座谈会,确定在中、东、西3块试验区开展十大开发试验,并在采油工艺、油气集输工艺方面开展14项技术研究工作。

4月17日　黑龙江省委正式成立"黑龙江炼油厂"建制,任命哈尔滨电机厂厂长邢子陶为厂长,任命富拉尔基重型机械厂党委书记周宇博为党委书记。7月15日,又正式成立中共黑龙江炼油厂委员会。

4月19日　会战总指挥部召开千人大会,总结分析会战中发生的质量问题,提出"干工作要为油田负责一辈子"的指导思想。会后,王进喜带头把1205钻井队打的一口井斜不合格的井填掉了,这次大会被称为"难忘的4·19"。

4月23日　中共中央向东北局和石油工业部发出《关于建立松辽油田职工医院的通知》,批准大庆油田建立职工医院。该院前身是1960年4月建立的三探区医务所,1960年10月13日更名为农垦总场职工医院,后来逐步发展成为如今的大庆油田总医院。

4月　会战总指挥部在泰康镇召开油田首次勘探技术座谈会,提出争取用4～5年时间在松辽盆地再探明20亿吨储量,实现"油田成对,储量加番"目标。

5月7日　石油工业部决定,将筹建中的安达石油学院和黑龙江石油学院合并,定名为东北石油学院,校址设在安达,为石油工业部直属重点院校,学院党政工作由松辽会战工委直接领导。9月7日,国务院批准同意筹建东北石油学院,焦力人兼任院长。

5月10日　会战总指挥部召开干部大会,总结1年多的会战成果,专门研究了质量问题,提出"自己干的活要经得起子孙后代的检查"。

5月16日　会战总指挥部成立生产办公室,负责战区日常生产协调指挥,宋振明任生产办公室主任。

5月23日　采油指挥部决定开展"五好注水井"活动,以促进注水井管理,保证油井高产稳产。

6月2日　会战领导小组扩大会议决定:为节约度荒,战胜困难,保证会战,第一,要大挖野菜,保证每人每天吃3斤;第二,一天三顿饭,要"两稀一干",既要省粮,又要吃饱。

6月7日　石油工业部机关党委颁布《关于在全战区开展"五好红旗队"和"五好红旗手"运动的决定》。

6月10日　根据中共中央、东北局关于在工矿企业成立政治部的指示,并经省委同意,石油工业部党组决定在战区成立大会战政治部,李荆和兼任会战政治部主任,同时成立所属各单位政治部(处)。

6月25日　中共中央统战部部长、全国人大常委会副委员长、全国政协副主席李维汉,全国人大常委会副委员长、全国政协副主席陈叔通到油田视察。

7月5日　大庆油田第一次选择性压裂在中3-5井实施。

7月11日　设计库容总量为10万立方米的西油库竣工。这是大庆石油会战时期建设的第二座大型油库,设计年装油能力600万吨。

7月23日　中共中央政治局常委、中央委员会总书记、国务院副总理邓小平到油田视察,黑龙江省委书记李剑白陪同。

7月27日　大庆油田第一口分层注水试验井——中区3-25井试验成功。

7月　采油二矿五队成立5-65井组,井长李天照,该井组后来培育形成了"四个一样"优良传统。

7月　安达热电厂开工建设。安达热电厂隶属于黑龙江省电力工业局,是我国第一座自行设计、制造、安装的中温中压燃油热电厂,后改名为龙凤热电厂,并划归大庆油田管理。

8月7日　中共中央副主席、国家主席刘少奇到油田视察。

8月9日　中共中央书记处书记、国务院副总理谭震林到油田视察。

8月22日　全国政协副主席高崇民到油田视察。

8月　会战工委决定创办油田第一所完全中学——松辽石油勘探局农垦总厂职工子弟中学,也就是后来的大庆第一中学。9月,学校首批招收135名初一学生。

8月　油田职工医院大楼竣工,成为大庆油田矿区的第一座楼房,被人们亲切地誉为"大庆第一楼"。

9月19日　国防部副部长粟裕到油田视察。

9月20日　油田第一口见水井——中6-13井见水。

10月1日　部署在齐齐哈尔市富拉尔基区的富7井在萨尔图油层二组、三组地层试油获得工业油流,发现富拉尔基含油区。

10月22日　全国政协副主席、西藏自治区筹备委员会主任帕巴拉·格列朗杰,全国政协副主席、西藏自治区筹备委员会副主任阿沛·阿旺晋美到油田视察。

10月30日　国务院副总理、人民解放军总参谋长罗瑞卿到油田视察。

10月　中国石油工业历史上的第一次油基泥浆钻井取芯在萨尔图油田北1区6-28井实施。

11月5日　黑龙江省委在萨尔图召开油田土地会议,确定大庆地区利用土地的具体原则:统筹兼顾,合理安排,保证油、牧、农全面发展。地上服从地下,油区内牛让油,油区外油让牛。

11月7日 中共石油工业部松辽会战工作委员会成立,会战工委下设会战指挥部和会战政治部,石油工业部党组书记、部长余秋里任会战工委书记,副部长康世恩任会战指挥部指挥。

11月29日 1202钻井队仅用9个月零15天就完成年交井28口,钻井总进尺31 746米,超过苏联格林尼亚"功勋钻井队"年钻井进尺31 341米的最高纪录。

11月30日 大庆原油日产水平突破万吨大关,达到10 598吨。

12月7日 蔡升和张孔法开始跟随原油外运的油罐列车"万里测温"。

1961年 全战区开荒2万多亩,当年收获粮食304万斤,蔬菜1316万斤。

1961年 油田年产原油274.3万吨,占全国原油产量的51.6%。

1962年

1962年年初 大庆油田第一次公布石油地质储量,探明965平方公里的含油面积,计算石油地质储量为22.68亿吨,大庆油田成为世界上少有的特大型油田之一。

1月28日 会战工委发出《关于开展冬季练兵运动的决定》,掀起了"苦练真本领、硬功夫"为中心的岗位练兵高潮。

2月4日 地质指挥所动态组王启民、王乃举等年轻技术人员写出一副对联,上联是"莫看毛头小伙子",下联是"敢笑天下第一流",横批是"闯将在此",表达青年科技工作者自立自强、发奋攻关、挑战禁区的豪迈志气。

2月25—26日 会战总指挥部分别组织召开老工人座谈会、优秀徒工座谈会。1962年3月9日,会战工委又组织召开敬师大会,全面推动练兵活动。

2月 油田部署完成146平方公里开发面积万分之一地形图测绘工作,为推进油田全面开发和地面建设奠定了基础。

3月16—20日 会战工委召开扩大会议,讨论研究农副业生产问题。18日,做出《关于加强北安农副业生活基地领导问题的决定》。

3月26日 为加快炼油厂建设,国家经委决定,将黑龙江炼油厂划归大庆石油会战指挥部,更名为大庆炼油厂。

4月1日 大庆炼油厂建厂指挥部召开会战动员大会,炼油厂第一套生产装置——常减压蒸馏装置破土动工,大庆炼油厂一期工程正式开工。

同日 北二注水站建成投产,站长罗政钧,指导员秦时栋。北二注水站后来总结产生了"岗位责任制"这一优秀基层管理制度。

4月16日 钻井指挥部薛桂芳、王秀敏、杨学春、丛桂荣、吕以莲等5名家属带着5把铁锹到创业庄开荒种地,首创大庆家属参加会战先河,被誉为"五把铁锹闹革命"。

4月 油田编制完成《萨尔图油田146平方公里面积的开发方案研究报告(草案)》,

开始为油田全面开发做准备。

5 月 8 日 中一注水站因为管理不善和工作疏忽造成火灾。刚投产不久的注水站被大火烧光，直接损失 160 多万元，并由此引发一场全油田范围的大讨论、大思考。

5 月 16 日 会战工委发出通知，要求种地 10 万亩，解决职工生活困难。

5 月 采油工艺研究所成立，所长刘文章，副所长万仁溥。当时共有技术人员 251 人、工人 227 人，组成 3 个井下作业试验队。

同月 磁性定位射孔工艺试验成功，油井射孔彻底告别了人工丈量电缆的"原始时代"，成为中国石油射孔定位技术走向世界领先水平的开始，成为轰动整个中国石油界的重要发明。

6 月 21 日 中共中央副主席、国务院总理周恩来，全国妇联副主席邓颖超来大庆油田视察，周总理提出"工农结合、城乡结合、有利生产、方便生活"的矿区建设方针。

6 月 岗位责任制在北二注水站诞生，包括岗位专责制、巡回检查制、交接班制、设备维修保养制、质量负责制，以及后来形成的岗位练兵制、安全生产制、班组经济核算制 8 项制度。

7 月 6 日 会战工委决定，在全油田建立和实行岗位责任制，提高基层管理水平。

7 月 10 日 油田召开技术干部会议。会议宣布要"一风吹"：所有受过批判、戴过各种"帽子"的一律取消，有存档材料的，一律取出销毁。会议指出，广大技术人员都是拥护党拥护社会主义的好干部，不能把技术上的争论和政治混淆起来。

7 月 28 日 会战工委发出《关于更好地贯彻党对技术干部的政策，进一步加强对技术工作领导的决定》。

7 月 29 日 由富拉尔基到大庆油田的高压输电线路建成。

7 月 会战总指挥部第一次在全油田范围内开展岗位责任制度和"五定""五包"制度检查评比活动。

8 月 10 日 最高人民法院院长谢觉哉到油田视察。

8 月 19 日 油田召开首次职工家属代表大会，动员广大家属学习薛桂芳等"五把铁锹闹革命"精神，组织起来参加农副业生产。

8 月 22 日 中共中央军委副主席叶剑英视察大庆，为油田题诗："大地沉沉睡万年，人民科学变油田；一场会战十三路，预祝高歌唱凯旋。"

8 月，会战总指挥部决定把当时的采油钢铁四队分为 3 个采油队，任命辛玉和为队长，带领 12 人新组建三矿四队。三矿四队后来培育形成了"三老四严"优良传统。

10 月 部署在三肇凹陷朝阳沟构造高点上的重点井——朝 1 井获得工业油流，发现朝阳沟含油构造。

11 月 全国石油单位 25 个地震队参加在大庆油田外围开展的第二次地震勘探会战。

1962 年年底 采油工艺研究所研制成功新型水利压差式封隔器，被誉为"糖葫芦派克"。

1962 年　黑龙江省人委以农范字第 1629 号文件,将在油区范围内的国营红色草原牧场的春雷、红卫星、星火、工农团结、五星等 5 个场和三发、让胡路 2 个人民公社内的可垦荒地共 63 675 市亩,划拨给油田作为副食品生产用地。

1962 年底　油田年产原油 355.5 万吨,占全国原油产量的 61.9%。

1963 年

2 月 4 日　油田首次试验冰上钻井。

3 月 21 日　会战工委发出《关于"五好单位"和"五好工人"标准的决定》。

3 月 31 日　部署在萨尔图构造南一区中部(今萨大路立交桥附近)的松基六井正式开钻。松基六井设计井深 4 000 米,是大庆油田第一口超深井。1966 年 12 月 3 日,松基六井于井深 4 718.77 米处完钻,创造当时全国最深井纪录。

4 月　"146 开发方案"通过石油工业部党组正式批准。到 1963 年年底,"146 开发方案"全部实施标志着大庆油田从试验性开采正式转入全面开发阶段。

5 月　部署在古龙凹陷的古 1 井获得工业油流,发现古龙含油区。该井所产原油为高成熟生油岩生成的轻质原油,这也是松辽盆地第一次发现轻质原油。

6 月 19 日　中共中央副主席、国务院总理周恩来,国务院副总理兼外交部部长陈毅陪同朝鲜民主主义人民共和国最高人民会议常任委员会委员长崔庸健,到大庆油田参观访问。

7 月 3 日　为更好地支援大庆油田生产建设,由东北局计委,黑龙江省计委、经委等部门组成的联合工作组到油田进行为期 1 个月的调查。

7 月 11 日　水压式多级封隔器和配注工艺试验成功。

8 月 23—29 日　会战总指挥部召开油田开发技术座谈会。根据油井含水上升快的问题,决定实施缩小油嘴、控制注水和开展分层注水试验等 13 项措施。

8 月 25 日　国务院副总理邓子恢到油田视察。

9 月 5 日　地质指挥所与采油指挥部联合成立小层动态攻关队,进一步认识地下油水变化规律,为大庆油田的非均质分层开采奠定了基础。

9 月 13 日　《战报》首次宣传"三老四严""四个一样"。

9 月　大庆油田召开勘探技术座谈会,对松辽盆地石油勘探进行系统总结。3 年来,在松辽盆地共钻探井 120 多口,发现 115 个局部构造,划分从上到下黑帝庙、萨尔图、葡萄花、高台子、扶余、杨大城子六层含油层系,发现升平、龙虎泡、四克吉、一心、他拉红、阿拉新、富拉尔基、红岗子、朝阳沟、黑帝庙、葡西(古龙、英台地区)、大安共 12 个大庆和扶余以外的工业油流区,松辽盆地石油普查工作全面结束。

10 月 6 日　1202 钻井队第一个实现钻井总进尺 10 万米,相当于钻透 11 座珠穆朗玛峰。

10 月 30 日　国家经济委员会副主任谷牧到油田视察。

10 月 31 日　萨尔图至龙凤输油管线开始输油。

10 月　大庆油田首次使用电子计算机——国产 103 型电子管线路计算机。

同月　大庆炼油厂一期工程建设完工。对 29 项重点土建工程,评定 28 项,其中优良 20 项,合格 8 项。对 20 项重点安装单项工程,评定 20 项,全部为优良。经过验收,一期工程质量总评为优级。

11 月 6 日　康世恩在国家经委召开的全国工业交通工作会议上作大庆石油会战情况的报告,引起强烈反响。

11 月 17 日　第二届全国人民代表大会第四次会议在北京举行。李富春副总理在代表国务院所作报告中正式宣布大庆石油会战所取得的巨大成就,并指出,这一成就是在我国自力更生、奋发图强的方针指引下取得的。

11 月 19 日　余秋里在第二届全国人民代表大会第四次会议上向大会代表作大庆石油会战情况汇报。

11 月 25 日　大庆炼油厂专门向会战总指挥部报捷,庆祝炼油厂新装置试运行一次成功、投产一次成功、产品质量一次合格、油品收率一次达到设计要求的"四个一次成功"。

12 月 4 日　《人民日报》刊载的第二届全国人民代表大会第四次会议的新闻公报中说:"我国需要的石油,过去绝大部分依靠进口,现在已经可以基本自给了。"

12 月 6 日　大庆炼油厂从龙凤车站外运首车自己生产的合格成品油。

12 月 15 日　大庆油田提前 16 天完成当年国家计划的原油生产任务,原油产量比上一年增长 17.1%,达到 439.3 万吨,占全国原油产量的 67.8%。

12 月 24 日　由中共中央政治局委员、书记处书记,北京市委第一书记、市长彭真主持,康世恩向北京市 1 万多名干部作大庆石油会战情况的报告。

12 月 25 日　1203 钻井队第二个跨过钻井总进尺 10 万米大关,石油工业部授予"石油战线上的猛虎"锦旗。

12 月 25—26 日　新华社和《人民日报》先后发布消息:"中国人民使用'洋油'的时代,即将一去不复返了。"

12 月 28 日　由彭真主持,余秋里在人民大会堂向中央国家机关 17 级以上干部作大庆石油会战情况的汇报,大庆石油会战在首都北京引起更大轰动。

1963 年年底　大庆炼油厂仅用 1 个多月时间就完成原油加工 10.67 万吨,实现工业产值 1 229.1 万元,上缴利税 256 万元。

1963 年年底　大庆油田基本建成。油田 3 年共钻井 1 116 口,建成了集油、储运、供水、注水、供电、机修、通信、道路八大系统工程。建成了大庆炼油厂,建成年产 600 万吨产能的石油基地,3 年累计生产原油 1 166.2 万吨,占同期全国原油产量的 51.3%。

编后记

　　大庆石油会战是艰苦岁月里刻骨铭心的永恒记忆，是中国石油工业腾飞起航的发端之役，也是中国民族工业壮大成长的最辉煌篇章。

　　《会战岁月》是一部以发现大庆油田，组织开展大庆石油会战为主要内容的纪事体读本。本书在素材的组织编辑上，有别于编年体和通史。编撰过程中，采取"点线结合，纵横联络"的原则，对浩如烟海的历史资料合理取舍，总体上以大庆石油会战的发生发展为主线。纵向上以点滴事件连接成线，点不离线，点线结合，描述石油会战的进程整体连贯；横向上把同时进行的事件并列起来，分头推进，纵横联络，会战的各个方面都有完整展现。全书条理清晰、层次分明，内容翔实、鲜活生动，系统全面记述了从1958年石油工业勘探战略东移，1959年发现大庆油田，到1963年大庆油田基本建成约5年时间的历史，多角度全景式展现了大庆石油会战气势恢宏、波澜壮阔的创业画卷。在大庆石油会战胜利60年之际出版本书，对于重温大庆油田历史，传承优良传统作风，弘扬大庆精神、铁人精神具有十分重要的意义。

　　在书籍的编撰过程中，参考了《战报》和大量已经编辑出版的史志类文献，并得到了大庆油田相关单位的大力支持和帮助，在此，一并表示诚挚的感谢！

　　本书所记录的历史年代远隔、尘封已久。很多事件线索不全，大量史实难以考证。同时，由于编撰主旨和成书立意差异，在素材取舍、史实甄别上难免会有疏漏、不当之处，还望广大读者不吝赐教，批评指正。

编　者

2023 年 5 月